Berthold Simonsohn (ca. 1965) Foto privat

Berthold Simonsohn
Ausgewählte Schriften
1934-1977

Herausgegeben von Wilma Aden-Grossmann

kassel
university
press

Gedruckt mit Unterstützung der Hans-Böckler-Stiftung

Bibliografische Information der Deutschen Nationalbibliothek
Die Deutsche Nationalbibliothek verzeichnet diese Publikation in der Deutschen Nationalbibliografie; detaillierte bibliografische Daten sind im Internet über http://dnb.d-nb.de abrufbar

ISBN print: 978-3-89958-254-0
ISBN onlione: 978-3-89958-255-7
URN: http://nbn-resolving.de/urn:nbn:de:0002-32547

2012, kassel university press GmbH, Kassel
www.uni-kassel.de/upress

Umschlaggestaltung: Thomas Künzl, Kassel
Printed in Germany

INHALTSVERZEICHNIS

Vorwort

Aus Anlass des 100. Geburtstags von Berthold Simonsohn am 24. April 2012 erscheint dieses Buch mit ausgewählten Aufsätzen, Reden und dem Faksimiledruck seiner Dissertation.

Trude Simonsohn, seiner Witwe, danke ich sehr herzlich für die Genehmigung zur Veröffentlichung seiner Schriften. Freundlicher Dank gilt auch dem Bundesarchiv Koblenz, das den Nachlass verwahrt, aus dem die hier veröffentlichten Vorträge und Reden stammen.

Besonders aber danke ich der Hans-Böckler-Stiftung, die durch einen Druckkostenzuschuss diese Publikation ermöglichte.

Kronberg 2012

Wilma Aden-Grossmann

Wilma Aden-Grossmann
Einführung

Der jüdische Jurist und Sozialpädagoge Berthold Simonsohn veröffentlichte seine Aufsätze in verschiedenen Fachzeitschriften, die heute nur schwer zugänglich sind. Da dies für die Rezeption seiner Schriften bisher ein starkes Hindernis darstellte, habe ich mich entschlossen, eine Auswahl seiner Schriften herauszugeben. Seine Aufsätze zur Sozialpädagogik und zur Jugendkriminalität bilden einen deutlichen Schwerpunkt in diesem Band; aber man würde seiner Persönlichkeit nicht gerecht werden, wenn man nur seine im engeren Sinne sozialpädagogischen Schriften zur Kenntnis nehmen würde. Sein Schicksal als Verfolgter und Überlebender des nationalsozialistischen Regimes spiegelt sich insbesondere in seinen Beiträgen über das Ghetto Theresienstadt und über die politischen Konflikte im Nahen Osten, die hier ebenfalls aufgenommen wurden. Schließlich durfte auch seine rechtsgeschichtliche Dissertation, die in kleiner Auflage 1934 gedruckt wurde, in diesem Band nicht fehlen. So soll durch die Auswahl der Schriften auch die Vielfalt der Themen und seine sozialpädagogischen und politischen Positionen zur Geltung kommen. Da eine umfangreiche Biographie vorliegt[1], beschränke ich mich an dieser Stelle darauf, einen kurzen Abriss seines Lebens zu geben.

Berthold Simonsohn wurde am 24. April 1912 in Bernburg an der Saale als jüngstes von drei Kindern des Kaufmanns Alfred Simonsohn und seiner Frau Sidonie Fried geboren. Seine Mutter war eine Schwester des österreichischen Publizisten Alfred Fried, der 1911 den Friedensnobelpreis erhielt, und der für den jungen Berthold Simonsohn ein großes Vorbild war. Als Hitler die Macht übernommen hatte, war Berthold Simonsohn knapp 21 Jahre alt, ein sehr begabter junger Mann, der an den Universitäten in Halle und Leipzig Jura und Staatswissenschaften studierte. Er wurde schon 1933 als Sozialist und Jude in eine gesellschaftliche Randposition gedrängt und verfolgt. Dennoch hatte er in dieser, wie auch in allen späteren Situationen, die Kraft zum Handeln, war nicht nur Opfer, sondern setzte sich zur Wehr. Er engagierte sich in der Widerstandsgruppe der Sozialistischen Arbeiterpartei Deutschlands, die in Anhalt und an den Universitäten Halle und Leipzig aktiv war, die jedoch bereits im Sommer 1933 entdeckt wurde. Sein Bruder wurde in Bernburg verhaftet, verbrachte drei Monate im Gefängnis, ohne dass es zu einem Prozess kam und wurde mit der Auflage entlassen, Deutschland zu verlassen. Berthold Simonsohn konnte noch rechtzeitig vor der Durchsuchung seines Zimmers das Material, das auf seine

---

1 Wilma Aden-Grossmann: Berthold Simonsohn - Biographie des jüdischen Sozialpädagogen und Juristen. Frankfurt: Campus Verlag, 2007.

Widerstandstätigkeit hinwies, beseitigen, so dass die Durchsuchung seines Zimmers durch die Gestapo ergebnislos verlief. Er wurde wegen des Verdachts des Hochverrats zwar ebenfalls verhaftet, da ihm aber nichts nachzuweisen war, nach drei Tagen wieder frei gelassen.

Als Jude wurde er zum juristischen Staatsexamen nicht zugelassen, dennoch war es ihm trotz großer finanzieller Schwierigkeiten noch möglich, das Studium mit der Promotion in Jura 1934 abzuschließen.

Nach Abschluss seines Studiums kehrte Simonsohn in seine Heimatstadt zurück. Dort stand er sowohl infolge der früheren Verhaftung wie auch als Jude unter ständiger Beobachtung durch die Gestapo. Er übernahm die Geschäftsführung der Kunstblumenfabrik des schon alten und kranken Vaters, deren Niedergang jedoch aufgrund des Boykotts jüdischer Geschäfte und Unternehmen nicht aufzuhalten war.

1938 wurde er in Hamburg Bezirksfürsorger für Nordwestdeutschland bei der Reichsvereinigung der deutschen Juden, um zu helfen, bis er schließlich selbst 1942 nach Theresienstadt deportiert wurde. Auch im Ghetto Theresienstadt war er politisch im jüdischen Jugendverband, dem Hechaluz, tätig, hielt im Rahmen des illegalen Bildungswesens zahlreiche Vorträge für Jugendliche und arbeitete als stellvertretender Leiter der Jugendfürsorge in der jüdischen Selbstverwaltung des Ghettos.

Berthold Simonsohn wurde am 19. Oktober 1944 in das Vernichtungslager Auschwitz deportiert. Bereits nach wenigen Tagen wurde er weiter deportiert in das Lager Kaufering. Trotz schwerster Zwangsarbeit bei völlig unzureichender Ernährung und großer Kälte in den kaum beheizten Unterkünften überlebte er. Bei dem Herannahen der amerikanischen Truppen mussten die Häftlinge einen dreitägigen Marsch nach Dachau-Allach antreten und wurden dort am 30. April 1945 befreit.

Simonsohn kehrte zunächst nach Theresienstadt zurück und organisierte die Auflösung des Ghettos, arbeitete danach ein halbes Jahr lang im Innenministerium in Prag, um die aus aller Welt kommenden Fragen nach dem Verbleib der nach Theresienstadt deportierten Juden, zu beantworten. Im März 1946 ging er in die Schweiz und übernahm für ein Jahr die Leitung eines jüdischen Sanatoriums. Ab 1947 studierte er in Zürich, um sich auf eine wissenschaftliche Laufbahn vorzubereiten. Da seine Aufenthaltsgenehmigung in der Schweiz befristet war, beabsichtigte er 1950 nach Deutschland zurückzukehren.

Er hoffte eine Anstellung an einer Universität zu finden und bewarb sich an der wirtschaftswissenschaftlichen Fakultät der Universität Leipzig auf eine Hochschuldozentur. Jedoch scheiterte seine Bewerbung wegen seiner früheren

Mitgliedschaft in der SAP (Sozialistischen Arbeiterpartei). Auch seine Bemühungen an einer westdeutschen Universität eine Stelle zu finden, blieben erfolglos. Seine finanzielle Lage war schwierig, denn das Stipendium war ausgelaufen und die befristete Aufenthaltsgenehmigung in der Schweiz konnte nicht mehr verlängert werden.

Als in dieser schwierigen Situation ihm der Vorsitzende der Jüdischen Gemeinde in Hamburg die Stelle des Rechtsdezernenten anbot, nahm er die Stelle an. Er kehrte also 1950 nach Hamburg zurück, an den Ort, wo er bis zu seiner Deportation gewirkt hatte.

1951 hatte der „Zentralrat der Juden in Deutschland“ beschlossen, die „Zentralwohlfahrtsstelle der Juden in Deutschland“ (ZWST) wieder zu gründen und berief Berthold Simonsohn als geschäftsführenden Direktor. Ausschlaggebend für diese Entscheidung waren Simonsohns Erfahrungen in der sozialen Arbeit als Bezirksfürsorger für Nordwestdeutschland in Verbindung mit seinen soliden juristischen Kenntnissen. Unter seiner Leitung entwickelte sich die neue Zentralwohlfahrtsstelle im ersten Jahrzehnt seit ihrer Neugründung von dem „Ein-Mann-Betrieb“ zu einem ausgebauten Wohlfahrtsverband, der Anerkennung fand durch die Aufnahme in die Bundesarbeitsgemeinschaft der freien Wohlfahrtspflege. Damit gehörte die Zentralwohlfahrtsstelle wieder zu den Spitzenverbänden der freien Wohlfahrtspflege.

Simonsohns von Jugend an gehegter Wunsch, als Wissenschaftler und Hochschullehrer zu arbeiten, erfüllte sich, als er 1962 auf eine Professur für Sozialpädagogik und Jugendrecht an die Johann Wolfgang Goethe-Universität in Frankfurt am Main berufen wurde. Durch seinen psychoanalytischen und gesellschaftskritischen Ansatz, mit dem er Sozialisationsverläufe von Kindern und Jugendlichen mit deviantem Verhalten analysierte, gab er dem Fach Sozialpädagogik an der Frankfurter Universität ein besonderes Profil.

Der jahrelange Stress durch nationalsozialistische Verfolgung, den Lebensbedingungen im Ghetto Theresienstadt und in den Konzentrationslagern waren für seine Gesundheit nicht folgenlos geblieben. Zu den schweren Migräneanfällen, an denen er bereits in Theresienstadt litt, kam später das Asthma hinzu. Stationäre Behandlungen und der Versuch, durch Kuren seine Leiden zu heilen, verliefen weitgehend ergebnislos. Im Herbst 1974 erkrankte er so schwer, dass er sich für das ganze Wintersemester beurlauben lassen musste, war aber in den darauf folgenden Semestern bis zu seiner Emeritierung 1977 wieder arbeitsfähig und plante, eine „Geschichte der jüdischen Wohlfahrt in Deutschland“ zu schreiben, worum ihn das Leo-Baeck-Institut gebeten hatte. Dieses Vorhaben konnte er nicht mehr realisieren, denn er starb – ohne vorherige akute Erkrankung – am 8. Januar 1978 an Herzversagen.

Zur Auswahl seiner Schriften

In diesen Band wurden neben den in Fachzeitschriften veröffentlichten Aufsätzen auch unveröffentlichte Texte aufgenommen, die aus seinem Nachlass stammen, der sich im Bundesarchiv Koblenz (BA) befindet. Die hier veröffentlichten Schriften sind nicht chronologisch sondern thematisch geordnet und am Ende findet sich die jeweilige Jahreszahl ihrer Entstehung. Eine Liste der bibliographischen Nachweise steht am Schluss des Buches.

Simonsohn hat vielfach auf Schreibmaschinen gearbeitet, die nicht über die Umlaute und das ß verfügten. Eine nachträgliche Anwendung der alten Rechtschreibregeln hielt ich nicht für angebracht. Deshalb wurden alle Texte – mit Ausnahme der Dissertation – der modernen Rechtschreibung angepasst.

In seinen Schriften über das Ghetto Theresienstadt (Teil I) schlagen sich seine unmittelbaren Erfahrungen nieder, obgleich es sich hierbei nicht um autobiographische Texte handelt. Bei den beiden Texten „Drei Jahre erst" und „Fünf Jahre Befreiung" handelt es sich um bislang unveröffentlichte Manuskripte, die er in der Schweiz schrieb. Der erste Text beginnt mit einer geradezu poetischen Landschaftsbeschreibung: „Mein Blick geht hinüber zum Zürichsee, wo jetzt tausende kleine Lichter aufflammen auf die Kette hoher Berge, die in der klaren Luft der September-Nächte sich am Horizont so greifbar nahe abzeichnen." Diese Schilderung steht in einem scharfen Kontrast zu der folgenden Darstellung des Ghettos Theresienstadt, wo sich die Maßnahmen der Gestapo ständig verschärften bis zu den Deportationen in das Vernichtungslager Auschwitz. Der Text bricht dann offensichtlich ab. Das legt die Vermutung nahe, dass dieser Text nur unvollständig erhalten ist. Dennoch beeindruckt er durch die verdichtete Darstellung des Lebens und Hoffens der Theresienstädter.

Der zweite Text, geschrieben fünf Jahre nach der Befreiung, thematisiert den Holocaust insgesamt und beklagt das unermessliche Leid der Judenheit. Aber im Unterschied zu dem 1948 geschriebenen Text, wendet er am Schluss den Blick in die Zukunft und endet mit dem Satz: „Nur dann, wenn in der Verwirklichung der sozialen Gerechtigkeit und der Zusammenarbeit der Nationen wir vorwärtskommen, hätte unser Leiden einen Sinn gehabt."

Der dritte auf das Ghetto Theresienstadt bezogene Text ist dem Judenältesten Dr. Paul Eppstein gewidmet. Das Schicksal Eppsteins, den Simonsohn bereits vor dem Krieg aus der Arbeit im Hechaluz und der Reichsvereinigung kannte und den die Gestapo unter einem nichtigen Vorwand verhaftet und heimlich ermordet hatte, hatte Berthold Simonsohn tief erschüttert, und er schrieb im Herbst 1945 für das zionistische Archiv Keren Hayessod in Jerusalem die biographische Skizze „Sein Andenken wird weiter leben. In memoriam Dr. Paul

Eppstein".

Eppstein war eine umstrittene Persönlichkeit. Er erschien vielen als arrogant und war nicht beliebt. Diese Kritik veranlasste Simonsohn dazu Dr. Paul Eppsteins Persönlichkeit, seinen Werdegang und seine Verdienste als Repräsentant der deutschen Juden zu würdigen und seine Strategie bei den Verhandlungen mit der Gestapo in seinem Aufsatz darzustellen.

Mehrfach hat Simonsohn versucht, diesen Aufsatz zu veröffentlichen und stieß immer wieder auf Ablehnung.[1] Als 1959 der 15. Todestag Dr. Paul Eppsteins bevorstand, entschloss sich Simonsohn, seine Gedenkschrift in einer Sonderausgabe der Zeitschrift „Jüdische Sozialarbeit. Mitteilungsblatt der Zentralwohlfahrtsstelle der Juden in Deutschland e. V." zu veröffentlichen. Gegenüber dem ursprünglichen Manuskript hatte er nur geringfügige Änderungen vorgenommen und die Zwischenüberschriften eingefügt.

Der Teil II „Für den Frieden im Nahen Osten" enthält einen Vortrag, den Simonsohn 1937 auf Seminaren des Hechaluz, der jüdischen Jugendbewegung, gehalten hatte. Um die Jugendlichen auf die Auswanderung nach Palästina vorzubereiten, wurden Bildungsseminare veranstaltet, auf denen u. a. auch „Palästina-Landeskunde" behandelt wurde. Simonsohn, der als Referent immer wieder von den Jugendgruppen des zionistisch-sozialistischen Verbandes angefragt wurde, vermittelte in seinen Vorträgen historische und politische Kenntnisse über den Nahren Osten und erläuterte die wirtschaftlichen Interessen. Er wollte die Jugendlichen darauf vorbereiten, dass ein friedlichen Zusammenleben von Arabern und Juden notwendig und nach seiner Auffassung nur in einer Föderation denkbar sei. Hierfür hatte Simonsohn 1937 seinen Vortrag „Der einzige Weg. Voraussetzung einer jüdisch-arabischen Verständigung" ausgearbeitet, der hier erstmals publiziert wird. Schon der Titel drückt aus, dass er in der jüdisch-arabischen Verständigung den einzigen Weg sah, um Palästina zu befrieden und damit den Aufbau jüdischer Siedlungen zu sichern. Den Preis, den er damals dafür zu zahlen bereit war, war der Verzicht auf einen souveränen Judenstaat.

Dreißig Jahre später hatte der Sechs-Tage-Krieg von 1967 zwischen Israel und den arabischen Staaten in der Bundesrepublik zu höchst kontroversen Diskussionen unter den Linken geführt. Ein Teil des Sozialistischen Deutschen Studentenbundes solidarisierte sich mit den Palästinensern, was Simonsohn empörte. In diese Kontroverse griff Simonsohn ein und veröffentlichte eine ausführliche Stellungnahme, in der er sich vor allem mit den Positionen von Wolfgang Abendroth, Professor für Politologie in Marburg, auseinandersetzte, der

[1] Siehe Aden-Grossmann a. a. O. S. 140-154.

sich auf die Seite der Palästinenser und gegen Israel gestellt hatte. Die Anerkennung des Existenzrechts Israels ist selbstredend die zentrale Forderung Simonsohns, und wie schon in seinem Vortrag von 1937 wirbt er für eine jüdisch-arabische Verständigung und entwirft in diesem Aufsatz die „Umrisse eines Friedensprogramms".

Berthold Simonsohn hat sich besondere Verdienste erworben durch den Wiederaufbau der Zentralwohlfahrtsstelle der Juden in Deutschland, deren Geschäftsführer er von 1951 bis 1961 war. Der Teil III „Die neue Zentralwohlfahrtsstelle der Juden in Deutschland" enthält die Aufsätze, die Simonsohn in dieser Zeit geschrieben und in der von ihm gegründeten Zeitschrift „Jüdische Sozialarbeit" veröffentlicht hat. In diesen Beiträgen greift er die vielfältigen rechtlichen und sozialen Probleme der Juden in Deutschland auf. Die ersten beiden Berichte beschreiben den Aufbau und die Entwicklung der wieder gegründeten jüdischen Wohlfahrtsorganisation („1956 – zum neuen Beginnen"; „Etappen der Entwicklung. Die Zentralwohlfahrtsstelle berichtet über ihre Arbeit"). Eine besondere Schwierigkeit der Anfangsjahre war es, dass in den wieder entstandenen jüdischen Gemeinden fachlich ausgebildete Mitarbeiter für die soziale Arbeit fehlten. Um diesem Mangel abzuhelfen, fordert Simonsohn einen internationalen Austausch auf dem Gebiet der sozialen Arbeit und eine fundierte Ausbildung („Internationaler Erfahrungsaustausch tut not!").

Sowohl die Rückkehr vieler Juden nach Deutschland als auch die sich fortsetzende Emigration erforderten eine gründliche rechtliche Beratung. Aber auch Familien mit Kindern bedurften aufgrund ihres Schicksals einer fachkundigen Beratung, wie er in seinem Aufsatz „Verpflichtung und Verantwortung. Um die jüdischen Kinder in Deutschland" darstellt. In seinem Aufsatz „Internationales Fürsorgerecht" fasst Simonsohn die neuen gesetzlichen Bestimmungen zusammen und schafft damit eine Handreichung für die Mitarbeiter der Gemeinden. Unter den nach Deutschland zurückkehrenden Juden war der Anteil der Flüchtlinge besonders hoch und Simonsohn weist in einem weiteren Aufsatz darauf hin, dass die Kriegsgeschädigten rechtlich besser gestellt seien als Naziverfolgte und fordert deren Gleichbehandlung („Nöte der Wiedereingliederung. Gleiche Rechte für Naziverfolgte und Kriegsgeschädigte!").

Der IV. Teil enthält Simonsohns Aufsätze zu Themen der Sozialpädagogik und Jugendkriminalität, die er geschrieben hat, nachdem er 1962 auf die Professur für Sozialpädagogik und Jugendrecht an die Johann Wolfgang Goethe-Universität in Frankfurt berufen wurde. Seine umfassenden praktischen Erfahrungen in der sozialen Arbeit während der Zeit der Verfolgung und nach Kriegsende bildeten das Fundament, auf dem Simonsohn seinen theoretischen sozialpädagogischen Ansatz entwickelte. Durch seinen psychoanalytischen und gesellschaftskritischen Ansatz, mit dem er Sozialisationsverläufe von Kindern und Jugendlichen mit deviantem Verhalten analysierte, gab er dem Fach Sozialpädagogik an der Frankfurter Universität ein besonderes Profil („Die Rolle der Sozialpädagogik in der Lehrerbildung"; „Der Beitrag der Psychoanalyse zum Problem der Jugendkriminalität und des Jugendstrafrechts"). Er befasste sich insbesondere mit den präventiven Möglichkeiten der Jugenddelinquenz und des Jugendstrafvollzugs („Der junge Mensch vor Gericht. Gedanken zur Neugestaltung des Rechts im Geiste demokratischer Erziehung. Ein internationaler Überblick"). Ferner verfolgte er das weit reichende Ziel, die Jugendgefängnisse abzuschaffen. An deren Stelle sollten Resozialisierungsmaßnahmen und andere Hilfsangebote treten. „Erziehen statt strafen", das war sein Motto. Mit den Vorschlägen, die er in der Kommission der Arbeiterwohlfahrt zur Jugendstrafrechtsreform entwickelte, war er – wie er selbst wohl wusste – seiner Zeit weit voraus („Sozialpolitik ist die beste Kriminalpolitik. Zur Denkschrift der Arbeiterwohlfahrt: Vorschläge für ein erweitertes Jugendhilferecht").

Er erkannte zudem, dass in Deutschland in der Zeit des nationalsozialistischen Regimes ein geistiger Stillstand eingetreten war, weil es von den internationalen Entwicklungen abgeschnitten war. Er vertrat die Auffassung, dass die Ausbildung von Sozialpädagogen und Sozialarbeitern an Hochschulen und Universitäten erfolgen sollte, weil nur so die soziale Arbeit in Deutschland wieder internationales Niveau erreichen könnte. Diese Gedanken legte er in seinen Aufsätzen „Was ist Charitas ohne Wissenschaft? Sie wäre ein Schiff ohne Steuer" (Erasmus) und „Zum Problem der akademischen Ausbildung auf dem Gebiet der Sozialpädagogik" nieder und zeigt auf, dass die Forderung nach einer Anhebung des Ausbildungsniveaus in der Sozialpädagogik bereits seit langem erhoben wurde.

Die Beiträge im V. Teil sind Würdigungen von Personen, die eine fortschrittliche Pädagogik vertraten, in deren Tradition auch Berthold Simonsohn stand. Zwei Beiträge sind Karl Wilker gewidmet, dessen Erziehungs- und Resozialisierungsanstalt „Lindenhof" Simonsohn in seinen Veranstaltungen regelmäßig behandelte. Ihm ist es auch zu verdanken, dass die Universität Frankfurt Wilker die Ehrendoktorwürde verlieh. Des weiteren schrieb er einen Beitrag zum 85. Geburtstag von Walter Friedländer, der in die USA emigrierte und mit seinen Berichten über die amerikanische Sozialarbeit eine Brücke von der neuen zur alten Welt schlug. Schließlich ist auch Walter Fabian, eine herausragende Persönlichkeit der Erwachsenenbildung und der Arbeiterbewegung, zu nennen, mit dem ihn eine langjährige Freundschaft verband und den er zu seinem 75. Geburtstag mit dem hier wieder abgedruckten Beitrag ehrte.

Im VI. Teil steht das Faksimile von Simonsohns Dissertation mit dem rechtsgeschichtlichen Thema „Der Hochverrat in Wissenschaft, Gesetzgebung und Rechtsprechung von der französischen Revolution bis zum Reichsstrafgesetzbuch. Eine rechtsgeschichtliche Untersuchung des Verbrechens in der Epoche des Liberalismus, in seinem Zusammenhang mit dem Zeitgeschehen". Ursprünglich hatte er vorgesehen, die Geschichte des Hochverrats bis 1934 aufzuarbeiten. Aber da ihm bereits im Sommersemester 1933 das Stipendium entzogen wurde, und außerdem zu befürchten war, dass Juden bald nicht mehr zur Promotion zugelassen würden, erschien es ihm ratsam, mit der Abgabe der Dissertation nicht lange zu warten. Folglich hat er nur den ersten zeitlichen Abschnitt von der Französischen Revolution bis zur Reichsgründung bearbeitet und diese Ausarbeitung als Dissertation am 9. Januar 1934 seinem Doktorvater Prof. Dr. Erich Schwinge[1] vorgelegt. In einem Brief an Schwinge begründet er das zum einen mit finanziellen Schwierigkeiten und zum anderen inhaltlich: „Da ich zum ersten Mal die Geschichte des Hochverrats in der Neuzeit behandele und auf die Quellen zurückgehen musste, ist die Arbeit viel umfangreicher ausgefallen, als ich annehmen konnte."[2]

Professor Schwinge hatte die Arbeit in der verkürzten Fassung angenommen, denn auch ihm war klar, dass nicht nur wegen der schwierigen finanziellen Lage des Doktoranden das Verfahren schnellstens durchgezogen werden musste, sondern vor allem auch deswegen, weil man mit dem Verbot, Juden zu promovieren schon sehr bald rechnete. Simonsohn hatte die Arbeit dann am 5. Februar offiziell eingereicht und bereits eine Woche später, am 12. Februar, legte Schwinge das Gutachten vor. In seinem Gutachten heißt es: „Die Arbeit behandelt ein Thema, über das es eine zusammenhängende monographische Bearbeitung noch nicht gibt. Der Verfasser hat sich seiner Aufgabe mit großem Fleiß und anerkennenswerter Energie unterzogen und ein lebendiges Bild von den Strömungen im vorigen Jahrhundert entworfen. ... Besonderes Lob verdient, dass sich der Verf. es angelegen sein lässt, durch die ganze Untersuchung hindurch den Zusammenhang mit der politischen Bewegung der Zeit deutlich werden zu lassen. Er bietet infolgedessen nicht nur eine bloß juristische Abhandlung, sondern ein interessantes Bild der ganzen Zeit, aus dem der

[1] Betrachten wir den Ablauf des Promotionsverfahren, so ist sehr erstaunlich, dass Schwinge Simonsohn als Doktoranden angenommen hat; denn Schwinge wurde schon 1933 Mitglied im Bund nationalsozialistischer Juristen und machte in den darauffolgenden Jahren Karriere. Er wurde Militärrichter in Wien und war für seine harten Urteile - darunter acht Todesurteile - berüchtigt. Eine detaillierte Darstellung zum Promotionsverfahren s. Aden-Grossmann: Berthold Simonsohn a. a. O. S. 39-48.

[2] BA N1533 / 179.

Gesetzgeber unserer Tage manches lernen kann".[1]

Nach Ablauf der 14-tägigen Auslagefrist, während der keine Einsprüche erfolgten, fand am 28. Februar 1934 die mündliche Prüfung statt, die erfolgreich verlief.

Aufgrund seines Verfolgungsschicksals ist Simonsohns Biographie nicht gradlinig verlaufen mit der Folge, dass er kein umfangreiches wissenschaftliches Werk hinterlassen hat. Liest man jedoch seine Aufsätze und Reden so ergibt sich das konsistente Bild eines Wissenschaftlers, dessen humanistische Haltung und interdisziplinärer Ansatz Anstöße für die heutigen sozialpädagogischen Diskurse enthält. Das lässt darauf hoffen, dass Simonsohn künftig nicht nur als Pionier der jüdischen Sozialarbeit, wie Harry Maòr ihn nannte, wahrgenommen wird, sondern auch als herausragender Sozialpädagoge des 20. Jahrhunderts.

---

[1] Dekanatsakte der Juristischen Fakultät der Universität Halle, Sign. UA Halle Rep. 31 P, Nr. 1198.

I. Ghetto Theresienstadt

Drei Jahre erst!
Erinnerungen an die Hohen Feiertage im Ghetto Theresienstadt[1]

Mein Blick geht hinüber zum Zürichsee, wo jetzt tausende kleine Lichter aufflammen auf die Kette hoher Berge, die in der klaren Luft der September-Nächte sich am Horizont so greifbar nahe abzeichnen. Wieder ist die Zeit der hohen Feiertage gekommen, Frieden strahlt diese Landschaft ringsum aus, Frieden atmet hier alles in diesem von den Kriegen unberührtem Lande, – fast scheint es als seien die letzten dreißig Jahre europäischer Geschichte überhaupt nicht gewesen. Und doch liegen Deutschland, Österreich, Italien und Frankreich so nahe – und so fern, wie in einer anderen Welt. In uns aber ist nicht Frieden. Denn immer, wenn wir dieser Atmosphäre der Ruhe und Geborgenheit, der Sattheit und Zufriedenheit zu erliegen meinen, dann kommen ganz von allein, die Erinnerungen. Sie sind immer da, oft gewaltsam verdrängt, aber in diesen Tagen stärker als je.

Jahrelang haben Millionen Juden vor den hohen Feiertagen gebangt. Denn es ist bekannt, dass sich die Gestapo mit Vorliebe diese Zeit für ihre großen Aktionen aussuchte, die erst unseren Lebensraum einengen, durch Furcht und Schrecken zur Zermürbung führen sollten, bis die Situation zur offenen Vernichtung reif schien. Die Wahl dieses Zeitpunktes war nicht nur einfach Schikane, es lag System darin.

1941. Der Einführung des Judensterns folgt der Beginn der allgemeinen Deportationen in den erbarmungslosen Winter des Ostens.

1942. Glaubte man, nach der Deportation nun wenigstens dies hinter sich zu haben, so erkannte man bald seinen Irrtum. Es beginnt das Gejagtwerden von Lager zu Lager. Fassungslos stehen wir in Theresienstadt vor der Gefahr ständiger Deportationen „nach Osten“. Achtzehntausend alte Menschen, über 65 Jahre ohne Grenze nach oben müssen in diesem September, eben erst angekommen und dabei, den ersten, fürchterlichen Schock zu überwinden, von neuem die Fahrt ins Ungewisse, den leider nur allzu gewissen Tod antreten. Von 8 dieser Transporte ist nie eine Kunde wieder zu uns gelangt. Wir wissen nicht, ob sie in Auschwitz oder Treblinka ihr Ende gefunden haben. Nur von dem letzten, neunten Transport sind neun jüngere Männer am Leben geblieben durch die Kette von glücklichen Fügungen, denen wir alle Überlebende schließlich unser Leben zu verdanken haben.

---

[1] Typoskript 1948, unvollständig erhalten. Quelle BA 1533 / 235.

1943. Fünftausend junge, arbeitsfähige Menschen sind gerade „zur Arbeit im Reich" ausgewählt und in zwei Transporten verschickt worden. Es kamen einige Karten: Sie sprechen von Birkenau – und noch ahnt niemand, dass sich hinter diesem freundlichen Namen das Schreckenslager Auschwitz mit seinen Gaskammern verbirgt – sie berichten vom zusammenbleiben der Familien, vom Erhalt des Gepäcks von Selbstverwaltung und der vereinbarte „Code" zeugt von der Wahrheit. Von der schließlichen, vorbestimmten Vernichtung auf den Tag sechs Monate nach der Ankunft aber erfahren wir erst – als wir selbst in Auschwitz sind. Einige zwanzig Menschen nur entgingen durch Zufall diesem Schicksal.

1944. Wieder ist es September. Die Besichtigung durch das Internationale Rote Kreuz, in deren Zeichen unter dem Motto „Stadtverschönerung" seit Monaten das Leben in Theresienstadt steht, ist vorbei. Die Lebensbedingungen haben sich zweifellos gebessert und manches bleibt wider Erwarten, auch nachdem die Kommission ihren Besuch abgestattet hat. Dazu kommen noch die guten Nachrichten von der Front. Der Zusammenbruch Hitler-Deutschlands beginnt sich unübersehbar abzuzeichnen und Gerüchte haben Mühe, wie bisher den Tatsachen weit vorauszueilen. Doch viele unter uns wissen, dass jetzt erst die Stunden der höchsten Gefahr für uns gekommen sind. Es gibt genug beunruhigende Anzeichen, denn schließlich bleibt nichts in Theresienstadt geheim. Wenn neue Statistiken angefordert werden, wenn die Judenältesten zu ungewohnter Zeit auf die Kommandantur gerufen werden, wenn alle früheren Offiziere und militärisch Ausgebildeten registriert werden, Eichmann und sein Vertreter Moes auftauchen – dann wusste jeder, was gespielt wurde. Und während sich trotz allem ein Teil, namentlich der Alten, einem uferlosen Optimismus hingab, wenn man die am hellichten Tage über unsere Köpfe hinwegziehenden amerikanischen Bombengeschwader mit lautem Jubel offen begrüßte – dann ahnten wir doch, dass jeden Augenblick der neue Schlag herniedersausen musste, der unsere Freude und unsere Hoffnungen zunichte machen musste. Nur wann und wie es geschehen würde, wussten wir nicht. Wir wussten, dass eine große Anzahl waffenfähiger Männer, viele von ihnen Kriegsteilnehmer und in der tschechoslowakischen Armee ausgebildet, in dem schon unruhigen „Protektorat" für die SS eine latente Bedrohung bedeuten mussten. Diese selbst war in Theresienstadt trotz aller Verteidigungsmaßnahmen zahlenmäßig so geringfügig, dass sie auf Verstärkungen von dem nahen Lager „Kleine Festung" und aus den Kasernen Leitmeritz im Ernstfall angewiesen gewesen wäre. Bei den zahlreichen Spitzeln, die die SS unterhielt, dürfte ihr ohne große Anstrengungen auf die Dauer auch kaum verborgen geblieben sein, dass sich auch in Theresienstadt die Widerstandsbewegung zu organisieren begann. Die Kunde vom Kampf und Untergang des Warschauer Ghettos war zu uns gedrungen und gerade zu jener Zeit erfuhr auch ein Teil der in der Selbstverwaltung führenden Menschen, was Auschwitz-Birkenau wirklich bedeutete. Es war klar, dass die SS nicht einfach eines Tages abziehen würde, zumal wichtige Abteilungen ihrer Zentrale nebst wichtigem Material nach dem bombensicheren Ghetto verlegt worden waren. Zu deutlich war die Absicht, das europäische Judentum noch vor dem eigenen Untergang auszurotten, als dass man nicht hätte befürchten müssen, dass die SS noch versuchen würde, ein Blutbad anzurichten. Schon der Tag der Volkszählung im Bauschowitzer Kessel erschien uns wie eine Generalprobe hierfür. Es blieb bei dieser Situation nur zweierlei übrig: sich in das Schicksal zu ergeben und besten Falls auf ein Wunder zu hoffen – oder den Widerstand zu organisieren.

Es ist wenig bekannt, dass die jüdische Jugend in Theresienstadt Willens gewesen ist, den letzteren Weg zu beschreiten und sich nicht passiv auf die Schlachtbank führen zu lassen. Grund hierfür ist, dass es eben zu einer solchen Aktion nicht gekommen ist, weil sie eben durch diese Herbsttransporte 1944 zerschlagen wurde. Trotzdem gab es auch in Theresienstadt Menschen, die zu ihrem Teil an der Befreiung der Welt vom Schrecken des Faschismus und ihrer eigenen Befreiung beitragen wollten und wie bei allen Gequälten und Unterdrückten begannen, nach dem Vorbild der tschechischen Widerstandsbewegung Vorbereitungen zu treffen.

Führend dabei war die zwar kleine, aber sehr aktive und konspirativ gut arbeitende Gruppe der – meist tschechisch-national eingestellten – Kommunisten, die entsprechend den allgemeinen politischen Verhältnissen in der CSR einen starken Einfluss auf einen Teil der jüngeren Generation ausübte. (Während die Juden aus Deutschland und Österreich zumeist der älteren Generation angehörten, überwogen unter den jüngeren die aus Böhmen und Mähren Gekommenen bei weitem.) Diese Gruppe hatte ihre Verbindungen nach Prag und zur tschechischen Gendarmerie, auf die man im Ernstfall glaubte zählen zu können – und sie wusste auch, wo die SS ihre Waffen versteckt hatte und wo sie im entscheidenden Augenblick weitere zu bekommen hatte. Eng mit ihr zusammen arbeitete eine Gruppe der aktivsten Menschen des Hechaluz, der in Theresienstadt eine halb legale, sehr starke, einflussreiche und gut ausgebaute Organisation besaß. Um diesen Kern herum schlossen sich dann auch die tschechisch-national eingestellten bürgerlichen Kreise an und der Aufbau einer kleinen Gruppe der altersmäßig in Betracht kommenden Juden aus Deutschland und Österreich war gerade im Gange, die Bildung eines gemeinsamen Ausschusses aller ins Gewicht fallenden Gruppierungen stand unmittelbar bevor – als der Gegenschlag – geschickt getarnt – kam.

Wir wissen nicht, ob die Nazis Näheres in Erfahrung gebracht hatten oder ob sie nur ahnungsvoll allen Eventualitäten vorbeugen wollten. Am Rosch-Haschana stieg die Spannung aufs Höchste, als der „Judenälteste“ Dr. Eppstein in seiner Ansprache, der viele hunderte lauschten, düstere, geheimnisvoll symbolhafte Andeutungen über die drohende Gefahr machte. Er fürchtete, dass ein provozierter Zwischenfall den Vorwand für die Aktion liefern sollte. Er wusste – und die Last dieses Wissens musste er allein tragen und in den Tod hinübernehmen – was geplant war. Ein politisch klar denkender Mensch wie er, der durch seinen ständigen Kontakt mit den höheren Gestapostellen einen gewissen Einblick hatte, konnte sich keine Illusionen über deren Absichten machen. Er durchschaute die neue Methode, die sich die Herren Verbrecher aus Berlin diesmal ausgedacht hatten. Sie bestand in der freigiebigsten Abgabe von Versprechungen, wonach es sich nur um eine Maßnahme im Zuge des verschärften Einsatzes im Reich und keine Ostendeportationen handeln solle, weshalb auch die sonst geltenden Schutzbestimmungen für Mischlinge usw. nicht zur Anwendung kämen. Das neue Lager solle nach dem Muster Theresienstadts mit Selbstverwaltung aufgebaut werden, Verpflegung von Post von Th. Aus geregelt werden, wohin auch Erkrankte zurückgebracht würden. Überdies sollten die zurückbleibenden Angehörigen vor weiteren Deportationen geschützt sein.

Zweifellos werden sich viele fragen, wie es im Jahre 1944 noch Juden geben konnte, die auf diese Lügen hereinfielen. Dazu muss man nicht nur die Abschließung von der Umwelt sondern vor allem auch den Umstand in Betracht ziehen, dass ähnliche Versprechungen bei einer Gruppe, die zum Arbeitseinsatz nach Zossen bei Berlin vor einem Jahr geschickt worden war, tatsächlich eingehalten worden waren. (Diese ca. 200 Menschen kamen nach Abgang der letzten Transporte nach Theresienstadt zurück, wodurch sie ebenso wie ihre Angehörigen gerettet wurden.)

Wir waren uns klar, dass ein Widerstand als Massenaktion in Theresienstadt nur unter zwei Bedingungen denkbar war: als Akt der Verzweiflung, wenn nichts mehr zu verlieren war – oder in unmittelbarem Zusammenhang mit einer allgemeinen Erhebung der Tschechoslowakei beim Herannahen der alliierten Armeen. Beide Voraussetzungen schienen damals nicht gegeben. Die Absicht der SS wurde in ihrer ganzen Tragweite nicht erkannt und das mit vollendeter Virtuosität gespielte Täuschungsmanöver nicht durchschaut. Zwar rechnete man mit einer wesentlichen Verschlechterung der Lebens- und Arbeitsbedingungen, aber man glaubte, Zeit gewinnen zu können, denn schon standen die alliierten Armeen ja bei Aachen und Krakau. Die in Theresienstadt zurückbleibenden Familien, die erst nachkommen sollten, wenn der Aufbau des neuen Lagers genügend weit fortgeschritten sein würde, wähnte man in relativer Sicherheit.

Nach der Besichtigung durch das Internationale Rote Kreuz glaubte man, dass Theresienstadt so stark unter den Augen der Weltöffentlichkeit liege, dass man offensichtliche Vernichtungsaktionen dort nicht zu treffen wagen würde.

Wieder einmal verhinderte jüdischer Optimismus die klare Sicht und damit die Möglichkeit eines Widerstandes gegen die Transporte. Allerdings ist kaum ein Zweifel zulässig, dass dieser Widerstand sinnlos gewesen wäre, weil wohl nur wenige der damals 30.000 Bewohner mit dem Leben davon gekommen wären, und dass die Nazis ganze Arbeit gemacht hätten. Die Hoffnung siegte: Vielleicht kommen wir doch durch, vielleicht hilft uns der Zufall. Nur 3000 von 19.000 Deportierten, aber fast alle der 11.000 Zurückgebliebenen erlebten – entgegen den Absichten der Nazis – tatsächlich die Verwirklichung dieser Hoffnung durch ein gütiges Geschick.

Anfangs war nur vom Abtransport von 5000 arbeitsfähigen Männern zwischen 18 und 55 Jahren die Rede und selbst Angehörigen, die es wünschten, wurde die Mitfahrt verweigert. Diese Zahl bedeutete, dass nur einige hundert Männer für die schwersten und lebenswichtigsten Arbeiten, für die Leitung der Verwaltung und als Ärzte zurückbleiben konnten. Am 24. September wurden die ersten 2500 Männer in die stets als Sammellokal dienende Hamburger Kaserne einberufen. Zufällig verzögerte sich die Ankunft des für den Transport bestimmten Zuges – und sofort entstanden die optimistischsten Gerüchte. Bald hatten sich alle suggeriert, die Transporte seien durch ein uns unbekanntes Ereignis verhindert worden. Es war gerade Jom Kippur, ein Jom Kippur, den keiner der Überlebenden je vergessen wird, ein herrlicher Spätsommertag. Neue Hoffnung erfüllte alle, tausende drängten sich in den Beträumen, tausende wandelten auf den Grünanlagen der Wälle, die Arbeit ruhte praktisch und die Absperrungsmaßnahmen für die Einberufenen wurden nahezu aufgehoben. Doch das Wunder geschah nicht.

Der Zug kam – und fuhr. Und er kam regelmäßig jeden dritten Tag noch zehn mal und brachte 19000 Menschen in genau einem Monat nach Auschwitz. Denn nachdem die meisten Männer, die Widerstand hätten leisten können, abtransportiert waren, hielt man weitere Täuschungen für überflüssig, und deportierte nach und nach Frauen und Kinder, Kranke und Gebrechliche. Nur die Alten über 65 Jahre und gewisse privilegierte Gruppen (Dänen, evang. Holländer, ein Teil der Mischlinge, für die Wehrmacht arbeitende Frauen) blieben zurück. Von jedem Transport hatte man gehofft, dass er der letzte sein würde. Aber das Zeichen, die versprochene Freilassung des zu Beginn der Transporte unter nichtigem Vorwand verhafteten Judenältesten Dr. Eppstein, blieb aus. (Er kam nie frei und wurde ermordet. Wahrscheinlich ist sein Versuch, das Äußerste zu verhindern, der wahre Grund. Kurz zuvor hatte er dem Schreiber dieser Zeilen gesagt:

Ich weiß, dass die Zeit kommt, wo auch ich einmal werde Nein sagen müssen, um vor mir selbst bestehen zu können.) Statt seiner führte dann Dr. Murmelstein mit einem kleinen Stab von ihm geschützter Mitarbeiter die traurige Arbeit zu Ende. (Das nach der Befreiung vor dem Volksgerichtshof gegen ihn eingeleitete Verfahren ist eingestellt worden.)

Transport auf Transport verließ Theresienstadt, jeder riss neue Lücken, niemand wusste, was der nächste Tag ihm bringen würde. Das Erstaunlichste ist, dass trotzdem zu keiner Stunde die lebenswichtige Arbeit im Ghetto unterbrochen wurde, nicht einmal verspäteten sich auch nur die Mahlzeiten, Kranke und Alte wurden weiter betreut. Der Apparat lief weiter, immer wieder sprangen neue Menschen ein – als Zeichen der Fähigkeit jüdischer Menschen zum Organisieren sei dies hier erwähnt, so furchtbar der Anlass auch war. Immer einsamer und trauriger, kälter und hoffnungsloser wurde es in Theresienstadt. Am 28. Oktober abends verließ der letzte Transport das Ghetto, mit ihm fast alle Menschen, die in der jüdischen Arbeit in Deutschland, Österreich, Böhmen und Mähren an leitender Stelle gestanden haben mit „Weisung“. (Geheimer Befehl zur sofortigen Vergasung.)

Das weitere Schicksal ist bekannt. Mehr als die Hälfte aller Deportierten, alle nicht voll Arbeitsfähigen, d. h. alle über 60 Jahre alten, Kranke und Kriegsbeschädigte, alle Mütter mit Kindern unter 15 Jahren gingen „auf die andere Seite“ – sofort vom Zug in die als Baderäume getarnten Gaskammern. Wohl niemand von den Unglücklichen hat bis zum letzten Augenblick etwas von dem bevorstehenden Geschick geahnt. Wenn es einen Trost für die Angehörigen gibt, ist es wohl dies. Die anderen Arbeitsfähigen – die Trennung erfolgt auf dem Bahnsteig nach äußerem Eindruck und Gutdünken durch den berüchtigten, stets lächelnd-freundlichen Lagerarzt Dr. Mengele – erlebten einige fürchterliche Tage – mit ständigen neuen „Selektionen“ im Lager Auschwitz; dann kamen sie „auf Transport“ in die Arbeitslager Schlesiens und Bayerns – ein erheblicher Teil der Männer in die Kauferinger Läger bei Landsberg/Lech, wo sich heute ein großes DP-Lager befindet, dort gingen die meisten an Hunger [zugrunde].

(1948)

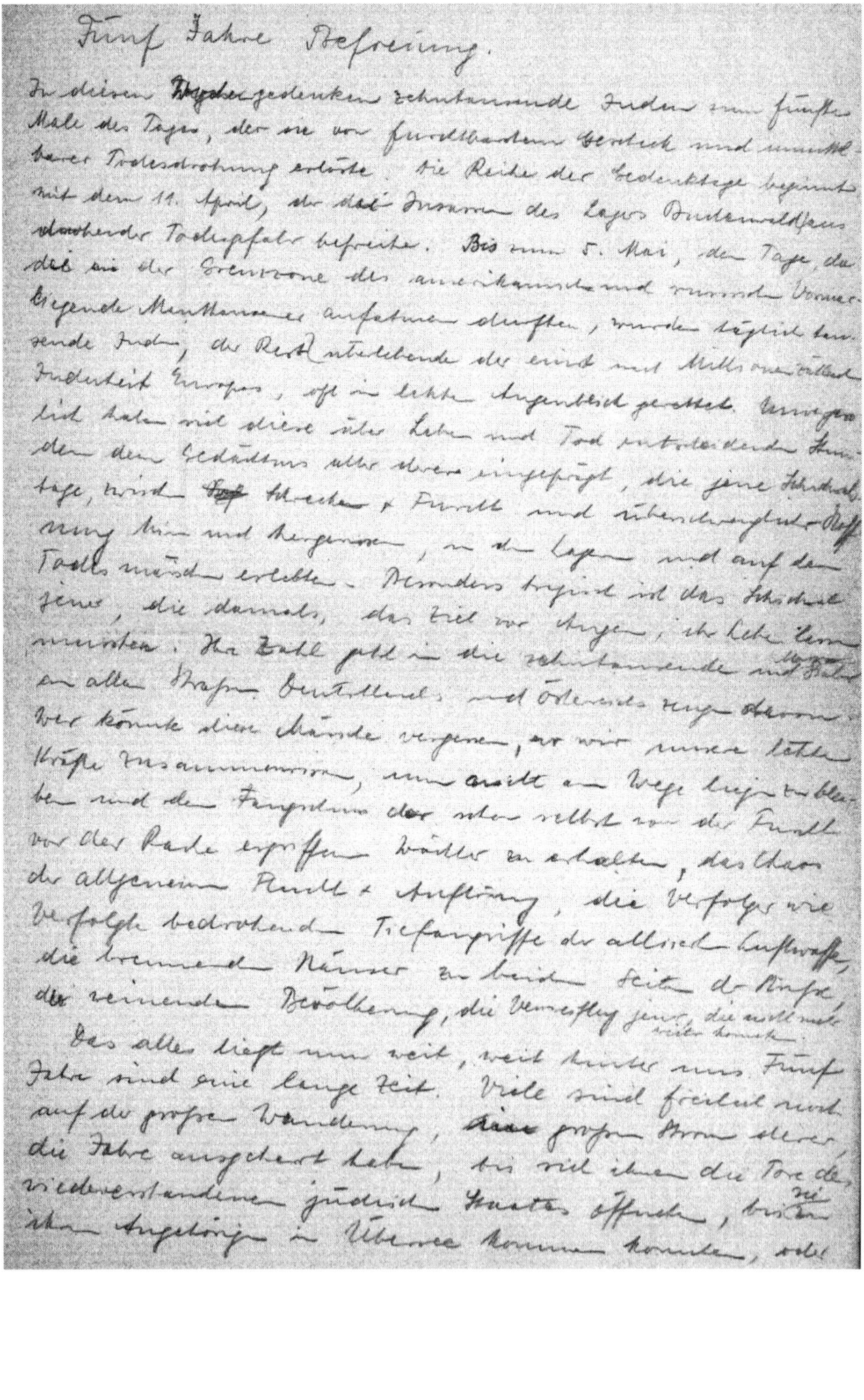

Fünf Jahre Befreiung.

In diesen ~~Tagen~~ gedenken zehntausende Juden zum fünften Male des Tages, der sie von furchtbarstem [illegible] und unmittelbarer Todesdrohung erlöste. Die Reihe der Gedenktage beginnt mit dem 11. April, der die Insassen des Lagers Buchenwald aus drohender Todesgefahr befreite. Bis zum 5. Mai, dem Tage, da die in der Grenzzone des amerikanischen und russischen Vormarsches liegende Mauthausener aufatmen durften, wurden täglich tausende Juden, der Rest Überlebende der einst viel Millionen zählenden Judenheit Europas, oft im letzten Augenblick gerettet. Sicher haben sich diese über Leben und Tod entscheidenden Stunden dem Gedächtnis aller derer eingeprägt, die jene Schicksalstage, wie ~~[illegible]~~ Wochen & Monate und überschwenglicher Hoffnung hin und hergerissen, in den Lagern und auf den Todesmärschen erlebten. Besonders tragisch ist das Schicksal jener, die damals, das Ziel vor Augen, ihr Leben lassen mussten. Ihre Zahl geht in die zehntausende und Massengräber an allen Straßen Deutschlands und Österreichs zeugen davon. Wer könnte diese Märsche vergessen, wo wir unsere letzten Kräfte zusammenrissen, um nicht am Wege liegen zu bleiben und den Genickschuss der SS oder selbst von der Furcht vor der Rache ergriffenen Wächter zu erhalten, das Chaos der allgemeinen Flucht & Auflösung, die Verfolger wie Verfolgte bedrohenden Tieffangriffe der alliierten Luftwaffe, die brennenden Häuser zu beiden Seiten der Straße, der weinenden Bevölkerung, die Verzweiflung jener, die nicht mehr weiter konnten.

Das alles liegt nun weit, weit hinter uns. Fünf Jahre sind eine lange Zeit. Viele sind freilich noch auf der großen Wanderung, ~~[illegible]~~ großen Strom, der über die Jahre ausgeharrt haben, bis sich ihnen die Tore des wiedererstandenen jüdischen Staates öffneten, bis sie zu ihren Angehörigen in Übersee kommen konnten, oder

Fünf Jahre Befreiung

In diesen Wochen gedenken zehntausende Juden zum fünften Male des Tages, der sie dem Leben wiedergab und von furchtbarstem Geschick und unmittelbarer Todesdrohung erlöste. Die Reihe der Gedenktage beginnt mit dem 11. April, an dem amerikanische Truppen die Insassen des Lagers Buchenwald aus drohender Todesgefahr befreiten. Bis zum 5. Mai, dem Tage, da die in der Grenzzone des amerikanischen und russischen Vormarsches liegenden „Mauthausener" aufatmen durften, wurden täglich tausende Juden, der überlebende Rest der einst nach Millionen zählenden europäischen Judenheit, oft noch im letzten Augenblick gerettet. Unvergesslich haben sich diese über Leben und Tod entscheidenden Stunden im Gedächtnis aller derer eingeprägt, die jene Schicksalstage – zwischen Schrecken, Furcht und überschwänglicher Hoffnung hin und her gerissen – in den Konzentrationslagern und auf den Todesmärschen erlebten. Besonders tragisch ist das Schicksal jener, die damals, das Ziel ihrer Hoffnungen vor Augen, ihr Leben lassen mussten. Ihre Zahl geht in die Zehntausende und Massengräber an allen Straßen Deutschlands und Österreichs zeugen davon. Wer könnte diese Märsche vergessen, wo wir unsere letzten Kräfte zusammenreißen mussten, um nicht am Wege niederzusinken, den Fangschuss der selbst schon von panischer Furcht vor der Rache ergriffenen Wächter erwartend? Wem steht nicht die Verzweiflung dieser Menschen noch heute vor Augen, das Chaos der allgemeinen Flucht und Auflösung um uns herum, die Verfolger wie Verfolgte bedrohenden Tiefangriffe der alliierten Luftwaffen, die brennenden Gehöfte beidseits der Straße, die bei unserem Anblick in Erwartung des eigenen Geschicks weinende Bevölkerung. Todmüde, ausgehungert und erschöpft bis zum letzten, apathisch und keines Gedankens mehr fähig, zogen wir dahin, nur noch von dem Willen zum Überleben weitergetrieben.

Das alles liegt nun weit, weit hinter uns. Fünf Jahre sind eine lange Zeit. Viele sind freilich noch auf der großen Wanderung, im großen Strom derer, die Jahre ausgeharrt haben, bis sich ihnen die Tore des wiedererstandenen jüdischen Staates öffneten, bis sie zu ihren Angehörigen nach Übersee fahren durften oder bis sie in ihre Heimat zurückkehren konnten. Viele freilich haben in diesen Jahren ihr Leben wieder „normalisieren" können und suchen die Erinnerung zu bannen und zu verdrängen. Nur wenn man dann nach langer Zeit mit Schicksalsgefährten zusammentrifft, steigt die Erinnerung wieder herauf, beginnt das Fragen und Erzählen, das „Weißt Du noch?" und „Was ist aus ihm geworden?", „Wie konntest Du es überleben?".

Wenn wir unsere damaligen Hoffnungen und Erwartungen vergleichen mit dem, was heute ist, mischt sich freilich in die dankbare Freude des Erlebendürfens nur allzu oft eine tiefe Enttäuschung – auch dann, wenn wir uns bewusst sind, dass vieles von dem, was uns damals unsere Phantasie umso großartiger vorspiegelte, desto elender unsere Lage gewesen war, nie Wirklichkeit werden konnte. Freilich, die Wiedergeburt des jüdischen Staates ist etwas, was auch den jüdischem Leben Fernstehendsten ein Gefühl stolzer Genugtuung einflößen musste. Aber hatten wir uns das nicht ganz anders gedacht, – dass die ganze Welt uns angesichts unseres furchtbaren Leidens und ungezählter Opfer wie des heldenhaften Kampfes hunderttausender Juden ihn uns als eine Geste selbstverständlicher Wiedergutmachung gewähren würde.

Mussten stattdessen abermals tausende junger jüdischer Menschen – unter ihnen so mancher, der eben erst den Qualen der Schreckenszeit entronnen war – mit ihrer Gesundheit und ihrem Leben dafür zahlen, und sogar im Kampfe gegen jene, die unsere Verbündeten im Ringen gegen die Nazi-Tyrannei gewesen waren? Und mussten erst zehntausende in der verhassten und demoralisierenden Atmosphäre der DP-Läger jahrelang warten, bis sie mit ihren Angehörigen wieder vereint sein konnten, bis sie daran gehen konnten, ein neues Leben zu beginnen und sich eine neue Existenz zu gründen? Nicht das Rechts- und Schuldgefühl der Welt, die Kraft und der Wille derer, die Israel aufgebaut hatten, gegen alle Hindernisse, errangen jetzt auch gegen eine feindliche Welt diesen Sieg, die erste Etappe eines neuen Lebens. Denn der neue Staat erfüllte nicht und konnte nicht all die Wünsche der jetzt aus aller Welt hereinströmenden jüdischen Massen erfüllen. Das Lagerleben, der Schrecken der vergangenen Zeit, war noch nicht für alle zu Ende – und jede Umstellung ist ein schmerzlicher Prozess, wo es auch sei. Vieles könnte anders sein, wenn nicht auch die Hilfs- und Opferbereitschaft derer, die selbst von schrecklichem Erleben verschont blieben, mit dem Schwinden der unmittelbarsten Gefahren nur allzu schnell erlahmt wäre. Und vieles hätte nicht sein können und müsste auch heute nicht sein, wenn nicht – auch das sei einmal offen ausgesprochen – die Menschen, die aus innerster Berufung die soziale Arbeit bei Kriegsende übernommen hatten, sich in dieser hätten aufreiben und schließlich resignieren müssen, nicht selten, um abgelöst zu werden von Menschen, denen diese Tätigkeit mehr als ein „Job" als eine Verpflichtung war. Auf der langen Liste der Enttäuschungen steht auch das langsame Tempo und das oft von einer widerstrebenden Bürokratie immer wieder neu hinausgezögerte Ernstmachen mit der materiellen Wiedergutmachung, das die Neugründung der Existenz verzögert und erschwert.

Und schließlich teilen wir die eine große Enttäuschung mit vielen Millionen, die geglaubt hatten, für eine neue Welt des Friedens und der sozialen Gerechtigkeit zu kämpfen und darin den Sinn und das schließliche Ergebnis des großen Ringens sehen zu können gehofft hatten. War jeder bisherige Krieg eine Katastrophe für ungezählte jüdische Menschen, so würde ein neuer Weltkrieg nicht nur die Reste des europäischen Judentums mit völliger Vernichtung bedrohen, sondern auch den jungen jüdischen Staat aufs Höchste gefährden. Eine Vernichtung des mit unsagbaren Opfern und Mühen erarbeiteten und erkämpften jüdischen Aufbauwerks würde aber eine Katastrophe für das jüdische Volk bedeuten, die noch die der hinter uns liegenden Jahre weit übertreffen würde. Aber schon die Atmosphäre des „kalten" Krieges bedeutet eine Gefahr, denn sie fördert überall die Geister des Rassen- und Völkerhasses, des Chauvinismus und Antisemitismus. Angesichts unserer Erfahrungen in der jüngsten Vergangenheit und der unserem Volke drohenden Gefahren in einem neuen, technisch noch „vervollkommneten" Vernichtungskrieges, müssen sich deshalb zum 5. Jahrestage unserer Befreiung aus schlimmster Not unsere Wünsche vereinigen mit denen aller Menschen, die aus dieser Katastrophe etwas gelernt haben: Dass die Welt vor einem neuen Krieg, vor dem Rückfall in die Barbarei bewahrt werden muss, dass es gelingen muss, durch internationale Verständigung die Kräfte der Natur nicht zur gegenseitigen Vernichtung zu bändigen, sondern zur Steigerung der Lebenswohlfahrt aller. Nur in einer solchen Welt kann auch das jüdische Volk leben und gedeihen. Nur dann, wenn in der Verwirklichung der sozialen Gerechtigkeit und der Zusammenarbeit der Nationen wir vorwärtskommen, hätte unser Leiden einen Sinn gehabt.

Gedenkblatt für Dr. Paul Eppstein

Es sind jetzt 15 Jahre seit dem Tage vergangen, an dem Dr. Paul Eppstein, der in der jüdischen Arbeit in Deutschland eine führende Rolle gespielt hat, ums Leben gebracht wurde. Der nachstehende erste Artikel wurde bereits 1945 für ein zionistisches Archiv geschrieben. Der Verfasser fühlt sich verpflichtet, ihn auch an dieser Stelle zu veröffentlichen, zumal in dem kürzlich erschienenen und viel besprochenen Werk von Dr. H. G. Adler (London) „Theresienstadt 1941-1945: Das Antlitz einer Zwangsgemeinschaft" (1. Aufl., Verlag J. C. B. Mohr, Tübingen 1955) Person und Charakter von Paul Eppstein in einseitiger Weise behandelt worden sind; denn die Darstellung in dem Buch, dessen Wert im übrigen keineswegs bestritten werden soll, wird der Problematik, in der sich Menschen in der Situation jener Jahre befanden, nicht gerecht. Schon mehrfach sind Stimmen öffentlich laut geworden, die die Darstellung des ersten „Judenältesten" von Theresienstadt, Jakob Edelstein, kritisiert haben. Viele frühere Mitarbeiter legen deshalb Wert darauf, das Bild von Paul Eppstein, einem der maßgebenden Repräsentanten der Juden in Deutschland, besonders in den Jahren ab 1933, der Nachwelt so objektiv wie möglich zu übermitteln. Mehrfach hätte er die Möglichkeit gehabt, ins rettende Ausland zu entkommen. In der Woche vor Kriegsausbruch befand er sich an der Spitze der deutschen Delegation auf dem Zionistenkongress in der Schweiz. Aus Verantwortungsbewusstsein und Pflichtgefühl kehrte er – und mit ihm alle Delegierten – nach Deutschland und in seine Arbeit zurück.

Dr. B. Simonsohn war mit Dr. Eppstein bis zum Tage vor seiner Erschießung zusammen und kennt verschiedene Umstände, die Dr. Adler unbekannt bleiben mussten, die aber auf viele von Eppsteins Handlungen ein anderes Licht zu werfen geeignet sind.

Sein Andenken wird weiterleben[1]

Anfang 1943 kam Dr. Paul Eppstein, einem Befehle des „Reichssicherheitshauptamtes" Folge leistend, ins Ghetto Theresienstadt, um als Judenältester die

---

1 Das maschinenschriftliche Manuskript hat die Überschrift „In memoriam Dr. Paul Eppstein". In diesem Text fehlen die Zwischenüberschriften, die erst bei der Veröffentlichung in der Zeitschrift „Jüdische Sozialarbeit", 1959. Nr. 3/4 hinzugefügt wurden.

Leitung des Lagers zu übernehmen. Dieser Auftrag, der mit der Verdrängung des bisherigen Judenältesten Jakob Edelstein verbunden war, welcher sich in weiten Kreisen größter Beliebtheit erfreute, musste ihm anfänglich das Misstrauen weiter Kreise, hauptsächlich aber unter den Juden aus der Tschechoslowakei, eintragen. Nur wenige kannten ihn aus seiner früheren Tätigkeit in der jüdischen Jugendbewegung, der Zionistischen Organisation und der Arbeit bei der „Reichsvereinigung der Juden" (Berlin), und wussten etwas vom Leben und Charakter dieses Mannes, der in der Geschichte der deutschen Juden in den verhängnisvollen Jahren eine wichtige Rolle gespielt hat.

Der junge Soziologe

Paul Eppstein wurde am 4. März 1901 in Mannheim geboren. Schon als Schüler fiel seine große Begabung auf. Bald kristallisierten sich seine Neigungen, denen er im Studium der Philosophie an den Universitäten Heidelberg und Freiburg i. B. folgte, das er mit dem Studium der Nationalökonomie und Soziologie verband. Im Alter von 25 Jahren habilitierte er sich als Privatdozent an der Handelshochschule Mannheim; dabei spezialisierte er sich immer mehr auf dem Gebiet der Soziologie, und verband seine Kenntnisse sowohl auf dem Gebiet der Philosophie und der Nationalökonomie zu einer fruchtbaren Synthese. Als Schüler und Freund der Professoren Max Weber, Karl Jaspers, Karl Mannheim, Afred Weber – stand ihm eine glänzende Laufbahn bevor. Auf den internationalen Soziologentagungen erregte der junge Dozent durch die Selbständigkeit seines Denkens und Formulierens Aufsehen.

In jüdischer Jugendbewegung

Frühzeitig betätigte er sich auch in der jüdischen Jugendarbeit in Deutschland. Seine positive jüdische Grundhaltung entwickelte sich dabei immer klarer zum zionistischen Bekenntnis; seine Sympathien galten, seiner allgemeinen Einstellung entsprechend, dem chaluzischen Zionismus. So große Freude er an scharfen geistigen Auseinandersetzungen hatte, blieb er dabei immer der Wissenschaftler, der erst ein Urteil fällte, wenn er alle Seiten gehört und die Meinungen gegeneinander abgewogen hatte. Mit Menschen gleicher Art schuf er schon Jahre vor der sog. Machtergreifung den „Reichsausschuss der jüdischen Jugendverbände in Deutschland", der alle Richtungen umfasste. Der „Reichsausschuss" wurde zum Träger einer fortschrittlichen, positiv-jüdischen und zentralen Sozialarbeit in Deutschland und zum Mitschöpfer der „Zentralwohlfahrtsstelle der deutschen Juden e. V.", einem Kernstück der späteren „Reichsvertretung" und nachmaligen „Reichsvereinigung der Juden in Deutschland". Durch Vorträge und Arbeitsgemeinschaften wirkte Eppstein in den verschiedenen jüdischen Jugendorganisationen und der zionistischen Bewegung, vor allem aber in dem sog. Neutralen Verband, mit. Diese Arbeit stand seinem Herzen mindestens so nah wie seine wissenschaftliche Tätigkeit und niemals, auch in den schwersten Zeiten und gefährlichsten Situationen und bei der größten Arbeitsüberlastung, ist dies anders gewesen. Wenn ihn die Jugend rief, war Eppstein da und nichts konnte ihn davon abhalten.

1933 - 1940

Als im Jahre 1933 seine Laufbahn ein jähes Ende fand, war es offensichtlich, dass die jüdischen Organisationen einen Mann wie ihn, der sich bei allen Richtungen wegen seiner Sachlichkeit und Unbestechlichkeit des Urteils großer Achtung erfreute, zu leitender Tätigkeit heranziehen würden. Dr. Eppstein siedelte damals nach Berlin über und übernahm in der „Reichsvertretung“, deren Bedeutung als Verwaltungsstelle der aus dem Ausland kommenden Hilfsgelder gewaltig wuchs, zunächst die Leitung des Darlehenskassenwesens, mit dem zahlreichen jüdischen Betrieben die Existenzerhaltung oder die Umstellung ermöglicht werden konnte. Er nahm sich dann auch der Auswanderung an, der Rückwanderung (in die Heimatländer) und später auch, Kinderauswanderung. Zu allen grundsätzlichen Entscheidungen wurde er zugezogen. Nach dem Fortgang von Dr. Georg Lubinski wurde Paul Eppstein zu einer zentralen Figur im jüdischen Leben in Deutschland. Aus diesem Grunde wurden ihm auch die Verhandlungen mit dem „Judenreferat“ des „Reichssicherheitshauptamtes“ (Gestapo) übertragen, als dieses begann, sich immer intensiver in jüdische Angelegenheiten einzumischen. Dazu bedurfte es einer Persönlichkeit, die Rückgrat und Geschmeidigkeit besaß. Eppsteins Ziel war, die Selbständigkeit der jüdischen Verwaltung so lange und soweit wie möglich zu erhalten und das Schlimmste nach Möglichkeit abzuwenden. Das konnte nur dann erreicht werden, wenn die Anordnungen so durchgeführt wurden, dass die Gestapo keinen Vorwand fand, die Durchführung selbst in die Hand zu nehmen. Bei der Zusammensetzung des seiner Jugend durch die Auswanderung großenteils beraubten deutschen Judentums und bei dessen Mentalität schien der Gedanke an Widerstand unmöglich. Es blieb nur eine Aufgabe: die Dinge in der Hand zu behalten, um in der Praxis und im Geheimen zu mildern und Zeit zu gewinnen suchen. Niemals wurde, wie so manche traurige Gestalt im jüdischen Leben jener Tage, Eppstein ein Verräter. Mehrfach versuchten die Eichmann, Moes und Genossen ihm das Rückgrat zu brechen. Vier Monate saß Eppstein im Polizeigefängnis am Alexanderplatz unter dem nichtigen Vorwand, dass er die illegale Auswanderung nach Palästina sabotiert habe, weil er nach trüben Erfahrungen nicht junge Menschen ins Ungewisse schicken wollte, ehe der Transport einigermaßen gesichert war. Mehrfach wurden ihm Bestechungssummen mehr oder weniger verhüllt angeboten. Seine Mitarbeiter wurden unter den lächerlichsten Vorwänden verhaftet und ermordet.

Als nach der Deportierung von 7000 Juden aus Baden nach dem Lager Gurs (Südfrankreich) die „Reichsvereinigung“ sich zum Zeichen ohnmächtigen Protestes zur Anordnung eines Trauergottesdienstes in allen Synagogen aufraffte, wurde Dr. Julius L. Seligsohn, der Urheber dieser Maßnahme, im Konzentrationslager ebenso zu Tode gequält wie Ministerialrat a. D. Dr. Otto Hirsch, der durch Vermittlung von Propst Heinrich Grueber die Zustände im Lager Gurs dem Ausland bekannt machen wollte. Und Dr. Conrad Cohn, der Leiter der Fürsorgeabteilung in der „Reichsvereinigung“, wurde in Sachsenhausen zum Selbstmord getrieben, weil in einem seiner Abteilung unterstehenden Altersheim ein größerer Vorrat von Vorkriegsseife gefunden worden war.

Verantwortung in der Gefahr

Unter solchen Umständen arbeiteten damals Menschen, die ihre Schicksalsgenossen nicht im Stich ließen. Es ist leicht, sie zu verurteilen, wenn man damals vom sicheren Port die Dinge betrachten konnte. Niemals wusste Eppstein, ob er, wenn er zur Gestapo gerufen wurde, zurückkehren würde und stets trug er eine Dosis Zyankali bei sich, um der Qual ein Ende zu machen, wenn man ihn zu Dingen zwingen wollte, die er mit seinem Gewissen und seinem Verantwortungsgefühl der jüdischen Gesamtheit nicht vereinbaren konnte. Immer wieder gab es neue Aufregungen und sehr schwere Stunden, wenn neue Maßnahmen gegen Juden „eröffnet“ und Freunde und Mitarbeiter aus der Arbeit gerissen wurden. Jeder wusste damals, dass auch seine Stunde eines Tages schlagen würde.

Nach seiner Verhaftung im Jahre 1940 übernahm Eppstein die Leitung der Abteilung Berufsausbildung und Berufsumschichtung, eine Aufgabe, die ihn, der mit den führenden Menschen des Hechaluz persönlich befreundet war, am meisten lag. Die zentrale Bedeutung dieser Aufgabe als des einzigen Mittels, die jüdische Jugend und die Menschen in noch umstellungsfähigen Alter für das Leben in einer neuen Welt zu befähigen, war ihm, der grundsätzlich in der Produktivierung und sozialen Umschichtung der jüdischen Jugend den wichtigsten Beitrag zur Lösung der Judenfrage erblickte, stets bewusst. Ihm, der sich persönlich so schwer erschloss und eigentlich immer einsam blieb, waren diese jungen Menschen Freunde. Als der Hechaluz schon längst verboten war, und nur mit Eppsteins Deckung als Unterabteilung des Palästina-Amtes und später der „Reichsvereinigung“ getarnt weiterarbeiten konnte, nahm er an seiner Tätigkeit regsten Anteil und fehlte kaum bei einer der illegalen Zusammenkünfte, sei es bei Seminaren oder zentralen Besprechungen. Dabei arbeitete er stets bis in die tiefe Nacht hinein und kam selten vor 2 Uhr nachts aus der Arbeit. Hier im Kreise der Jungen konnte auch Paul Eppstein sein schweres Amt vergessen, dann konnte er jung und ausgelassen werden. Eine Freude waren seine Singabende, die er besonders einfallsreich zu gestalten wusste. Und mancher Mitarbeiter mag sich daran erinnern, wie Eppstein bei einer Sozialarbeitertagung „Palästinensische Wochenschau“ darbot. Aber das waren wenige glückliche Stunden, in denen sich die ständige Spannung löste. Immer wieder mussten neue Formen gefunden werden, um jüdisches Leben aufrechtzuerhalten, Hachschara weiter durchzuführen und den immer drückender werdenden Bestimmungen zum Trotz „mit Würde zu bestehen“. Diese Aufgabe hatte längst alle in Deutschland verbliebenen Mitarbeiter ohne Unterschied ihrer früheren Richtung zusammengeschweißt.

Im Angesicht der Vernichtung

Dann kam die Stunde, wo die Falle endgültig zuschlug, die Auswanderung unmöglich, jede positive Arbeit sinnlos, die Vernichtungsabsicht offensichtlich wurde. Es kam nur noch darauf an, zu retten, was zu retten war, einen Kern zu halten zu versuchen und vor allem die Alten, als Treuhänder ihrer ausgewanderten Kinder, vor dem Osten, der Fahrt in den sicheren Tod, bewahren zu können. Man kann darüber streiten, ob damals nicht eine andere Politik richtig gewesen wäre, ob nicht eine Verweigerung der Mitarbeit auf alle Konsequenzen für die eigene Person hin, ob nicht der offizielle Rat zum Widerstand und Verstecken mehr Menschenleben hatte retten können. Mit einem überalterten und durch jahrelange Drangsalierung zermürbten, durch die Auswanderung seiner aktivsten Menschen beraubten Judentum wäre dies eine bloße Demonstration gewesen, die dem wie wenige Menschen auf Popularität, Effekte und geschichtliche Legendenbildung bewusst verzichtenden Dr. Eppstein absolut nicht lag, obwohl er in manchen Situationen persönlichen Mut bewies und sein eigenes Leben längst als verloren ansah.

Der „Theresienstadt“ – Plan

Als die Gestapo ihr Reklamestück „Theresienstadt“ zum Betrug der Weltöffentlichkeit startete, erblickte er hier wieder eine Möglichkeit, Menschenleben über die Zeit zu retten. Es erschien ein großer Erfolg, als es gelang, eine Verfügung zu erreichen, dass Juden über 65 Jahre und gewisse bevorzugte Gruppen wie Schwerkriegsbeschädigte, Mischlinge, „arisch Versippte“ mit ihren Familienangehörigen nicht die Fahrt nach dem Osten und nach Auschwitz antreten mussten, sondern nach dem regional und klimatisch viel günstiger gelegenen Theresienstadt, das ursprünglich nur als Durchgangslager für die Juden aus Böhmen und Mähren gedacht war. Die Gestapo war bemüht, den Anschein zu erwecken, dass ihr sehr viel an dieser Sache lag. Obwohl sie sich über Haltung und Gesinnung von Eppstein, die übrigens selbst diesen Verbrechergestalten ein gewisses Maß von Achtung abzuringen verstanden hatte, nicht im Zweifel sein konnte, war ihr dieser auch im Ausland bekannte Gelehrte als Führer der jüdischen Selbstverwaltung angesichts der Möglichkeit internationaler Besichtigungen für ihre Täuschungszwecke gerade geeignet und repräsentativ genug. So erhielt er plötzlich den Auftrag, nach Theresienstadt zu übersiedeln mit dem Versprechen, dass er weiter Leiter der „Reichsvereinigung" in Berlin bleiben würde und an wichtigen Besprechungen nach dort fahren dürfe. (Was, wie alle Versprechungen, niemals gehalten wurde.)

Im Ghetto Theresienstadt

So kam Eppstein am 27. Januar 1943 nach Theresienstadt und lernte die Wirklichkeit des „Musterghettos" kennen. Die Wirklichkeit, das hieß: Massensterben der Alten durch die unvorstellbaren Wohn- und hygienischen Verhältnisse, Abtransport von Alten und Jungen in stets wechselnder, aber niemals aufhörender Folge mit „unbekanntem Ziel", das ihm, wenn anfänglich auch nicht in seiner vollen Tragweite, bekannt war. Das hieß auch: Arbeitsunlust, Korruption, Verantwortungslosigkeit gegenüber der Gemeinschaft und dem Gemeinschaftseigentum, Vernachlässigung der Alten. Eppstein nahm den Kampf auf. Demonstrativ verzichtete er auf die ihm zustehenden zwei Zimmer, die er bei der Zusammenpferchung der Bevölkerung in seinem Kampfe gegen die Haltung gewisser, sich auf Kosten der Alten ein verhältnismäßig bequemes Leben schaffender Schichten als Belastung empfunden hätte. „Noch immer der Alte" quittierten das die Gangster aus Berlin, die zu regelmäßigen Besuchen erschienen.

Er begann im vollem Bewusstsein der Unpopularität solcher Parolen – in einer Reihe von Versammlungen, die halb widerstrebenden Mitarbeiter mit sich reißend, unter der Tarnparole: „Für Erhöhung der Arbeitsleitung und gerechte Verteilung" den Kampf für eine bessere Arbeitsmoral, vor allem im Interesse der Alten, für ein Gemeinschaftsbewusstsein über alle landsmannschaftlichen und Altersunterschiede hinweg. Dabei stieß er auf viel Missverständnis und Misstrauen, auch auf Widerstand der bedrohten, privilegierten Schichten. Freilich fand er aus dem Kreise seiner früheren Mitarbeiter, aber auch unter den tschechischen Mitarbeitern manchen, der ihn in diesem Kampfe unterstützte. Seine Taktik war auch hier, möglichst viele Menschen in Theresienstadt zu halten. Das bedeutete aber, von wenigen nur verstanden und von vielen missdeutet, das Interesse der Gestapo an ihrem „Reklamepferd" zu erhalten und durch Arbeitsleistungen einerseits das Lebensniveau allgemein zu steigern, was allmählich auch durchaus gelang, andererseits auch durch Arbeit für die Kriegswirtschaft an Ort und Stelle junge Menschen arbeitsmäßig an Theresienstadt zu binden. Nur das erste ist teilweise gelungen. Angesichts der erwarteten internationalen Kommissionsbesuche wurden nicht nur allerhand Paradestücke, nur für den Besichtigungstag bestimmt, geschaffen, sondern die Wohnverhältnisse und hygienischen Bedingungen verbessert, die Rationen namentlich für die Alten dem angenähert, was ihnen zustand, und manche andere, lebenswichtige Verbesserung erreicht (Zustellung von Auslandspaketen, reges kulturelles Leben). Und das, obwohl die Arbeit und die allgemeine Moral durch die fortwährende Drohung und Durchführung von Auschwitztransporten, durch manche Rivalitäten in der Führung, und durch das Nichtdurchschauen können diese doppelten Spiels (um Erringung des Wohlgefallens der Behörde und der Hilfe für die jüdische Gemeinschaft) durch weite Kreise, aufs schwerste gehemmt und gestört, wurde.

Mit letzter Kraft

Trotz größter Arbeitsanspannung, die ihn in den Transportzeiten oft tagelang nur zu wenigen Stunden Schlaf kommen ließ, fand Eppstein auch hier Zeit zu jüdischem Leben und zu geistiger Tätigkeit, ganz selten nur zur Selbstausübung der Musik, die in ihm, dem Freunde guter Kunst, einen eifrigen Förderer hatte. Regelmäßig hielt er ein soziologisches Seminar ab, das, ursprünglich eine Veranstaltung eines kleinen Kreises von Mitarbeitern der Arbeitszentrale, allmählich alle geisteswissenschaftlich Interessierten anzog, und das bei lebhafter und freier Diskussion aller Teilnehmer und Ansichten im Wesentlichen er selbst bestritt. Darüber hinaus hielt er von Zeit zu Zeit vor einem großen Publikum öffentliche Vorträge über allgemeine und jüdische Themen und auch über Fragen des Lebens in Theresienstadt. Besonders beachtet wurde sein großangelegter Vortrag, der unter einem harmlosen Titel und oft hinter wissenschaftlichen Formeln versteckt eine Auseinandersetzung über die Probleme von Freiheit und Wissenschaft und eine scharfe Kritik der faschistischen Diktatur enthielt. Eppstein stellte sich der Jugend und der zionistischen Tätigkeit zur Verfügung, wann und wohin sie ihn rief. Ob im Keller der Arbeiterkaserne, ob in verborgenen Böden von Jugendheimen – die Aufgabe, zum sozialen Bewusstsein, zur Gemeinschaft zu erziehen, zog ihn immer wieder an. Er hielt stets Kontakt besonders mit den Menschen vom Hechaluz, darüber hinaus aber mit allen jungen Menschen, die ein positives jüdisches oder sozial-fortschrittliches Ziel hatten.

Sachlich und mutig

In all dieser Tätigkeit gelang es ihm zwar nie – dazu war weder seine Aufgabe, noch sein Wesen angetan – populär zu werden. Indes, seine Unparteiischkeit und seine Sachlichkeit, seine Unbestechlichkeit und sein nie erlahmender Arbeitseifer trugen ihm allmählich doch die Achtung der großen Mehrheit aller Schichten ein. Die Verhältnisse im Ghetto begannen sich zu konsolidieren, und die allgemeine Entwicklung ließ die Hoffnung aufkommen, dass man „durchkommen" werde. Eppstein ließ sich nicht täuschen. Er ahnte, dass die schwerste Gefahr erst jetzt kam. Als die Heere Hitlers durch Frankreich und Polen auf die deutschen Grenzen zurückgetrieben wurden, war die Freude im Ghetto unbeschreiblich, und offen wurden den amerikanischen Geschwadern, die freiheitsverkündend am hellen Tage über Theresienstadt flogen, zugejubelt. Manchmal ließ sich auch Paul Eppstein von dieser Stimmung mitreißen, und wie alle aktiven Kreise, begann auch er, die ersten Vorbereitungen für einen aktiven Widerstand und für die Stunde der Befreiung zu treffen, wobei er sich der Schwierigkeiten seiner Situation als Ausländer in der Tschechoslowakei voll bewusst war. Aber durch hinterbrachte Äußerungen und offene Drohungen von Moes, es sei für ihn eine Kleinigkeit, 30 000 Menschen auf einmal in die Gaskammer zu schicken – „sie sind schon vorbereitet!" – über die Absichten der Gestapo unterrichtet, war er gleichzeitig auch besorgt, dass nicht durch unkluge, vorzeitige Demonstrationen, durch Provokationen der SS herausgefordert, ein Vorwand zur Vernichtung geliefert würde. In seinen Vorträgen, insbesondere aber in einer Rede vor 1200 Menschen am Vorabend des Neujahrstages 1944, warnte er:

„Wir gleichen einem Schiff, dass von ferne schon den ersehnten Hafen erblickt, wir meinen schon, die Freunde am Ufer erkennen zu können, aber wir müssen noch zwischen unbekannten Klippen hindurchsteuern, und vorzeitiges Winken und Grüßen darf uns nicht über die Gefahren, die noch zu überwinden sind, hinwegtäuschen".

Realismus – Pessimismus

In allen Vorträgen tauchten diese düsteren Ahnungen und Prophezeiungen auf. Nur er wusste damals schon, dass man den Abtransport mindestens aller waffenfähigen Männer vorhatte, und konnte sich aus den gefallenen Äußerungen ein Bild machen, was mit ihnen beabsichtigt war. Auch in privaten Gesprächen äußerte er sich oft pessimistisch, besonders über sein eigenes Schicksal, und wurde ernst, wenn man von der Zukunft zu sprechen anfing. Damals sagt er auch das Wort, das uns den Schlüssel zu seinem tragischen Schicksal geben kann: „Ich weiß, dass einmal der Moment kommen muss, wo ich nicht mehr ja sagen darf, wenn ich vor meinem Gewissen und der jüdischen Gemeinschaft bestehen will!" Und dieser Moment kam. Als es klar wurde, dass, ungeachtet aller lügnerischen Täuschungsmanöver, beabsichtigt sei ein Arbeitseinsatz in der Nähe von Dresden, es sich praktisch um eine Liquidierung mindestens aller jüngeren Menschen, wenn nicht des ganzen Ghettos handeln würde, hat er anscheinend den Versuch unternommen, die Entwicklung zu bremsen, oder mindestens Amt und Verantwortung dafür abzuwerfen.

Das Ende

Vielleicht waren auch Äußerungen von ihm, die Widerstandsabsichten ankündigten, denunziert worden; denn die Gestapo fürchtete bei seiner Einstellung nur, dass er nicht widerspruchslos nun auch das Letzte preisgeben würde, das einer Mitarbeit von jüdischer Seite einen Sinn geben konnte. Jedenfalls wurde er unmittelbar nach Ankündigung des ersten Transportes unter lächerlichem Vorwand, die Stadtgrenze ohne Meldung beim Gendarmen zu der direkt gegenüberliegenden Kleiderkammer überschritten zu haben, verhaftet, angeblich über die Dauer der Transporte. Man hat wochenlang die Komödie gespielt, ihm Essen bringen zu lassen, bis zum letzten Transport am 28. Oktober 1944. Mit diesem schickte man seine Frau, Dr. Hedwig Eppstein, durch ihre Tätigkeit in der „Jüdischen Jugendhilfe" in Berlin und in Berliner Waisenhäusern vielen bekannt und bei allen durch ihr hilfsbereites und bescheidenes Wesen beliebt, und alle Mitarbeiter, bis zu seinem Laufjungen herab, in die Gaskammern nach Auschwitz.

Es besteht heute kein Zweifel, dass Eppstein kurz nach seiner Verhaftung erschossen, und dass die Leiche von der SS heimlich nach der Entfernung aller jüdischen Arbeiter im Krematorium verbrannt wurde. Unglücklicherweise hatte Eppstein gerade am Tage seiner Verhaftung die Giftphiole nicht bei sich.

Das Schicksal konnte er mit seiner Haltung nicht aufhalten. Nach ihm führte der neue Judenälteste, Dr. Benjamin Murmelstein, die Transporte ohne solche Skrupel durch. Aber die Ehre der jüdischen Gemeinschaft in Deutschland und ihrer Vertreter in schwerster Zeit hat er damit gerettet. Sein Andenken wird bei denen, die ihn kannten, weiterleben.

(1959)

II. Für den Frieden im Nahen Osten

Der einzige Weg
Voraussetzung einer jüdisch – arabischen Verständigung
(Frühjahr 1937)

Es scheint, als habe es erst der dramatischen Zuspitzung der jüdisch-arabischen Gegnerschaft an jenem Blutsonntag in Jerusalem bedurft, um der Stimme der Vernunft auf beiden Seiten zum Durchbruch zu verhelfen. Wie so oft in der Geschichte, muss es erst ganz schlimm kommen, bis die Einsicht reift, dass es so, wie bisher, nicht weitergeht. Denn die weitere Fortsetzung des latenten Kriegszustandes in Palästina müsste nicht nur das zionistische Aufbauwerk auf die Dauer in die größten Schwierigkeiten bringen, sondern auch die Interessen der Araber in jeder Beziehung schädigen.

Zum ersten Mal erhebt sich die Stimme der Vernunft – wenn auch noch vereinzelt und schwach – auch auf arabischer Seite aus dem Chor der Leidenschaften. Dabei wird nicht nur die Bereitschaft zu Verhandlungen am runden Tisch erklärt, sondern auch in gewissem Grade jüdischen Forderungen Rechnung getragen. Man darf nicht übersehen, dass solche Erklärungen aus dem Lager des Muftis kamen, der ja immer noch ein wichtiger Faktor ist. Das Oxforder Programm ebenso wie die Reden seines Vetters in England, aber auch die Äußerungen seines Sekretärs Rock dürften durchaus als Versuchsballone gewertet werden, um die Reaktion innerhalb des arabischen Lagers, aber auch auf jüdischer und englischer Seite kennen zu lernen und künftige Möglichkeiten abzutasten. Die Bereitschaft der zionistischen Instanzen, mit dem Gesamtarabertum zu verhandeln, stellt gleichfalls einen wichtigen Fortschritt auf dem Wege zur Verständigung dar.

Innerhalb der zionistischen Bewegung hat sich die Diskussionsbasis offensichtlich nicht minder verschoben. Ein Teil der bedingten Ja-Sager hat sich inzwischen in einer Art von Verzweiflungsstimmung zu unbedingten Anhängern der Teilung entwickelt (Teilung – nur so rasch wie möglich), während ein anderer Teil unter dem Eindruck der entschiedenen, ungebrochenen Gegnerschaft der Araber innerhalb und außerhalb Palästinas mit einem Teil der Nein-Sager, ernsthafter über die Möglichkeit nachzudenken beginnt, wie man durch eine arabisch-jüdische Verständigung die drohende Balkanisierung Palästinas verhindern könne. Auch in England wächst der Widerstand gegen den Teilungsplan, seitdem sich gezeigt hat, dass dieser nur mit Waffengewalt durchzuführen wäre. Die strategischen Interessen des Empire verlangen mehr denn je, dass die Araber nicht weiter in eine Feindschaft gegen England hineingetrieben werden. „Great Britain and the East“ und „Round Table“, zwei maßgebende Zeitungen der englischen Orientpolitik, haben deutlich genug gesagt, dass diese Interessen allen Sympathien für den Zionismus voranstehen. Niemand soll annehmen, dass nun, wo England den Terror mit starker Hand zu unterdrücken sich anschickt, ein energischer Kurs gegen die Araber und für den Zionismus zu erwarten sei. Jeder Kenner moderner Kolonialpolitik weiß, dass der Wiederherstellung der Autorität sehr oft weitgehende sachliche Konzessionen zu folgen pflegen.

Während England bisher eine weitgehende Verständigung zwischen Juden und Arabern – nach der bekannten Politik „Divide et impera“ – nicht gern gesehen hatte, so dass jeder Versuch von jüdischer Seite mit Sicherheit auf den Widerstand der englischen Regierung gestoßen wäre, ergibt sich jetzt die einzigartige Chance, dass diese ein arabisch-jüdisches Programm, das die Teilung verhüten und überflüssig machen würde, wahrscheinlich mit einem Aufatmen der Erleichterung begrüßen würde, weil England dadurch der Notwendigkeit enthoben würde, eine Lösung mit Gewalt gegen den Willen des gesamten Arabertums durchführen zu müssen.

Die erste Voraussetzung jeder Verständigung aber ist, dass man sich bemüht, das Wollen des Gegners zu verstehen und in seinen Motiven zu würdigen. Mit zwingender Klarheit zeigt der Peelbericht, dass nicht irgendwelche fremden Einflüsse und auch nicht die Verhetzung durch reaktionäre Schichten die wesentlichen Ursachen für die Feindschaft der Araber gegen den Zionismus sind, sondern der Wunsch, wenigstens in dem Grade frei und unabhängig zu werden, wie ihre Brüder in den Nachbarstaaten. Beides aber – staatliche Unabhängigkeit und demokratische Einrichtungen – verweigert ihnen die englische Regierung mit dem Hinweis auf ihre Versprechungen an den Zionismus. Das ist der springende Punkt! Darum ist ein Vorschlag, der ihnen nicht mehr bietet als der Teilungsplan – das braucht nicht weniger für den Zionismus zu bedeuten – undiskutabel. Eine Politik, die gegen die Teilung kämpft, aber gleichzeitig die Aufrechterhaltung und energische Durchführung des Mandats fordert, ist stur, illusionär und eine gefährliche Sabotage des Verständigungsgedankens. Immer deutlicher schälen sich aus allen Projekten zwei Dinge heraus:

1.) Innerhalb des engen palästinensischen Rahmens allein gibt es keine Lösung der zentralen Frage Mehrheit – Minderheit, die für beide Teile annehmbar wäre.

2.) Ein Judenstaat mit voller Souveränität muss mit dem erbitterten Widerstand aller Araber rechnen. Der vollen Verwirklichung der Ideale Herzls steht nun einmal die nicht mehr zu übersehende und nicht mehr wegzudiskutierende Tatsache gegenüber, dass dem „Volk ohne Land“ in Palästina kein „Land ohne

Volk“ gegeben wurde, sondern dass in diesem Land ein selbstbewusstes Volk – gleich dem jüdischen – um seine nationale Freiheit ringt, und dass in tragischer Weise der Freiheitskampf dieser beiden Völker in Gegensatz zueinander geraten ist.

Die „Araberfrage“ ist heute kein Diskussionsthema für kleine Gruppen und einzelne Intellektuelle mehr, sondern die zentrale Frage der zionistischen Außenpolitik. Der arabische Nationalismus ist in steigendem Maße zu einem Machtfaktor geworden und nichts spricht dafür, dass er an Bedeutung verlieren könnte. Es gibt Menschen, die dies nicht sehen wollen und sich freudig an jeden Rückschlag dieser Bewegung klammern. Sie verkennen dabei vollkommen den historischen Prozess, der sich in allen Ländern des Vorderen Orients in stürmischem Tempo vollzieht. Es gibt dabei Konflikte und Rückschläge – wo gibt es die nicht? Aber eine Politik, die von den Schwächen und Schwierigkeiten einer aufsteigenden Bewegung zehren will, verurteilt sich selbst zum Scheitern.

Mit noch so schönen Deklarationen kommt man um die Beantwortung der entscheidenden Fragen nicht herum. Welchen Wert hat die Redensart „nicht herrschen“ und „Nicht beherrscht werden“, wenn man gleichzeitig selbst nur die Vorschläge der Parität in einem binationalen Gemeinwesen ablehnt? Die Araber – und nicht nur die Palästinas – fürchten, ein strategisch, wirtschaftlich und politisch überaus wichtiges Gebiet zu verlieren; sie wollen darum dort nicht zur Minderheit werden, wollen keinen „Keil“ zwischen ihren Ländern dulden. Objektiv würde ein Judenstaat nichts anderes sein, mag man auch das Gegenteil wollen. Nur, wenn wir durch unsere Politik den Beweis erbringen würden, dass wir uns nicht zu Werkzeugen fremder Mächte machen, wenn wir unsere politischen Bestrebungen mit denen der Araber verbinden würden, könnten wir dieser Furcht die Grundlagen entziehen. Praktisch würde das bedeuten, dass wir – bei Zusicherung gewisser Rechte, über die noch gesprochen werden soll – uns den panarabischen Bestrebungen nicht entgegenstellen, dass wir auf eigene Staatlichkeit endgültig verzichten, und dass wir auf unsere Bereitschaft zur Ersetzung der Mandatsherrschaft durch eine arabisch-jüdische Regierung – bei Gelingen einer Verständigung über alle Fragen – erklären. Für die Araber bedeutet Mandat = Fremdherrschaft. Wenn wir immer nur dessen Verewigung fordern, machen wir uns Feinde, ohne doch Freunde zu gewinnen, weil England selbst zur Aufgabe des überlebten Mandatsgedankens bereit ist.

Liegt denn nicht der Gedanke einer großen, autonomen jüdischen Siedlung innerhalb eines arabischen Staatenbundes auch im zionistischen Interesse? Die Gegnerschaft der Araber gegen jüdische Einwanderung würde entfallen, wenn sie die Garantien hätten, dass diese nicht zum politischen Machtfaktor gegen ihre Interessen würde. Ist das so utopisch? Es gab doch bereits drei Versuche, auf dieser Basis zur Verständigung zu gelangen, das Abkommen Weizmann – Feisal, den Freundschaftsvertrag des pan-arabischen Kongresses 1922 in Kairo, den Vorschlag Abdullahs zur Vereinigung Palästinas und Transjordaniens bei Garantierung des jüdischen Nationalheims! Ist nicht jedes Mal die Einigung nur daran gescheitert, dass die zionistische Bewegung – vielleicht allzu bereitwillig – dem ablehnenden Rat Englands gefolgt ist? Mussten wir dadurch nicht in den Augen der Araber als „Werkzeuge des britischen Imperialismus“ erscheinen? Auch heute noch glauben viele, dass eine solche Annäherung an die Araber die Feindschaft des mächtigeren Englands einbringen würde. Hierbei wird grundsätzlich übersehen, wie sehr sich die englische Politik im Gefolge des Konflikts mit Italien und der dadurch veränderten Situation am Mittelmeer, gegenüber den arabischen Bestrebungen gewandelt hat. Zur Erreichung seines Zieles, sich den großen Staatenblock im östlichen Mittelmeer zu Freunden zu machen, braucht England nicht nur Sympathien und Freundschaftsverträge, sondern auch Frieden, Bereinigung der Rivalitäten im Nahen Osten. Bis zu einem gewissen Grade verzichtet es daher auf seine „divide et impera“-Politik und fördert sogar Bestrebungen auf einen arabischen Zusammenschluss. Es ist dabei durchaus bereit, jüdische Interessen, soweit es sein Prestige irgendwie erlaubt, den arabischen bzw. seinen Interessen unterzuordnen. Warum aber sollen wir uns etwas aufzwingen lassen, wenn wir durch freiwilligen Verzicht im Rahmen einer Verständigung mehr erreichen könnten? Weit davon entfernt, durch Beharren auf dem jetzigen Zustande englische Sympathien zu erwecken, wird durch eine solche Politik nur die Feindschaft der Araber verstärkt, während die englische Meinung am ehesten durch eine Verständigungspolitik gewonnen werden könnte. Das ganze Gerede von „Verzichtpolitik“, „Politik der Schwäche“, „Ruhebedürfnis“ u. ä. geht an der entscheidenden Tatsache vorbei, dass wir uns heute keine Prestigepolitik leisten können, sondern eine Politik auf lange Sicht brauchen. Man muss mit der Politik von der Hand in den Mund Schluss machen, sonst schneidet man sich selbst die Zukunft ab und bringt das Errungene in schwerste Gefahr. Der scheinbare Verzicht kann dann mit der Zeit zum größten Gewinn werden, wenn endlich das Araberproblem angepackt und nicht immer nur darüber geredet würde.

Das klare Bekenntnis zur Bereitschaft, die nationalen Bestrebungen der Araber zu unterstützen und mit ihnen zusammen eine Form jüdischer Autonomie innerhalb einer arabischen Föderation zu bestimmen, muss am Anfang stehen. Wenn man das nicht will, soll man sich lieber erst gar nicht um Round-Table-Konferenzen bemühen. Gewiss, noch gehen die Wogen des nationalen Hasses auf beiden Seiten hoch, von verantwortungsbewussten, führenden Menschen muss man aber verlangen, dass sie auch gegen den Strom der Gefühle schwimmen können, wenn die Vernunft sagt, dass es keinen anderen Weg gibt. Die

Furcht vor dem Revisionismus und vor dem Verlust von Mitläufern verhindert leider ebenso wie parteipolitische Demagogie, dass die notwendigen Schritte getan werden.

Freilich genügt nicht eine jüdische Erklärung, um die Araber von der Ehrlichkeit unseres Verständigungswillens zu überzeugen. Unsere ganze Politik muss auch tatsächlich darauf ausgerichtet werden. Dazu gehört der eindeutige Bruch mit dem Revisionismus und allem revisionistischen Gedankengut. Wenn den Revisionisten „jederzeit die Türen offen stehen" nimmt das der Verständigungspolitik jeden Wert. Darüber hinaus müssen wir auch in den eigenen Reihen das Verständnis für die Ziele des arabischen Volkes fördern, und uns dem Chauvinismus wo er auftritt, entgegenstellen. Man muss den ganzen Plunder der moralisierenden Presse-, Rede- und Aufrufsterminologien wie „Verbrecherbanden, feudale Reaktion, Verhetzung, Terrorisierung einer kleinen Minderheit usw." ausmerzen. Was nützt es immer wieder auf die wirtschaftlichen Vorteile einzelner arabischer Schichten hinzuweisen, wenn Fragen der politischen Freiheit zur Debatte stehen. „Lieber arm, aber Herr im Hause" ist der Wahlspruch des arabischen Nationalismus. Hier muss man sagen, was man will: Unterstützung der arabischen Bestrebungen oder Fortsetzung der Politik, die uns immer mehr in die Abhängigkeit von anderen Mächten verstrickt und uns der Gnade fremder Bajonette ausliefert. Das Schicksal anderer Völker sollte uns warnendes Beispiel sein!

Der politischen muss die wirtschaftliche Kooperation entsprechen. In einem Agrarland wie Palästina wird die Agrar-Reform zur wichtigsten Aufgabe beider Völker. Es ist nicht wahr, dass ihre Durchführung zionistischen Zielen widerspricht, weil der wirtschaftlich gehobene Fellache viel schwerer Land verkaufen werde als der Effendi. Im Gegenteil wird die gemeinsame Arbeit in Genossenschaften, der Einsatz gemeinsamer Mittel für die Bauernschaft beider Völker erst die Möglichkeit zur Erschließung großer Bodenmengen eröffnen. Diejenigen, die über die „Vergeudung jüdischer Gelder für nicht-jüdische Zwecke" jammern, mögen sich gesagt sein lassen, dass dies ja bereits heute auf dem Wege über die Steuern geschieht, dass andererseits auch die Kosten des Schutzes (im weitesten Sinne) wesentlich verringert werden könnten und der dadurch erkaufte Friede überhaupt von unschätzbarem Werte für die Wirtschaft wäre, dass also die Vorteile ungleich größer wären als die verausgabten Mittel.

Es ist selbstverständlich, dass die Fortsetzung des Kampfes um jüdische Arbeit in seiner bisherigen Form unmöglich sein würde. Bei gutem Willen ist ein Abkommen zu erreichen, das arabischen Landarbeitern, die seit vielen Jahren im jüdischen Wirtschaftssektor beschäftigt sind, und auch den „ständigen" Arbeitern (im Gegensatz zum Saisonarbeiter) ihren Arbeitsplatz sichert, also angesichts der Unerreichbarkeit des Zieles 100%er jüdischer Arbeit einen bestimmten Prozentsatz arabischer Arbeit festsetzt und andererseits auch den Einsatz jüdischer Facharbeit im arabischen Sektor sichert. Die Vereinigung, mindestens die Kooperation wirtschaftlicher Interessenverbände (Gewerkschaften, Handelskammern, Industriellen- und Landwirtverbände) ergeben sich hieraus mit logischer Konsequenz und würden auch der psychologischen Annäherung förderlich sein. Dort, wo die gemeinsame Organisierung jüdischer und arabischer Arbeiter am weitesten verwirklicht war, in Haifa, hielt sich der Kampf der Araber um ihre nationalen Ziele auch am weitesten von pogromistischen Methoden fern.

Die Frage, die wohl die meisten Schwierigkeiten machen wird, ist die Begrenzung der Alijah. Ziel jeder zionistischen Politik ist die Verwurzelung einer möglichst großen Zahl von Juden durch soziale Produktivierung in Palästina und den umliegenden Ländern. Diesem Ziel allein sollen Nachgiebigkeit und Verzicht dienen und nur dieses Ziel allein kann – so paradox das klingen mag – heute ein Grund dafür sein, auch auf dem Gebiet der Einwanderung eine Verständigung selbst um den Preis großer Zugeständnisse zu suchen. Eine Übergangsregelung für die Zeit, in der sich die Verständigung beider Völker bewähren soll, etwa drei bis fünf Jahre scheint unumgänglich. Es ist selbstverständlich, dass im Augenblick die Zustimmung der Araber zu einer Einwanderung, die das zahlenmäßige und damit Macht-Verhältnis wesentlich verschieben würde, noch nicht erreicht werden könnte; d. h., dass man sich vorerst mit einer Relativ kleinen Alijah wird abfinden müssen. (Die deshalb nicht kleiner zu sein braucht, wie sie jetzt und für absehbare Zeit tatsächlich ist.) Angesichts der ungeheuren Verschärfung der Judennot in den Ländern der Golah ist dies eine furchtbare Tragödie – aber zugleich ein zwingendes Gebot. Mit großer Alijah können wir bei der schwierigen politischen und wirtschaftlichen Situation sowieso kaum rechnen. Weder die englische, noch selbst eine jüdische Regierung könnten Wesentliches daran ändern. Für den Jischuw wäre eine Konsolidierungsepoche nach der Prosperity wie nach der Krise nur von Vorteil. Denn die Sicherung und Festigung des bereits Errungenen kann allein die Grundlagen für die Aufnahme jüdischer Massen in der Zukunft schaffen. Dieses große Opfer, das die Gegenwart von der zionistischen Bewegung fordert, kann und soll nur allein eine bessere Zukunft vorbereiten helfen. Um den Preis einer „arabischen Balfour-Deklaration“ ist auch dieses Opfer nicht zu groß. Es könnte zudem durch neue Einwanderungsmöglichkeiten in andere arabische Länder mehr als ausgeglichen werden.

Dass die Ablehnung des Legislative Council ohne positive Gegenvorschläge ein schwerer Fehler war, ist heute wohl schon manchem Zionisten zum Bewusstsein gekommen. Denn gerade dadurch musste bei den Arabern der Eindruck entstehen, dass der Zionismus ein Hemmnis auf dem Weg zur nationalen Unabhängigkeit sei. Die konstitutionelle Weiterentwicklung des Landes liegt auch durchaus im Interesse der zionistischen Bewegung, zumal jene besonders nach den Entwicklungen in Ägypten und Syrien kaum aufzuhalten sein dürfte. Diese muss schon darum ein positives Programm haben, um der Regierung und den reaktionären Schichten der Araber die Möglichkeit zu nehmen, sich als die wahren Hüter demokratischer Belange aufzuspielen. Wir müssen nicht danach streben, die Rechte dieser künftigen Volksvertretung einzuengen, sondern dafür sorgen, dass die Interessen der schaffenden Schichten beider Völker auch wirklich zum Ausdruck und zur Geltung kommen. Die innere Entwicklung der arabischen Bewegung würde dort sehr bald andere Führerpersönlichkeiten und Gruppen an die Spitze bringen. Im Rahmen einer allgemeinen Verständigung würde die Zusicherung autonomer Rechte für den jüdischen Siedlungsrayon auf vielen Gebieten, z. B. Gemeindeverwaltung, Siedlungs-, Schulwesen erreichbar sein.

Natürlich dürfte es kaum möglich sein, den einen oder anderen Vorschlag für sich allein verwirklichen zu wollen. Einen Sinn erhalten diese Maßnahmen erst im Rahmen einer allgemeinen und allseitigen Verständigung. Isoliert betrachtet, könnte sich der Sinn leicht in sein Gegenteil verkehren. Es liegt mir fern, mit diesen Ausführungen zu einigen zentralen Problemen zionistischer Politik ein vollständiges Programm für eine Round-Table-Konferenz zu entwerfen. Wohl aber kommt es mir darauf an, für diese wichtigen Fragen die Voraussetzungen einer echten, die Interessen auch der Gegenseite würdigenden Verständigung klären zu helfen. Die Ausgestaltung im Einzelnen, ebenso die Frage, wie und mit wem man zu Verhandlungen kommen soll, ist durchaus Sache der Praktiker und Fachleute. Vielleicht mag es scheinen, als sei hier zu viel von jüdischen Verzichten die Rede und zu wenig von dem, was wir erhalten müssten. Ganz abgesehen davon, dass die Befriedung Palästinas allein schon ein Gewinn von größter Bedeutung wäre, kann und muss das Endergebnis natürlich die Zustimmung der Araber zu einer großen jüdischen Siedlung in Arabien sein, d. h. zu einer Begrenzung der Einwanderung jüdischer Massen lediglich nach wirtschaftlichen Gesichtspunkten, von jener befristeten „Atempause" gesehen, während der sich die politische Einigung auswirken und „einlaufen" soll.

Für die Einhaltung der Versprechungen würden internationale Garantien, der interessierten Großmächte und der Nachbarstaaten zu erlangen sein. Dabei müssen sich allerdings beide Teile bewusst sein, dass sie durch ein wahrhaftes Abstimmen der beiderseitigen Interessen und durch eine Beschränkung auf den wirklich notwendigen Lebensraum, am besten die Einmischung fremder Mächte verhüten. Die gemeinsamen Interessen müssen sich als stärker erweisen und die innere Politik auf der Basis der Parität die alten Formeln von Majorität und

Minorität überwinden. Wahrscheinlich könnte ein konstruktives Programm der zionistischen Organisation in diesem Geiste die Gefahr der drohenden Zerreißung Palästinas abwehren. Selbst wenn diese aber einmal Wirklichkeit werden sollte, würden alle diese Probleme, nur in etwas veränderter Form, und damit auch die Notwendigkeit einer Verständigung, weil sonst die beiden Teile erst recht in Feindschaft miteinander leben würde. Es spricht manches dafür, dass eine mehrjährige Übergangszeit noch einmal Gelegenheit geben wird, dieses Schicksal, das leicht sehr ernste Folgen haben könnte, abzuwenden, wenn eine Verständigung gelingt.

Leicht wird dieses Ziel gewiss nicht zu erreichen sein. Aber der Zionismus nimmt mit Stolz für sich in Anspruch, Unmöglich-Scheinendes möglich gemacht zu haben. Ist nur ein entschiedener Wille bei klarer politischer Einsicht in die tatsächlichen Kräfteverhältnisse vorhanden, so wird es gelingen, alle Widerstände von innen und außen zu überwinden. Wenn heute noch manche auf den Schutz fremder Mächte hoffen, so sollte ihnen das Schicksal anderer Völker ein warnendes Beispiel sein. Der Friede mit dem arabischen Nachbarvolk wird nicht um seiner selbst willen, sondern um der Rettung des Aufbauwerkes willen eine immer dringlichere Aufgabe. Dann könnten auch die Worte Feisals, des einstigen Führers der arabischen Nationalbewegung und nachmaligen Königs von Irak, wieder Wirklichkeit werden.

„Wir Araber, besonders die Gebildeten unter uns, blicken mit tiefster Sympathie auf die zionistische Bewegung. Wir wollen den Juden unser herzlichstes Willkommen bei ihrer Rückkehr in die Heimat zurufen. Wir arbeiten zusammen für einen neugestalteten und wieder auflebenden Orient und unsere beiden Bewegungen ergänzen einander. Ich glaube sogar, dass jeder von uns des anderen Volkes zum wirklichen Erfolge bedarf." (Brief an Prof. Frankfurter 1919, zitiert im Bericht der Exekutive an den XII. Kongress S. 23/24)

Aber freilich war auch er der Meinung: „Palästina muss ein integrierender Bestandteil des arabischen Staates bleiben." Ohne Anerkennung dieses Faktums wird keine Verständigung zum Erfolg führen können. Gewiss, in einer Welt, die sozial und politisch in den Grundfesten schwankt und von Gegensätzen und Kämpfen erschüttert wird, kann Palästina selbst bei gelungener Einigung zwischen Juden und Arabern keine reine Idylle sein, werden noch viele Probleme gelöst werden müssen, bis es zu einer wirklichen Heimstätte für ein sozial und national erneuertes jüdisches Volk werden kann. Absolute Garantien für den Erfolg einer Politik gibt es überhaupt nicht, aber wer nur immer die Schwierigkeiten sieht, wird kein Ziel erreichen. Dass aber der einzige Weg zur Abwendung schlimmster Gefahren in der Formulierung und Verwirklichung eines konkreten und positiven Programms zur Zusammenarbeit bestehen muss, diese Einsicht wird sich eines Tages, hoffentlich nicht zu spät, auch in der zionistischen Bewegung durchsetzen. Jagen wir nicht doktrinär schönen Phantomen und Illusionen von Staat und Mehrheit nach, wo es mehr denn je notwendig ist, die Tatsachen zu sehen, um auf neuen Wegen ein Maximum zionistischer Ziele verwirklichen zu können. Aus der Fülle der Äußerungen und Vorschläge auf jüdischer, arabischer und englischer Seite, von denen als die bedeutendsten die Vorschläge von Magnes, Lord Samuel und das Oxforder Programm genannt seien, ergeben sich als Verhandlungsbasis bei allen Unterschieden im Einzelnen folgende Gesichtspunkte:

Eine Lösung der Frage Mehrheit – Minderheit muss in der Weise gesucht werden, dass die jüdische Bevölkerung innerhalb einer arabischen Föderation prozentual begrenzt wird (30% würden in dem Falle etwa 2-3 Millionen Juden bedeuten), was mit einem jüdischen, in inneren Fragen autonomen Siedlungsgebiet, in [dem] die Juden natürlich die Mehrheit haben, vereinbar wäre.

Verzicht auf staatliche Souveränität. Gemeinsame Beteiligung an der Regierung und Volksvertretung. Innere Autonomie für die eigenen Fragen jedes Volkes.

Festlegung der Alijah-Ziffern für einen begrenzten Zeitraum. Danach Begrenzung nur nach wirtschaftlichen Gesichtspunkten. Jüdische Einwanderung in alle arabischen Gebiete.

Lösung der Bodenfrage in Verbindung mit einer großzügigen Agrar-Reform. Kooperation auf allen Gebieten der Wirtschaft und Arbeit.

Erziehung zum Verständnis gegenseitiger Ziele. Entgiftung der Presse, Propaganda usw.

Evtl. internationale Garantien, z. B. der interessierten Großmächte und der Nachbarstaaten, für loyale Einhaltung der Vereinbarungen.

Wäre der Aufbau einer großen jüdischen Siedlung – unter Verzicht auf weitergehende nationale Aspirationen, – aber in Frieden und Freundschaft mit den arabischen Nachbarvölkern etwas, was den zionistischen Grundsätzen widerspricht? Ist das alles reine Theorie? Nun, es gibt Theorien, die zu Machtfaktoren werden, wenn sie Herzen und Hirn der Massen ergreifen. Darum wird jetzt der Kampf gehen: eine zionistische Generation für das Ideal einer gemeinsamen Entwicklung des Vorderen Orients auf der Basis einer jüdisch-arabischen Verständigung zu gewinnen.

(1937)

Der Nahost-Konflikt und die Verwirrung der Linken

„Kommen wir auf die politischen und psychologischen Auswirkungen der israelischen Sache zurück. Die öffentliche Meinung ist im besten Zuge, verrückt zu werden. Im Namen von Gefühlen, die man für nobel hält, zerreißt man sich überall gegenseitig. Es gibt keine Lager, Blöcke, Parteien, Ideologien mehr. Die Leidenschaften teilen jedes Lager, jeden Block, jede Partei und alle Ideologien." (Le Nouvel Observateur, Paris)

„Diese Linke hat nämlich ein schlechtes Gewissen. Angesichts dieser Probleme hat sie sich immer konfus und unsicher gezeigt. ... Die Idee, dass die Araber den jüdischen Staat zerstören und seine Einwohner ins Meer werfen, kann keinen Augenblick ertragen werden, außer wenn man ein Rassist ist." (Jean-Paul Sartre in „Les Temps Modernes")

Es war ein traumatisches Erlebnis der letzten Wochen, dass die Möglichkeit eines Völkermordes von vielen, die sich Friedensfreunde und Internationalisten nennen, zumindest in Kauf genommen wurde.

„Im Weltmaßstab gesehen", schrieb Wolfgang Abendroth, „ist leider eine Situation entstanden, in der die Gesamtinteressen der kolonialen Revolution, der sozialistischen Länder und auch des revolutionären Flügels der internationalen Arbeiterbewegung in den kapitalistischen Staaten stärker mit den arabischen Staaten als mit den Interessen Israels übereinstimmen."[1] „Folgerichtig" lehnte der Sozialistische Deutsche Studentenbund ebenso wie die Kampagne für Abrüstung die Teilnahme an Kundgebungen unter dem Motto: ‚Für den Frieden im Nahen Osten – für das Lebensrecht Israels' ab. Sofern sich diese Gruppen in den Tagen der ständigen Drohungen mit Zerstörung und Auslöschung Israels seitens der arabischen Staaten nicht überhaupt tot stellten, übernahmen sie die arabischen Propagandathesen in grotesker Verzerrung der Tatsachen. (So SDS-Mitglieder in Berlin in einem Resolutionsentwurf für den Konvent der Freien Universität[2], so der Heidelberger SDS, der gemeinsam mit den arabischen Studenten ein Flugblatt herausgab.)

---

1 Offener Brief Wolfgang Abendroths, vom Bundesvorstand des SDS gemeinsam mit einer eigenen „Erklärung zum Nahost-Konflikt" am 3. Juni 1967 veröffentlicht; siehe auch „Zeitdienst, Unabhängige Sozialistische Information", Zürich, Nr. 24/1967.

2 „Antrag des ASTA der Freien Universität Berlin betr. die Lage Im Nahen Osten", Konventsdrucksache XIX/36 (zurückgezogen).

Dieses Vorgehen kontrastierte auffallend mit dem Verhalten der Studenten und Intellektuellen in den Ostblockstaaten; genannt sei nur die eindeutige Stellungnahme der tschechoslowakischen Schriftsteller, für die Mnackos Erklärung repräsentativ ist:

„... Es ist mir unmöglich, eine Politik zu unterstützen – sei es auch nur stillschweigend –, die dazu führen soll, ein ganzes Volk auszurotten und einen ganzen Staat zu liquidieren. Die tschechoslowakische Regierung hat den arabischen Staaten und deren Führern bedingungslose Unterstützung zugesichert, obwohl die arabischen Führer ihre Pläne offen proklamiert haben. Sie sagten es und sie wollten es auch: die zweieinhalb Millionen Menschen in Israel vernichten. Man könnte mir dagegen einwenden, dass es nur Worte gewesen sind, dass von der Vernichtung nur geredet wurde; leider ist aber in diesem Jahrhundert nun schon zum zweiten Mal von dieser Vernichtung geredet worden, und einmal ist diese Vernichtung konkrete Wirklichkeit geworden. ...“[1] In Warschau veranstalteten die Studenten auf dem Universitätsgelände eine Kundgebung für Israel, und ein Teil des Offizierkorps musste ausgewechselt werden, weil es gegen die Stellung der Regierung protestierte. Jeder, der bei Besuchen in den Oststaaten oder auf internationalen Veranstaltungen mit deren Bürgern zusammentrifft, wird immer wieder erleben, dass diese gänzlich unverklausuliert ihren Abscheu über die Stellung ihrer Regierungen zum Ausdruck bringen. Auf der Arbeiter-Olympiade in Wien, die zum großen Teil von Delegationen der kommunistischen Länder besucht war, wurde der israelischen Gruppe ein demonstrativer Empfang bereitet. Wo kommunistische Parteien sich ein gewisses Maß von Selbständigkeit bewahrt haben, wie in Finnland, Österreich, der Schweiz und Rumänien, betonten sie von vornherein Israels Existenzberechtigung. Die kommunistischen Parteien Frankreichs und Italiens schlossen sich dann – allerdings erst unter dem Druck der Volksstimmung und der eigenen Mitgliedschaft – an, die britische Partei zerbrach fast unter dem inneren Konflikt, ebenso die Bewegung gegen den Vietnamkrieg in den USA.

Wir müssen uns ernsthaft fragen, wie demgegenüber das Verhalten von Menschen zu erklären ist, die Wert darauf legen, unabhängig und kritisch zu denken, die nicht zu denen gehören, für die grundsätzlich alles richtig ist, was Moskau oder Peking sagen und tun. Sicherlich gibt es einige Umstände, die diese plötzliche und stark emotionell durchbrechende Feindseligkeit erklärbar machen. Unverzeihlich bleibt sie bei der Eindeutigkeit der Tatsachen, die bewusst oder unbewusst verfälscht wurden, dennoch.

---

1 Vgl. Frankfurter Allgemeine Zeitung vom 11.8.1967.

Der Umstand, dass die Springer-Presse sich in Begeisterung für Israel überschlug, Analogien zur Situation in Europa zog, dass viele im Grunde mehr die Niederlage der von der Sowjetunion unterstützten Seite bejubelten, dass die offizielle Meinung und viele Kräfte, mit denen die außerparlamentarische Linke gerade in offenem Kampfe wegen der Vorgänge beim Schah-Besuch in Berlin und der Ermordung des Studenten Ohnesorg lag, auf Seiten Israels standen – all dies mag sicherlich mitgesprochen haben. Aber alle, die so argumentierten, reagierten heftig, wenn man darauf hinwies, dass schließlich die „Nationalzeitung", die NPD, Franco und das faschistische Regime Griechenlands auf Seiten Nassers standen, der Gestapoleuten, SS-Offizieren und Kriegsverbrechern nicht nur Asyl gewährte, sondern ihnen wichtige Posten in seinem Staatsapparat überließ.

Weltpolitische Theorie und die Tatsachen

Ausgehend von der Theorie, dass die Weltrevolution nicht mehr von der Arbeiterklasse der industriell fortgeschrittenen Länder, sondern von den nationalrevolutionären und antikolonialistischen Kämpfen der Völker Asiens, Afrikas und Südamerikas ihre entscheidenden Anstöße erhält, wurde Israel zum „Werkzeug des Imperialismus", die arabischen Staaten zur „Vorhut des progressiven Befreiungskampfes". Und weil die Sowjetunion die Ägypter und Syrer bewaffnete und zu ihrem Vorgehen ermunterte, die USA Israel zum Teil diplomatisch unterstützten, wurde flugs der Konflikt mit dem in Vietnam auf eine Stufe gestellt. Was nicht in dieses Bild passte, wurde abgeleugnet. Es gab nur ein Schwarz-Weiß-Bild. Da gab es nur Israel und die national-revolutionäre Bewegung der Araber, da kannte man keine Parteien und Klassen in Israel, da störte nicht, dass die Ölscheichs und reaktionären Könige auf der Seite „des Fortschritts" standen, da gab es keine Konflikte innerhalb der beiden Blöcke und Interessen einzelner Großmächte, keine Querverbindungen zwischen ihnen. Man wollte nicht wissen, dass das Regime im Irak dasselbe ist, das wenige Jahre zuvor erst Kommunisten und sogar Baathisten zu Zehntausenden abgeschlachtet hatte, dass die KP in Algerien seit dem Staatsstreich Boumediennes verboten, ihre Führer bis heute eingekerkert sind, und dass Kommunisten in Ägypten bis vor wenigen Jahren in Konzentrationslagern gefoltert und getötet wurden. (Nur als Zugeständnisse für russische Militärhilfe wurde einigen Überlebenden gestattet, nach Treuegelöbnissen für Nasser wieder Ämter in der Staatspartei zu übernehmen.) Selbst in Syrien, im „linkesten" Staat, führt die Partei bis heute nur eine halbgeduldete Untergrundexistenz und bei der außerordentlichen Labilität dieses durch den 17. Putsch seit 20 Jahren zur Macht gekommenen Offiziersregimes läuft sie stets Gefahr, das gleiche Schicksal wie im Irak für die Unterstützung Kassems zu zahlen. Dass in allen anderen arabischen Ländern auf kommunistische Tätigkeit die Todesstrafe steht, sei der Vollständigkeit halber erwähnt. Dass Nasser selbst nach dem Waffengeschäft mit der Sowjetunion (1955) noch Waffen von den USA und England erhielt und Wirtschaftshilfe noch bis vor zwei Jahren, dass der Übergang von der Schaukelpolitik des von allen nehmenden „Neutralisten" auf die östliche Seite nicht dem eigenen Entschluss, sondern eher der kurzsichtigen Politik von Dulles zuzuschreiben ist – tut nichts, „der Nasser ist ein progressiver Mann und progressive Leute sind sie alle", auch wenn sie sich bis vor kurzem als Verräter und Agenten des Imperialismus gegenseitig beschimpften. Da schließlich – „im Weltmaßstab gesehen" – die griechisch-faschistische Militärdiktatur „objektiv" auf der Seite der „kolonialen Revolution" stand, wäre sie wohl, nach dieser Logik, auch als progressiv zu bewerten.

Vergessen ist, dass Israel nicht durch imperialistische Eroberung entstanden ist, sondern durch einen Beschluss der UNO mit Zwei-Drittel-Mehrheit, dass Juden nicht nach Palästina kamen, um das Land auszubeuten, sondern um als Bauern und Arbeiter zu leben. Während die USA – wie immer unter dem starken Druck der stets israelfeindlichen Lobby der Ölkonzerne – zuletzt noch vom Teilungsplan Abstand nehmen wollten, erzwang Gromyko in der UNO diese Lösung. Schließlich war es nur die Anerkennung des jüdischen Befreiungskampfes gegen das britische Kolonialregime, das seinerseits beim Abzug die arabische Seite begünstigte. Während die Zionisten der Teilung zugestimmt hatten, die eine lose Föderation mit dem arabischen Teil Palästinas vorsah, haben die Araber von Anfang an dem Beschluss mit Waffengewalt sich widersetzt und die jüdischen Siedlungen überfallen. Tschechische Waffenlieferungen, von der Sowjetunion veranlasst, haben nicht unwesentlich dazu beigetragen, dass sich der kaum konstituierte jüdische Staat gegen die Armeen von sieben arabischen Staaten siegreich behaupten konnte. In der Weigerung der Araber, den Beschluss der UNO anzuerkennen, und ihren bis heute noch nicht aufgegebenen Versuchen, die Existenz Israels als unannehmbar für die arabische Ehre anzusehen und als einzige Lösung seine Auslöschung mit allen Mitteln anzustreben, liegt die entscheidende Ursache des Konflikts. Bei der Analyse des Konflikts muss man daher bei 1948 einsetzen und darf nicht, wie einige linke Kritiker es mit Vorliebe tun, von 1956 ausgehen.

Das Jahr 1948 ist auch entscheidend für das Problem der Palästina-Flüchtlinge. Die Entstehung dieses Problems ist eine Folge der Weigerung der arabischen Staaten, den UN-Teilungsbeschluss anzuerkennen; es ist bis heute ungelöst geblieben, weil sich die arabischen Staaten ihrer in den Waffenstillstandsvereinbarungen eingegangenen Verpflichtung zu einer friedensvertraglichen Regelung entziehen.

Mit Terroraktionen gegen die Zivilbevölkerung, mit Wirtschaftsboykott, mit Abschneiden der Zufahrtswege versuchten die Araber zu erreichen, was 1948 nicht gelungen war. Man kann das Zusammengehen mit England und Frankreich aus Anlass der Verstaatlichung des Suez-Kanals für einen verhängnisvollen politischen Fehler halten – und weite Teile der israelischen Linken waren damals ebenso entschieden gegen das Vorgehen ihrer Regierung, wie sie 1967 dafür waren –, von Israel aus gesehen, war es eine Gelegenheit, sich gegen die von Ägypten betriebene Abwürgung und den ständigen Guerillakrieg zur Wehr zu setzen. Damals retteten die USA und die Sowjetunion, die gleichen Staaten, die als erste Israel anerkannt hatten, Nasser, der schon damals große Mengen von Truppen und Kriegsmaterial für die endgültige Abrechnung mit Israel auf der Sinai-Halbinsel konzentriert hatte, vor der Notwendigkeit, seine Niederlage einzugestehen. Der Preis, den er dafür zahlen musste, war die Freigabe der Straße von Tiran für die israelische Schiffahrt und die Zustimmung zur Stationierung einer UN-Truppe an der Grenze gegen Israel, die auch zehn Jahre lang ihre Aufgabe der Friedenssicherung erfüllt hat.

Vorgeschichte des Krieges 1967

Die von Nasser nach dem von ihm erzwungenen Abzug der UN-Truppe verhängte Blockade des Seeweges nach Eilat bildete schließlich den Anlass zum Dritten Krieg im Juni 1967. Es ist ganz und gar unverständlich, dass Abendroth und Teile des SDS versuchen, die Legalität gerade dieser Maßnahme Nassers mit formaljuristischen Argumenten zu rechtfertigen, während es sich in Wirklichkeit bei der Blockade nicht primär um ein völkerrechtliches, sondern um ein politisches Problem handelt, nämlich die gezielte Verschärfung der ägyptisch-israelischen Konfrontation.

Bleibt die Behauptung, dass Israel einen Überfall auf Syrien vorbereitet hatte, von dem es Nasser nur durch sein Handeln abschrecken wollte. Es trifft zu, dass Israel kurz zuvor einen Vergeltungsschlag gegen Syrien geführt und Eschkol mit einer Wiederholung gedroht hatte. Aber wieder setzt die Beweisführung willkürlich bei einem Glied der Kette an und verschweigt, dass syrische Kanonen seit Jahren die israelischen Kibbuzim beschossen, dass die syrische Regierung zum Volkskrieg gegen Israel aufrief und von Syrien ausgebildete und bewaffnete Terroristen pausenlos Sprengstoffattentate auf israelischem Boden ausführten.[1] Kann sich einer derjenigen, die durch Verschweigen der einen Hälfte der Wahrheit den Angegriffenen, der sich zur Wehr setzt, zum Angreifer machen, vorstellen, wie einer der kommunistischen Staaten, die Verletzungen der

[1] Vergleiche W. Rolf, „Guerilla gegen Israel“ in: Diskussion Nr. 17, September 1965.

Staatsgrenze zum schlimmsten Verbrechen erheben, in einer solchen Situation reagieren würde? Doch wenn Syriens Militärdiktatur ein progressiver Staat und Israel, trotz Demokratie und einer Wirtschaft, die zur Hälfte Arbeiterorganisationen gehört, ein Werkzeug des amerikanischen Imperialismus genannt wird, nimmt es nicht wunder, dass der Artikel eines Israelis im „Nouvel Observateur" mit dem Satz beginnt: „Ich bitte Euch um Verzeihung, dass ich mich nicht ausrotten ließ."[1] Aber zurück zur angeblich geplanten israelischen Aggression gegen Syrien. Warum wohl lehnte der Botschafter der Sowjetunion, als er beim israelischen Ministerpräsidenten in dieser Sache vorsprach, dessen Anerbieten ab, unverzüglich mit ihm zu jedem beliebigen Punkt im Norden Israels zu reisen und sich selbst über die „Angriffsvorbereitungen" zu informieren? Warum wird unterdrückt, dass Israel sich sofort bereit erklärte, UN-Beobachtern die Inspektion dieser Gebiete zu gestatten, mit der einzigen Bedingung, dass auch auf syrischer Seite eine solche stattfinde, dass U Thant vor der Vereinigung der UN-Korrespondenten erklärte, die terroristischen Akte der Syrer bedeuteten eine Gefahr für den Frieden und seien mit dem Geist und Wortlaut der UN-Charta unvereinbar, dass die UN-Überwachungskommission von sich aus erklärte, dass keine israelischen Maßnahmen festzustellen seien, die die russisch-syrischen Behauptungen rechtfertigen würden? Die Regierung Israels ordnete erst eine Woche nach dem ägyptischen Aufmarsch die Teilmobilmachung an; sie trat erst dann der lebensgefährlichen Bedrohung entgegen, als offensichtlich wurde, dass keine Großmacht bereit war, Israel mit mehr als nur Worten zu unterstützen, dass niemand gegen die Sperrung der Straße von Tiran, durch die Israel einen großen Teil seines Öls erhält und seit der Sperrung des Suez-Kanals für israelische Schiffe nahezu seinen gesamten Handel mit Asien und Ostafrika abwickelt, etwas Ernsthaftes zu unternehmen bereit war. Die USA waren stets – unter dem Einfluss der Ölkonzerne auf die Politik des State Department – bemüht, nichts zu unternehmen, was die ölproduzierenden arabischen Staaten ernsthaft gegen sie hätte aufbringen können; da diese in ihrer Ablehnung Israels – in dessen sozialer und politischer Struktur sie mit einigem Recht eine Bedrohung ihrer feudal-reaktionären Regime erblicken konnten – sich in keiner Weise von der chauvinistischen Politik der republikanischen Militärdiktaturen gegen Israel übertreffen lassen wollten, waren die USA stets bestrebt, ihre Unterstützung Israels in dem gleichen Rahmen zu halten, in dem sie auch den meisten arabischen Staaten Militär- und Wirtschaftshilfe zukommen ließen.

---

[1] David Catarivas, „Entschuldigt, dass ich lebe" in „Le Nouvel Observateur", Paris vom 5. August 1967; deutsche Übersetzung in „Zeitdienst", Nr. 35/1967.

Während manche Linke Israel als Werkzeug des amerikanischen Imperialismus denunzieren, fühlen sich viele Israelis von den USA und den Westmächten im Stich gelassen, und der Schritt zur bewaffneten Abwehr entsprang gerade aus dem Gefühl der Verzweiflung, dass man sich auf niemanden verlassen könne als auf die eigene Kraft. Während die russischen Waffenlieferungen an Ägypten und Syrien auf Hochtouren liefen, wurde die Waffenausfuhr von den Westmächten schon vor Jahren erheblich reduziert. Nur Frankreich hat bis zum letzten Augenblick Israel mit dem entscheidenden Kriegsmaterial – gegen bare Kasse, versteht sich – beliefert. Das hindert jedoch einen als „Sachkenner der Nahost-Probleme" bezeichneten Autor nicht, diesen Artikel, der sich durch eine Zusammenstellung der bösartigsten Propagandalügen der Arabischen Liga, verbunden mit einer vernichtenden Kritik der sowjetrussischen und ägyptischen Politik (nach deren Scheitern) auszeichnet, mit einer überschwänglichen Bewunderung de Gaulles zu schließen.[1] Immerhin hat de Gaulle die Großmächte rechtzeitig an ihre Pflicht erinnert, den Krieg zu verhindern. Dass eine solche Aktion scheiterte, war einzig und allein der Ablehnung durch die Sowjetunion zuzuschreiben.

Die „Kampagne für Abrüstung" und das Lebensrecht Israels

Wenn sich die „Kampagne für Abrüstung" zu ihrer nach harten Auseinandersetzungen zustande gekommenen Resolution – die einem Teil ihrer Anhänger noch zu internationalistisch ist – zur Zeit der Bedrohung Israels mit Liquidierung und Völkermord aufgeschwungen hätte, würde sie glaubwürdiger dastehen[2]. Es kommt auch darauf an, wann und wo man etwas sagt und tut. Wenn heute von der Anerkennung des Lebensrechtes des Staates Israel gesprochen werden kann, so nur dank des Sieges der israelischen Armee, in der jeder einzelne für sein Überleben kämpfte. Selbst jener „Sachkenner" hält es für unbezweifelbar, „dass, hätten die Araber den Krieg gewonnen, es auch zu furchtbaren Exzessen gekommen wäre"[3] – worin jüdische Siedlungen ja bereits 1948 einige grauenhafte Erfahrungen gesammelt haben.

Natürlich stellt er diesen „Intentionen, die bislang keinen tangiblen Ausdruck fanden" (warum wohl?), das „Faktum" gegenüber, das er kurz zuvor noch als eine „noch zu bestätigende Nachricht" bezeichnet hatte, dass die Israelis tausende Ägypter im Sinai systematisch verdursten ließen.[4] Die Wahrheit ist,

---

1 Curt Ullerich: Der Zusammenbruch des Status quo im Nahen Osten. In: Informationen zur Abrüstung, Nr.48/49, Juli/August 1967.

2 Vgl. die „Erklärung der Kampagne" vom 25. Juni 1967. In: Informationen zur Abrüstung a. a. O.

3 Ullerich, a. a. O.

4 Ebenda.

dass die Ägypter die Wasserleitung durch den Suezkanal sperrten und sie erst nach der Intervention des Internationalen Roten Kreuzes wieder in Betrieb setzten. Und jeder Fernseh-Zuschauer kennt überdies die Bilder, wie israelische Tankwagen ägyptischen Soldaten Wasser bringen, wo immer diese sich stellten.

Im gleichen Artikel wird in völliger Umkehrung der Wahrheit behauptet, Israel habe begonnen, die Jordanwasser umzuleiten, während das Ziel aller Konferenzen der Arabischen Liga seit Jahren ist, für sie völlig nutzlos, die Quellflüsse des Jordans ins Meer abzuleiten. Vor 12 Jahren hat ein amerikanischer Wissenschaftler einen Plan zur Nutzung des Jordans für alle Anliegerstaaten entwickelt. Die Sachverständigen aller Staaten stimmten zu; die arabischen Regierungen lehnten dann ab, weil auch Israel davon Nutzen gehabt hätte. Dann gingen die Israelis schließlich daran, die ihnen im Rahmen dieses Plans zustehende Wassermenge abzuleiten. (Jordanien tat übrigens auf seinem Ufer mit erheblicher amerikanischer Hilfe das gleiche.) Syrien hingegen vergeudete sinnlos Mittel und Arbeitskräfte, um diese sinnvollen Maßnahmen zunichte zu machen. Wir haben hier ein sprechendes Beispiel für die im Hinblick auf Israel rein destruktive, nur vom Hass bestimmte Politik arabischer Staaten, mit der sie ihre eigene Entwicklung schädigten. Gebannt von dem einen Ziel, Israel zu vernichten, wurde die Politik dieser Staaten immer irrationaler und chauvinistischer.[1]

Die Pogromhetze Schukeiris und Nassers als „Antiimperialismus der dummen Kerls"

Zwar finden sich bei Abendroth und auch bei Ullerich Verurteilungen der pogromistischen Losungen Schukeiris – aber diese unterscheiden sich höchstens in der Formulierung, nicht im Ziel von den Reden Nassers, Attassis und Arefs, deren Werkzeug er doch war und heute noch ist. Die Rundfunkstationen, die Presse entfalteten eine antisemitische Pogromhetze, und ein Blick in arabische Schulbücher im Stil des „Stürmer" müsste jeden Zweifelnden überzeugen. Heute liest sich dies in der „Prawda" so:

„Wir würden uns natürlich gegen die Wahrheit versündigen, wenn wir nicht den chauvinistischen Nationalismus erwähnten, der zwar die offizielle Position nicht bestimmt, aber immerhin auch in der arabischen Welt vorhanden ist. Einige arabische Politiker, die zu ihren Regierungen keine Beziehungen haben, haben mit ihren unüberlegten Reden und ‚Plänen' zur Vernichtung des Staates Israel den arabischen Völkern nicht wenig geschadet."[2]

---

1 Vergleiche im Einzelnen Heinz Wewer, „Der Konflikt um die Nutzung des Jordan-Wassers" in Diskussion Nr. 16, April 1965.

2 „Prawda" vom 3. August 1967.

Man schlägt den Sack und meint den Esel! Jeder weiß, dass Schukeiri, der jetzt zum Sündenbock gemacht werden soll, nichts anderes als die Stimme seines Herrn Nasser war. Immer wieder hat dieser die Vernichtung Israels als das vordringlichste Ziel seiner Politik bezeichnet; schreibt doch selbst Ullerich: „Wenn (Nasser) ... weiter auf die fanatisch-antisemitische Pauke schlug, so wohl vor allem deshalb, um die arabischen Massen in psychologischem Siedezustand zu erhalten, sich ihrer Unterstützung zu versichern ...“ [1]

Isaac Deutscher, der die Israel-Politik im übrigen sehr streng kritisiert, wenn auch mit dem Willen, beide Seiten zu verstehen, glaubt, die Araber davor warnen zu müssen, einem „Antiimperialismus der dummen Kerls“ zu verfallen, so wie Bebel einst den Antisemitismus als frustrierten Antikapitalismus der Lumpenbourgeosie und des Lumpenproletariats, vermischt mit Furcht vor dem Kommunismus und Fremdenfeindlichkeit, als „Sozialismus der dummen Kerls“ bezeichnete.[2] Der Vergleich ist treffend, und manche Studenten, die an der Arbeiterbewegung und der Sowjetunion verzweifeln und deshalb ihre ganze Hoffnung auf den antiimperialistischen Kampf der zurückgebliebenen Massen setzen, sollten ihn ernsthaft durchdenken. Wie leicht schlägt die Stimmung dieser Massen um und lässt sich zu faschistischen Pogromen gegen diejenigen mobilisieren, denen sie bis dahin gefolgt sind. Und selbst, wo es nicht so weit kommt, wandelt sich der progressive und revolutionäre Nationalismus nur allzu oft in eine reaktionäre Ideologie, sobald – wie zum Beispiel in Indien – die Unabhängigkeit gewonnen ist, worauf ebenfalls Deutscher hinweist:

„Und sogar in der revolutionären Phase hat solcher Nationalismus einen Zug des Irrationalismus, eine Neigung zur Ausschließlichkeit, nationalem Egoismus, Rassismus.“[3]

Können solche Bewegungen bei solcher Perspektive wirklich auf die nahezu bedingungslose Unterstützung internationaler Sozialisten Anspruch erheben – bis hin zur stillschweigenden Billigung von Völkermord?

SDS – wohin?

Was sollen wir davon halten, wenn auf einem Nahost-Seminar des SDS in Frankfurt ein offizieller Redner (Horst Stemmler) Israel eine „Säule des Imperialismus“ nennt und entsprechend den Krieg der „mit Einschränkungen fortschrittlichen VAR“ als einen „chauvinistisch verbogenen, antiimperialistischen

---

[1] Vgl. „Interview with Isaac Deutscher on the Arab-Israeli War”. In: New Left Review.

[2] Ebenda.

[3] Ebenda.

Kampf" bezeichnet?[1] Wenn ein anderer offizieller Redner (Mosler) schlichtweg daraus einen „transformierten Klassenhass" macht und die arabischen Aggressionen „berechtigt" findet, weil Israel als „Basis des Imperialismus nicht weiterbestehen" dürfe?[2] Das geht weiter, als die gesamte kommunistische und sozialistische Bewegung je gegangen ist!

Damit wird Völkermord und chauvinistischer Krieg erstmals zum sozialistischen Grundsatz erhoben (Ullerich spricht sogar ohne Anführungszeichen von einer „heiligen Sache")[3]. Man komme nicht mit dem törichten Argument, nicht das jüdische Volk sei gemeint, sondern nur der Staat Israel. Auch wenn Schukeiri und viele andere arabische Redner im Radio und auf Volkskundgebungen es nicht immer wieder expressiv verbis ausgesprochen hätten, so hätte jeder wissen müssen, dass bei einem arabischen Sieg kaum ein Israeli überlebt hätte.

Aber selbst wenn alle diese Theoretiker natürlich ganz genau wissen, dass das doch alles bloß Gerede gewesen ist[4](so wie viele brave Bürger und deren Wortführer von den entsprechenden Ankündigungen der Nationalsozialisten meinten, es würde ja nicht so heiß gegessen wie gekocht), was sollte dann nach ihrer Meinung mit den etwa doch überlebenden jüdischen Bürgern Israels geschehen? Von ihnen ist mehr als die Hälfte bereits dort geboren, ein weiteres Viertel aus arabischen Ländern vor drohenden Pogromen dorthin geflohen. Wohin sollen sie deportiert werden? Oder glaubt jemand, es würde Juden geben, die als Minderheit in einem arabischen Staat leben wollen, das Schicksal der Kurden im Irak, der Drusen in Syrien, der Neger im Sudan, der Araber in Jemen und Süd-Arabien selbst vor Augen, – haben sie doch nur deswegen den jüdischen Staat geschaffen, um ein Stückchen Land zu haben (weniger als 0,5 Prozent der arabischen Bodenfläche!), wo sie nach eigener Bestimmung und nicht als bald geduldete, bald mit Pogromen bedrohte Minderheit und als selbst in kommunistischen Staaten gern gebrauchter Sündenbock leben dürfen und sich nicht wehrlos diskriminieren und abschlachten lassen müssen?

Würden jene Ideologen des SDS – ich weigere mich noch anzunehmen, dass dies der offizielle Standpunkt des SDS und die Meinung auch nur der Mehrheit seiner Mitglieder ist – dies zu Ende denken, dann würden sie – „mit Einschränkungen" natürlich und „mit Bedauern" hinterher – feststellen, dass gerade sie, die eine neue Gesellschaft verkörpern wollen, objektiv zu Helfern der Testamentsvollstrecker Hitlers zu werden im Begriff sind. Sehr bedenklich musste

---

1 Vergleiche „Frankfurter Allgemeine Zeitung" vom 11. Juli 1967.

2 Ebenda.

3 Ullerich a. a. O.

4 Aus Kinderstunde Radio Kairo vom 14. Mai 1960: „Wenn Allah doch alle Juden der Welt umbrächte." In diesem Geist sind die arabischen Schulbücher gehalten.

es stimmen, dass aus Kreisen des SDS abweichende Meinungen, auch von Menschen, die mit ihnen gegen Notstandsgesetze und gegen den Krieg der USA in Vietnam kämpfen, als „projüdisch-rassistisches Getöse“ abgetan wurden.

Und was soll der törichte Hinweis von Mosler – aber auch von Abendroth –, Israels Wirtschaft sei „von ausländischem Kapital abhängig“?[1] Die der arabischen Staaten wohl nicht? Ägypten und Jordanien haben ungleich mehr an westlicher Entwicklungshilfe und Krediten erhalten, selbst nur von den USA, als Israel (von östlichen Hilfsmitteln ganz abgesehen, die Israel nie zur Verfügung standen). Dann wird so ganz nebenbei aus den Spenden wohlhabender und ebenso weniger bemittelter Juden in der Welt „ausländisches Kapital“ (Mosler), „außerordentlich hohe Kapitalzufuhr, im wesentlichen aus den USA“ (Abendroth)[2]. Seit Jahren erhält Israel von den USA kaum noch Wirtschaftshilfe noch etwa Militärhilfe, während arabische Staaten sie bis vor kurzem noch bekommen haben (zum Beispiel Jordanien).

Wer hindert denn die Ölmilliardäre, die heute mit ihren dosierten Subventionen Ägypten und Jordanien die Wiederaufrüstung ermöglichen, einen Bruchteil ihrer auf Londoner und Schweizer Banken liegenden riesigen Vermögen dazu zu benutzen, den Flüchtlingen zur Integrierung in arabischen Ländern zu verhelfen? Warum helfen die vielen arabischen Millionäre, die in Paris oder Südamerika leben, nicht mit Spenden ihren notleidenden Brüdern dabei oder bei der Entwicklung der arabischen Wirtschaft? Ist in der Vorstellungswelt jener Dogmatiker für Solidaritätshandeln einer durch Jahrhunderte verfolgten Minderheit – über Klassengrenzen hinweg – kein Platz, so dass sie es sich nur als „imperialistisches Manöver“ denken können? Sie wollen nicht wissen, dass fast jeder Jude in der Welt Angehörige bei nazistischen Massakern verloren oder überlebende Verwandte in Israel hat.

Was besagt der Satz in der offiziellen Resolution des Bundesverbandes des SDS: „Die eigentliche Ursache der permanenten israelisch-arabischen Krise erblicken wir im Niveau-Unterschied der ökonomisch-kulturellen Entwicklung zwischen Israel und seinen Nachbarländern.“[3]

Es gäbe düstere Perspektiven, wenn dies den Hass und die Aggressivität der Araber rechtfertigen sollte; ganz abgesehen davon, dass sie beides auch untereinander entwickeln (Verfolgung der Kommunisten, Baathisten, Royalisten, der moslemischen Bruderschaften, der auf einen anderen Staat orientierten Natio-

---

1 Vergleiche „Frankfurter Allgemeine Zeitung“ vom 11. Juli 1967 sowie „Zeitdienst“ Nr. 24/1967.

2 Vergleiche ..Frankfurter Allgemeine Zeitung“, a. a. O. und „Zeitdienst“, a. a. O.

3 Vergleiche „Zeitdienst“, a. a. O.

nalisten usw. und je nachdem), wo doch diese ökonomischen Unterschiede nicht existieren. (In der Konsequenz dürfte Spanien das viel höher entwickelte Frankreich überfallen.) Ich möchte hingegen behaupten, dass die ökonomischen Unterschiede nur in einer Beziehung eine Rolle spielen, als nämlich die Rückständigkeit der meisten arabischen Staaten ihre mangelhafte Fähigkeit zu rationalem Denken und Handeln bedingt, die dann allerdings von interessierten Großmächten politisch ausgebeutet wird. Es gäbe kein sicheres Mittel, die Niveauunterschiede auszugleichen, als einen Friedensschluss mit Israel und die Inanspruchnahme der israelischen Entwicklungshilfe, von welcher Länder wie Ghana, Burma und viele afrikanische Staaten erfolgreich Gebrauch gemacht haben. Beim Lesen des oben erwähnten Satzes drängen sich geradezu Gedanken auf, wie sie Friedrich Engels in seinem Brief an J. Bloch vom 21. September 1890 formuliert hat:

„Dass von den Jüngeren zuweilen mehr Gewicht auf die ökonomische Seite gelegt wird als ihr zukommt, haben Marx und ich teilweise selbst verschulden müssen. Wir hatten den Gegnern gegenüber das von diesen geleugnete Hauptprinzip zu betonen, und da war nicht immer Zeit, Ort und Gelegenheit, die übrigen an der Wechselwirkung beteiligten Momente zu ihrem Recht kommen zu lassen. Aber sowie es zur Darstellung eines historischen Abschnitts, also zur praktischen Anwendung kam, änderte sich die Sache, und da war kein Irrtum möglich. Es ist aber leider nur zu häufig, dass man glaubt, eine neue Theorie vollkommen verstanden zu haben und ohne weiteres anwenden zu können, sobald man die Hauptsätze sich angeeignet hat, und das ist auch nicht immer richtig. Und diesen Vorwurf kann ich manchem der neuen ‚Marxisten' nicht ersparen, und es ist dann auch wunderbares Zeug geleistet worden." [1]

Israels westliche Orientierung – Dialektik oder doppelte Moral?

Gewiss, da bleibt die Westorientierung der israelischen Regierung und eines großen Teils der öffentlichen Meinung. Aber ist sie Ursache oder Folge der sowjetischen und der arabischen Politik? Konnte sich Israel seine Verbündeten frei wählen, so wie es Nasser lange Zeit tun konnte? Muss ein Volk, das ständig mit der Vernichtung bedroht wird, sich seine Freunde nicht dort suchen, wo man mindestens zu dosierter Hilfe bereit ist? Hat Jugoslawien gezögert, westliche Hilfe anzunehmen, als das Kominform Tito stürzen wollte? Hat Stalin es abgelehnt, sich mit den Westmächten zu verbünden, als die Sowjetunion von Hitler überfallen wurde? (Und hatte er sich nicht sogar mit diesem verbündet, um sich – in der günstigsten Auslegung – eine Atempause zu verschaffen?) Warum ist das bei Israel Verbrechen, was bei anderen als notwendiges taktisches Manöver

---

1 Marx-Engels: „Über historischen Materialismus", Teil II, Berlin 1950, Seite 149.

entschuldigt wird? Seltsam, einige nennen das „Dialektik“, was andere doppelte Moral oder Prinzipienlosigkeit nennen würden und was die eigene Sache unglaubwürdig macht und diskreditiert. Dann schweigt man auch, wenn im Sudan Araber gegen die Negerstämme des Südens einen Ausrottungsfeldzug führen, wenn im Jemen wohl über hunderttausend Araber sich gegenseitig umbringen, ebenso, wenn Nasser-Nationalisten gegen andere arabische Nationalisten in Aden mit Mord und Terror vorgehen. Dann sind ägyptische Giftgasbomben auf Saudi-Araber „Erfindungen der westlichen Presse“ und Napalmbomben im Sinai „der Beweis eines brutalen imperialistischen Überfalls auf den wachsenden arabischen Nationalismus zur Deckung atavistischer Fremdinteressen, zur Durchsetzung neokolonialistischer Machtansprüche“[1].

Da gibt es „heute keinen Zweifel mehr über die Tatsache der westlichen Intervention“, obwohl nicht einmal die Sowjetunion sich je diese arabische Propagandalüge – zur Entschuldigung des eigenen Versagens – zu eigen machte, obwohl man einige Zeilen vorher Kairos „Spiel mit dem Feuer“ und „die maßlose vulgäre Rabulistik der Drohungen mit der nahenden Vernichtung Israels“[2] kritisiert hat. Wie frevelhaft, dass die Israelis diese Drohungen ernst nahmen und auf Gegenmaßnahmen sannen! Welche verbrecherische Aggressionspolitik, sich dagegen zu schützen, wo doch der Krieg gezeigt hat, wie überlegen Israel siegen konnte!

Wahrscheinlich soll auch Ullerichs eigener Standpunkt, der den der Ultrachauvinisten der Baath-Partei in Syrien widerspiegelt, nur als „Rabulistik“ von Israel aufgefasst werden, wenn er schreibt, das alles lasse „eine positive Israel-Existenz auch nur schweigend akzeptierende Politik“ nicht zu.[3] „Das Streben nach Revanche wird – so entsetzlich es sich ausnimmt – die Voraussetzung die arabische Selbsterhaltung.“[4] Können Sozialisten, Internationalisten, verantwortlich denkende Demokraten zulassen, dass eine solche Vabanque-Politik, die so viel Elend schon geschaffen hat, ein viertes Mal wiederholt wird, wo so offensichtlich nur der Gegner einen Vorteil hat? Die Gegensätze in der Linken mit unerhörter Schärfe aufgerissen, den Krieg in Vietnam und den faschistischen Putsch in Griechenland eine Zeitlang verdunkelt, eine wirklich progressive Entwicklung im Nahen Osten verhindert, die Linke in Israel geschwächt und verwirrt, den Chauvinismus auf beiden Seiten maßlos angefacht und der Position und Glaubwürdigkeit der Sowjetunion geschadet zu haben – das ist die Bilanz jahrzehntelanger Kriegshetze, der Weigerung, die Tatsachen anzuerkennen, der Drohungen mit Vernichtung und Völkermord. Wer sie fortsetzt,

---

1 Ullerich, a. a. O.
2 Ebenda.
3 Ebenda.
4 Ebenda.

trägt heute schon die Verantwortung für den nächsten Krieg.[1]

Versöhnungsbemühungen Israels

Wo gibt es ein einziges Dokument von israelischer Seite, das die Vernichtung seiner Nachbarvölker auch nur erwägt? Wo könnte in arabischen Ländern ein Blatt wie „New Outlook“ erscheinen, in dem jüdische und arabische Sozialisten, liberale Professoren, fortschrittlich und human Denkende aus allen Parteien sich um ein Programm der friedlichen und fortschrittlichen Entwicklung des Vorderen Orients und um Verständigung beider Völker bemühen? Warum haben die arabischen Länder stets die Teilnahme von Israelis an Konferenzen der Dritten Welt – von Bandung bis heute – durch ihr Veto verhindern und damit Israel von jeder Annäherung an die Neutralisten zwangsweise fernhalten müssen?

Darum mussten auch La Piras Bemühungen scheitern, weil die arabischen Sozialisten zwar in kleinem Kreise durchaus eine Möglichkeit der friedlichen Regelung aller Probleme zugaben, aber gleichzeitig erklärten, dass sie um ihr Leben bangen müssten, wenn sie dies zu Hause vertreten würden. Noch kurz vor dem Krieg versuchten die Araber ihre Teilnahme an der Sondernummer von Sartres „Temps Modernes“ über das jüdisch-arabische Problem davon abhängig zu machen, dass kein Araber dort einen versöhnlichen Standpunkt vertreten dürfe: Gibt es irgend etwas Vergleichbares dieser Art auf israelischer Seite?

Warum wird nicht zu Notiz genommen, dass jede israelische Regierung immer wieder öffentlich erklärt hat, sie sei zu Verhandlungen über alle Fragen – auch über eine Lösung des Flüchtlingsproblems – jederzeit und an jedem Ort, auch in Kairo, bereit und willens? In dieser Beziehung gibt es keinen Unterschied zwischen Ben Gurion, Eschkol und Sharett, den ob seiner Friedensbereitschaft zu rühmen heute unsere Friedensfreunde nicht müde werden. (Er war viele Jahre Außenminister und einige Zeit auch Ministerpräsident!) Und obwohl diese Angebote nie ein anderes Echo als neue Hasstiraden auslösten, wurden Zehntausende von Arabern im Rahmen der Familienzusammenführung wieder aufgenommen, die Konten der anderen in die Nachbarländer überwiesen.

In welchen arabischen Ländern gibt es sozialistische und kommunistische Parteien, die ihre Regierung so kritisieren dürfen, wie in Israel? Nicht einmal die von der Kommunistischen Partei Israels abgespaltene Neue Kommunistische Partei, die offiziell die Politik der Sowjetunion verteidigte und ganz überwiegend aus Arabern besteht – deren große Mehrheit eher der Sozialdemokratischen und der Sozialistischen Partei folgt –, ist verboten. Es gehört schon ein großes Maß von Blindheit dazu, dies alles nicht sehen zu wollen, nicht einmal

---

[1] Chefredakteur Heikai (Freund Nassers) in der halbamtlichen „Al Ahram“, Kairo: „Ein regulärer Krieg mit Israel ist nur durch ein Wunder vermeidbar.“

zu stutzen, wenn Sartre, nachdem er eben vom Vietnam-Tribunal in Stockholm gekommen war und sich selbst in Gesprächen mit zahlreichen arabischen und israelischen Politikern gründlich orientiert hatte, im entscheidenden Moment für Israel und gegen den Völkermord Stellung nahm, was ihn heute moralisch glaubwürdig macht und ihm das Recht gibt, die israelische Politik zu kritisieren.

Fortsetzung des Wahnsinns oder Rückkehr zur Vernunft – ein Ratschlag Deutschers

Wie kann es weitergehen? Muss wirklich der Teufelskreis von Hass und Furcht, von Terrorakten und Gegenschlägen, von sinnloser Verausgabung riesiger Summen für den Rüstungswettlauf, die zur wirtschaftlichen Entwicklung, zur Lösung des Flüchtlingsproblems so dringend und so viel besser gebraucht würden, abermals bis zu einer Katastrophe treiben? Wäre es nicht Pflicht aller Internationalisten, Sozialisten, Demokraten und Friedensfreunde, alles zu tun, um eine solche Entwicklung, in der unser sonderbarer Friedensfreund[1] die alleinige Voraussetzung für die arabische Selbsterhaltung erblickt, mit allen ihren Kräften zu verhindern? Wie anders urteilt da doch Isaac Deutscher, der ebenso auf der Seite der Araber steht:

„... der arabische Nationalismus wird unvergleichlich stärker als eine befreiende Kraft wirken, wenn er Disziplin und Vernunft annimmt durch einen Zuschuss an Internationalismus; das würde die Araber befähigen, dem Problem Israel realistischer als bisher zu begegnen. Sie können nicht weiterhin das Lebensrecht Israels leugnen und sich in blutdürstiger Rhetorik ergehen, ökonomisches Wachstum, Industrialisierung, wirksame Organisation und eine saubere Politik können allein ihnen das geben, was die bloße numerische Überlegenheit und anti-israelischer Hass nicht vermögen ... Dies ist natürlich kein Programm auf kurze Sicht. Doch seine Verwirklichung muss nicht allzu viel Zeit beanspruchen. Es gibt keinen kürzeren Weg zur Emanzipation“[2] Alle, die den Arabern wohlwollen, müssen ihnen zu diesem Weg raten. Die Großmächte haben bisher nur die Völker des Orients gegeneinander ausgespielt, sich ihrer zum Vorteil der eigenen Position bedient und an den Waffenlieferungen verdient. Nur die Araber und Israelis selbst können einen Weg zur friedlichen Regelung ihrer Probleme finden. Alle wirklich Neutralen und alle international und human Denkenden sollten dabei helfen, indem sie „eindeutig jede ultranationalistische und kriegerische Lösung verurteilen und vor entsprechenden Aktionen warnen ... und in Übereinstim-

---

1 Ullerich a. a. O., mit dessen Schlussfolgerungen die „Kampagne für Abrüstung“ sich vorsorglich „nicht identifiziert“, wobei dahin gestellt sein mag, warum sie ihm dann ein Drittel des für die Auseinandersetzung zur Verfügung stehenden Raums überlässt.

2 „New Left Review“. a. a. O.

mung mit den dort lebenden Völkern den gefährdeten Waffenstillstand durch eine dauernde Friedensordnung ersetzen.“[1]

Umrisse eines Friedensprogramms

Ein Friedensprogramm müsste folgende Punkte umfassen:

1. Die Anerkennung des Lebensrechtes aller Völker und Staaten, wie es die UN-Charta und die Grundsätze aller linken Parteien und Gruppierungen verlangen.
2. Verhandlungen mit dem Ziel, an Stelle eines Waffenstillstandes eine dauerhafte Friedensordnung zu schaffen.
3. Der Verzicht auf alle Kampfmaßnahmen, auf Wirtschaftsboykott, Sperrung von Land- und Wasserstraßen, einschließlich des Suez-Kanals.
4. Enge wirtschaftliche Zusammenarbeit, unter anderem mit dem Ziel, das Flüchtlingsproblem durch Ansiedlung und Integrierung zu lösen. Dazu sollte auch eine großzügige Entwicklungshilfe dienen, für die ein Fonds unter internationaler und neutraler Verwaltung zu schaffen wäre. Zu diesem hätten Israel, die arabischen Staaten mit großem Öleinkommen, die Großmächte und die europäischen Staaten beizutragen.
5. Eine vereinbarte und kontrollierte Rüstungsbeschränkung. Verbot von Atomwaffen, Raketen und unkontrollierten Waffenlieferungen.
6. Eine politische und militärische Neutralisierung des gesamten Gebietes. Verbot des Anschlusses an irgendein Militärbündnis.
7. Breite demilitarisierte Zonen zwischen Israel und seinen Nachbarn (zum Beispiel auf der Sinai-Halbinsel, in Cis-Jordanien und Südsyrien).
8. Beschränkung von Korrekturen der Grenzen nach dem Stand vom 4. Juni 1967 auf ein Mindestmaß, das sich nach zwingenden strategischen und wirtschaftlichen Erfordernissen bestimmt.
9. Verzicht auf Diskriminierung aller Minoritäten (sowohl der Araber in Israel wie der Juden und anderer Minderheitsgruppen in arabischen Ländern); stattdessen volle bürgerliche, politische und wirtschaftliche Gleichberechtigung, volle Freiheit der nationalen Selbstbestimmung und religiösen Betätigung – national-kulturelle Autonomie.

---

[1] Vergleiche „Das Wort den Internationalisten“ in „Zeitdienst“ Nr. 22/1967.

10. Überwachung der Einhaltung aller Vereinbarungen durch Kontrollorgane der UNO, die nur mit Zustimmung beider Seiten und des Sicherheitsrates abberufen werden können, in allen Ländern zu stationieren sind und ein Recht auf Zugang zu allen militärischen Informationen haben müssen (eventuell auch symbolische UN-Kontingente).
11. Selbstverwaltung aller religiösen Einrichtungen und Organisationen, Verzicht auf staatliche Eingriffe, Unterstellung der Heiligen Stätten unter den Schutz einer internationalen Körperschaft.
12. Ausschaltung jeder nationalen, rassischen und religiösen Verhetzung in den Kommunikationsmitteln und im Schulwesen. Bereinigung aller Schulbücher durch eine gemeinsame jüdisch-arabische Zion. Bestrafung jeder Aufforderung zu Krieg und Völkermord.

Das Ziel wäre die Errichtung einer lockeren Konföderation, die nach Verwirklichung der vorstehenden – der Diskussion, Ergänzung und Abänderung durchaus bedürftigen – Programmpunkte zu einer immer enger werdenden Föderation der Staaten des Nahen Ostens führen würde.

Für ein Programm dieses Geistes und dieser Zielsetzung – das bei allen Änderungen im einzelnen doch eine zusammengehörende Einheit darstellt – sich einzusetzen, wäre für alle, die sich „links" nennen, und sicher ebenso für viele verantwortungsbewusste, fortschrittliche Menschen, die das nicht tun, weit fruchtbarer, als die gegenseitige Bekämpfung, die Flucht in irrealistische Dogmen oder in den Fatalismus („Da ist ja doch nichts zu ändern!"). Ein solches Programm, mit Entschiedenheit von allen Araberfreunden und Israelfreunden gegenüber beiden Seiten vertreten, müsste die Rückkehr zur Vernunft beschleunigen, die chauvinistischen wie die expansionslüsternen reaktionären Elemente isolieren und politisch entmachten, die fortschrittliche Entwicklung im gesamten Orient fördern.

Aus Fehlern lernen – keine Rückkehr zum Status quo

Man muss die Vergangenheit objektiv und eingehend analysieren, vor allem, um aus den Fehlern, die auf allen Seiten in tragischer Verkettung gemacht wurden, zu lernen, und um ein Programm für die Zukunft zu entwickeln. Eine Rückkehr zum Status quo, der schon dreimal zum Kriege geführt hat, ist undenkbar und hieße, die Voraussetzungen für einen neuen Zusammenstoß wiederherzustellen. Andererseits würden auch gute, aber heute nicht zu verwirklichende Ideen nichts nützen. Zypern ist ein warnendes Beispiel dafür, dass voreilig und aus Großmachtinteressen konstruierte binationale Staaten nicht funktionieren. Auch die Entwicklung in Afrika zeigt täglich, dass selbst verwandte und auf gleicher kultureller und ökonomischer Entwicklungsstufe stehende Stämme nicht in einem Staate friedlich zusammenleben können. Selbst Belgien hat in mehr als 130 Jahren keine für Wallonen und Flamen gleichermaßen befriedigende Regelung zu finden vermocht.

Es wird deshalb sehr viel Mut, Geduld, Einsicht, guter Wille und Entschlossenheit von den Politikern beider Völker gefordert werden müssen und der Hilfe, des Zuredens und Drängens des fortschrittlichen Teils der ganzen Menschheit bedürfen, wenn es gelingen soll, den Weg der schrittweisen Annäherung, der Verhandlungen und Teillösungen – bis zu einem föderativen Zusammenschluss aller Völker und Staaten im Nahen Osten – mit Aussicht auf Erfolg zu beschreiten. Die Alternative hierzu wären neues Morden und die Gefahr eines dritten Weltkrieges. Darf irgend jemand sich links oder progressiv, Freund der Araber oder Freund Israels nennen, der diesen Weg gehen will?

(1967)

III. Die neue Zentralwohlfahrtsstelle der Juden in Deutschland

1956 – Zum neuen Beginnen

Die Menschen, die die jüdische Sozialarbeit in Deutschland einst getragen und sie zu einem Vorbild für die jüdische Welt gemacht hatten, leben heute verstreut in allen Erdteilen. Die Mehrzahl arbeitet in ihrer neuen Heimat mit der gleichen Einsatzbereitschaft und mit der gründlichen Schulung, die sie in Deutschland erhalten hat, am Aufbau des jüdischen Lebens mit. Viele freilich sind dahingegangen, viele ein Opfer der grausamen Verfolgung geworden. Die Zerstörung der jüdischen Gemeinschaft in Deutschland schien vollendet.

Es wirkt wie ein Wunder, dass sich gleich nach dem Zusammenbruch des Hitler-Regimes überall neue Kräfte fanden, die an den Wiederaufbau der Gemeinden gingen und ohne Schulung und oft auch ohne Erfahrung, jüdische Sozialarbeit von neuem begannen. Unvergessen bleibt der Anteil, den die großen jüdischen Organisationen der Welt an der Rettung des Restes der Überlebenden genommen haben. Der Gedanke der Auswanderung, der Liquidation der Gemeinden, beherrschte in jener Zeit die jüdische Öffentlichkeit.

Vieles ist seitdem anders geworden. Die kleine jüdische Gemeinschaft in Deutschland konsolidierte sich, ein steter, wenn auch nicht allzu starker Strom von Rückwanderern begann das Bild der Gemeinden zu wandeln. Doch wer wollte den Unterschied zu früher trotz alledem leugnen! Nicht nur, dass die Gesamtzahl der Juden in Deutschland heute kaum die einstige Mitgliederzahl einer größeren Gemeinde wie Frankfurt oder Breslau erreicht, – in ihrer Zusammensetzung nach Alter, Beruf und finanzieller Situation sind die Unterschiede nach wie vor gewaltig. Zur materiellen Verarmung kam die geistige. Nicht nur, dass die kulturell führenden Schichten nicht mehr da waren, absorbierte der Kampf um die Nöte des Alltags die Kräfte der Übriggebliebenen.

Die vielfältigen sozialen Probleme, die in einer solchen Gemeinschaft entstehen, stellen immer neue Anforderungen an die Verantwortlichen. Sie würden im Rahmen der verarmten und kleinen Gemeinden und bei dem Mangel an geschulten und qualifizierten Kräften auch nicht allein zu lösen sein. So entstanden Verbände zunächst auf Landes- und Zonenebene, schließlich wurde im Jahre 1950 der Zentralrat der Juden in Deutschland und ein Jahr später auch die Zentralwohlfahrtsstelle wieder gegründet, die allerdings aus Mangel an Menschen und Mitteln nur ganz allmählich ihre Tätigkeit entfalten konnte. Obwohl mit dem Anlauf des Betreuungsprogramms der Claims Conference nicht unbeträchtliche Summen für die Bedürftigen und die sozialen Institutionen der Gemeinden über diese Organisation zur Verteilung gelangen, liegt nicht hierin die eigentliche und dauernde Aufgabe dieser zentralen Organisation. Ihr wesentliches Anliegen ist die Koordinierung, Planung und ständige Verbesserung der jüdischen sozialen Arbeit in Deutschland. Sie sucht die Einstellung zu überwinden, die in Geldgeben allein Sinn und Aufgabe der gemeindlichen Fürsorge erblickt.

Viele Menschen brauchen vielmehr seelische Hilfe, menschliches Vertrauen, die Möglichkeit zur Aussprache über ihre Probleme. Geld kann sie nicht immer lösen. Es kann leider – und gar nicht so selten – oft schädlich wirken und den Empfänger demoralisieren und demütigen. Wichtiger ist, ihn bei der vernünftigen Anwendung zu beraten, ihm zu helfen, sich selbst zu helfen. Oft genügt der sachverständige Rat für die Durchführung von Ansprüchen gegenüber den staatlichen Behörden, oft nützt das persönliche Eintreten des Fürsorgers.

Das hierfür erforderliche Wissen, die Kenntnisse der außerordentlich komplizierten Gesetzgebung, die Fähigkeit, Menschen richtig zu behandeln, die besonderen Probleme der Kinder und Jugendlichen, der Alten und Kranken –, das alles erlernt man nicht durch Praxis allein, insbesondere in unseren klein gewordenen Gemeinden. Es bedarf eines umfassenden Erfahrungsaustausches, einer Schulung durch fachlich ausgebildete Kräfte, die aufs engste mit den in den Gemeinden Tätigen zusammenarbeiten.

In den wenigen Jahren ihres Bestehens hat unsere Organisation mit einem kleinen Stab von Kräften diese Arbeit begonnen und allen Widerständen zum Trotz sich ein Ansehen bei den jüdischen Organisationen des In- und Auslandes, bei den staatlichen Stellen und bei den anderen deutschen Wohlfahrtsverbänden errungen, mit denen sie in enger und freundschaftlicher Weise zusammenarbeitet.

Mit dem Wiedererscheinen dieses Mitteilungsblattes schaffen wir eine neue Voraussetzung für den Erfolg dieser Bemühungen. Es wendet sich an alle, die bereit sind als freiwillige Helfer an den vielfachen Aufgaben mitzuwirken, die diese Blätter im Einzelnen behandeln werden, ebenso an die beamteten Kräfte der Gemeinden, bei denen stets das Schwergewicht in der täglichen Arbeit für alle Hilfsbedürftigen liegen wird und muss. Denn nur aus dem täglichen, engen menschlichen Kontakt kann sich eine wirkliche Fürsorgearbeit ergeben, die sich nicht in Geld geben erschöpft. Diese Blätter sollen ihnen allen Anregung geben. Alle, die interessiert sind, sind hierdurch aufgefordert, mitzuarbeiten, uns zu schreiben, Probleme aufzuzeigen, Fragen zu stellen und sachliche Kritik zu üben.

Darüber hinaus sollen diese Blätter auch eine Brücke zu allen früheren Mitarbeitern der jüdischen Gemeinschaft in Deutschland bilden. Wie sie einst durch ihre hier erworbenen Kenntnisse der jüdischen Arbeit in aller Welt fruchtbare Impulse gegeben haben, so mögen sie heute, bereichert durch das Wissen und die Erfahrung ihrer neuen Wirkungsstätten, im Rahmen dieser Zeitschrift, die stets zu verbessern und auszubauen unser Wunsch sein wird, uns durch ihre Mitarbeit helfen.

(1956)

Etappen einer Entwicklung
Die Zentralwohlfahrtsstelle berichtet über ihre Arbeit

Aufgaben

Die Zentralwohlfahrtsstelle (ZWST) ist eine Dachorganisation. Sie betreibt keine Einzelfürsorge. Ihre eigentlichen Aufgaben, satzungsgemäß genau umrissen, bestehen in erster Linie in der Vertretung der gemeinsamen Interessen der jüdischen Gemeinden gegenüber den Bundes- und Landesbehörden und den Organisationen der freien Wohlfahrtspflege. Als anerkannter Spitzenverband nimmt die ZWST an den Sitzungen der „Arbeitsgemeinschaft" teil, die die Verhandlungen mit den zuständigen Bundesministerien führt, und wirkt bei der Verteilung der Bundessubventionen für die zentrale Arbeit der Wohlfahrtsverbände mit.

Aufgabe der ZWST ist auch die beratende Koordinierung der Sozialarbeit der jüdischen Gemeinden. Fachkräfte auf diesem Gebiet waren bei Kriegsende so gut wie nicht mehr vorhanden, so dass an die allmähliche Schulung eines Nachwuchses gedacht werden musste.

Arbeitsanfänge

Da der neuen Organisation zunächst nur bescheidene Mittel zur Verfügung standen, konnte eine umfangreichere Tätigkeit nicht ins Auge gefasst werden. Trotzdem wurde nach dem Vorbild des bereits beim „Verband der jüdischen Gemeinden Nordwestdeutschlands", Hamburg (mit dem die „junge" ZWST während der vier ersten Jahre ihres Bestehens Bürogemeinschaft hatte), errichteten Hilfsfonds eine ähnliche Institution auf Bundesebene geschaffen, die für besondere Notfälle zur Verfügung stand. Die praktische Durchführung und die Antragstellung erfolgten auf dem Wege über die Landesverbände der jüdischen Gemeinden bzw. die Gemeinden, deren Sozialabteilungen sind die Glieder, die Mitgliedsverbände der ZWST [...].

Die Zentralwohlfahrtsstelle bemühte sich, an dem rückerstatteten Vermögen, das den der „alten" ZWST angeschlossenen Institutionen gehört hatte, beteiligt zu werden. Die Verhandlungen mit der „Jewish Trust Corporation for Germany" (J.T.C.) für die britische und französische, sowie mit der „Jewish Restitution Successor Organisation" (J.R.S.O.) stehen vor einem – hoffentlich positiven – Abschluss.

In bescheidenem Umfang sind der ZWST auch Spenden von nicht-jüdischer Seite zugeflossen. So erhielt sie u. a. einen Anteil an der „Ölbaumspende" der Aktion „Friede mit Israel" und verwandte die Einkünfte für die verschiedensten Zwecke (Beihilfen zu Kuren, für besonders gelagerte Notfälle, für Berufsförderungsmaßnahmen).

Die Geschäftsstelle der ZWST beriet (und berät) die Landesverbände und Gemeinden in solchen Finanz-, Steuer- und Kreditfragen, die die angeschlossenen sozialen Einrichtungen betreffen. Sie half auch dem wieder erstandenen „Jüdischen Frauenbund".

Eine eigene, größere praktische Hilfsaktion wurde zum ersten Mal durchgeführt, als Anfang 1953 etwa 600 jüdische Bewohner der Sowjetzone nach Westberlin flüchteten. Sie wurden etwa zur Hälfte in jüdischen Gemeinden der Bundesrepublik untergebracht, die ihrerseits Gelder zur Verfügung stellten und die Betreuung dieser Flüchtlinge übernahmen. Die Gewährung von regelmäßigen zusätzlichen Unterstützungen, von Beihilfen für die Wiederbeschaffung von Hausrat und Bekleidung sowie auch von Existenzaufbaudarlehn wurde mit Hilfe des „American Joint Distribution Commitee" (AJDC) ermöglicht. In Berlin, Hamburg und Frankfurt a. M. mussten die Flüchtlinge vorübergehend in besonderen Aufnahmezentren untergebracht werden, deren Kosten in erster Reihe die ZWST bestritt, während die Interessenvertretung gegenüber den Behörden (in Fragen der Anerkennung als Flüchtling, der Unterstützung und endgültigen Unterbringung) den Gemeinden oblag, die dabei durch die Richtlinien und Ratschläge seitens der ZWST unterstützt wurden.

Erste festere Basis

Nachdem die deutsche Bundesregierung für die Betreuung bedürftiger Opfer des Nationalsozialismus der „Conference on Jewish Material Claims Against Germany" (Claims Conference), New York, einen größeren Betrag gezahlt hatte, stellte die ZWST ein einheitliches Sozialbudget auf, um eine Beteiligung der jüdischen Gemeinschaft in Deutschland an diesem Aufkommen sicherzustellen.

Seit dem Arrangement mit der Claims Conference im April 1954 wurde ein schrittweiser Auf- und Ausbau der ZWST möglich: Zweigstellen wurden in Berlin, München und Frankfurt a. M. eröffnet. Man ging auch daran, bestehende Einrichtungen zu erweitern und neue zu schaffen sowie den jüdischen Gemeinden bei der Lösung ihrer Defizitprobleme zur Seite zu stehen.

1954 betrug die Zahl der Personen, denen durch die regulären Unterstützungszahlungen seitens der Gemeinden ein Existenzminimum gesichert wurde, etwa 2000 (oder ungefähr 10% der jüdischen Bevölkerung in der Bundesrepublik), während die Zahl derjenigen, die im Einzelfall der Hilfe bedurften, nahezu doppelt so hoch war.

Die zweite Phase

Seit der Mitgliederversammlung im Jahre 1954 sind die Aufgaben der Zentralwohlfahrtsstelle, wie Dr. Berthold Simonsohn, das Geschäftsführende Vorstandsmitglied der ZWST, auf der Mitgliederversammlung vom 18. Juni 1956 berichten konnte, beträchtlich gewachsen. Damals war das Claims Conference-Programm erst im Beginn. Inzwischen erfolgte die Verlegung der Hauptgeschäftsstelle von Hamburg nach Frankfurt a. M., was, gestützt durch die zentrale Lage, die Erweiterung der Büroräume und die Vergrößerung des Mitarbeiterstabes, die Durchführung der Aufgaben leichter macht bzw. erst ermöglicht.

Durch die ZWST sind die Gemeinden im Laufe der letzten Jahre DM 4,6 Millionen zugeflossen, davon mehr als zwei Drittel für Zwecke individueller Unterstützung und etwa ein Drittel für die Förderung von Gemeindeinstitutionen.

Die Zusammenarbeit der ZWST mit den übrigen fünf Spitzenverbänden der freien Wohlfahrtspflege in Deutschland ist die denkbar beste; alle tragen unseren Wünschen und Forderungen weitgehend Rechnung und geben uns in vieler Beziehung Rat und Beistand.

Die Tätigkeit der Organisationen ist in erster Linie von den Richtlinien der Claims Conference geprägt. Der diesjährige Etat wurde um 25% gekürzt, weil der Finanzierung von Auswanderungsmöglichkeiten von Juden aus Nordafrika der Vorrang gebührte. In der Budgetaufteilung wurde diese Kürzung nach Möglichkeit so aufgefangen, dass die im einzelnen nicht allzu sehr spürbar ist.

Geographische Ausweitung

Die Tätigkeit der ZWST hat inzwischen auch geographisch eine Erweiterung erfahren. 1954 war die Wohlfahrtsarbeit in Hessen und Bayern noch Sache des „American Joint Distribution Committee“. Unterdessen hat die ZWST schrittweise diese Aufgaben übernommen. AJDC übt gegenwärtig eine eigene Sozialarbeit nur noch für den Restbestand des Lagers Föhrenwald aus, das sich in der Auflösung befindet. Hessen wurde am 1. Juli 1955, Bayern (Näheres s. weiter unten) am 1. November 1955, München selbst am 1. April 1956 und die Integrierung der Insassen des Lagers Föhrenwald von dem Augenblick an hinzugenommen, in dem sie in einer Gemeinde ansässig werden. In den letzten zehn Monaten ist etwa die Hälfte der bisherigen Lagerinsassen von Gemeinden übernommen worden, zum größten Teil von München und zu kleineren Teilen von Düsseldorf, Köln, Wiesbaden und Stuttgart sowie von Gemeinden in Westfalen. Die Tätigkeit, besonders in Bayern, ist erheblich ausgedehnt worden; Dr. Anne Pulvermann und Max Willner haben sich dieser Aufgabe in vorbildlicher Weise unterzogen.

Es ist zu hoffen, dass in Zukunft auch die Betreuung der jüdischen Gemeinden in der Sowjetzone möglich sein wird, und es ist mit Sicherheit anzunehmen, dass die Betreuung auch von Juden im Saargebiet demnächst in die Arbeit einbezogen werden kann.

Jüdische Arbeit in Deutschland sollte Aufgabe der jüdischen Organisationen in Deutschland sein. Die ausländischen Organisationen werden ihre direkte Arbeit hier auf ein Minimum beschränken. Die Zusammenarbeit mit ihnen ist nahezu reibungslos verlaufen.

Darlehnskassen

Ein neues wichtiges Tätigkeitsgebiet ergab sich aus der Einrichtung jüdischer Darlehnskassen. Schon im ersten Budget hatte die ZWST dafür Mittel bei der Claims Conference beantragt, und es wurde ein Betrag von einer halben Million DM zur Verfügung gestellt. AJDC gewährte ungefähr einen gleichen Betrag und nahezu alle Gemeinden haben sich finanziell beteiligt. Kein Punkt des ZWST-Programms ist auf größere Skepsis gestoßen als der Aufbau von Darlehnskassen. Erfreulicherweise konnte aber festgestellt werden, dass die Kassen über jedes Erwarten gut gearbeitet haben; denn ihr Kapitalverlust im ersten Jahr liegt bei nur eineinhalb Prozent – in Wirklichkeit ist er geringer. Bei den Verwaltungskosten hingegen tritt ein nicht unerheblicher Verlust ein; davon werden durch eingehende Zinsen nur 40 Prozent gedeckt, der Rest wird zu drei Vierteln vom AJDC und zu einem Viertel von der ZWST getragen. Hier handelt es sich um einen Teil eigener Aufgaben; denn die Darlehnskassen helfen jüdischen Menschen, wieder auf eigenen Füßen zu stehen. Die gewährten Mittel sind bescheiden; sie ermöglichen zwar nicht den Aufbau größerer Unternehmen, aber die Schaffung einer den Lebensunterhalt sichernden Existenz. Bereits 40 Prozent der gewährten Darlehen sind in den 17 Monaten des Bestehens der Kassen zurückgeflossen. AJDC hat sich erklärt, weitere Mittel zur Verfügung zu stellen, weil der Kreis der Darlehnsnehmer wachsen wird.

Kinder in die Ferien!

Im vorigen Jahr wurde erstmals ein Ferienerholungsprogramm für Kinder durchgeführt. Die Claims Conference wird in Zukunft dieser Aufgabe ihre besondere Aufmerksamkeit zuwenden: jüdische Kinder in Europa sollen in jedem Jahr die Möglichkeit haben, einige Wochen in jüdischer Umgebung zu verbringen. 1955 konnte dieses Ziel noch nicht erreicht werden, weil die Kinder in verschiedenen Heimen untergebracht werden mussten. Es war daher der Wunsch des ZWST-Vorstandes, ein eigenes jüdisches Heim zu erwerben. Das von der ZWST erworbene Haus (mit einem Gelände von 55 000 qm) liegt in Wembach im südlichen Schwarzwald und kann pro Kurperiode 100 Kinder aufnehmen (nach ärztlicher Auffassung soll eine Kur mindestens vier Wochen dauern). Es wurde am 1. Juli eingeweiht und am Tage darauf von den ersten Kindern bezogen, kann aber vorerst nicht das ganze Jahr geöffnet sein.

Während das Grundstück mit Mitteln des AJDC erworben wurde und nicht mit Claims Conference-Mitteln der Zentralwohlfahrtsstelle, obliegen Herrichtung und Einrichtung des Hauses der ZWST.

Jugendpflege

Die Schaffung eines Jugendreferats beruht auf einem Vorschlag der letzten Mitgliederversammlung. Unterdessen sind bereits drei zentrale Seminare und einige Bezirksseminare veranstaltet worden. In Zukunft soll das Schwergewicht auf den Bezirksseminaren liegen. Die Arbeit wird in Übereinstimmung mit dem Kulturdezernat des „Zentralrats der Juden in Deutschland“ und der Erziehungsabteilung der „Jewish Agency“ durchgeführt. Wenigstens in Berlin und München, die eine größere Anzahl Jugendlicher haben, sollten für diese Aufgabe eigene Kräfte zur Verfügung stellen, weil die Arbeit nicht allein von einer Zentrale aus geleistet werden kann.

Eigener sozialer Wohnungsbau?

Das ist noch Zukunftsmusik. Die Bestimmung des neuen BEG, Rückkehrern eine Summe von 6000 DM auszuzahlen, wird einen verstärkten Rückkehrerstrom zur Folge haben. Problematisch wird dabei die Unterbringung dieser Menschen sein. Die Claims Conference ist an diesem Problem interessiert und hatte schon 300.000 DM zur Verfügung gestellt. Es wird aber Wert darauf gelegt, dass sich auch die Gemeinden an solchen Projekten beteiligen. Man sollte kombinierte Alterswohnheime schaffen, die die Möglichkeit zum individuellen Leben trotz Altersheimpflege gewähren. Sozialer Wohnungsbau wird selbstverständlich auch für jüngere Rückkehrerfamilien erforderlich sein. Es ist daran gedacht, etwa 100 Wohnungen in größeren Städten mit je DM 3000 zu finanzieren und zur Restfinanzierung öffentliche Kredite zu beschaffen.

Wenn auch bei der Mitwirkung an der Wiedergutmachungsgesetzgebung und teilweise auch an der Sozialgesetzgebung das Schwergewicht beim „Zentralrat der Juden in Deutschland“ liegt, so werden aber auch von der ZWST, eben auf Grund ihrer speziellen Erfahrungen, Anregungen gegeben. So wird die Rückzahlung von Fürsorgeleistungen auf Bemühungen und Vorschläge der ZWST hin in Zukunft wegfallen. Auch in der Staatsangehörigkeitsgesetzgebung wurden günstigere Bedingungen erreicht.

Die Mitwirkung der ZWST erstreckt sich auf alle Gebiete der Sozialgesetzgebung, ist aber auf solche Anliegen beschränkt, die für die jüdischen Menschen von Interesse sind.

ZWST in Bayern

Ende 1955 wurde, wie aus dem der diesjährigen Mitgliederversammlung vorgelegten Sonderbericht von Dr. Marianne Pulvermann hervorgeht, ein neues Büro in München, zunächst als Zweigstelle der ZWST, eröffnet. Es bearbeitet alle jüdischen Unterstützungsfälle in Bayern einschl. München, gegenwärtig etwa 550. Die Arbeit wird von je vier Fürsorge- und Bürokräften geleistet. Die noch unbesetzte Stelle des Leiters wird vorläufig und interimistisch von Max Willner und der Referentin abwechselnd verwaltet. Aber die Zweigstelle bedarf noch einiger weiterer Sozialarbeiter.

Über jeden einzelnen Fall geben Karteikarte und Aktenstück Auskunft und ermöglichen eine ordnungsgemäße monatliche Abrechnung.

Inzwischen wurden die Föhrenwälder Familien eingegliedert, 150 Parteien, von denen 80 in unserer Betreuung stehen. Diese Eingliederung hat viele Probleme hervorgerufen. Die vielfach kranken Menschen und alleinstehenden Menschen hatten erhebliche Schwierigkeiten, sich nach dem Lagerleben in eigener Wirtschaftsführung zurechtzufinden. Eine besondere fürsorgerische Kraft bemühte sich um diesen Kreis. Für einen Teil der Menschen konnten Existenzen mit AJDC-Mitteln beschafft werden. Ein Sonderproblem bilden die Kinder. Die Kleinkinder sind in den Kindergarten der Israelischen Kultusgemeinde München eingeordnet worden. Die schulpflichtigen Kinder besuchen deutsche Schulen und kommen dort nicht ohne weiteres mit. Die Schulleiter haben die ZWST darüber aufgeklärt, dass die Kinder im Pensum um zwei bis drei Jahre zurück sind, Sprachschwierigkeiten haben und auch vom Elternhaus her wenig zu Ordnung, Pünktlichkeit u. s. w. angehalten werden. Deshalb hat die ZWST einen Lehrer verpflichtet, der sich um die Schularbeiten dieser Kinder bekümmert, und es ist zu hoffen, dass sie in etwa einem Jahr das Pensum aufgeholt haben.

Ab 1. April 1956 sind die direkten Münchener Betreuungsfälle von der ZWST-Zweigstelle übernommen worden. Anfängliche Schwierigkeiten sind inzwischen behoben.

Die ZWST genießt die Förderung und Hilfe durch den „Landesverband der Israelitischen Kultusgemeinde in Bayern". Das „Bayrische Hilfswerk" hat nunmehr die Unterstützung von Glaubensjuden eingestellt; deren Fälle hat die ZWST übernommen.

Inzwischen ist die Zahl der Lagerinsassen in Föhrenwald auf weniger als 300 gesunken. Von ihnen rechnet der größte Teil mit seiner Eingliederung in Frankfurt a. M. im Januar 1957.

Die ZWST wird sich weiter um den Ausbau und die Verbesserung der Sozialarbeit in den Landesverbänden und Gemeinden bemühen.

(1956)

Fragen und Aufgaben der Gegenwart
Die „neue" ZWST

Es wirkt fast wie eine Ironie der Geschichte, dass am 8. Mai 1945 als die Waffen schwiegen, sich mehr als 100.000 Juden in Deutschland befanden, und dass dieses Land zu einem Sammelpunkt der Überlebenden der Katastrophe wurde. Allerdings waren hierunter nur wenige tausend Juden, die früher in Deutschland gelebt hatten. Es handelte sich meist um Mischehe-Partner, die der Deportierung hatten entgehen können, sowie um wenige tausend, die aus den Konzentrationslagern in ihre Heimat zurückgekehrt waren.

Körperliche und geistige Erhaltung

In dieser Zeit war vordringlichste Aufgabe jüdischer Sozialarbeit, Menschen am Leben zu erhalten. Die großen, internationalen Organisationen, die allgemeinen wie die jüdischen: UNRA, IRO, AJDC, Jewish Relief Unit, ORT und HIAS bemühten sich vor allen Dingen, die Opfer der Verfolgung vor dem Hunger zu bewahren und gesundheitliche Schäden zu heilen. Die jüdische Sozialarbeit beschränkte sich aber nicht allein auf die physische Rettung. Ein reges jüdisch-kulturelles Leben entstand in den Zentren der jüdischen D.P.s, neben deren „Central Commitees" in den größeren Orten sehr bald wieder jüdische Gemeinden errichtet wurden.

Auswanderung und Rückwanderung

Damals gab es kaum jemanden, der an ein Wiedererstehen einer jüdischen Gemeinschaft in Deutschland glaubte, zumal die Parole Auswanderung lautete. Mit der Gründung des Staates Israel fielen auch die Schranken, die sich einer Einwanderung nach Palästina bis dahin entgegen gestellt hatten, fort. So verringerte sich die bis auf 200.000 angewachsene Zahl der in Deutschland befindlichen Juden rasch. Von den Auswanderern war ein erheblicher Teil in Deutschland geborener Juden, die aus Konzentrationslagern zurückgekehrt waren, aber auch Juden, die in Mischehen lebten.

In viel geringerem Ausmaße setzte gleichzeitig eine Gegenbewegung ein: Manche Juden, die unter dem Druck des nationalsozialistischen Regimes in Länder ausgewandert waren, in denen sie sich nur schwer einordnen konnten, bemühten sich um eine Rückkehr, sobald sich die Verhältnisse in Deutschland einigermaßen zu konsolidieren begannen. Seit 1950 überwog die Zahl der Zurückkehrenden diejenigen der Auswanderer, und die Mitgliederzahl der jüdischen Gemeinden in Deutschland ist langsam, und zwar trotz weitergehender Auswanderung und trotz eines großen Sterbeüberschusses, der sich aus der starken Überalterung ergibt, gestiegen.

Versuch der Wiedereinordnung

Damit begann sich auch die Zusammensetzung der Gemeinden selbst zu wandeln. Die Rückkehrer stehen zu einem erheblichen Teil im mittleren Lebensalter und haben Kinder im schulpflichtigen Alter. Während die Sozialarbeit der jüdischen Gemeinden in den ersten Jahren nach 1945 hauptsächlich auf die Hilfe für die Alten und Kranken und auf die Gründung von Altersheimen abgestellt war, ergab sich in den letzten Jahren in steigendem Maße die Notwendigkeit, für die Jugend und die Kinder, aber auch für die Menschen im arbeitsfähigen Alter zu sorgen. Auch hier war Sozialarbeit zunächst meist identisch mit materieller Hilfe. Dank der günstigen Entwicklung der deutschen Wirtschaft und dem Ingangkommen der Wiedergutmachung besserte sich die materielle Situation eines erheblichen Teiles der jüdischen Bevölkerung, so dass nunmehr in der jüdischen Sozialarbeit eine stärkere Individualisierung möglich wurde, die ihrerseits eine fachliche Durchdringung der Arbeit erforderlich machte. Die Mittel, die die Bundesregierung der „Conference on Jewish Material Claims Against Germany“, kurz „Claims Conference“ genannt, zur Verfügung stellte, ermöglichten es gerade in diesem Zeitpunkt, die materielle Hilfe für diejenigen, die ihrer bedurften, mit der Erarbeitung und Durchsetzung einer neuen Konzeption jüdischer Sozialpolitik zu verbinden.

Die Wirklichkeit hatte sich als stärker erwiesen als alle Theorien. In Deutschland entstand eine neue jüdische Gemeinschaft, und vielen gelang es, sich wirtschaftlich einzuordnen. Diesen Prozess zu fördern, betrachtete die „neue" ZWST als eine ihrer vornehmsten Aufgaben. Es galt, die bestehende Konjunktur auszunutzen, um den Versuch zu machen, auch den letzten jüdischen Arbeitsfähigen in das Wirtschaftsleben einzugliedern.

Objektive und subjektive Hemmnisse

Es ist nicht zu verkennen, dass es in dieser Hinsicht ein Teil gerade der jüdischen Menschen besonders schwer hat: Mindesten ein Drittel der heute in Deutschland lebenden Juden ist in den Ländern Osteuropas aufgewachsen und hat Schwierigkeiten, mit der Sprache und der Mentalität dieses Landes fertig zu werden; hinzu kommt, dass es sich um Menschen handelt, die gerade in ihrer Entwicklung von der Verfolgung betroffen wurden, keine geregelte Schulbildung und Ausbildung mehr erhielten und ihre Angehörigen in den meisten Fällen verloren haben. Sie sind in jeder Weise entwurzelt, vor allem aber jeder geregelten Arbeit entwöhnt.

Schwierigkeiten anderer Art ergeben sich aber auch für viele Rückkehrer aus der Emigration. Sie sind zwei Jahrzehnte aus den deutschen Verhältnissen herausgerissen gewesen und finden heute, selbst wenn sie bereits früher im Berufsleben standen, nur schwer wieder den Anschluss. In ihrem Alter ist es auch nicht leicht, eine Stelle zu finden. Daher ist die Gefahr des Resignierens und Kapitulierens vor den Schwierigkeiten des Neubeginns groß. Leider verlassen sich zu viele darauf, dass sie durch die Wiedergutmachung in die Lage versetzt werden, von Renten und Entschädigungen ihren Lebensunterhalt zu bestreiten.

Konstruktive Wirtschaftshilfe

Aufgabe der mit jüdischer Sozialarbeit betrauten Stellen ist es, diesen Tendenzen entgegenzuwirken und dafür zu sorgen, dass die Möglichkeit einer zusätzlichen materiellen Unterstützung nicht dazu ausgenutzt wird, sich den Notwendigkeiten der Schaffung einer eigenen Existenzgrundlage zu entziehen. Gewiss gibt es Alte und Kranke, denen nur durch zusätzliche Unterstützung und durch Hilfe bei der Geltendmachung ihrer Ansprüche gegen staatliche Stellen zu helfen ist; darüber hinaus aber muss alles getan werden, damit die zur Verfügung stehenden Mittel dazu benutzt werden, dass sich alle noch im arbeitsfähigen Alter Stehenden auf eigene Füße stellen. Es ist notwendig, immer wieder darauf hinzuweisen, welchen Wert eine geordnete Ausbildung für jeden Beruf und für die Befriedigung in der Arbeit hat. Öffentliche und jüdische Mittel ermöglichen es jedem ernsthaft Willigen, sich eine gediegene Berufsausbildung zu schaffen. Die Wohlfahrtsabteilungen der jüdischen Gemeinden müssen auch Arbeitsvermittlung betreiben, sie müssen immer wieder an jüdische Arbeitgeber und an wohlwollende nichtjüdische Arbeitgeber appellieren, dass sie auch Personen einstellen, die anfänglich keine vollwertigen Arbeitskräfte sein werden. Darüber hinaus ermöglichen es die jüdischen Darlehenskassen, die mit Hilfe von AJDC und ZWST geschaffen wurden, heute jedem, sich eine eigene, wenn auch bescheidene Existenz aufzubauen.

In einigen größeren jüdischen Gemeinden wurden oder werden Beratungsstellen geschaffen, die allen, die der Hilfe und des Rats bedürfen, zur Seite stehen werden, eine geeignete Existenz zu finden.

Erziehung zur Selbstverantwortung

Dass man ältere und vom Schicksal schwer geschlagene Menschen heute ändern oder „erziehen“ kann, ist nicht zu erwarten. Um so notwendiger erscheint es, bei den Kindern und Jugendlichen frühzeitig zu beginnen und die Erziehungsarbeit unter den Grundsatz der Selbstverantwortung und der Selbsthilfe zu stellen. Dabei wird das jüdische Leben in Israel als Vorbild dienen müssen. Eine enge Verbindung mit Israel ist deshalb eine erzieherische Notwendigkeit, um dem Aufkommen einer neuen Galuth-Mentalität entgegenzuwirken. Aufgabe einer jüdischen Sozialpolitik im heutigen Deutschland ist es daher, sich der Kinder und Jugendlichen anzunehmen und in diesem Sinne erzieherisch auf sie einzuwirken; ihnen zu helfen, mit den Problemen des Lebens in Deutschland fertig zu werden und einen vernünftigen Beruf zu ergreifen, der ihnen ein Leben unabhängig von den Schwankungen der Konjunktur überall in der Welt ermöglichen wird.

Zweck und Ziel jeder jüdischen Sozialarbeit in Deutschland muss es sein, den Tendenzen der Bindungslosigkeit, die sich aus dem jüdischen Schicksal, besonders bei einem Leben in Deutschland, entwickeln, entgegenzuwirken und gerade durch eine neue jüdische Bindung auf eine wirtschaftliche Normalisierung hinzuwirken.

(1957)

Internationaler Erfahrungsaustausch tut not!

Die Flugzeiten zwischen den Kontinenten werden zusehends kürzer, die Probleme der modernen Industriegesellschaft immer ähnlicher. Die Voraussetzungen für einen sinnvollen internationalen Erfahrungsaustausch sind gegeben. Die Notwendigkeit voneinander zu lernen wird immer zwingender. Gilt dies allgemein schon auf vielen Gebieten, um wie viel mehr, drängt die so tragisch klein gewordene jüdische Gemeinschaft in ihrer sozialen und kulturellen Tätigkeit zu Zusammenarbeit.

Europa im Vordergrund

Unabweisbar wird dieses Problem in Europa. Sehen wir von der im wesentlichen von der Verfolgung verschont gebliebenen jüdischen Gemeinschaft in Großbritannien ab, so gibt es heute nur in Paris eine jüdische Gemeinde, die die Bezeichnung „Großgemeinde“ verdient. In den meisten anderen Ländern bewegt sich die Gesamtzahl der bei den Gemeinden registrierten Juden unter 25.000. Hinzu kommt, dass gerade die Menschen, die diese Arbeit vor dem Zweiten Weltkrieg getragen haben und nicht Opfer der Verfolgung geworden sind, nahezu ausschließlich in andere Erdteile ausgewandert sind und dort, vor allem in Israel eine bedeutende Rolle in den sozialen und kulturellen Einrichtungen spielen. Freilich bildet wie stets in der Geschichte die Generation der Einwanderer das Bindeglied zwischen alter und neuer Heimat. Keine der jüdischen Gruppen auf dem europäischen Kontinent kann heute aus eigener Kraft, ideell und materiell, ihre Probleme und ihre Aufgaben bewältigen.

Mittel ...

Die „Conference on Jewish Material Claims Against Germany“ ist der erste in der jüdischen Geschichte geglückte Zusammenschluss aller ins Gewicht fallenden einzel- und überstaatlichen jüdischen Organisationen zur Durchführung einer einmaligen konkreten Aufgabe. Gewiss, sie hat keinen größeren Apparat, sondern bedient sich weitgehend der Hilfe des AJDC, dessen Tätigkeitsbereich heute fast den ganzen Erdball umspannt. Aber müssen diese beide Organisationen bei der Aufgabe, Geld, mehr oder weniger gerecht, mehr oder weniger sinnvoll, zu verteilen, stehen bleiben? Sie können es gar nicht; denn in vielen Ländern fehlen die Kräfte, die die praktische Arbeit auf sozialem und kulturellem Gebiet im eigenen Bereich durchführen können, sei es wegen der Rückständigkeit und Armut dieser Gruppen (wie im Orient), sei es infolge des furchtbaren Aderlasses durch die Massenvernichtung in Europa.

...und Kräfte

Der Ruf nach fachlich geschulten, ausgebildeten und auch administrativ erfahrenen Kräften in der sozialen Tätigkeit, im kulturellen und sozialen Bereich und in der Gemeindearbeit ganz allgemein wird in vielen Ländern immer dringender, und selbst in Israel fehlen Sozialarbeiter, Erzieher und Lehrer. Das praktische Bedürfnis zwingt zum planvollen Einsatz der vorhandenen allzu geringen Kräfte zur Schulung und Weiterbildung der auf diesem Gebiet Tätigen, die oft ohne die notwendige Ausbildung und Erfahrung einspringen mussten. Guter Wille allein genügt nicht, jahrelange Praxis allein tut es in vielen Fällen auch nicht. Darüber hinaus muss der Heranbildung von Sozialarbeitern auf den Gebieten der Fürsorge (im weitesten Sinn), von Rabbinern und Lehrern, von Krankenpflegepersonal, aber auch von administrativ und organisatorisch geschulten Gemeindearbeitern ganz besondere Aufmerksamkeit geschenkt werden. Das ist heute innerhalb eines Landes nicht mehr möglich, vielleicht noch im Bereich von Sprach- und Kulturkreisen. Es genügt auch nicht, sich hierbei auf Menschen einer jüdischen Gemeinschaft zu beschränken. Dazu sind die Besonderheiten der einzelnen jüdischen Gruppen zu groß, ihre Probleme, ihre Ideologien und ihre Mentalität zu verschieden, als dass man einfach mit jüdischen Sozialarbeitern amerikanischer oder israelischer Ausbildung die Probleme west- oder osteuropäischer jüdischer Hilfsbedürftiger lösen könnte. Darum sind nötig: die Kenntnis voneinander, ein Minimum gemeinsamer Grundausbildung, ein Austausch von Menschen über die Grenzen hinweg. Bei aller Verschiedenheit gibt es genügend Aufgaben, die überall gleich sind, gibt es die Pflicht zur Hilfe für in Not befindliche Teile des jüdischen Volkes außerhalb der eigenen Grenzen. Gerade die Auswanderung großer Teile der europäischen Judenheit und der Einsatz vieler Kräfte aus den USA und aus Israel in Europa erleichtern diese gewiss nicht leichte Aufgabe.

Abhilfe – wie?

Die „Claims Conference“ ist dabei, zu prüfen, wie die Gelder, die voraussichtlich in den nächsten acht bis zehn Jahren noch zur Verfügung stehen werden, eine möglichst sinnvolle Verwendung finden, damit die besonders betroffenen jüdischen Gemeinschaften in Europa einen möglichst langfristigen Nutzen daraus ziehen und die zerstörten Gemeinde-Institutionen wieder aufbauen oder festigen können. Ich fürchte, man denkt hier zu sehr in eingefahrenen Gleisen. Was nützen uns die schönsten Synagogen, Altersheime, Gemeinde- und Jugendzentren, wenn wir keine Menschen für sie haben.

„Claims Conference“ und AJDC täten gut daran, wenn sie eine Stelle schafften, die die Probleme jüdischer Gemeindearbeit in der modernen Gesellschaft gründlich untersucht und, so wissenschaftlich wie möglich, ein Programm erarbeitet, wie diese unter den gegebenen Bedingungen der Neuzeit in den einzelnen Ländern weiterexistieren kann, welche Aufgaben zuerst anzugreifen sind und, vor allem, wie die geeigneten Menschen zu ihrer Bewältigung gefunden, ausgebildet und richtig eingesetzt werden. Dazu gehört, dass auch die materiellen Sicherungen und Anreize geschaffen werden, damit sich auch wirklich fähige Menschen für eine solche Arbeit interessieren und nicht gezwungen sind, in Berufe abzuwandern, die sie vielfach nur ergreifen, weil sie ihnen ganz andere Chancen materieller Art bieten. Kaum eine jüdische Gemeinde auf dem europäischen Kontinent kann heute daran denken, ihren Mitarbeitern Schutz für Alter und Invalidität und Hilfe für ihre Hinterbliebenen zuzusichern. Wohl aber könnte mit Hilfe der genannten Stellen eine Versicherungseinrichtung (Pensionskasse) geschaffen werden.

Konkrete Vorschläge

Die gegenwärtige Situation erfordert:

Wissenschaftliche Untersuchung und Erarbeitung der gemeinsamen und besonderen Probleme und Methoden jüdischer Gemeindearbeit;

einheitliche Erfassung, Lenkung und Schulung der vorhandenen Kräfte für einen überregionalen Austausch der bisher im nicht-jüdischen Bereich tätigen, qualifizierten Kräfte;

Schaffung von Ausbildungsmöglichkeiten für diese Kräfte in Sprach- und Problemgruppen;

Förderung der Ausbildung junger jüdischer Menschen für soziale, pädagogische und kulturelle Berufe (Stipendien) und Werbung für diesen Gedanken;

Erfahrungsaustausch (internationale Fachzeitschriften; gemeinsame Fachorganisationen; Arbeitstagungen);

Bildung eines Gremiums qualifizierter Fachkräfte für die Beratung auf allen Gebieten der jüdischen Gemeindearbeit;

Bereitstellung eines Fonds, der finanzschwachen Gemeinden die Einstellung und angemessene Bezahlung qualifizierter Fachkräfte und die Schaffung einer Pensionskasse ermöglicht.

Ansatzpunkte

Um diese und ähnliche Aufgaben in Angriff zu nehmen, sollten bald vorbereitende Ausschüsse mit Hilfe von „Claims Conference“ und AJDC mit der Arbeit beginnen. Mit ihrer Pariser Tagung im Mai 1956 hat die „Claims Conference“, wenn auch nur zögernd, diesen Weg beschritten. Tagungen der Lehrer und Erzieher, und hoffentlich eines Tages auch der jüdischen Sozialarbeiter, sollen folgen. Der Versuch einer solchen Verbindung mit der internationalen

Konferenz für Sozialarbeit in München (August 1956) zu organisieren, erwies sich als verfrüht. Möge trotzdem durch das Zusammentreffen so vieler jüdischer Sozialarbeiter aus aller Welt eine erste Verbindung geschaffen werden. In Deutschland hat die letzte internationale Zusammenkunft jüdischer Sozialarbeiter 1932 in Frankfurt a. M. stattgefunden. Niemals wieder wird die jüdische Gemeinschaft in Europa und besonders die in Deutschland diejenige Rolle spielen können, die ihr einst im jüdischen Leben zufiel. Wir brauchen die Hilfe der großen jüdischen Gemeinschaften in Amerika und England, die einst aus dem europäischen Judentum ihre Kräfte zogen. Wir können uns heute keine jüdische Arbeit ohne die enge Verbindung mit Israel ohne die aus Europa geflohenen Menschen vorstellen.

Wenn dieser erste lose Kontakt und die von ihm ausgehenden Anregungen zu einer ständigen Erörterung der Probleme und zu einer allmählich wachsenden Verbindung führten, würden wir dies dankbar begrüßen.

(1957)

Internationales Fürsorgerecht
Neue Entwicklungen

I. Ausländer, Staatenlose und Flüchtlinge im deutschen Fürsorgerecht

Bisher waren im deutschen Fürsorgerecht Ausländer und Staatenlose hinsichtlich des Anspruches auf Wohlfahrtsunterstützung aus öffentlichen Mitteln deutschen Staatsangehörigen weitgehend gleichgestellt (§ 7 der Reichsfürsorgepflichtverordnung; im folgenden RFV). Die Unterstützung war einem Hilfsbedürftigen selbst dann zu gewähren, wenn der Aufenthalt nur vorübergehend oder sogar unrechtmäßig war. Im §34 der „Reichsgrundsätze" (RGr) waren jedoch Ansprüche auf bestimmte Leistungen (wie Wochenfürsorge, Beihilfen zur Erziehung und Erwerbsbefähigung) ausgenommen. Diese weitgehende Gleichstellung blieb jedoch oft theoretisch, weil die um Unterstützung angegangene Behörde ihrerseits der Ausländerpolizei Kenntnis gab und diese berechtigt war, die Rückschaffung eines Ausländers in den Heimatstaat oder die Abschiebung auch eines staatenlosen ohne Aufenthaltsgenehmigung vorzunehmen. Nur Personen, die aufgrund des Gesetzes über die Rechtsstellung heimatloser Ausländer (D.P.s) als solche anerkannt sind, waren deutschen Staatsbürgern hinsichtlich aller sozialen Leistungen in vollem Umfange gleichgestellt.

Durch die Ratifizierung des Europäischen Fürsorgeabkommens durch die Bundesrepublik, das bereits 1953 von 15 europäischen Staaten unterzeichnet wurde, ist dieses mit dem 1. September 1956 geltendes Recht geworden. Das Abkommen gilt für Angehörige nachstehender Staaten: Belgien, Dänemark, Frankreich, die Bundesrepublik Deutschland, Griechenland, Island, Irland, Italien, Luxemburg, die Niederlande, Norwegen, Schweden, die Türkei und Großbritannien. Mit der Schweiz besteht ein besonderes Abkommen (siehe weiter unten).

Nicht erfasst sind damit – außer den Angehörigen aller Ostblockstaaten und Überseeländer (einschließlich Israel) – die Staatsangehörigen von Österreich, Jugoslawien, Finnland, Portugal und Spanien. Von den größeren Staaten haben das Abkommen Frankreich und Italien noch nicht ratifiziert.

Nach dem europäischen Fürsorgeabkommen werden die Angehörigen derjenigen Staaten, die es ratifiziert haben, den deutschen Staatsbürgern nahezu gleichgestellt. Die wichtigste Bestimmung ist die, dass auf das Recht zur Rückschaffung verzichtet wird, soweit lediglich die Inanspruchnahme öffentlicher Unterstützung hierfür maßgebend ist. Zwar gilt dieser Grundsatz nicht ausnahmslos. Personen, die weniger als fünf Jahre oder, falls sie nach Vollendung des 55. Lebensjahres in ihren jetzigen Aufenthaltsstaat gekommen sind, weniger als zehn Jahre ununterbrochen dort gelebt haben, können rückgeschafft werden, sofern der Bedürftige transportfähig ist und hier keine engen Bindungen vor allem familiärer Art hat oder sonstige Gründe der Menschlichkeit der Rückschaffung entgegenstehen. Es darf angenommen werden, dass von diesen Ausnahmen sehr selten und vorsichtig Gebrauch gemacht werden wird. Im Übrigen enthält das Abkommen den Grundsatz der Gegenseitigkeit; danach unterstützt jeder Staat die Angehörigen der anderen vertragsschließenden Staaten wie seine eigenen Staatsangehörigen, verzichtet auf gegenseitige Kostenerstattung, leistet dagegen bei der Erlangung von Ersatz der Fürsorgekosten von dritter Seite auf Gegenseitigkeit Hilfe.

Aufgrund eines ausdrücklichen Vorbehalts werden Darlehen für Existenzaufbau und Beihilfen für die Erwerbs- und Berufsbefähigung nur als Kannleistungen, nicht als Pflichtleistungen gewährt.

Im übrigen fallen alle Leistungen nach der Verordnung über die Fürsorgepflicht, in Verbindung mit den Reichsgrundsätzen, der Verordnung über die Tuberkulosehilfe und der Gesetze zur Bekämpfung der Geschlechtskrankheiten und über die Beschulung blinder und taubstummer Kinder unter diese Vereinbarung, jedoch nicht die besonderen Leistungen für Kriegsopfer.

Voraussetzung der Fürsorgepflicht des Aufenthaltsstaates ist jedoch stets, dass der Bedürftige die Staatsangehörigkeit eines der anderen vertragsschließenden

Staaten besitzt und sich im Aufenthaltsstaat erlaubt aufhält. Ehemalige Staatsangehörige eines Staates, die ihre Staatsangehörigkeit verloren haben, ohne dass sie ihnen aberkannt wurde und die dadurch staatenlos geworden sind, sind bis zum Erwerb einer neuen Staatsangehörigkeit weiter hin wie Staatsangehörige zu behandeln.

Von besonderer Bedeutung ist, dass Personen, die die deutsche Staatsangehörigkeit durch nationalsozialistische Verfolgungsmaßnahmen verloren haben, sobald sie in der Bundesrepublik (einschließlich Westberlin) wieder ihren Wohnsitz nehmen, automatisch die deutsche Staatsangehörigkeit wiedererlangen, sofern sie diese nicht ausdrücklich ablehnen. Das gilt auch dann, wenn sie ihre in der Zwischenzeit erworbene Staatsangehörigkeit beibehalten, da die Bundesrepublik die doppelte Staatsangehörigkeit zulässt. Im übrigen besteht nach § 12 des Gesetzes zur Regelung von Fragen der Staatsangehörigkeit vom 22. Februar 1955 ein Rechtsanspruch auf Wiedereinbürgerung auch bei Beibehaltung einer ausländischen Staatsangehörigkeit und Beibehaltung des Wohnsitzes im Ausland.

Eine Sonderregelung gilt für die Schweiz, die dem Abkommen nicht beigetreten ist. Auch wird durch dieses Abkommen der Aufenthaltsstaat verpflichtet, Hilfsbedürftige nach den in seinem Land geltenden fürsorgerechtlichen Bestimmungen zu unterstützen. Die entsprechenden Kosten werden hier jedoch gegenseitig erstattet. Die Rückschaffung ist ebenfalls weitgehend eingeschränkt. Ein Hilfsbedürftiger, der sich mindestens ein Jahr im anderen Land aufgehalten hat, kann nur im Einverständnis beider Länder und nur dann heimgeschafft werden, wenn dies im Interesse des Bedürftigen liegt und sonstige Gründe der Menschlichkeit nicht dagegen sprechen. Die Rückschaffung kann auch durch Zuschüsse des Heimatstaates abgewendet werden. In diesem Zusammenhang ist die Feststellung wichtig, dass die Schweiz niemals hilfsbedürftige deutsche Emigranten gegen ihren Willen zur Rückkehr nach Deutschland gezwungen hat.

Mit allen anderen Ländern bestehen keine zwischenstaatlichen Vereinbarungen. Angehörige dieser Länder müssen daher, sofern sie öffentliche Fürsorge in Anspruch nehmen, damit rechnen, dass sie an die Vertretung ihres Heimatlandes verwiesen und die Rückschaffung von dieser verlangt wird. Das gilt selbstverständlich nicht für Personen, die die deutsche Staatsangehörigkeit aus Verfolgungsgründen verloren haben. Es sollte auch nicht für Personen gelten, die, ohne die deutsche Staatsangehörigkeit besessen zu haben, aus Verfolgungsgründen Deutschland verlassen mussten. In diesen Fällen dürfte in der Regel eine Einbürgerungsanspruch bestehen.

Grundsätzlich aber sind z. B. Angehörigen der Vereinigten Staaten und Israels, wenn die vorgenannten Voraussetzungen nicht gegeben sind, zwar zur

Abwendung einer vorübergehenden Hilfsbedürftigkeit berechtigt, Unterstützung zu erhalten, doch müssen sie mit einer Heimschaffung rechnen.

Von Personen, die sich, nur mit einem Besuchsvisum versehen, nach Deutschland begeben, wird in der Regel ausdrücklich eine Erklärung verlangt, dass sie Unterstützung aus öffentlichen Mitteln nicht in Anspruch nehmen. Die Verletzung dieser Verpflichtung hat in der Regel die Ausweisung zur Folge. In allen solchen Fällen wird es sich empfehlen, mit der zuständigen jüdischen Gemeinde oder mit der Zentralwohlfahrtsstelle der Juden in Deutschland (Frankfurt a. M., Hebelstraße 17) direkt Fühlung zu nehmen.

Zusammenfassend gilt dies: Ohne jede Einschränkung sind heimatlose Ausländer und mit geringfügigen Ausnahmen, auch politische Flüchtlinge den deutschen Staatsangehörigen und denjenigen, die einen Einbürgerungsanspruch haben, gleichgestellt, ebenso Angehörige derjenigen Staaten, die das europäische Fürsorgeabkommen ratifiziert haben, sowie der Schweiz.

Es wäre zu wünschen, dass auch mit anderen wichtigen Ländern, insbesondere mit den Vereinigten Staaten und Israel entsprechende zwischenstaatliche Abkommen geschlossen werden.

II. Unterstützung deutscher und früherer deutscher Staatsangehöriger im Ausland

Diese Hilfeleistung wäre um so wünschenswerter, als durch internationale Verträge (wie das europäische Fürsorgeabkommen) auch deutsche Staatsangehörige im Ausland einen Anspruch auf Unterstützung aus öffentlichen Mittel ihres Aufenthaltslandes erhalten. Sofern ihnen in ihrem Gastland jedoch keine ausreichende Fürsorgeleistungen gewährt werden, hat sich die Bundesregierung bereit erklärt, die Fürsorgeleistungen für Deutsche im Ausland zu übernehmen. Dies geschieht durch Vermittlung der Vertretungen der Bundesrepublik im Ausland. Die Landesfürsorgeverbände haben durch die Bonner Vereinbarung die Zuständigkeitsfragen geregelt und die Unterstützungszahlungen als freiwillige Aufgabe übernommen. Damit soll eine unberechtigte Rückschaffung verhindert werden.

Die Regelung ist von besonderer Bedeutung für frühere deutsche Staatsangehörige, die aus Verfolgungsgründen Deutschland verlassen mussten und durch die Maßnahmen des nationalsozialistischen Regimes ihre Staatsangehörigkeit verloren haben. Verschiedene deutsche Auslandsvertretungen haben sich dieses Personenkreises stets mit besonderer Aufmerksamkeit angenommen. Auf die vorerwähnten Ausführungen über die Wiedererlangung der deutschen Staatsangehörigkeit sei deshalb ausdrücklich verwiesen. Es empfiehlt sich, den Antrag auf Unterstützung bei dem zuständigen deutschen Konsulat einzureichen. Voraussetzung ist aber stets, dass eine wirkliche Bedürftigkeit besteht und das Gastland die Unterstützung ablehnt.

Sofern Wiedergutmachungsansprüche bestehen, aber noch nicht befriedigt sind, können Unterstützungen später von den Wiedergutmachungsleistungen abgezogen werden.

Ein Anspruch auf Einbürgerung haben auch Personen, die Angehörige des deutschen Sprach- und Kulturkreises sind und früher in den von Deutschland im Zweiten Weltkrieg besetzten Gebieten gelebt haben (§1 des Gesetzes zur Regelung von Fragen der Staatsangehörigkeit).

III. Arbeitslosenhilfe

Wesentlich anders ist die Rechtslage, wenn es sich um hilfsbedürftige Personen handelt, die der Arbeitsvermittlung zur Verfügung stehen und dementsprechend Ansprüche nicht beim Fürsorgeamt, sondern beim Arbeitsamt auf Arbeitslosenhilfe geltend machen müssen. Wegen der unterschiedlichen Regelung in den einzelnen Staaten ist hier eine absolute Gleichbehandlung in dem Umfang wie bei der öffentlichen Fürsorge vorerst nicht zu erreichen.

Inzwischen haben aber die im Europarat zusammengeschlossenen 15 Staaten ein vorläufiges Europäisches Abkommen über soziale Sicherheit beschlossen, das von den gleichen Staaten, die dem Fürsorgeabkommen beigetreten sind, wenn auch mit gewissen Einschränkungen, ratifiziert worden ist. Darüber hinaus bestehen noch besondere zweiseitige Abkommen mit Italien, der Niederlande und Italien.

Der Bundesminister für Arbeit hat durch die Erste Verordnung zur Durchführung der Arbeitslosenhilfe vom 31. Juli 1956 auch die Rechtsstellung der fremden Staatsangehörigen und Staatenlosen geklärt. Danach ergibt sich gegenwärtig folgende Situation:

1. Heimaltlose Ausländer sind schon gemäß §18 des Gesetzes über die Rechtsstellung heimatloser Ausländer im Bundesgebiet deutschen Staatsangehörigen völlig gleichgestellt. Für die Staatsangehörigen Italiens, der Niederlande und Österreichs gilt dies auf Grund der zweiseitigen Abkommen.

2. Bezüglich der Arbeitslosenversicherung (auf Grund des derzeitigen Standes der Ratifizierung des Europäischen Abkommens) sind die Staatsangehörigen Irlands und Schwedens sowie alle politischen Flüchtlinge im Sinne des Abkommens über die Rechtsstellung der Flüchtlinge vom 28. Juli 1951 ebenfalls gleichgestellt, sofern sie sich mindestens sechs Monate rechtmäßig im Bundesgebiet oder dem Land Berlin aufhalten. Für die Angehörigen der übrigen europäischen Staaten, die dieses Abkommen unterzeichnet oder sogar ratifiziert

haben, gilt dies leider nicht, weil sich die Bundesrepublik ausdrücklich vorbehalten hat, die völlige Gleichstellung nur den Angehörigen derjenigen Staaten zu gewähren, die nach ihrer Gesetzgebung arbeitslosen deutschen Staatsangehörigen Leistungen im gleichen Umfang und unter den gleichen Voraussetzungen gewähren wie ihren eigenen Staatsangehhörigen. Diese Voraussetzungen sind z. B. bei Großbritannien und Norwegen nicht gegeben.

3. Für alle übrigen fremden Staatsangehörigen und Staatenlosen gilt §1 der Ersten Durchführungsverordnung zur Arbeitslosenhilfe. Danach werden auch diese Personen wie Deutsche behandelt, sofern sie berufsmäßig in der Hauptsache als Arbeitnehmer tätig zu sein pflegen und sich rechtmäßig und nicht nur vorübergehend im Bundesgebiet oder im Land Berlin aufhalten, jedoch mit der Einschränkung, dass sie innerhalb eines Jahres vor der Arbeitslosenmeldung entweder Leistungen aus der Arbeitslosenversicherung bezogen oder im Geltungsbereich des Gesetzes mindestens 26 Wochen in entlohnter und nicht nur geringfügiger Beschäftigung gestanden haben. Im Gegensatz hierzu wird bei Deutschen bekanntlich nur verlangt, dass sie zehn Wochen eine entlohnte Tätigkeit ausgeübt haben, gleichgültig, ob im Inland oder Ausland.

Für den von der ZWST betreuten Personenkreis ist von besonderer Bedeutung, dass die vollen Leistungen des Gesetzes allen Deutschen im Sinne des Artikels 116 des Grundgesetzes zustehen. Hierunter fallen auch diejenigen Personen, die die deutsche Staatsangehörigkeit im Zusammenhang mit Verfolgungsmaßnahmen verloren oder einen Anspruch auf Einbürgerung als Angehörige des deutschen Sprach- und Kulturkreises haben (Artikel 116, Abs. 2 des Grundgesetzes in Verbindung mit den §§11 und 12 des Gesetzes zur Regelung von Fragen der Staatsangehörigkeit). Sofern Verfolgte, auf die diese Voraussetzungen zutreffen, aus dem Ausland in die Bundesrepublik (einschließlich Westberlins) zurückkehren, besteht bei Vorliegen der sonstigen Voraussetzungen also ein Anspruch auf Unterstützung aus der Arbeitslosenhilfe schon dann, wenn sie innerhalb eines Jahres vor der Meldung beim Arbeitsamt eine entlohnte und nicht nur gelegentliche oder geringfügige Beschäftigung von mindestens 10 Wochen im Ausland ausgeübt haben. Voraussetzung ist allerdings stets ein rechtmäßiger und nicht nur vorübergehender Aufenthalt im Geltungsbereich des Gesetzes, also z. B. nicht nur auf Grund eines Besuchsvisums.

Diese Regelung wird von der ZWST als ungenügend erachtet, weil sie den Besonderheiten dieses Personenkreises nicht genügend Rechnung trägt. Die ZWST ist deshalb wiederholt beim Bundesminister vorstellig geworden, um eine Erstreckung der für Vertriebene und Sowjetzonenflüchtlinge geltenden Regelung auch auf Rückkehrer aus der Emigration zu erreichen. (Anspruch auf Anerkennung als Vertriebener haben deutsche Staats- und Volkszugehörige, die früher in den abgetrennten Ostprovinzen gewohnt haben, bei Zuzug aus dem Ausland auch jetzt noch, sofern sie nach der Vertreibung nicht eine fremde Staatsangehörigkeit erworben haben).

Bei diesem Personenkreis genügt es nämlich, dass sie innerhalb der letzten zwei Jahre vor der Arbeitslosenmeldung im Geltungsbereich des Gesetzes Aufenthalt genommen haben oder dorthin zurückgekehrt sind und glaubhaft machen können, dass sie ohne ihr Verschulden innerhalb des letzten Jahres nicht 10 Wochen in entlohnter Beschäftigung gestanden haben. Hierdurch wird also z. B. früher Selbständigen die Möglichkeit gegeben, Arbeitslosenhilfe in Anspruch zu nehmen, wenn der Arbeitslose darauf angewiesen ist, künftig berufsmäßig in der Hauptsache als Arbeitnehmer seinen Lebensunterhalt zu erwerben (§2 der 1. Durchführungsverordnung). Da viele Verfolgte genötigt waren, sich im Ausland eine mehr als unsichere selbständige Existenz zu suchen, sollten sie nicht schlechter gestellt werden als andere Gruppen, die durch Ereignisse der Kriegs- und Nachkriegszeit aus ihrer normalen Tätigkeit und ihrer Heimat herausgerissen wurden. Die ZWST hat deshalb vorgeschlagen, dem §141a als Absatz 4 eine Bestimmung nachstehenden Inhalts anzufügen:

„Die im §141, Absatz 2 getroffene Regelung gilt sinngemäß auch für Verfolgte im Sinne des §1 des BEG vom 29. Juni 1956, wenn sie innerhalb der letzten zwei Jahre vor der Arbeitslosenmeldung im Geltungsbereich dieses Gesetzes Aufenthalt genommen haben oder dorthin zurückgekehrt und darauf angewiesen sind, den Lebensunterhalt künftig in der Hauptsache als Arbeitnehmer zu erwerben. Dies gilt auch für Staatenlose und Personen, die im Zusammenhang mit den Verfolgungsmaßnahmen eine fremde Staatsangehörigkeit erworben haben.“

Es ist zu hoffen, dass die ZWST-Vorschläge bei einer Novellierung des Gesetzes Berücksichtigung finden. Wichtig ist auch, dass unter die Personen, die als Flüchtlinge im Sinne des Flüchtlingsabkommens anerkannt und damit auf Grund des europäischen Abkommens eigenen Staatsangehörigen gleichzustellen sind, auch die aus dem nationalsozialistischen Deutschland emigrierten Flüchtlinge gehören (Abkommen vom 10. Februar 1938 über die Stellung der Flüchtlinge aus Deutschland – Völkerbund –); ferner: Opfer des nationalsozialistischen und faschistischen Regimes, die an der Seite der Alliierten kämpften oder diese unterstützten; ehemalige Opfer der Verfolgung durch den Nationalsozialismus, die zwar in ihre Heimat zurückkehren, aber noch keine neue Niederlassung finden konnten; Personen, die auf Grund von Ereignissen nach Beginn des Zweiten Weltkrieges nicht den Schutz des Staates annehmen, dessen Staatsangehörigkeit sie besitzen oder besessen haben; Personen, die infolge von Ereignissen, die vor dem 1. Januar 1951 eingetreten sind, aus der begründeten Furcht vor Verfolgung wegen ihrer Rasse, Religion, Nationalität, Zugehörigkeit zu einer bestimmten sozialen Gruppe oder wegen ihrer politischen Überzeugung sich außerhalb des Landes befinden, dessen Staatsangehörigkeit sie besitzen und den Schutz dieses Landes nicht in Anspruch nehmen können oder wegen dieser Befürchtung nicht in Anspruch nehmen wollen; Staatenlose, die sich außerhalb des Landes befinden, in welchem sie ihren gewöhnlichen Aufenthalt hatten und aus den vorerwähnten Gründen oder Befürchtungen dorthin nicht zurückkehren können oder wollen.

Alle Emigranten aus Deutschland und den Ländern Osteuropas werden unter eine dieser Bestimmungen fallen und daher in den Ländern, die dieses Zusatzabkommen zum Europäischen Abkommen ratifiziert haben, den Staatsangehörigen des Aufenthaltslandes gleichgestellt.

(1957)

Nöte der Wiedereingliederung
Gleiches Recht für Naziverfolgte und Kriegsgeschädigte!

Das Weltflüchtlingsjahr dient in erster Linie der Hilfe für diejenigen Flüchtlinge, deren Schicksal mit den Ereignissen des Zweiten Weltkrieges und seinen Folgen im Zusammenhang steht. Darüber wird leicht vergessen, dass das Flüchtlingsschicksal für jüdische Massen nicht erst 1945, sondern schon 1933 begonnen hat.

In der jüdischen Sozialarbeit spielt seit mehr als einem Vierteljahrhundert die Behebung der Probleme, die durch das Flüchtlingsschicksal geschaffen wurden, die entscheidende Rolle. Größere Verständnis- und Hilfsbereitschaft der Welt hätte zweifellos Hunderttausenden das Leben retten können.

Die Folgen der damaligen Vertreibung sind heute immer noch nicht überwunden. Wenn auch der größte Teil sich inzwischen in die neuen Heimatländer eingeordnet hat, so war es doch einem gewissen Teil aus klimatischen, sozialen und persönlichen Gründen nicht möglich, Wurzel zu fassen. Seit 1945 und insbesondere seit der Konsolidierung der Verhältnisse in Deutschland strebt darum ein, wenn auch zahlenmäßig kleiner Teil dieser damaligen Auswanderer danach, sich eine neue Existenz in Deutschland zu schaffen oder hier einen ruhigen Lebensabend zu verbringen. Mehr als ein Drittel der heutigen jüdischen Bevölkerung in Deutschland besteht aus solchen Personen. Ein weiteres Drittel setzt sich ebenfalls aus Flüchtlingen zusammen, nämlich solchen, die aus Osteuropa verschleppt worden waren und die Konzentrationslager überlebten. Ihr Schicksal ist oft noch viel schwerer als das der zuerst genannten Rückkehrer; ihre Eingliederung wirft meist noch größere Probleme auf.

Deshalb spielt in der Sozialarbeit der jüdischen Gemeinden und damit auch der ZWST die Wiedereingliederung dieser Menschen seit 1945 die entscheidende Rolle. Hat auch die Wiedergutmachung einen erheblichen Beitrag zur Lösung des Problems geleistet, so bleiben doch viele Lücken, deren Schließung äußerst schwierig ist. Da es sich um einen begrenzten Personenkreis handelt, wurden besondere Bestimmungen, wie sie mit größter Sorgfalt für andere Vertriebenengruppen im Bundesvertriebenen- und im Heimkehrergesetz geschaffen wurden, nicht erlassen. Zwar befasst sich die Entschädigunggesetzgebung mit der finanziellen Seite der Wiedergutmachung, bietet aber für die so wichtige Frage der Integration, der Arbeits- und Wohnraumbeschaffung, keine entsprechenden Vergünstigungen. Als diese Situation bei einer Vorsprache der Vertreter des Zentralrates der Juden in Deutschland dem Bundeskanzler vorgetragen wurde, war dieser erstaunt, dass keine Gleichstellung der Verfolgten mit den anderen Kriegsgeschädigtengruppen erfolge. Die ZWST wurde beauftragt, ein entsprechendes Memorandum auszuarbeiten, das dem Bundesministerium des Innern zur Weiterbehandlung überwiesen wurde. Im einzelnen wurden folgende Vorschläge unterbreitet:

1. Die Vergünstigungen, die das Bundesvertriebenengesetz und das Heimkehrergesetz Flüchtlingen und Heimkehrern bei der wirtschaftlichen und arbeitsmäßigen Eingliederung und bei der Wohnungsvergabe gewähren, sollen auf Verfolgte in der Bundesrepublik einschließlich Westberlin bzw. auf Rückkehrer aus der Emigration ausgedehnt werden.
2. Heimatlose Ausländer, die, auch wenn sie nicht deutsche Staats- oder Volkszugehörige waren, alle sonstigen Voraussetzungen des Lastenausgleichsgesetzes (LAG) erfüllen, sollen Anspruch auf Leistungen nach dem LAG erhalten, insbesondere auf Existenzaufbaudarlehen und Berufsausbildungsbeihilfen.
3. Alle Empfänger von Wiedergutmachungsrenten sollen den gleichen Krankenschutz wie Sozialrentner durch Aufnahme in die Rentner-Krankenversicherung erhalten;
4. Vergünstigungen, die Kriegsbeschädigten gewährt werden, sollen automatisch auch gesundheitsgeschädigten Verfolgten zugute kommen;

betagte oder erwerbsunfähige Verfolgte, die hilfsbedürftig und deshalb auf die öffentliche Fürsorge angewiesen sind, sollen eine Unterhaltshilfe erhalten, wie dies mustergültig in Berlin durch das PrV-Gesetz geregelt ist. Dies könnte auch dadurch erreicht werden, dass die Möglichkeit der Gewährung von Härteleistungen nach §171 BEG ein großzügigerer Gebrauch zugunsten der in Deutschland lebenden Verfolgten jüdischen Glaubens gemacht wird. Es soll auch an dieser Stelle der Hoffnung Ausdruck gegeben werden, dass gerade im Weltflüchtlingsjahr die Nöte und Sorgen derjenigen, die am längsten unter dem Flüchtlingsschicksal leiden, nicht vergessen werden. Die selbstverständliche Forderung, dass diese Opfer der nationalsozialistischen Verfolgung nicht schlechter gestellt werden dürfen als die Opfer des Krieges, sollte, fast 15 Jahre nach dem Zusammenbruch des nationalsozialistischen Regimes, endlich erfüllt werden. Die ZWST wird im Rahmen der ihr zur Verfügung stehenden Mittel das ihrige tun, um zur Lösung dieser Probleme beizutragen. Aufgabe des Staates bleibt es aber, die noch fehlenden rechtlichen Voraussetzungen zu schaffen.

(1959)

Hilfe durch sachverständigen Rat
Die zentrale Aufgabe moderner Sozialarbeit

Sozialarbeit in modernem Sinne versteht unter einem „Hilfsbedürftigen" nicht mehr nur den Armen, der um Unterstützung bittet. Die Sicherung des Existenzminimums und die materielle Hilfe in vielen Fällen der Not sind heute weitgehend Staatsaufgaben, durch klagbaren Rechtsanspruch gesichert und erzwingbar. Für die freie Wohlfahrtspflege – und hierzu rechnet die Tätigkeit der Sozialabteilungen jüdischer Gemeinden – bleibt jedoch noch ein großes Feld, selbst der wirtschaftlichen Hilfe. Aber sie wäre verfehlt, wenn sie sich im Geldgeben erschöpfte. Das kann dem so Betreuten oft mehr schaden, als es ihm im Augenblick zu nützen scheint, wenn Art und Ausmaß dieser Hilfe nicht sorgfältig bedacht und mit wohlüberlegtem Rat eines fachlich erfahrenen und geschulten Sozialarbeiters verbunden sind. Leicht kann aus einer momentanen Notlage eine dauernde werden, wenn die Kräfte der Selbsthilfe und Selbstbehauptung dadurch gelähmt, statt angespornt werden.

Eingliederung, Auswanderung, Suchdienst

Der Tätigkeitsbericht der Wirtschafts- und Rechtsberatungsstelle der Jüdischen Gemeinde Berlin zeigt, was getan werden kann, um Hilfesuchenden, die durch das jüdische Sonderschicksal der letzten Jahrzehnte noch mehr als durch allgemeine Entwicklungen entwurzelt sind, zur Wiedereingliederung zu verhelfen. Arbeitsvermittlung, Berufs- und Wirtschaftsberatung sind Gebiete, die ebenso wenig wie die Darlehnskassen für Kleingewerbetreibende aus der jüdischen Sozialarbeit wegzudenken sind. Sie sind eine Form der Wirtschaftshilfe, die keineswegs nur Unterstützungsbedürftige in Anspruch nehmen und nehmen sollen.

Es ist auch kein Zufall, dass die ZWST nunmehr auch die Hilfe und Beratung bei der Auswanderung als selbständigen Zweig ihrem Tätigkeitsbereich angegliedert hat, die in erster Linie den Menschen, die sich, aus welchen Gründen auch immer, in Deutschland nicht eingliedern können und wollen, bessere Einordnungsmöglichkeiten in anderen Ländern erschließen oder zur Wiedervereinigung mit den überlebenden Angehörigen verhelfen soll.

Umgekehrt bemüht sich die ZWST-Abteilung „Familienzusammenführung", die Einreise bzw. Rückkehr von Familienangehörigen in Deutschland lebender Juden und der einst von hier von Vertriebenen und Ausgewanderten sowie von Juden deutscher Sprach- und Kulturzugehörigkeit, insbesondere aus osteuropäischen Ländern, zu ermöglichen. Der „Suchdienst" der ZWST bemüht sich, Gewissheit über das Schicksal von Verwandten und Freunden zu verschaffen und, soweit sie die Katastrophe überlebt haben, Verbindungen wieder herzustellen, die oft schon jahrzehntelang gerissen sind. Die Ermittlung von Anschriften der über die ganze Welt Verstreuten, die oft auch als Zeugen für die Belegung von Rechtsansprüchen benötigt werden, in enger Zusammenarbeit mit den großen jüdischen Organisationen und dem Deutschen Roten Kreuz, ist eine mühevolle und nicht immer erfolgreiche Aufgabe, der sich aber gerade keine jüdische Stelle entziehen kann.

Kinder – Jugend – Familie

In der Entwicklung befindet sich noch das ZWST-Referat „Kinder- und Jugendfürsorge", das sich vordringlich mit der Unterbringung derjenigen jüdischen Kinder zu befassen haben wird, die keine Eltern mehr haben, oder aus familiären oder erzieherischen Gründen nicht bei diesen verbleiben können und z. T. in nichtjüdischen Einrichtungen untergebracht werden mussten. Gedacht ist an die Schaffung von sog. „Pflegenestern", zunächst in Frankfurt a. M., München und Berlin. Darüber hinaus soll sich diese Abteilung zum Ziele setzen, die Beratung auf den Gebieten der Erziehung und, untrennbar damit verbunden, der Ehe und des Familienlebens in den größeren Gemeinden entwickeln zu helfen.

Kenntnis des Sozialrechts

Der Sozialarbeiter braucht kein Jurist zu sein, muss nicht die Einzelheiten der Gesetze kennen oder den Anwalt ersetzen. Aber er muss einen Überblick über das ganze für seine Arbeit maßgebliche Rechtsgebiet wenigstens in Umrissen haben und wissen, welche Fragen rechtlich geregelt sind, welche Hilfsmittel ihm dabei nützlich sind und an wen er sich um Auskunft wenden kann, welche Behörden zuständig sind u. ä. m. Da alle materielle Hilfe nur dann gewährt werden darf und soll, wenn zuvor alle Möglichkeiten ausgeschöpft sind, die die staatliche Gesetzgebung gibt (Grundsatz der „Subsidiarität"), ist eine Kenntnis des Sozialrechts mindestens in großen Zügen unbedingt erforderlich. Dazu gehören das Recht der öffentlichen Fürsorge, der Sozialversicherung, insbesondere der Arbeitslosenhilfe, aber auch die Sonderbestimmungen für einzelne Gruppen wie Vertriebene, Kriegsgeschädigte, Lastenausgleichsberechtigte und für den jüdischen Kreis natürlich besonders der Wiedergutmachungsgesetzgebung.

Die Rechtsstellung vieler jüdischer Betreuter macht eine Beratung in Bezug auf Rechte von heimatlosen Ausländern, politischen Flüchtlingen, Aussiedlern erforderlich, wofür die Kenntnis einiger Grundbegriffe des Staatsangehörigkeitsrechts und der Sonderregelungen für Ausländer und Staatenlose unentbehrlich ist.

Und schließlich setzt die Arbeit auf dem Gebiet der Jugendfürsorge und der Jugendpflege, der Ehe- und Familienberatung voraus, dass Begriffe wie Vormundschaft, Entziehung des Sorgerechts, Pflegschaft und Grundzüge des Ehe- und Familienrechts ebenso wenig unbekannt sind, wie es Aufgaben und Stellung des Jugendamts und die Möglichkeiten, die kommunale, Landes- und Bundesjugendpläne bieten, sein dürfen. Gewiss soll man die Anforderungen nicht überspannen. Eine detaillierte Gesetzeskenntnis kann ebenso wenig verlangt werden wie medizinisches Wissen in der Gesundheitsfürsorge. Nicht jede jüdische Gemeinde kann sich einen Haupt- oder nebenamtlichen Rechtsberater leisten. Aber es gibt nun einmal keine Sozialarbeit ohne Rechtsberatung. Und es gibt viele Fragen des Lebens, auf die auch die überbeschäftigten Anwälte keine Antwort wissen, weil ihre Lösung nur der geschulte Sozialarbeiter mit viel Geduld, Verständnis und Zeitaufwand versuchen kann; denn hinter den Rechtsfragen, mit denen sich der Hilfesuchende an den Anwalt oder Berater wendet, stehen zumeist Probleme, die in den Bereich der Familienfürsorge gehören.

Die Bedeutung moderner Sozialarbeit

So bilden alle Teile der Sozialarbeit, auch wenn sie spezialisierte Kräfte erfordern – den Arzt, den Psychologen, den Juristen, den Fachmann für Jugend- und Altersprobleme – eine innere Einheit: Wirtschaftshilfe, Rechtshilfe, Rat in Angelegenheiten der Erziehung, der Ehe, der Familien- wie der Gesundheitsfürsorge.

Dem Verständnis dafür, dass die jüdischen Gemeinden den Schritt von der Armenfürsorge und der ihr entsprechenden Praxis, alle Probleme durch Geld und Wiedergutmachung lösen zu wollen, zur modernen Sozialarbeit tun müssen, wenn sie in der heutigen Gesellschaft bestehen und ihre Pflichten gegenüber allen Mitgliedern erfüllen wollen, die mehr denn je diesen inneren Halt durch ihre Gemeinde benötigen und von ihr erwarten, soll diese Ausgabe der „Jüdischen Sozialarbeit" dienen. Wer an ihr mitgearbeitet hat, ist davon überzeugt, dass vom Umfang und Tempo, in dem es gelingt, diese Erkenntnis in der Arbeit der jüdischen Gemeinden zu verwirklichen, die Selbstbehauptung und die Konsolidierung der jüdischen Gemeinschaft in Deutschland in hohem Maße abhängig sein werden.

(1960)

Verpflichtung und Verantwortung
Um die jüdischen Kinder in Deutschland

Ob es in 10 oder 20 Jahren in Deutschland jüdische Gemeinden geben wird, ist eine Frage, die heute niemand mit Sicherheit zu beantworten wagen wird. Es wird entscheidend davon abhängen, was aus den etwa 3000 jüdischen Kindern werden wird, die heute, meist in wenigen Großgemeinden, leben und in welcher Weise sie als Juden und Menschen bestehen werden. Es ist deshalb die wesentliche Frage, die sich den jüdischen Gemeinden heute stellt, wie sie sich dieser Aufgabe unterziehen und ob sie ihre Bedeutung erkennen.

Wenige werden leugnen, dass hier eine Verpflichtung der organisierten jüdischen Gemeinschaft und nicht nur der Eltern besteht. Viele werden glauben, dieser Pflicht mit etwas Religionsunterricht, ein paar Feiern, vielleicht einer Ferienkolonie und, vor allem, mit etwas Geld für die Kinder bedürftiger Eltern genüge getan zu haben. Das alles ist gut und notwendig, aber die Problematik des Kindes in der Gegenwart und des jüdischen Kindes besonders in Deutschland erfordert mehr. Welches sind die Probleme? Was kann man tun?

Probleme der Kinder ...

Die Probleme sind zunächst die aller Kinder in Europa und in manchen Ländern der westlichen Lebensform. Auf eine Formel gebracht bestehen sie in einer körperlichen Frühreife, hinter der die intellektuelle und seelische Entwicklung erheblich zurück bleibt. In ganz anderem Maße als vor einer oder zwei

Generationen ist das Kind allen Reizen des modernen Massenkonsums ausgesetzt. Lärm und Hast umgeben es, und eine Fülle von Angeboten appelliert an die kindliche Begierde. Radio, Fernsehen und Illustrierte dringen in jedes Haus und lassen sich vor Kindern nicht verbergen. Auch der erwachsene Mensch muss mit der Fülle von Reizen und Eindrücken fertig werden und versagt hier nur allzu oft. Auf die gerade im Kindesalter besonders empfängliche und bildsame Seele wirkt das alles mit doppelter Wucht und, wenn es keinen Helfer findet, mit verheerender Kraft.

Eltern klagen dann über Erziehungsschwierigkeiten, Schlafstörungen, Konzentrationsschwäche, die zu mangelnden Leistungen in der Schule führt, und wissen sich allzu oft keinen Rat. Meist werden sie mit Entrüstung darauf hinweisen, dass sie doch „alles für ihre Kinder tun", sie ja geradezu verwöhnen, ihnen jeden Wunsch erfüllen, in vielen Dingen ihnen jeden Willen lassen – und doch reagieren diese Kinder darauf mit „Undank", mit „Ungezogenheiten" und mit Erscheinungen, für die das Schlagwort vom „Halbstarkenunwesen" erfunden wurde.

... und der Eltern

Gerade diese Eltern müssen sich aber meist fragen, ob sie nicht selbst mit an dieser Entwicklung Schuld tragen. Aber wer sucht schon gern die Schuld bei sich und nicht bei anderen? Und woher sollte man auch wissen, was man falsch gemacht hat und wem man sich anvertrauen darf? Gewiss, es gibt städtische und auch andere Beratungsstellen. Aber entschließen sich jüdische Eltern, mit ihren Problemen zu diesen Stellen zu gehen? Sie hatten es doch besonders schwer. Sie sind die Generation, die selbst in ihrer Jugend aus dem normalen Leben herausgerissen, aus ihrer Heimat und gewohnten Umgebung vertrieben, durch Konzentrations- und Arbeitsläger geschleppt wurden, ihre Bildung und Ausbildung nicht vollenden durften und selbst zumeist ihre Eltern verloren haben. Dazu kommen noch die Schwierigkeiten der Wiedereingliederung, der Sprache, die psychologischen Hemmungen gegenüber einer Umgebung, der man die Mitschuld an allem, was einen getroffen hat, zuschiebt. Und fordert nicht der Kampf um die Wiedereinordnung, der Wunsch das Verlorene so schnell wie möglich wieder ein- und nachzuholen, endlich das Leben „genießen" zu können, die ganze Zeit des Vaters, und nur allzu oft, auch die der Mutter. Oft arbeitet diese, um die Anschaffung aller modernen „Errungenschaften" zu ermöglichen; will auch sie das Leben genießen, überlässt sie die Kinder sich selbst oder bezahlten Hilfskräften, während man auf Reisen oder im Kaffeehaus und im Kino sitzt.

Teures Spielzeug und Süßigkeiten sind aber kein Ausgleich für das, was ein Kind in dieser Situation am meisten benötigt: nämlich, dass seine Eltern für es da sind, dass sie Zeit für es haben, dass es Verständnis und Geborgenheit im Elternhaus fühlt und finden kann. Kein noch so kostspieliges technisches Spielzeug kann das ersetzen. Um der eigenen Ruhe und Bequemlichkeit willen ersetzt die Erziehung so wenig wie Geldgeschenke Vertrauen und echte Zuneigung. Am schlimmsten ist es, wenn das Kind müde vom langen Schulunterricht und vom lärmenden Verkehr auf dem Heimweg nach Hause kommt und die Eltern nicht antrifft, weil sie beide arbeiten, ob sie es müssen oder nicht. Noch schlimmer, wenn das Elternhaus kein Zuhause ist, weil die Ehe am schwierigen Daseinskampf zerrüttet oder die Eltern durch schwere Erlebnisse übernervös und zerbrochen sind. Wo dies der Fall ist, macht sich das Fehlen der Großmutter, das für fast alle jüdischen Kinder in Deutschland charakteristisch ist, doppelt bemerkbar. Sie fehlt dem Kind nicht weniger als der Mutter, die oft nur allzu sehr selbst des Rates lebenslanger Erfahrung bedürfte, weil die eigene Erziehung durch tragische Ereignisse unvollständig blieb.

Und das alles bei Kindern, die im zwielichtigen Zustand des Judenseins in Deutschland nach der Katastrophe des jüdischen Volkes aufwachsen, meist in anderen Ländern und Sprachen aufgewachsen sind und erhebliche Probleme haben, zusätzlich zu denen, mit welchen die ganze junge Generation Europas zu kämpfen hat.

Wesen und Bedeutung der Fachkraft

Diese Situation verpflichtet die jüdische Gemeinschaft, ihren Beitrag zu leisten, um ihrer Jugend zu helfen, den Weg ins Leben zu finden und – Juden zu bleiben. Zweierlei hierfür ist nötig: Erstens müssen die nötigen Institutionen, je nach örtlichen Bedürfnissen, geschaffen werden, die dem Kind wenigstens zum Teil das ersetzen, was es im Elternhaus heute in vielen Fällen nicht finden kann: Erziehung, jüdische Erziehung und Anleitung zu einer sinnvollen Beschäftigung, oft auch Hilfe für seine Schularbeiten, Spiel und Kameradschaft. Viele Gemeinden besitzen bereits Kindergärten, Kinderhorte, Jugendzentren und ein großer Teil der jüdischen Kinder verbringt seine Ferien in den Ferienkolonien der Zentralwohlfahrtsstelle. Sie wissen auch, dass diese Einrichtungen größere Aufwendungen erfordern, als sonst, auf den Kopf des Kindes gerechnet, gerechtfertigt wäre. Nicht immer aber besteht das rechte Verständnis für die Notwendigkeit eines gut ausgebildeten, fachlich geschulten und entsprechend bezahlten Stabes verantwortungsvoller und jüdisch bewusster Helfer in diesen Einrichtungen. Kein luxuriöses Spielzeug, keine Süßigkeiten und keine großzügige Ausstattung der Räume kann all das ersetzen, ja es kann eher schaden. Guter Wille allein genügt hier nicht, es gehört auch etwas Kenntnis der Bedürfnisse der kindlichen Seele und der Ergebnisse der Kinderpsychologie und der modernen Pädagogik dazu.

Aus diesem Grunde hat die ZWST eine Kommission von Fachleuten geschaffen, die im öffentlichen Bereich ihre Erfahrungen gesammelt und sich bereit erklärt haben, den jüdischen Gemeinden und dem Vorstand der ZWST bei seiner Arbeit für die Jugend zu helfen und sie zu beraten. Da sich die meisten Gemeinden einen spezialisierten Apparat von Fachkräften nicht leisten können, hat es sich als notwendig erwiesen, dass die ZWST Berater für die einzelnen Gebiete der Jugendarbeit zur Verfügung stellt, die die in den Gemeinden tätigen angestellten und ehrenamtlichen Kräfte laufend berät, ihnen Anregungen und die Möglichkeit der Aussprache über die sich in der täglichen Arbeit ergebenden Probleme gibt. Dabei bedienen sich die ZWST und Gemeinden der Hilfe von Kräften, die ihnen AJDC und Jewish Agency zur Verfügung stellen, da es jüdische Fachkräfte in Deutschland kaum gibt.

Denen, die diese Arbeit aber leisten, vermitteln Seminare für Kindergärtnerinnen, Jugendgruppenleiter, Ferienlagerhelfer usw. Anregung, Schulung und, was jeder ernsthafte Sozialarbeiter ständig braucht, Aussprachemöglichkeiten.

Soweit sich innerhalb der Gemeinden jüdische Jugendgruppen bilden, verdienen sie die Förderung durch die Gemeinden, materielle und fachliche Hilfe ohne Bevormundung.

Beratung der Eltern

Institutionen und Gruppen sind aber nur der eine Teil der Jugendarbeit. Die Arbeit für Kinder ist stets auch eine Arbeit für und mit den Eltern. Die jüdischen Gemeinden werden, so notwendig es zuweilen auch sein mag, kaum Familien- und Erziehungsberatungsstellen schaffen können (über deren Aufbau und Aufgabenkreis in Nr. 5 der „Jüdischen Sozialarbeit“ vom 18. März 1960 berichtet wurde). Es muss aber eine Stelle geben, an die sich jüdische Menschen mit den Problemen der Erziehung ihrer Kinder, die oft auch Probleme der Eltern selbst sind, vertrauensvoll und in der Gewissheit diskreten und sachverständigen Rates wenden können, der oft nur in der Vermittlung von Hilfe von Fachkräften (Erziehungsberater, Psychologen, Psychiater, Fürsorger) im nichtjüdischen Bereich, sei es aus der kommunalen, sei es aus der freien Sozialarbeit, bestehen kann.

Wo aber „ambulante“ Hilfe und Beratung der Eltern nicht ausreichen oder wo die Eltern oder Elternteile fehlen, wird die Hilfe in der Vermittlung und zuletzt auch Schaffung geeigneter Unterbringungsmöglichkeiten bestehen – bei jüdischen Pflegeeltern, die sorgsam auf ihre pädagogische und menschliche Eignung geprüft werden müssen und laufend beraten werden, in jüdischen Heimen im benachbarten Ausland, in erster Linie wohl in Einrichtungen der Jugend-Alijah und Heimen in Israel, wenn keine Eltern vorhanden, die Familie zerstört oder die Eltern das Opfer der Trennung auf sich zu nehmen gewillt sind.

Jugendfürsorgereferat der ZWST

Für diese Arbeit – wir wollen sie die individuell-jugendfürsorgerische nennen, neben institutionellen und Gruppen-Jugendpflege – hat die ZWST ab 1. Januar 1961 ein neues Referat geschaffen, das die Fürsorgeabteilungen der Gemeinden bei der Entwicklung lokaler Hilfsmöglichkeiten anregen und beraten soll. Immer klarer erweist sich, dass die Aufgaben der jüdischen Gemeinden (und ihrer zentralen Organisation) auf dem Gebiet der Sozialarbeit über die traditionelle „Wohlfahrtspflege“ hinauswächst. Hier handelt es sich um einen „Dienst“, den die Gemeinde allen ihren Mitgliedern, bedürftigen wie wohlhabenden, leisten muss, wenn sie eine wirkliche Gemeinde sein und ihre Aufgaben den Bedürfnissen der modernen Gesellschaft anpassen will, wie es die jüdische Gemeinschaft in den USA tut und damit eine erstaunliche Lebenskraft als gesellschaftliches Zentrum dank dieser Anpassung an die Bedürfnisse jüdischer Familien in der Neuzeit erwiesen hat.

Die kleine jüdische Gemeinschaft in Deutschland kann nicht mit dem zahlenmäßig großen amerikanischen Judentum konkurrieren, aber sie kann, zumal die erforderlichen Mittel zur Verfügung stehen, trotz des Mangels an ausgebildeten Kräften und jungen Menschen, die bereit wären, solche Berufe zu ergreifen, in dem ihr gesetzten Rahmen versuchen, das Beste für ihre Kinder zu leisten. Gemeinden, die ZWST, Zentralrat der Juden in Deutschland und jüdische Jugendgruppen müssen, mit Hilfe der großen jüdischen Weltorganisationen, in dieser Arbeit zusammenstehen, weil von ihrem Gelingen die Zukunft unserer Kinder und der jüdischen Gemeinschaft in Deutschland abhängt.

(1960)

In jüdischer Sicht

Die Idee des Weltflüchtlingsjahres wurde wie in der ganzen Welt auch von der jüdischen Gemeinschaft in Deutschland aufrichtig begrüßt. Überall arbeiten jüdische Organisationen tatkräftig mit, um den Aktionen, die der Beseitigung oder Linderung der Nöte von Flüchtlingen, ohne Unterschied der Religion, der Rasse oder des politischen Bekenntnisses, dienen sollen, zum Erfolg zu verhelfen.

Niemand kann wohl besser ermessen, was Flüchtlingsschicksal bedeutet, niemand kennt die Probleme und die Schwierigkeiten ihrer Lösung länger, gründlicher und schmerzhafter, seit Jahrtausenden wie aus jüngster Vergangenheit und vielfach aus eigenem Erleben, als die jüdische Gemeinschaft gerade in Deutschland.

Jüdische Sozialarbeit bedeutet deshalb – und nicht erst seit 1945 – in erheblichem Maße Hilfe für Menschen, die aus Verfolgungsgründen das Land ihrer Geburt verlassen mussten, um Gefahren für Freiheit und Leben, für ihre wirtschaftliche und soziale Existenz, um Demütigungen und Diskriminierungen zu entgehen oder um ihrer Selbstachtung, der Selbstbehauptung ihrer religiösen und nationalen Eigenart willen. Hunderttausende wurden im Mittelalter aus den deutschen Ländern nach dem Osten vertrieben, Millionen flohen vor dem Ersten Weltkrieg aus dem zaristischen Kerker nach Amerika. Etwa der Hälfte der jüdischen Gemeinschaft in Mitteleuropa gelang in den Jahren 1933-1939 die rettende Flucht nach Übersee. Mit wenigen Ausnahmen wurde die andere Hälfte, zusammen mit den jüdische Masse Osteuropas, insgesamt sechs Millionen, ein Opfer des Rassenwahns. Die Überlebenden wollten und konnten in ihrer großen Mehrheit nicht in ihre Heimatländer zurückkehren.

Bietet die Geschichte der jüdischen Gemeinschaft wohl das älteste und größte Beispiel für Verfolgung und Flüchtlingsschicksal, so zeigt sie auch das leuchtendste Beispiel einer konstruktiven Lösung in dem Wiedererstehen des jüdischen Staates. Zehntausende sehen zur Zeit in den Lichtspielhäusern deutscher Großstädte den Film „Paradies und Feuerofen", der hiervon Zeugnis gibt. Israel nahm seit der Staatsgründung (1948) den tragischen Rest der aus den Konzentrationslägern befreiten Juden auf, dazu weitere Hunderttausende, denen das Leben in den arabischen Ländern unmöglich gemacht wurde, bot den Heimatlosen Zuflucht, Arbeit und die Möglichkeit, als Juden ihrer nationalen und religiösen Eigenart gemäß zu leben.

Der Staat Israel beschränkt sich bei seinen Aktionen im Rahmen des Weltflüchtlingsjahres nicht auf Hilfs- und Eingliederungsmaßnahmen im eigenen Lande, sondern hat seine Bereitschaft erklärt, zur Hilfe für alle Flüchtlinge ohne Unterschied einen Beitrag zu leisten.

Die großen jüdischen Hilfsorganisationen, alle voran das auch in nichtjüdischen Kreisen bekannte „American Joint Distribution Committee", beteiligen sich auf internationaler und staatlicher Ebene an den Arbeiten. In Deutschland arbeitet die Zentralwohlfahrtsstelle der Juden mit allen Spitzenverbänden der freien Wohlfahrtspflege zusammen. Ein Bruchteil der einst mehr als eine halbe Million Seelen zählenden jüdischen Gemeinschaft in Deutschland lebt heute wieder in Deutschland. Jeder dieser Menschen hat Verfolgung, Vertreibung, Flucht als eigenes Schicksal erlebt. Auch ihnen muss bei der Wiedereingliederung oft noch geholfen werden.

Aus eigener bitterer Erfahrung ist niemand mehr als die Juden daran interessiert, dass dem Hauptziel des Weltflüchtlingsjahres ein Erfolg beschieden sei: das Gewissen der Welt zu schärfen, dass nie wieder Menschen wegen ihrer Abstammung oder Überzeugung durch Verfolgung und Diskriminierung zur unfreiwilligen Auswanderung genötigt oder vertrieben werden und dass die Nöte der Opfer solcher Unmenschlichkeit durch konkrete Hilfsmaßnahmen wie Einwanderungs- und Arbeitserlaubnis, durch Hilfe bei der Wiedereingliederung in den Ländern ihrer Zuflucht behoben oder wenigstens gelindert werden.

(1959)

IV. Sozialpädagogik und Jugendrecht

Die Rolle der Sozialpädagogik in der Lehrerbildung

„Allerdings muss in Betracht gezogen werden, dass die Schule diese Einheit nur durch eine gewisse Verengung erreichen konnte, dadurch, dass sie im wesentlichen „Lehranstalt“ wurde und um der fachlichen Durchbildung dieser engen Aufgabe willen und von ihr hingenommen bewusst und unbewusst ausschloss, was jenseits ihrer Lehraufgabe lag. Schon der Name „Lehrer“ ist dafür charakteristisch. Es kann hier nur zunächst darauf hingewiesen werden, dass möglicherweise diese z. B. von Pestalozzi nicht gewollte Verengung einmal wieder gelockert wird, und dass in einer späteren Entwicklung, nachdem die soziale Erziehungsfrage sich selbst ausgestaltet, durchgebildet und abgerundet hat, sie und die Schule von neuem in einer Synthese zusammenwachsen wird“ (Gertrud Bäumer).[1]

Dass etwas in dieser Hinsicht geschehen müsse, setzt sich im Bewusstsein der Öffentlichkeit wie der mit dieser Problematik befassten Organisationen und Behörden nur langsam durch. Die Arbeitsgemeinschaft für Jugendpflege und Jugendfürsorge in der Bundesrepublik Deutschland, der Zusammenschluss der staatlichen und freien Träger des außerschulischen Bildungs- und Erziehungswesens, dem die Jugendbehörde der Länder und kommunalen Spitzenverbände ebenso angehören wie die Spitzenverbände der freien Wohlfahrtspflege, die Jugendverbände, die wichtigsten Fachorganisationen einschließlich der Lehrerverbände, hatte zwei ihrer Jahrestagungen unter das Motto „Schule und Jugendhilfe in ihrer gemeinsamen Verantwortung für die Jugend“ (1960) bzw. „Das Zusammenwirken von Lehrern und Sozialarbeitern in Ausbildung und Praxis“ (1960) gestellt. Übereinstimmend wurde gefordert, dass der Anspruch des Kindes auf Erziehung zu geistiger, körperlicher und gesellschaftlicher Tüchtigkeit das Zusammenwirken der Schule mit allen Trägern der Jugendhilfe erfordere. Ausbildung und praktische Erfahrung des Lehrers müssen dem Rechnung tragen. Die Kenntnis der Aufgaben, Möglichkeiten und Rechtsgrundlagen der sozialpädagogischen Arbeit soll der moderne Lehrer in Vorlesungen, Seminaren und Praktika sich erarbeiten.

---

[1] Gertrud Bäumer: Die historischen und sozialen Voraussetzungen der Sozialpädagogik und die Entwicklung ihrer Theorie. In: *Nohl-Pallat*: Handbuch der Pädagogik, 5. Band (Sozialpädagogik), Langensalza 1929.

Sozialpädagogik ist heute nicht mehr nur Fürsorge für Benachteiligte, Gefährdete und Gestrauchelte, sei es auf Grund von Schwächen und Mängeln in der Anlage oder Umweltbedingungen, sondern ein integrierender Bestandteil der gesamten Pädagogik für alle Kinder und Jugendlichen. Es bedarf besonderer pädagogischer Bemühungen, um die Schäden und Gefahren, die die Entwicklung zur industriellen, technisierten und bürokratisierten Gesellschaft mit sich bringen, auszugleichen und ihnen nach Möglichkeit vorzubeugen. Je früher hier die öffentliche Erziehungshilfe und Vorsorge einsetzen, um so besser sind die Erfolgsaussichten.

Durch das sozialpädagogische Praktikum soll der Lehrer die soziale Wirklichkeit kennenlernen, aus der die Schüler kommen und für die er sie vorbereiten ein soll. Er soll lernen, die erzieherischen Schwierigkeiten als Symptome tieferliegender, in dem Erziehungsmilieu begründeter Notstände zu begreifen, und seine Gefährdung nicht durch Unlust und Angst verstärken, sondern einer Fehlentwicklung durch Zusammenarbeit mit besonderen Fachkräften und Institutionen begegnen. Viele Berührungspunkte ergeben sich vor allem in Hinblick auf das 9. Schuljahr, das ja einen Übergang ins Leben darstellen soll (und erst recht das kommende 10. Schuljahr), auf die Landschulheime, Tagesheimschulen, die zahlreichen Schulen in Heimen aller Art, Sonderschulen und Schulen in Jugendstrafanstalten, Schulkindergärten, Elternberatungen, Mitwirkung von Lehrern in der Jugendpflege, in den Ferienlagern, Jugendwohlfahrtsausschüssen bei Jugendämtern, als Erziehungsbeistand für verwahrloste oder gefährdete Kinder, als Bewährungshelfer für straffällig gewordene Jugendliche.

Die Schule kann sich heute weniger denn je auf die Funktion bloßer Wissensvermittlung beschränken, sie kann den Problemen der gesellschaftlichen Wirklichkeit nicht mehr ausweichen. Die Erweiterung des pädagogischen Blickfeldes auf einen positiven Schutz der Jugend vor den Bedrohungen und Gefährdungen der Gesellschaft, die Erkenntnis, dass es sich nicht mehr um besondere Nöte Einzelner oder besonders gefährdeter Gruppen, sondern um eine allgemeine existentielle Not der heranwachsenden Generation handelt, macht die Sozialpädagogik nicht mehr zu einem besonderen Gebiet neben der Schulpädagogik, sondern zu einem untrennbaren Bestandteil der gesamten Pädagogik. Öffentliche Erziehungshilfe ist deshalb heute nicht nur eine Aufgabe der freien und kommunalen Jugendwohlfahrt, besonders des Jugendamtes, sondern muss in der Schule beginnen, die alle Kinder und alle Jugendlichen frühzeitig erfasst. Sozialpädagogik in allen Zweigen der Erziehung und Bildung, also besonders der Schule, ist ein Anliegen aller, die wissen, dass Erziehung zum Leben den ganzen Menschen und nicht nur seinen Verstand erfassen muss. Dass sie nicht nur zur Flucht aus der Gesellschaft, zu einem weltfernen und deshalb so leicht zu missbrauchenden Gemeinschaftsmythos, aber auch nicht zu einer aggressiven Ablehnung der Gesellschaft, zur Neurose, Verwahrlosung oder Kriminalität, sondern zu einer positiven Beherrschung der gesellschaftlichen Entwicklung, zu einem Hereinwachsen der Jugend in das berufliche und kulturelle, soziale Leben führen soll, ist Sinn und Ziel ihrer Eingliederung in den Ausbildungsplan der neuen Lehrerbildung.

Aus diesem Grunde haben eine Anzahl Pädagogischer Hochschulen die Sozialpädagogik – sei es durch Schaffung von Lehrstühlen, sei es wenigstens durch Lehraufträge – in ihrem Lehrplan aufgenommen. Bei der Gründung der Hochschule für Erziehung in Frankfurt a. M. (Mai 1961), die im vergangenen Jahr als Abteilung für Erziehungswissenschaften in die Johann Wolfgang Goethe-Universität eingegliedert wurde, hatte der Hessische Kultusminister von vornherein der von Fachkreisen immer eindringlicher erhobenen Forderung auf stärkere Berücksichtigung der Sozialpädagogik im Rahmen der Lehrerausbildung Rechnung getragen. Hier sei einiges von den Bemühungen berichtet, den vorstehend genannten Aufgaben gerecht zu werden.

Von Anfang an wurde die Sozialpädagogik nicht nur als Spezialpädagogik außerhalb der Schulpädagogik angesehen, sondern als ein verpflichtender Bestandteil der Studienordnung des Erziehungswissenschaftlichen Seminars im Rahmen der gesamten Pädagogik. Neben der Schulpädagogik und Allgemeinen Didaktik, die für alle künftigen Lehrer an Grund-, Haupt-, und Realschule Pflichtfach ist, muss ein zweites Schwerpunktgebiet, entweder Allgemeine (systematische, historische und vergleichende) Pädagogik oder Sozialpädagogik mit acht Semesterwochenstunden belegt werden. Eine zweistündige Vorlesung, die in die sozialpädagogische Problematik einführt, ist von allen zu hören. Pädagogische Psychologie, Soziologie der Erziehung und Politische Bildung gehören ebenfalls zu den Grundwissenschaften, die für alle Studierenden obligatorisch sind. Für zwei der genannten Grundwissenschaften, auf die insgesamt mehr als ein Drittel des Studiums entfallen soll, muss sich der künftige Lehrer in der Ersten Wissenschaftlichen Staatsprüfung entscheiden. In der Gruppe Pädagogik/Psychologie wählen im Jahr 40 bis 50 Studenten Sozialpädagogik als Schwerpunktgebiet, ein Drittel von diesen legt seiner wiss. Hausarbeit ein sozialpädagogisches Thema zugrunde.

Die Veranstaltungen – Vorlesungen, Übungen, Seminare, Kolloquien – sind von vornherein darauf angelegt, den Studierenden deutlich zu machen, dass die Erfahrungen, die aus der Erziehung bestimmter benachteiligter und gefährdeter Kinder und Jugendlicher gezogen werden können, für die Pädagogik ganz allgemein, besonders aber für die Schulpädagogik nutzbar zu machen sind. Die Erziehungsarbeit in der Schule soll im Sinne der Psycho-Hygiene von vornherein so gestaltet werden, dass Gefahren und Schädigungen vorgebeugt wird. Es werden immer die Konsequenzen für das Verhalten des Lehrers gegenüber dem Schüler und seinen Problemen herausgearbeitet. Je mehr Erziehungsfunktionen vom Elternhaus heute nicht mehr voll wahrgenommen werden können, desto größer wird hier die Bedeutung des Lehrers, der Fehlentwicklungen noch in einem Alter rechtzeitig erkennen, ihnen entgegenwirken, zur Abhilfe verhelfen kann, in dem dies noch mit größerer Aussicht auf Erfolg geschehen kann – sofern er den Blick für die Zusammenhänge in seiner Ausbildung mitbekommen hat – und auch ein gewisses Maß von Kenntnis der Einrichtungen, die ihm bei diesem Teil seiner Erziehungsarbeit helfen können (Jugendämter, Erziehungsberatungsstelle u. a.). Dass hierfür Grundkenntnisse der Tiefenpsychologie – in ihrer Anwendung auf die Pädagogik – unentbehrlich sind, kann heute ernsthaft nicht mehr bezweifelt werden. Das gleiche gilt für das Jugendrecht (Jugendwohlfahrtsrecht, Jugendschutz und Jugendstrafrecht). Deshalb befassen sich Seminare wie Vorlesungen mit Problemen wie: Heimerziehung, Erziehungsberatung, Gruppenpädagogik und -dynamik, Einzelfallhilfe, Sexualpädagogik, Ganztagsschule, vorschulische Erziehung und Schulkindergarten, Fürsorgeerziehung und Jugendstrafvollzug, Suchtgefahren, Geschichte und Theorie der Sozialpädagogik; Grundlagen und Entwicklung des Jugendrechts; die Problematik des „Strafens oder Erziehens", Ursachen, Behandlung und Verhütung jugendlicher Dissozialität. Besondere Beachtung wird den Erziehungsversuchen bedeutender Sozialpädagogen wie Pestalozzi (Stans), Wichern, Falk, Don Bosco, Flanagan, Wilker, Bondy, Herrmann, Aichhorn, Homer Lane, Neill, Makarenko geschenkt, um daraus Grundsätze für die Erziehung durch Vergleiche herauszuarbeiten. Großes Interesse finden Veranstaltungen, die den Zusammenhang von Tiefenpsychologie und Erziehung erhellen sollen.

Da in Hessen das sozialpädagogische Praktikum nicht Pflicht ist, wird es von einem Kreis interessierter Lehrkräfte in Zusammenarbeit mit dem Landesjugendamt für eine Anzahl interessierter Studenten auf freiwilliger Basis alljährlich organisiert und meist in Erziehungsheimen (z. T. auch in Erziehungsberatungsstellen, Jugendstrafanstalten, Sonderschulen) durchgeführt. Während des vorausgehenden Semesters nehmen die Studenten an einer Übung zur Einführung in die pädagogischen, psychologischen und rechtlich-organisatorischen Probleme der Heimerziehung und Erziehungsberatung teil. Nach dem sechswöchigen Praktikum legen sie die Erfahrungen ihrer Tätigkeit in einem schriftlichen Bericht nieder. Diese Arbeiten werden im darauffolgenden Semester in einer Übung zur Auswertung des Praktikums diskutiert. Außerdem werden gemeinsam mit dem Jugendamt der Stadt Frankfurt Studierende in Kurzkursen auf die Aufgaben eines Erziehungsbeistandes vorbereitet. Sie werden dann durch das Jugendamt für diese Tätigkeit „bestellt" und erhalten laufend Beratung und Anleitung durch Lehrkräfte der Erziehungswissenschaftlichen und Psychologischen Seminare und die zuständigen Fürsorgerinnen des Jugendamtes. Auch anderen Jugendämtern in Hessen konnten schon Erziehungsbeistände zur Verfügung gestellt werden.

Bei beiden Versuchen, an denen natürlich nur eine begrenzte Anzahl Studierender teilnehmen, zumal sie durch ihr Studium ohnehin stark in Anspruch genommen werden, zeigt sich immer wieder, dass durch praktische Erfahrung der Blick für die Probleme der erzieherischen Arbeit ungleich intensiver geöffnet wird, als durch theoretisches Lernen allein.

Mit all diesen Tätigkeiten, zu denen noch Arbeitskreise für die Erarbeitung des thematischen und didaktischen Feldes auf dem Gebiete der Geschlechtserziehung – die in Hessen Pflichtfach werden soll – und für Gruppendynamik hinzukommen, soll der künftige Lehrer nicht etwa seiner eigentlichen Aufgabe entfremdet werden. Ganz im Gegenteil soll er besser befähigt werden, seinen Erziehungsauftrag zu erfüllen, der nicht nur vom Leistungsprinzip, vom Nützlichkeitsdenken beherrscht werden darf. Um den „Anforderungen des Lebens" gerecht zu werden, braucht der junge Mensch weit mehr, soll er nicht einfach zum Objekt der gesellschaftlichen Rationalisierung werden, die letzten Endes nur zu einer neuen Inhumanität führen kann. Unterrichten und Erziehen sollen beide der Persönlichkeitsbildung dienen, sind Hilfen zur Erfüllung des grundgesetzlichen Rechtsanspruches auf die freie Entfaltung aller Anlagen zur Persönlichkeit, zur leiblichen, seelischen und gesellschaftlichen Tüchtigkeit, zur Verwirklichung der Menschenwürde (Art. 1 und 2, GG, § 1 Jugendwohlfahrtsgesetz).

Durch die Entwicklung der Gesellschaft wird die Schule zu einer immer wichtigeren Stätte der Erziehung. Sie steht deshalb auch nicht vor der Alternative: Erziehen oder Unterrichten, sondern vor dem harten muss: Erziehen, um zu unterrichten

(1968)

Der junge Mensch vor Gericht
Gedanken zur Neugestaltung des Rechts
im Geiste demokratischer Erziehung
Ein internationaler Überblick

Vor einigen Jahren sagte der bekannte Jugendrichter Holzschuh in Darmstadt, wir hätten das beste Jugendstrafrecht der Welt. Die Frage, die wir uns hier stellen müssen, ist, trifft dies eigentlich heute noch zu? War es überhaupt jemals richtig? Aber fast noch wichtiger: macht die Praxis auch von allen erzieherischen Möglichkeiten, die dieses Gesetz zweifellos gibt, den richtigen Gebrauch? Die Frage ist also nicht, ob wir das beste Gesetz haben, – und es ist zweifellos kein schlechtes Gesetz – sondern die Frage ist: Steht unsere Praxis wirklich auf der Höhe unserer Zeit? Und kann sie den Vergleich mit den gesetzlichen Regelungen, aber vor allem mit der erzieherischen Vollzugspraxis in den wichtigsten anderen Staaten aushalten? Insbesondere in solchen Ländern, die eine lange und ungestörte demokratische Tradition und Entwicklung haben. Ein solcher internationaler Überblick ist schon deshalb geboten, weil auf die Dauer eine wirtschaftliche und politische Integrierung Europas ohne eine Rechtsvereinheitlichung in einem bestimmten Ausmaß kaum denkbar ist und deshalb, wenn auch auf lange Sicht, angestrebt werden muss. Auch die UNO ist bestrebt, einen internationalen Erfahrungsaustausch der wissenschaftlichen Erkenntnisse und der erzieherischen Versuche mit ihren neuen Einrichtungen und Methoden durch die Abhaltung internationaler Kongresse, die Herausgabe von Schriften zu bewirken, und sie setzt sich dabei das Ziel, bestimmte Grundsätze zu erarbeiten und Mindestrichtlinien für Gesetzgebung und Praxis aufzustellen.

Es ist wahr, dass sich das deutsche Jugendgerichtsgesetz sehen lassen kann, aber es ist ebenfalls wahr, dass es vielfach nicht im Sinne seiner Schöpfer angewandt wird, dass wir überhaupt in Halbheiten stecken geblieben sind, dass durch administrative Engherzigkeit vielfach sein Sinn ins Gegenteil verkehrt wird. Heute wird oft behauptet, dass die Ideen der Reform gescheitert seien, dass die Wirklichkeit über ihren veralteten Idealismus hinweggegangen sei. In der Debatte, die im Bundestag über die Strafrechtsreform abgehalten wurde, sagt das Justizministerium, in einem Strafgesetzbuch spiegelt sich die ethische Überzeugung eines Volkes. Ich möchte sagen, wie ein Volk straft, zeigt, in welchem Maße es auf der Höhe der Kultur überhaupt steht. Er sagte damals aber auch in seiner Rede vor dem Bundestag: „Die Versuche, unsere Strafjustiz zu einer Heilprozedur mit dem Angeklagten als Patienten zu machen, habe keinen Erfolg gehabt". Und Herr Generalbundesanwalt Güde sprach in der Diskussion von den „modernen Gedanken von gestern und vorgestern". Sie wissen, dass ein neuer Sprachgebrauch bei uns eingerissen ist, in dem diejenigen, die möchten, dass alles beim alten bleibt, sich Reformer nennen und diejenigen, die die Welt verändern wollen, als die Reaktionäre bezeichnet werden. Sie treten nämlich gegen die Idee der zwanziger Jahre, zu denen ich mich voll und ganz bekenne, die also die Ideen von gestern und vorgestern sind, mit den Ideen des Mittelalters an und dünken sich deshalb auf der Höhe der Zeit. Herr Güde meinte, die Therapie sei heute überholt, „nachdem wir im Gegensatz zu dem optimistischen Fortschrittsglauben der Reformer in den zwanziger Jahren den verbrecherischen Menschen erlebt hätten".

Als ob nicht der verbrecherische Mensch gerade das Erziehungs-Produkt jener Menschen gewesen wäre, die sich damals gegen die Reformer gewandt haben. Und er sagte weiter: „Das Schutzrecht führt damit nicht nur zur Auflösung des Strafrechts, sondern löst auch den Begriff der Verantwortlichkeit auf und bietet keinen Raum mehr für die Begriffe von Gut und Böse. Darin liegen Gefahren, die man nicht ernst genug nehmen kann." So meint der Justizminister Bucher, die Entwicklung vor allem der sogenannten Wohlfahrtskriminalität gehe darauf zurück, dass man die jungen Menschen nicht mehr in die Verantwortung stellt und sie nur noch behandelt, statt sie zu bestrafen. Logische Folgerung: Wieder her mit dem Prügeln! Und wenn vielleicht auch rein äußerlich gesehen in Schulen und in den Heimen nicht mehr so viel geprügelt wird wie früher, so eigentlich nur deshalb, weil es nicht mehr nötig ist, weil wir in einer jahrhundertelangen autoritären Erziehung hier in Deutschland den Prügel „verinnerlicht" haben.

Wir müssen also nicht fragen, haben die Ideen der Reformer versagt, wie es Herr Bucher und Herr Güde glauben, sondern wir müssen fragen, haben wir wirklich jemals Gelegenheit gehabt, die Praxis zu durchdringen? Wurden sie nicht gerade in der Praxis von Menschen angewandt, die niemals an sie geglaubt, sondern den Ideen der autoritären Erziehung mit Zwang und Strenge zugetan waren und sie deshalb mit bürokratischen Maßnahmen sabotiert haben. Nur ein Vergleich mit anderen Ländern, in denen die juristische Systematik schlechter entwickelt ist, zugegebenermaßen, als bei uns in Deutschland, die vielfach in ihrer Entwicklung der Rechtswissenschaft als zurückgeblieben gelten mögen, bei denen die Behandlung fehlentwickelter Jugendlicher vom Geiste demokratischer Erziehung in einem weit stärkeren Maße durchdrungen ist, als das jemals in Deutschland der Fall gewesen ist, – nur ein solcher Vergleich kann uns zeigen, wo wir in Zukunft ansetzen müssen. Mit Gesetzesänderungen allein ist, obwohl wir auf ein neues, grundsätzlich neu konzipiertes Jugendrecht hinarbeiten, nichts getan. Sicherlich ist es wichtig, auch jetzt schon an der Verbesserung der Gesetze zu arbeiten, und die Vorschläge, die zum Beispiel die Deutsche Vereinigung zur Jugendgerichtshilfe erarbeitet hat, können weitgehend auch von uns unterstützt werden. Aber wir glauben, dass das nicht genügt, dass hier nicht der Schwerpunkt ist, bei dem wir ansetzen müssen. Und Wir haben uns bei der Behandlung der Probleme deshalb gleich ein Ziel gesetzt: wir wollen nicht Verbesserungsvorschläge machen für die bestehenden Gesetze. Das tun genügend andere. Wir wollen ein Programm entwerfen, damit in zehn, vielleicht in fünfzehn Jahren in Deutschland die Grundsätze, von denen schon damals, 1923, die Gesetze ausgingen, endlich einmal praktiziert werden können.

Greifen wir nun einige Probleme heraus, die für eine grundsätzliche Neugestaltung von Recht und Behandlungsmethode mir wesentlich zu sein scheinen. In den meisten Ländern werden die verschiedenen Formen der Jugenddissozialität, die wir Verwahrlosung und Jugendkriminalität nennen, nicht unterschieden, sondern sie werden einheitlich von ein- und demselben Gericht behandelt. Im Gegensatz zu dem, was in Deutschland unter Delinquenten verstanden wird, beinhaltet der angelsächsische Begriff „Juvenile Delinquency" das gesamte gemeinschaftsschädlich und moralisch verwerfliche Verhalten junger Menschen, unabhängig davon, ob nun zufällig eine strafrechtliche Vorschrift verletzt worden ist oder nicht. Wir wissen, dass in vielen Fällen die Verwahrlosung nur die Vorstufe der Kriminalität ist und oft viele Jugendstraftaten, die in den Wirren der Pubertät begangen werden und mehr oder weniger Zufallscharakter tragen, Zufälligkeitscharakter für ihr Zustandekommen und vor allen Dingen Zufälligkeitscharakter für ihre Entdeckung.

Alle Erkenntnisse der Tiefenpsychologie und alle Erfahrungen der Praxis lehren uns, dass man so früh wie möglich den Anfängen charakterlicher Fehlentwicklungen begegnen muss. Aber ich habe oft den Eindruck, wenn ich vom akademischen Bereich spreche, dass im Grunde die Meinung, die im Jahre 1911 ein Professor an der Universität in Hamburg ausgesprochen hat, dass die Psychoanalyse kein Gegenstand wäre, den man in Hörsälen der Universität behandeln kann, es sei eine Schweinerei, für die die Polizei zuständig sei, noch heute nachwirkt. Das sagt man heute nicht mehr; man denkt es aber, sonst hätten wir Lehrstühle für Tiefenpsychologie die wir eben fast nirgends haben. Im allgemeinen läuft die Behandlung unserer Probleme darauf hinaus, abzuwarten, bis schwerwiegende Straftaten begangen werden. Dann aber ist es unter pädagogischen Gesichtspunkten oft für eine grundsätzliche Umerziehung viel zu spät.

In den Vereinigten Staaten zum Beispiel, von denen eigentlich die Jugendgerichtsbarkeit ihren Ausgang genommen hat, ist die Zuständigkeit des Jugendgerichtes sehr viel weitgehender; viele Eltern, wenn sie mit ihren Kindern nicht fertig werden, gehen zum Gericht und bitten um die Anordnung geeigneter Erziehungsmaßnahmen. Das ist auch in den anderen angelsächsischen und skandinavischen Ländern der Fall. Dort ist der Begriff so weit gezogen, dass zum

Beispiel schon Schwererziehbarkeit oder Erziehungsschwierigkeiten allein genügen, um einen Jugendlichen vor das Jugendgericht zu bringen. So heißt es zum Beispiel in dem Vorschlag des Children-Bureaus, dass Jugendgerichte zuständig sein sollen für alle Kinder und Jugendlichen, die im Verdacht stehen, sich der Kontrolle ihrer Eltern, ihres Vormundes oder einer anderen sorgeberechtigten Person in einem Ausmaß entzogen zu haben, dass ihr Wohlbefinden oder dasjenige anderer in Gefahr ist. Das ist eine viel weitergehende Bestimmung, als wir sie selbst im Jugendwohlfahrtsgesetz oder gar im Paragraphen 1666 BGB haben. Aber auch in unserem Nachbarland Frankreich heißt es im Code Civil: Über Jugendliche unter 21 Jahren, deren Gesundheit, Sicherheit, Moral und Erziehung gefährdet ist, können Maßnahmen der folgenden Art verhängt werden.

Bei uns wird das Jugendgericht von den Eltern noch immer als ein Teil der staatlichen Strafgewalt angesehen, und selbst bestimmte Großbetriebe gehen heute dazu über, eigene Kommissionen zu schaffen, um bei ihnen bekanntwerdende Straftaten von Betriebsangehörigen intern zu regeln und den Jugendlichen vom Gericht fernzuhalten. Alle diese Beobachtungen und der Blick in andere Länder zeigen uns, dass wir hier mit der Doppelspurigkeit von Vormundschaftsgericht aufhören müssen und dass wir ein einheitliches Jugenderziehungs- und Jugendschutzrecht zu schaffen haben. Freilich hat das noch andere Konsequenzen.

Zunächst einmal brauchen wir eine ganz andere Art von Jugendgerichten. Wir wollen die Jugendgerichtsbarkeit, und wir haben uns das sorgfältig überlegt, nicht aus der Justiz auslösen. Aber wir verlangen einen spezialisierten Richter mit einer psychologisch-pädagogischen Zusatzausbildung und mit längerer Praxis in der Jugendarbeit. In England zum Beispiel, von Schweden gar nicht zu sprechen, müssen die Jugendrichter nicht einmal Juristen sein. Nach Möglichkeit soll einer der drei Mitwirkenden eine juristische Ausbildung haben. Wohl aber müssen sie Fachkräfte auf dem Gebiet der Erziehung sein. Da Italien, dass im Gegensatz zu seinem geschriebenen Recht seine Praxis mustergültig und fortschrittlich geregelt hat, freilich ist Italien auch ein Land, in dem Kinder weniger geprügelt und mehr geliebt werden, so dass selbst der Faschismus an dieser Entwicklung nichts geändert hat, in Italien also dürfen zu Jugendrichtern nur berufen werden „fachlich besonders hervorragende Richter mit einem Verständnis für die Nöte des jungen Menschen, Kontaktfähigkeit, mit der Bereitschaft des persönlichen Einsatzes“. Und vor allen Dingen müssen auch die Laienbeisitzer Sachverständige sein.

Aber es gibt auch in all diesen Ländern noch etwas anderes, um wirklich dem jugendlichen Menschen das Gericht zu schaffen, das er für eine vernünftige Behandlung des Problems braucht: das ist nämlich die Konzentrierung der Gerichte bei höheren Instanzen. In Italien fängt das Jugendgericht beim Landgericht an und endet auf der Oberlandesgerichtsebene. Frankreich hat die Jugendgerichte auf Departementsebene. In einigen Staaten der USA wird ein einheitliches Jugendgericht für das ganze Staatsgebiet, oder es werden einzelne Bezirksgerichte geschaffen.

Also hier auch wie überall die Tendenz, dieses Sondergericht als größeres Bezirksgericht zu schaffen. Dies hat einige Vorteile, unverkennbar auch einige Nachteile. Vor allen Dingen aber den Vorteil, Stellung und Ansehen des Jugendgerichts zu stärken. Bei uns steht der Jugendrichter so ziemlich am Ende der Skala der Wertschätzung. Er geht ein Jahr ins Grundbuchamt, das nächste Jahr ins Strafgericht und das dritte ist er erst im Jugendgericht, und das gilt zum Teil als Degradierung, und es gehört allerhand Idealismus dazu, wenn man eine solche Tätigkeit über einen größeren Zeitraum ausübt. Das kann man oft durchsetzen, wenn man es will. Aber das setzt voraus den Verzicht auf Karriere, und dass man ertragen kann, dass seine Kollegen über einen im geheimen lächeln. Österreich kennt zum Beispiel hier einige Vorrichtungen, wie man dem entgegenwirken kann. Der Jugendrichter, der bei uns überhaupt nur auf der Amtsgerichtsebene existiert, und gerade dort wo schwierige Fälle wären, die also vor die höheren Gerichte kommen, gibt es ja gar keine Jugendrichter, hat zum Beispiel die Möglichkeit einer Bewährungsbeförderung.

Der Richter bleibt im selben Amt, aber wenn er sich in dieser Tätigkeit bewährt, kann er trotzdem eine Stufe höher kommen – für die deutsche Beamtengesetzgebung eine unvorstellbare Sache. Er kann sogar das Gehalt erhöht bekommen und er kriegt einen neuen Titel, obwohl er in derselben Tätigkeit bleibt. In Frankreich wird der Jugendrichter von vornherein für mindestens fünf Jahre ernannt, manchmal verlängern sie zwei oder dreimal oder bleiben überhaupt in dieser Tätigkeit. Er steht gehaltlich an der Spitze in der Justiz. Aber er muss sich jährlich einer fortlaufenden vierzehntägigen bis vierwöchigen Weiterbildung unterwerfen, damit er stets mit allen Erkenntnissen der Psychologie und Pädagogik vertraut gemacht werden kann. Vor allen Dingen aber steht den Richtern in diesen Ländern eine große Anzahl von Hilfseinrichtungen zur Verfügung, die ihnen zur richtigen Diagnose verhelfen, zur Auswahl der sachgemäßen Maßnahmen sowohl vor der Entscheidung wie nach der Entscheidung. Die Einrichtung ganz besonders der Beobachtungssituationen, was die Engländer classifying schools nennen, der medizinisch-pädagogisch-psychologischen Institute, wie es die Italiener nennen und vor allen Dinge eine Vielzahl differenzierter Heime. Wir müssen gar nicht das Gesetz unbedingt ändern. Wenn wir wollen, können wir in seinem heutigen Rahmen sehr viel mehr tun. Allerdings setzt das voraus, dass nicht nur der Gesetzgeber davon überzeugt ist und nicht nur die Fachleute, sondern diejenigen Stellen, die über das Geld verfügen.

Die Möglichkeiten, die Stellung des Jugendrichters im pädagogischen Sinne zu verbessern, sind ja zahlreich. In Kalifornien zum Beispiel wird der Richter beschränkt auf die Funktion des Schuldspruchs. Er stellt also den Tatbestand fest und erklärt, dass der Jugendliche dafür verantwortlich ist. Aber er trifft nicht die Entscheidung, wenn es sich um eine schwerwiegende Maßnahme handelt, sondern diese Entscheidung geht an ein Gremium von Fachleuten, das bei der Jugendbehörde besteht, die dann das Heim aussucht, das für dieses Kind gerade geeignet ist. Wir hier müssen froh sein, überhaupt einen Platz zu finden, wenn wir nicht der Einfachheit halber den Heranwachsenden lieber ins Gefängnis stecken. Wir können nicht so weit gehen, wie dies in Schweden der Fall ist, wo überhaupt die ganze Behandlung des Problems außerhalb der Justiz erfolgt in sogenannten Jugendschutzkommissionen der Jugendämter, die aus ehrenamtlich wirkenden Fachleuten zusammengesetzt sind. Die Größe des Problems bei uns und unsere ganze historische Entwicklung und die Notwendigkeit der rechtsstaatlichen Sicherung, über die kein Zweifel sein kann, verhindern die Anwendung dieses Prinzips. Italien hat einen genialen Ausweg gefunden, indem es beim Justizministerium eine Erziehungszentrale errichtet hat, mit außerordentlich weitgehenden Kompetenzen. Ihr unterstehen alle diese Heime, ihr unterstehen die Beförderung und Begutachtung der Fachkräfte, ihr unterstehen die Ausbildungsstätten für all diese Einrichtungen, und obwohl sie bei der Justiz beheimatet ist, handelt es sich um eine absolut pädagogisch geleitete Einrichtung. Zusammenfassend möchte ich zu diesem Punkt sagen, es ergibt sich für uns die Forderung, die Ausbildung des Jugendrichters zu regeln, zu verbessern, seine Laufbahnbestimmungen entsprechend zu gestalten, seine ständige Fortbildung zu sichern und vor allen Dingen sachverständige Beisitzer zu fordern. In Handelssachen und in Arbeitsgerichtssachen, da hört der Spaß auf, da erlauben wir uns nicht, Beisitzer zu haben, die von der Sache nichts verstehen. Da müssen es Fachleute sein. In der Pädagogik und für die Jugend ist das ja nicht nötig. Vor allen Dingen aber müssen wir dem Jugendgericht im Ansehen der Öffentlichkeit eine ganz andere Stellung geben.

Eine andere wichtige Voraussetzung ist die Frage, wie regeln wir die Altersgrenzen? Zunächst, wie sieht das in anderen Ländern aus? Da in diesen Ländern nicht zwischen jugendlichen Verwahrlosungserscheinungen, Erziehungsschwierigkeiten und Jugendkriminalität unterschieden wird, ergibt sich der gleiche Zustand, der sich bei uns auch im Jugendwohlfahrtsgesetz ergibt, dass es keine untere Altersgrenze gibt, dass heißt, dass de facto mit sechs, sieben, acht, neun Jahren die Jugendgerichtsbarkeit einsetzt. Bei uns ist es auch kaum üblich, dass ein Kind unter acht Jahren in die Fürsorgeerziehung kommt. Die Frage wird eigentlich erst aktuell, wo von Strafmündigkeit die Rede ist, wobei ganz international die Tendenz festzustellen ist, Strafen im herkömmlichen

Sinne zugunsten von Erziehungsmaßnahmen zurückzudrängen, entsprechend die Altersgrenze hinauszuschieben für die strafrechtliche Verantwortlichkeit oder die Verantwortlichkeit von der Prüfung der Einsichtsfähigkeit und moralischen Reife abhängig zu machen, wie wir es in unserem Gesetz haben.

Haben wir also in den meisten Ländern keine untere Grenze für das Jugendgericht, das aber wohlgemerkt unserem Vormundschaftsgericht plus Jugendgericht entspricht, so schwankt die obere Grenze in den einzelnen Ländern von 16 - 21 Jahren. Aber in vielen Ländern, etwa in England und Schweden, haben auch die Strafgerichte das Recht, das bei ihnen anhängige Strafverfahren an Jugendgerichte und Fachkommissionen zurückzuverweisen, und sie tun es auch in den meisten Fällen, sofern es sich nicht um schwerste Kriminalität handelt. Allgemein lässt sich sagen, dass heute Strafen im Sinne der Jugendstrafe oder des Jugendgefängnisses erst vom sechzehnten Lebensjahr ab verhängt werden und auch zwischen sechzehn und achtzehn Jahren nur in Ausnahmefällen und in einer besonderen jugendgemäßen Form wie zum Beispiel den englischen Borstal-Instituten.

Auf den internationalen Kongressen wurde ganz allgemein die Forderung aufgestellt, die Erziehung Jugendlicher bis zu achtzehn Jahren außerhalb des Strafvollzugs, jeglichen Strafvollzugs, in besonderen Einrichtungen vorzunehmen und auch für die Achtzehn- bis Einundzwanzigjährigen auf die Fälle der Schwerstkriminalität zu beschränken. Ich möchte hier gleich sagen, dass die Beschränkung auf die Fälle der Schwerstkriminalität im höheren Sinne gesehen ungerecht und falsch ist. Aber das ist der „Knochen", den wir dem gesunden Menschenverstand hinwerfen, ohne den wir zur Zeit nicht auskommen, und wenn die deutsche Vereinigung für Jugendgerichtshilfe sogar fordert, in Fällen der Schwerstkriminalität Gefängnisstrafen bis zu zwanzig Jahren zu verhängen, was ich für unvernünftig halte, so wissen wir auch, dass wir einige opfern müssen, die die öffentliche Meinung zu sehr erregen, um für die große Mehrheit das erzieherische Prinzip retten zu können. In diesem Fall unterscheiden wir uns auch nicht von Ländern alter Demokratie, auch sie bringen dieses Opfer der öffentlichen Meinung. Und das ist die einzige verstandesgemäße Erklärung, die es überhaupt dafür gibt, denn gerade wir wissen, wie tief verwurzelt Rachegefühle und Rachebedürfnisse in der Menschheit sind. Wir wissen, wie auf jede schwere Straftat hin die Öffentlichkeit aufschreit, die Todesstrafe fordert, strengere Strafen, gegen die Knochenerweichung und Humanitätsduselei wettert, und wir wissen, dass gegen diese Dinge nur mit sehr viel Geduld angegangen werden kann in Fällen, die optisch weniger Aufsehen erregen.

Wir haben aber die Frage geprüft, ob wir ganz allgemein die Grenze der Strafmündigkeit auf sechzehn erhöhen sollen, wie ich ursprünglich meinte, als wir diese Frage berieten. Wir gingen aber von der Tatsache aus, dass wir uns bei der heutigen Struktur des Elternrechts in Deutschland auch bei der derzeitigen Strafmündigkeitsgrenze überhaupt keine Möglichkeit verbauen, mit erzieherischen Maßnahmen in vernünftiger Weise einzugreifen. Wir bekommen sie sonst gar nicht in den Griff. Und wir sind darum der Meinung, dass nicht die Heraufsetzung der Strafmündigkeitsgrenze das wesentliche ist, sondern dass wir nur eindeutig bis sechzehn Jahren ausschließen müssen, dass Jugendliche in irgend etwas ähnliches wie eine Jugendstrafanstalt kommen, wobei wir die Möglichkeiten einer strengen kurzfristigen Erziehung in Form eines verbesserten Jugendarrestes durchaus für in dem Bereich der Möglichkeit liegend halten und deshalb glauben, dass wir mit der bloßen Heraufsetzung der Grenze nicht den für Deutschland richtigen Weg gehen würden.

Zu den Forderungen gehört dann aber auch weiter, alle älteren Jugendlichen und Heranwachsenden dem Jugendrecht zu unterstellen und im Vollzug auch die Gruppe der sogenannten Jungerwachsenen, der einundzwanzig- bis fünfundzwanzigjährigen. Mit negativen Forderungen allein ist es nicht getan. Wir müssen uns auch klar machen, dass, wenn wir die Jugendgefängnisse und Jugendstrafanstalten abschaffen, wie das zum Beispiel in Italien der Fall ist oder in Schweden, das ganz überwiegend offene Einrichtungen hat, sie heißen zwar noch Jugendstrafanstalten, und es gibt natürlich dort wie in Italien auch geschlossene Abteilungen, auf die man niemals wird verzichten können, weil für eine bestimmte Gruppe für eine bestimmte Zeit eben eine gewisse Absonderung erforderlich ist, wenn wir also sagen, dass diese Einrichtungen verschwinden sollen, dann müssen wir auch sagen, was an ihre Stelle treten soll.

Und hier kann ich mich kurz fassen, weil Ihnen Herr Dr. Klüwer in seinem Referat[1] diese Einrichtungen eigentlich aufgezählt hat. Ich möchte hier noch einmal die Namen nennen, die uns den Weg gewiesen haben, die Namen der großen Pädagogen, die meistens vergessen sind. An erster Stelle möchte ich den nennen, der hier in Berlin gewirkt hat und ein Muster einer solchen neuen Erziehungsform geschaffen hat, Karl Wilker in der Erziehungsanstalt der Stadt Berlin-Lichtenfeld im „Lindenhof". Auch den Namen Aichhorn kann ich nicht oft genug nennen. Er hat uns eigentlich wirklich das Muster geliefert, wie man mit schwerstgestörten, „asozialen", dissozialen Jugendlichen umzugehen hat. Und es ist kein Wunder, dass sowohl der Versuch Wilkers wie Aichhorns oder der, den Bondy und Herrmann in „Hannöversand" zum ersten Mal in einem Jugendgefängnis in Hamburg praktiziert haben, in den Anfang der zwanziger Jahre fallen, das heißt in die Zeit, in der der staatliche Apparat noch etwas durch-

1 siehe „Neues Beginnen", Juni 1964.

einander und noch nicht bürokratisch wieder perfektioniert war. Staatlicher Organisationsperfektionismus und Pädagogik sind leider sich ausschließende Gegensätze. Und wie Flanagan, Makarenko konnten Wilker und Aichhorn nur wirken und arbeiten in einem begrenzten Zeitraum, solange wie der „Apparat“ noch nicht wieder „in Ordnung“ war.

Das heißt nun nicht, dass Pädagogik sich in Unordnung vollziehen müsse, aber dass sie einen gewissen Raum an Freiheit braucht. Ich las in dem Bericht über die Studienreise einer Wohlfahrtsschule in England, dass die Studierenden zunächst einmal sehr erstaunt darüber waren, in einem englischen Jugendheim keine Kommandos zu hören, und es klappte doch alles. Der Berichterstatter konnte seiner Verwunderung darüber nicht genug Ausdruck geben, und es erscheint ihm fraglich, ob wir in Deutschland nach unserer Entwicklung so vollkommen auf pädagogische Maßnahmen verzichten können. Ja: Da haben wir „den verinnerlichten Prügel“. Demokratische Erziehung spricht weniger von Schuld und Vergeltung, sie will allerdings ganz im Gegensatz zu dem, was Minister Bucher gesagt hat, den jungen Menschen ja in seine Verantwortung stellen, sie will ihn aber erst fähig machen, seine Verantwortung zu erkennen und sie nicht verschütten in Hass und negativer Einstellung. Sie ist weniger emotional geladen, sie benötigt weniger die Projektion eigener Schuldgefühle auf die anderen, sondern mehr wissenschaftliche Einsicht in die Zusammenhänge. Sie schenkt den Ländern, in denen die Massendemokratie ungebrochen aus einer genossenschaftlichen Gemeindedemokratie herausgewachsen ist – Musterbeispiel Schweden – dafür den anscheinend geringfügigsten Schwierigkeiten und Gefährdungen von Anfang an sehr viel mehr öffentliche Aufmerksamkeit. Vor allen Dingen aber werden bei der Auswahl der geeigneten Maßnahmen auch Psychologen, Pädagogen, Sozialarbeiter, Ärzte herangezogen. Sie verstehen es sogar, kollegial miteinander zu operieren.

Deshalb hat sich die Herauslösung des Jugendrechts aus dem allgemeinen Strafrecht in vielen Ländern bereits vollzogen, in einzelnen in sehr verschiedener Form, aber in der Tendenz einheitlich. Vor allem aber haben sie die Einrichtung der „probation“, die Erziehung also in Freiheit und außerhalb des Heimes als selbständige Erziehungsmaßnahme, befreit von all den juristischen Voraussetzungen, die ängstliche Systematiker hier in Deutschland immer noch anhängen müssen, in den Vordergrund gestellt. Die Probation hat sich als das Erziehungsmittel für die Behandlung nicht schwerstgestörter Jugendlicher durchgesetzt. Und in Amerika kann zum Beispiel der Bewährungshelfer zur Entlastung der Jugendgerichte, die einfacheren Fälle selbständig regeln. Er muss sie dem Richter zur Bestätigung vorlegen, damit auch rechtsstaatlich alles in Ordnung ist, aber im Grunde entscheidet er. Allerdings ist der Bewährungshelfer in den Vereinigten Staaten ein Mann, der eine vierjährige akademische Ausbildung in

Psychologie und Soziologie hinter sich hat. Und ich gerate immer in Verlegenheit, wenn mich meine Studenten, die ja in die Lehrerlaufbahn gehen sollen oder andere, die in der Sozialarbeit sind, fragen, wo sie eigentlich Sozialpädagogik studieren können. Ich muss ihnen leider sagen: „Ich weiß es auch nicht“ (obwohl es Ansätze in Hamburg und Berlin gibt).

Die Frage, die wir bei der Wahl der richtigen Maßnahmen noch besonders behandeln müssten, ist die Frage des Jugendarrestes. Wir sind uns alle einig, dass er in seiner jetzigen Form wenig Sinn hat. Aber wir können ganz international die Notwendigkeit erkennen, für einen ganz bestimmten Fall von Erziehungsbedürftigkeit intensive kurzfristige Erziehungsmaßnahmen zu schaffen, die dann allerdings nicht im Rahmen von Justizanstalten, sondern in Facheinrichtungen der Jugendämter durchgeführt werden sollten. Wir können hier sehr von den remand homes und detention centres in England lernen.

Genauso wichtig wie bessern und heilen ist das Vorbeugen. Deshalb ist der Ausbau sozialpädagogischer Einrichtungen für alle Altersstufen gleichzeitig mit jeglicher Änderung der Jugendgerichtsbarkeit erforderlich. Vor allen Dingen ist aber die Durchdringung der Praxis mit einem neuen Geist Voraussetzung, weil er für eine wirklich demokratische und soziale Ordnung unerlässlich ist. Und das setzt eine ganz intensive Erziehungsarbeit der Öffentlichkeit voraus, die in den eigenen Reihen beginnen muss, – erfordert aber auch eine weitgehende sozialpolitische Umgestaltung der Gesellschaft. Wir wissen, dass es mit juristischem Perfektionissmus auch nicht getan ist. Wir müssen uns deshalb langfristige Ziele setzen. Denn wenn ein neues Gesetz nicht Papier bleiben soll, dann müssen viele Voraussetzungen erfüllt seien. Eine der wichtigsten scheint mir, dass die einschlägige Forschung ausgebaut und in ganz anderer Weise vom Staat und von der Universität gefördert werden muss. Die öffentliche Meinung muss ausreichender und objektiver als bisher über die Ursachen von Jugendverwahrlosung und Jugendkriminalität und über die Notwendigkeit der „Rentabilität“ vorbeugender und heilender Erziehungsmaßnahmen informiert werden.

Die Ausbildung, Fortbildung und soziale Stellung aller Fachkräfte auf diesem Gebiet müssen ebenso wie ihre Arbeitsbedingungen verbessert werden. Die Erziehungs- und Therapiemöglichkeiten müssen in allen Formen, offenen, halboffenen Einrichtungen ebenso wie in Heimen erheblich ausgebaut werden, damit rechtzeitige und vorbeugende Hilfe gegeben werden kann. Eine ständige Koordinierung aller beteiligten Stellen, der Jugendbehörden, der Gerichte, der Jugendpolizei muss gesichert sein, auch über die Landesebene hinaus. Ohne gut ausgebildete und gut bezahlte Fachkräfte und ohne die entsprechenden Einrichtungen nützt das beste Gesetz nichts. Gustav Radbruch, der große sozialdemokratische Jurist und eine zeitlang Reichsjustizminister und derjenige, der vielleicht berufen gewesen wäre, wirklich eine Strafrechtsreform in Deutschland durchzuführen, verlangte damals nicht ein besseres Strafrecht, sondern etwas, das besser ist als das Strafrecht, nämlich eine rationale Behandlung des Rechtsbrechers im Sinne seiner Erziehung und der Sicherung der Gesellschaft, – das ist es, was uns in Deutschland not tut. Und ich glaube, wir können nicht genug diesen Zusammenhang betonen, der sich hier zwischen Gesellschaft und der Behandlung des jungen Menschen auftut.

Ein amerikanischer Soziologe hat ein Buch geschrieben, das nicht den Titel führt: „The juvenile delinquency in the society“, sondern, „The juvenile in delinquent society“, „Der junge Mensch in einer verbesserten Gesellschaft“. Herr Middendorf, unser Spezialist für internationale Jugendrechtsvergleichung, zitiert diesen Soziologen, der sagt: „Die einzige Methode der Jugendkriminalität wirksam zu begegnen, besteht darin, eine Änderung in den Idealen der kriminellen Gesellschaft Amerikas herbeizuführen“. Herr Middendorf schreibt dazu: „Diese These ist sehr zugespitzt in ihrer Formulierung, sie passt aber zum Teil in unsere eigenen Beobachtungen“. Er lässt es offen, ob er die Beobachtungen in Amerika meint oder in Deutschland.

Hinter jeder Pädagogik und hinter jeder Behandlung dieses Problems steckt ein Menschenbild, ein Gesellschaftsbild auf lange Sicht, und deshalb wissen wir, dass die Aufgabe, der sich die Arbeiterwohlfahrt mit ihrer Arbeit an Vorschlägen für die Neugestaltung des Jugendrechts unterzogen hat, die Einsicht mit umschließt, dass es auf die Umgestaltung und Veränderung der Verhältnisse, die der Reform entgegenstehen, ankommt. Ich glaube, die Tatsache, dass sich die Arbeiterwohlfahrt eines solchen Programms auf lange Sicht annimmt, beweist, dass wir uns nicht begnügen können, gebannt durch die negativen Erfahrungen der nationalsozialistischen Epoche, nun in Gemeinschafts- und Gesellschaftsfeindlichkeit zu verfallen und die Freiheit nur vom Staat und nur von der Gesellschaft zu fordern. Dies war eine verständliche Reaktion auf die Erfahrungen und hat das Denken unseres Jahrzehnts bestimmt. Radbruch war es wieder, der darauf hingewiesen hat, dass Freiheit allein nicht Gerechtigkeit ist und dass auch die absolute Gleichheit, dort wo die ausgleichende Gerechtigkeit fehlt, zur Stärkung des Starken und zur Schwächung des Schwachen führt. Er sagte damals: „Gerade in der verschiedenen Behandlung nach Maßgabe gegebener Verschiedenheiten der Person und ihrer Lage, in Sonderrechten der Schwächeren gegenüber den Starken, in der verhältnismäßigen Gleichheit der ausgleichenden Gerechtigkeit, kommt dagegen die Gleichheit des Maßstabes zum Ausdruck, die wahre und endgültige Gleichheit“.

Das ist auch das Prinzip der pädagogischen Gerechtigkeit im Gegensatz zur juristischen Gerechtigkeit, die eine formale Gleichheit ohne Ansehen der Person fordert. In der Erziehung können wir dieses ohne Ansehen der Person fordern. Erziehung ist individuelle Behandlung nach allgemeinen Erfahrungsgrundsätzen. Erziehung ist aber auch möglich, wenn starke und gefestigte Wertordnungen dem jungen Menschen gegenüber gestellt werden können. Und wie steht es damit? Worauf beruht die negative Einstellung vieler junger Menschen zum Staat und zur Gesellschaft? Weil sie diese starke und gefestigte Wertordnung nur in den Sonntagsreden, in den Festtagsreden hört und weil sie das Leben sieht, das doch im Grunde auf dem Prinzip des Catch-as-catch-can aufgebaut ist. Daraus entwickelt sich das Gefühl der Ohnmacht, des „ich kann ja doch nichts ändern" und „ich werde versuchen mit meinen Ellbogen so schnell zu meinem Ziel zu kommen, wie es nur geht". Das heißt das, was der amerikanische Soziologe gesagt hat: „Der junge Mensch macht sich nicht die Ideale, die ihm gepredigt werden zu eigen, sondern die deliquenten Ideale, die er in unserer Praxis erlebt". Deshalb ist der Wiederaufbau einer festen Wertwelt, die den Ideen einer demokratischen, sozialen und humanistischen Tradition folgt, die unbedingte Voraussetzung für eine neue und gerechtere Ordnung unserer Welt, eine neue, verständigere von Ressentiments freiere Behandlung des Problems der fehlentwickelten Jugendlichen. Erst dann kann Erziehung wieder glaubwürdig werden, wenn sie sich nicht nur im Gesetz dokumentiert, sondern in der Praxis des täglichen Lebens.

Lassen Sie uns die Vorbereitungen treffen, ohne utopischen Schwärmereien zu verfallen, ohne die Zukunft vorwegnehmen zu wollen – was im Grunde nur immer wieder zur schlimmsten Diktatur führt –, aber in geduldiger Kleinarbeit, in verstandesmäßiger Erforschung der erzieherischen und psychologischen Probleme, in der Kombination, die die Ungeduld des Herzens mit der Kühle des Verstandes und mit der Geduld verbindet, die den Kern jeder Pädagogik darstellt.

(1964)

Der Beitrag der Psychoanalyse zum Problem der Jugendkriminalität und des Jugendstrafrechts

„Es ist eine Frage, ob wir nicht, wenn wir einen Mörder rädern, in den Fehler des Kindes verfallen, das den Stuhl schlägt, an dem es sich stößt“.

G. C. Lichtenberg (1724-1799)

In der Behandlung jugendlicher Strafstatur zeichnet sich seit Beginn dieses Jahrhunderts eine durchgehende Tendenz ab, jungen Menschen in Anbetracht des Unfertigseins, der Unreife, der mangelnden Einsichts- und Willensfähigkeit eine Sonderstellung im Strafrecht zuzugestehen, die sich von erzieherischen Gesichtspunkten vorrangig leiten lässt. Die „Denkschrift der Arbeiterwohlfahrt zur Reform und Vereinheitlichung von Jugendwohlfahrtsgesetzen und Jugendgerichtsgesetz“[1] zielt nun dahin, das Jugendstrafrecht ganz aus dem Bereich des Strafrechts herauszunehmen und es dem Jugendhilferecht unter dem ausschließlichen Gesichtspunkt der Erziehungshilfe einzugliedern. Offensichtlich bestehen auch in den Diskussionsentwürfen der maßgebenden Kommission des Bundesministers für Familie, Jugend und Gesundheit zur Reform des Jugendwohlfahrtsgesetzes Tendenzen, diesen Anregungen mindestens für die 14- bis 18-jährigen Jugendlichen weitgehend Rechnung zu tragen.

So schockierend diese Idee auf viele Juristen, ja auch auf Jugendrichter wirken mag, neu ist sie wirklich nicht. Sehen wir von führenden Geistern, die ihrer Zeit vorauseilen, wie Beccaria, Pestalozzi ab, so werden sie zum ersten Mal auf dem Boden der Wissenschaft 1915 von Helene Simon in einer wissenschaftlichen Zeitschrift[2] mit eindringlicher Begründung vertreten und von Heinrich Webler in seiner Streitschrift „Wider das Jugendgericht“ (1928) gegen das erst fünf Jahre zuvor endlich in Kraft getretene Jugendgerichtsgesetz gerichtet. Beide wandten sich gegen die pädagogische Sinnlosigkeit und Erfolglosigkeit der Strafordnung – auch in der Kombination mit Erziehung und Weblers Auffassung, dass „Strafgericht über Jugendliche überhaupt keine Berechtigung hat“ sich

---

1 „Vorschläge für ein erweitertes Jugendhilferecht der Arbeiterwohlfahrt“. Bonn 1970.

2 Helene Simon: Das Jugendrecht. Ein soziologischer Versuch. In: Schmollres Jahrbuch für Gesetzgebung, Verwaltung und Forstwirtschaft, Jg. 39, München 1915. Nachdruck in B. Simonsohn: Jugendkriminalität, Strafjustiz und Sozialpädagogik. Frankfurt 1972 (4. Aufl.).

ausschließen[3], ließ schon damals einen Kompromiss zu.

Dann kam freilich der tiefe Rückfall jedes rechtsstaatlichen und humanen Denkens in der Zeit des Nazi-Regimes, und nach seiner Beseitigung knüpfte man zunächst wieder an die Entwicklung vor 1933 an. Aber erst ein Vierteljahrhundert danach macht man sich ernsthaft daran, die ganze Problematik eines Jugendstrafrechts grundsätzlich neu zu überdenken. Dabei konnten nun nicht mehr nur wohlgemeinte, vernünftige und humanistische Gedanken genügen, es bedurfte einer wissenschaftlichen Grundlage, die auf dem inzwischen gewaltig angewachsenen Erfahrungsschatz aller Wissenschaftler vom Menschen, vor allem aber der Soziologie und der Tiefenpsychologie aufbauen musste. Ihre Erkenntnis hatte das Fundament des Strafrechts, die Überzeugung vom freien Willen des Menschen, erschüttert. Vor allem war dies dem Einfluss der Psychoanalyse zu danken, die von ihrem ursprünglichen Forschungsgebiet, der Therapie und Erkenntnis der Neurosen aus, immer weiteren Bereichen der Individual- und Sozialpsychologie sich zugewandt hatte und starken Einfluss auch auf viele Soziologen und Pädagogen gewann.

Erstmals hatte August Aichhorn theoretisch und im praktischen Erziehungsversuch bald nach dem 1. Weltkrieg unternommen, psychoanalytische Erkenntnisse auf die Ursachen und Behandlungsmethoden der Dissozialität, d.h. der bisher als Verwahrlosung, Kriminalität und Jugenddelinquenz bezeichneten Form des Verhaltens vor allem junger Menschen anzuwenden[4]. Entgegen der Auffassung der Juristen, dass der Mensch sich frei für das Gute oder das Böse entscheiden könne, sagt die psychoanalytische Erkenntnis, dass man nicht bei den Taten und Verhaltensweisen stehen bleiben dürfe, sondern die unbewussten Motive und seelischen Abläufe erforschen müsse, die zu den dissozialen Äußerungen führen. Diese seien weder zufällig noch willentlich gesteuert, sondern das Ergebnis mit- und gegeneinander wirkender psychischer Kräfte. Bei einer Tagung fragte mich ein Jurist, der bei meinen Ausführungen in diesem Sinne immer fassungsloser wurde, ob ich denn ernstlich bezweifeln wolle, dass es einen „bösen Willen" gäbe. Ich musste ihm sagen, dass ich nicht so weltfremd sei, um die allenthalben sichtbare, bewusste Bosheit zu leugnen, nur dass ich nicht – wie er offensichtlich – mich mit der Feststellung begnügen, sondern danach fragen würde, woher der „böse Wille" komme, welche individuellen und sozialen Umstände ihn bedingen.

---

[3] Heinrich Webler: Wider das Jugendgericht. In: Festschrift für Cr. Klumker. Berlin 1929. Nachdruck in B. Simonsohn a. a. O. S. 85f.

[4] August Aichhorn: Verwahrloste Jugend. Bern 1968.

Es gehört wirklich ein großes Maß an Realitätsblindheit dazu, nicht zu sehen, dass die ganze überwiegende Mehrzahl der Jugendlichen, die in Fürsorgeerziehung sind oder die Jugendgerichte beschäftigen, aus zerrütteten und unvollständigen Familien, aus Obdachlosensiedlungen oder Elendsvierteln stammen, in Heimen von Kindheit an aufgewachsen sind und ihre Lebensläufe oft eine erschütternde Einförmigkeit, gemischt aus Lieblosigkeit und Mangel an allem, was das Leben erst lebenswert mache, aufweisen.

Von den beiden großen und repräsentativen Untersuchungen auf empirisch-wissenschaftlicher Basis an jeweils 1000 Jungen, des Ehepaares Sheldon und Eleanor Glueck in den USA[5] und des Psychiaters und Leiters des Hans-Zulliger-Haus Berlin, Klaus Hartmann[6], nehmen die meisten Juristen, auch viele Jugendrichter, nur ungern und zögernd Kenntnis. Nach einer eingehenden Untersuchung von 402 verschiedenen Faktoren – unter denen sie in den besonderen Bedingungen des familiären Zusammenhalts, der Zuneigung beider Elternteile zu den Kindern, ihren Erziehungsstilen, der Aufmerksamkeit und Zeit, die sie den Kindern widmeten, die entscheidenden Ursachen für das Entstehen von Dauerkriminalität („schädliche Neigungen“ würden wir sagen) erblickten – kommen sie zu ihrer Grundeinsicht, „dass es für die Wissenschaft keinen ‚guten’ und keinen ‚bösen’ Jungen gibt, sondern nur Kinder, die bei ihrem Aufwachsen mehr und solche die dabei weniger einer Hilfe bedürfen“[7]. Dabei sind die Verfasser Juristen und Kriminologen und keineswegs Psychoanalytiker oder auf eine wissenschaftliche Theorie eingeschworen; um so eindrucksvoller ist es, dass sie die psychoanalytische Auffassung von primärer Sozialisation, besonders in den ersten Lebensjahren, und von der Bildung sozialer und dissozialer Charaktere voll bestätigen.

Sie erklären die auffallenden Unterschiede im Charakter und Verhalten von Jugendlichen aus den gleichen Slumvierteln nicht allein aus dem Druck, der vom Milieu in dieser untersten Schicht ausgeht, sondern halten für viel bedeutender die Tatsache, dass sie so verschieden darauf reagieren. Nicht in den Milieueinflüssen schlechthin, sondern in den frühen kindlichen Einflüssen auf die Formung von Persönlichkeit und Charakter, die ihrerseits die Fähigkeit zur Kontrolle und Sublimierung primitivster Triebregungen bedingen, sahen sie die entscheidenden Faktoren.

---

5 Sh. u. E. Glueck: Jugendliche Rechtsbrecher - Wege zur Vorbeugung. Stuttgart 1963.

6 Klaus Hartmann: Theoretische und empirische Beiträge zur Verwahrlosungsforschung. Berlin - Heidelberg 1970.

7 Glueck a. a. O. S. 202.

Bemerkenswerterweise stellt Hartmann bei seinen Berliner Delinquenten ein noch weit höheres Maß von Auflösung und Zerrüttung der Herkunftsfamilien fest. Bei 87% der Jugendlichen war die Eltern-Kind-Gemeinschaft durch Scheidung, Tod, Trennung aufgelöst oder hatte aufgrund nichtehelicher Geburt niemals bestanden, über 60% waren viele Jahre hindurch in Heimen aufgewachsen. Dass andererseits das Ausmaß der Abnormalität der biologischen Familie – als da sind Kriminalität, Trunksucht, Debilität, psychische und physische Krankheiten – bei beiden Elternteilen ganz erheblich geringer sind als bei den amerikanischen Jugendlichen des Ehepaares Glueck – die kriminelle Vorbelastung ist nur halb so groß wie bei deren Nichtdelinquenten und ein Siebtel derjenigen bei ihren Delinquenten – spricht eindeutig gegen das so lange in der deutschen Kriminologie und Psychiatrie so heilig gehaltene „schlechte Erbgut" und die Anlagebedingtheit der „psychopathischen" Charaktere; dies um so mehr, als trotzdem das Ausmaß der sich gegen Menschen richtenden Aggressivität bei ihnen fünfmal so groß ist als bei der sich mehr auf Beschädigung von Sachen richtenden bei den Jungen in den USA. Dafür ist das Ausmaß ihrer Kontaktstörungen mehr als viermal so groß, weshalb die Straftaten mehr einzeln oder in kleinen Gruppen, statt in den für die USA charakteristischen Banden begangen werden[8].

Trotz aller Unterschiede im Einzelnen liefern beide Untersuchungen den Nachweis dafür, dass bei allem Gewicht, das der Ungleichheit der Chancen und Verteilungsmechanismen in der Unterschicht zukommt, den Entstehungsbedingungen der psychologischen Ausstattung im frühkindlichen Sozialisationsbereich der häuslichen Gemeinschaft ein weithin bestimmter Einfluss für das Entstehen von dissozialen Charakteren („lies: ‚schädliche Neigungen'") beizumessen ist. Immer liegt diesem ein innerseelischer Konflikt zwischen den triebhaften Bedürfnissen und kindlichen Wünschen einer- und dem Ausmaß von Frustration in einer liebe- und freudlosen Realität anderseits zugrunde.

Aus dem Zusammenstoß von Trieb und Versagungen, deren Ausmaß und Zeitpunkt, dem Verhältnis von Gewährenlassen und Frustration, resultieren die unterschiedlichen Entwicklungen in den Charakteren der Menschen, ob ein Mensch „rechtschaffen" bleibt oder „straffällig" wird. Von der ersten und nächsten Umgebung hängt es ab, ob die Tendenz der Erziehung dem Ausleben der natürlichen Veranlagung entgegenkommt oder ihr zuwiderläuft, ob die zwangsläufig auferlegten Forderungen nach Einschränkung der Triebbefriedigung ohne inneren Konflikt akzeptiert werden oder die Grundlage für Fehlent-

---

8 Dabei muss allerdings berücksichtigt werden, dass die Untersuchungen von Hartmann zwei Jahrzehnte später erfolgt sind. Inzwischen hat sich das Ausmaß der Brutalität gegen Personen auch in den USA gewaltig gesteigert, während die Bandenform auch heute noch dort weit häufiger ist als in der BR Deutschland.

wicklungen legen, die, je nachdem, dissozialer oder neurotischer Art sein können. Wo stumpfe Gleichgültigkeit und Resignation selbst unter ungünstigen Lebensumständen dem Kind seine elementarsten Bedürfnisse auf Liebe und Geborgenheit verweigern, sind schwere Störungen unvermeidlich; ebenso ist, wenn Eltern das Kind zum Objekt ihrer eigenen, oft unbefriedigten affektiven Bedürfnisse im Übermaß machen und ihr Blick für die wirklichen Bedürfnisse des Kindes dadurch verzerrt wird, das Hineintreiben in dissoziale und psychopathische Rollen oft unvermeidlich[9].

In den ersten fünf Lebensjahren entscheidet sich darum, was ein Kind von seinen eigenen Bedürfnissen und Anlagen nach seiner jeweiligen sozialen und individuellen Lebenssituation realisieren kann, sein künftiger Weg. Die Art der Mutter-Kind-Beziehung wird prägend für den Umgang mit anderen Menschen, und vom 3. Lebensjahr an wird auch die Vater-Kind-Beziehung von Bedeutung. Charakteristisch für die Entstehung von dissozialen Persönlichkeitsstrukturen ist die schwache und defekte Überichentwicklung (ein schlecht funktionierendes Gewissen), die oft mit schwacher Ich-Entwicklung, Intelligenzhemmung, also mangelhafter Willens- und Einsichtsfähigkeit gekoppelt ist. Drei falsche Erziehungsformen können dafür verantwortlich gemacht werden.

Fehlen erstens echte liebevolle Beziehungen des Kindes zur Mutter im frühesten Kindesalter, so wird das Grundbedürfnis des Kindes nicht befriedigt. Das „Urvertrauen", die Liebesfähigkeit als Grundlage zum Aufbau aller Beziehungen zu Mitmenschen wird nicht erworben. Das Kind lernt nicht, seine infantile Triebhaftigkeit zu überwinden und Versagungen zu ertragen (Frustrationstoleranz), und schwer zu überwindende Ich-Schwäche ist die Folge. Je früher die Schädigung erfolgt und schwerwiegender und dauerhafter sie ist, um so schwieriger ist später eine Heilung. Fast alle Schwerkriminellen haben so begonnen, dass sie allzu früh in ihrem Leben zu viel Unlust und zu wenig Liebe und Lust erfahren haben.

Eine soziale Anpassung misslingt zweitens aber auch dann, wenn eine extrem verwöhnte Erziehung dem Kind nicht die Fähigkeit vermittelt hat, seine Unlustgefühle zu verarbeiten und Einschränkungen zu ertragen. Der Zusammenstoß mit der rauhen Wirklichkeit ist dann unvermeidlich und besonders traumatisierend. Die Schwierigkeiten beginnen oft schon im Kindergarten und spätestens in den ersten Schuljahren. (In der Glueck'schen Untersuchung wird fast die Hälfte aller späterer Delinquenten schon in den beiden ersten Klassen „sozial auffällig"). Im Ergebnis führt ein Erziehungsstil, der alles gewährt und alles durchgehen lässt, zu dem gleichen Ergebnis wie extreme Härte, da das Kind

9 Hierzu siehe Horst Eberhard Richter: Eltern – Kind und Neurosen. Stuttgart 1970.

sein seelisches Gleichgewicht nicht finden kann, dass es nur gewinnt, wenn Forderungen einsichtig gemacht und darum nicht zu früh gestellt werden, und wenn sie durch verständnisvolles und liebevolles Eingehen auf seine Bedürfnisse einen Ausgleich finden.

Schließlich ist drittens eine schwankende, inkonsistente Erziehung für eine gesunde Entwicklung des Kindes genau so schädlich, ob sie nun in der Unausgeglichenheit und Launenhaftigkeit eines Elternteils ihren Grund hat, oder ob das Kind bei unterschiedlicher Haltung beider Teile zu ihm von einem zum anderen ausweichen kann. Wenn Eltern keine Zeit für ein Kind haben und es ihnen lästig wird, aus Schuldgefühlen dann mit Süßigkeiten und Geschenken abgespeist wird, ist das Ergebnis das gleiche. Kinder in einem unharmonischen Elternhaus sind darum besonders gefährdet und die Zahl der Kinder aus geschiedenen Ehen ist unter den delinquent werdenden besonders groß.

Stabile und liebevolle Beziehungen in seiner ersten natürlichen Umwelt, der Familie, helfen dem Kinde, Vertrauen und damit die Fähigkeit zu normalem Umgang mit anderen zu erwerben. Fehlen diese, wird es nicht lernen, auf sofortige Durchsetzung der Wünsche zu verzichten, ebenso wie das verwöhnte Kind, dem niemals Verzicht und Versagungen abverlangt wurden. Es wird nicht „sozial“ werden, fähig innerhalb einer Gesellschaft zu leben, ohne mit dieser in Konflikt zu kommen.

Unsere Institutionen nehmen aber nur die krassesten Fälle des Misslingens zur Kenntnis, sie interessieren die Folgen missglückter Erziehung erst dann, wenn ihre Normen überschritten werden, wenn äußerer Druck und innerpsychische Belastung sich kumulieren und in Straftaten ihren Ausdruck finden. Statt einzusehen, dass Dissozialität missglückte Sozialisation ist, dissoziale Jugendliche Unglückliche, Benachteiligte, Hilfsbedürftige sind, bestrafen und verurteilen wir sie. Dass unsere Strafen den jungen Menschen diskriminieren und stigmatisieren, ihm den Rückweg in die Gesellschaft damit verlegen und ihn in den Teufelskreis des Immer-Wieder-Rückfälligwerdens und in die Rolle des Sündenbocks hineindrängen, wird nicht gesehen. Seine Taten sind Rache für erlebte Lieblosigkeiten, für zu viel zugefügte Unlust, so dass Lust nur noch erlebt werden kann, dass anderen Unlust bereitet wird. Nun fügen wir neue und immer größere Unlust hinzu und treffen statt der „Schuldigen“, die ihrerseits doch durch ihr freudloses Lebensschicksal zu dem geworden sind, die Opfer falscher Erziehungspraktiken und unmenschlicher Lebensbedingungen.

Wenn aber junge Menschen, die Straftaten begehen, Opfer sind, Produkte ihrer misslungenen Sozialisation und des Mangels an Liebe und des Übermaßes an Leid und Unlust, die sie in ihrer Kindheit erfahren, welchen Sinn hat es dann, sie für Taten zu bestrafen, die eine unbewusste Form des Protestes gegen ihr leidvolles Schicksal sind, welchen Zweck, zur Unlust noch weitere Unlust zuzufügen? Ich weiß, wie schwer es den meisten Juristen wird, solchen Gedankengängen zu folgen, die ihr eigenes gutes Gewissen bei der Verurteilung jugendlicher Delinquenten in Frage stellen müssten. Obwohl jede Statistik über Rückfall ihnen die Sinnlosigkeit ihres Tuns vor Augen führen müsste, wird daraus nicht die Konsequenz gezogen, anstelle einer wenig wirkungsvollen Maßnahme etwas Besseres, auf wissenschaftliche Einsicht Gründendes zu setzen. In der Psychiatrie hat sich ein solcher Prozess langsam wachsender Einsicht vollzogen, dass man nicht mit Abschreckung, Angsteinjagen, Quälen und Schmerzzufügen den „bösen Geist", das „Schlechte", austreiben kann, sondern mit Erforschung der Ursachen und durch entsprechende Behandlungsmethoden.

Dass auch Dissozialität eine Art seelischer Funktionsstörung ist, deren Ursachen man nachforschen muss, um geeignete Methoden zu ihrer Behebung zu entwickeln und zu erproben, gegen eine solche Erkenntnis erheben sich starke, dem Psychoanalytiker gewiss verständliche, aber rationell nicht zu rechtfertigende Widerstände. Andere Methoden vorzuschlagen, heißt aber weder, dass nichts geschehen soll, vielmehr dass Sinnvolleres die Folge ist; heißt auch nicht, dass einen die Tat weniger empört, auch wenn man mit weniger Entrüstung und Selbstherrlichkeit, sondern mit mehr Mühe und Einsicht sich Klarheit zu schaffen sucht, warum ein Mensch gegen die Regeln und Gesetze verstößt. Dazu kommen nicht nur die bösen Erfahrungen, die die Gesellschaft mit dem Täter macht, ins Blickfeld, sondern auch die Leiden, die der Täter von der Gesellschaft und durch sie vermittelt, in seiner Kindheit von den Eltern erfahren hat.

Der gegenwärtige Strafvollzug, dessen Grundgedanken auch noch – entgegen allen Beteuerungen – die Erziehungsmaßnahmen und Zuchtmittel beherrschen, ist aber Leidzufügung, gerechtfertigt durch den Glauben an den freien Willen, aufgrund dessen der Täter „es ja auch hätte lassen können", er also absichtlich und offen gegen die Regeln verstoße. Einen Persönlichkeitswandel herbeizuführen, sind solche Maßnahmen nicht geeignet, und es ist fraglich, ob man an diese Möglichkeiten ernsthaft glaubt. Schreibt man aber einen Menschen, den man durch solche Maßnahmen und die damit verbundene Stigmatisierung erst dahin gebracht hat, als unverbesserlich ab, so vergisst man, dass früher auch viele körperliche und vor allem Geisteskrankheiten für unheilbar gehalten wurden, die es heute schon längst nicht mehr sind.

Nun hier ist die Gegenfrage spätestens zu erwarten: Wo sind denn die Behandlungsmethoden und wo sind die Menschen, die Kriminelle „heilen" können? Diejenigen, die so fragen, sind aber auch nicht bereit, dafür zu sorgen, dass die möglichen anderen Behandlungsarten erprobt werden, ohne die manchmal unbewusste, zuweilen aber auch hinterhältige Absicht, durch mangelhafte Bedingungen und Versagen des notwendigen Freiheitstraumes Experimente zum Scheitern zu bringen. Sie tun auch nichts dafür, dass die Ausbildung in den dafür benötigten therapeutischen und heilpädagogischen Berufen verbessert und verbreitert wird und dass die Mittel für die nötigen Einrichtungen und weitere Forschung zur Verfügung gestellt werden. Wie sollten sie auch, wenn sie nicht einmal bereit sind, die bereits vorhandenen Ergebnisse wissenschaftlicher Forschung und Erprobung zur Kenntnis zu nehmen.

Unzählige Möglichkeiten und Techniken solcher Behandlung stehen heute zur Verfügung, um auch bei Dissozialen zu einer neuen, sozialen Lebenseinstellung zu führen. Für die, die sie anwenden, ist allerdings eine Einstellung nötig, dem gestörten Menschen zu helfen und ihm ohne Hass, verurteilendes Vorurteil zu begegnen; für sie ist Beurteilung hilfreicher als das Verurteilen und sie wissen, dass man ohne Feindseligkeit auch einem aggressiven Verhalten, das einem höchst unangenehm und destruktiv erscheint, begegnen muss.

Ein weltbekannter Psychiater, dessen Buch den für Juristen sicherlich schockierenden Titel: „Strafe – ein Verbrechen“ führt, hält Übertragungen seiner Erkenntnisse und Methoden bei der Behandlung von Geisteskranken für durchaus erfolgversprechend. Seine therapeutische Einstellung – auch gegenüber Dissozialen – hat er für seine Mitarbeiter so formuliert:

„Alles hängt davon ab, ob wir lieben können. Liebe ist die Grundvoraussetzung für die Wirksamkeit der therapeutischen Maßnahmen im modernen psychiatrischen Krankenhaus; sie vor allem muss das Personal vom Direktor bis zum Gärtner bestimmen. Unserem Patienten, der nicht lieben kann, müssen wir durch unser Tun spüren lassen, dass wir ihn lieben. Wir müssen ihm damit sagen wollen: Kannst wütend sein, wenn Dir danach zumute ist; wir wissen, dass Du Gründe hast. Wir wissen, dass Dir Unrecht geschehen ist. Wir wissen, dass Du vor Deinem Ärger, Deinen Selbstbestrafungstendenzen Angst hast – Angst auch davor, dass Dein Zorn unseren Zorn erregen könnte und dass Dir wieder Unrecht getan wird, Du enttäuscht und wieder zurückgewiesen wirst und wieder in Wut gerätst. Aber wir sind nicht zornig – und Du wirst es nach einiger Zeit auch nicht mehr. Wir sind Deine Freunde; alle, die hier um Dich sind, sind Deine Freunde; Du kannst Deine Abwehrstellung aufgeben und Dich aus Deiner Verkrampfung lösen. In dem Maße, in dem Du – und wir – Dein Leben besser verstehen lernen, wird die Wärme der Liebe Deine Angst vertreiben – und Du wirst merken, dass Du gesund bist“[10].

---

[10] Karl Menninger: Strafe – ein Verbrechen? München 1970, S. 298.

Wenn erfahrene Lieblosigkeit die hauptsächliche Ursache des Dissozial-Werdens ist, kann nur Liebe und Verständnis, gepaart mit wissenschaftlicher Einsicht, den Dissozialen heilen – das ist die Lehre des psychoanalytisch Geschulten an die Jurisprudenz. Man schützt die Gesellschaft am besten vor dem Rechtsbrecher, indem man diesen vor der strafenden Gesellschaft schützt. Den wirklich Schuldigen treffen wir nicht, und wir können ihn auch nicht finden. Aber wir sollten nicht mitschuldig werden, indem wir wirkungsvollere, wissenschaftliche und humane Rationalisierungsprogramme hindern. Natürlich sind manche Menschen zu tief geschädigt, zu tief in Entwicklung verstrickt. Allen kann man sicher nicht helfen, wie auch die Medizin nicht allen helfen kann. Aber der gesamten Bewegung, die zu besonderen Gesetzen und Maßnahmen für Jugendliche und Heranwachsende geführt hat, liegt die Einsicht zugrunde, dass hier die Erfolgsaussichten auf eine Änderung am größten sein könnten. Wenn sie es nur zum Teil sind, so darum, weil man nicht konsequent sich vom Strafdenken gelöst hat.

Das Jugendgericht war von seinen Schöpfern als Bahnbrecher für die helfende Erziehungsfürsorge anstelle der verurteilenden Strafe gedacht, als wegweisend für die Einsicht, dass nicht die Tat verurteilt, sondern dem Täter das fehlende Stück in seinem Sozialisationsprozess nachträglich vermittelt werden sollte. Erst eine endgültige Lösung des Jugendstrafrechts aus dem Dunstkreis der Strafjustiz und die Überführung der „Behandlung" in den Bereich der Jugendhilfe können die Ziele verwirklichen helfen, die allen, die sich für das Jugendgericht eingesetzt haben, vorgeschwebt haben: „Erziehung statt Strafe". Dass die Institutionen der Jugendhilfe entsprechend ausgerüstet werden, dass genügend gut ausgebildete und entsprechend besoldete Kräfte zur Verfügung stehen, ist natürlich die Voraussetzung für das Gelingen eines neuen Zugangs zu dem Problem der Dissozialität von jungen Menschen.

Weitere Literatur zum Thema:

Künzel,Eberhard: „Jugendkriminalität und Verwahrlosung. Ihre Entstehung und Therapie in tiefenpsychologischer Sicht". Göttingen 1968(2).
Moser, Tilman: „Jugendkriminalität und Gesellschaftsstruktur". Frankfurt 1979. (Als Taschenbuch 1972).
Moser, Tilman: „Repressive Kriminalpsychiatrie. Vom Elend der Wissenschaft". Eine Streitschrift. Frankfurt 1970.
Moser, Tilmann: „Psychoanalyse und Strafrecht". Frankfurt 1972.
Friedlander, Kate: „The Psychoanalytical Approach to Juvenile Delinquency. Theory, Case Studies, Treatment". London 1967(6).
Fürstenau, Peter : „Soziologie der frühen Kindheit". Heidelberg 1967.
Leber, A. und. Reiser: Sozialpädagogik, Psychoanalyse und Sozialkritik. Neuwied 1972.

Die Aggression als soziales und erzieherisches Problem

Aggression – Schicksal oder Kulturaufgabe

„Die Schicksalsfrage der Menschenart scheint mir zu sein, ob und in welchem Maße es ihrer Kulturentwicklung gelingen wird, der Störung des Zusammenlebens durch den menschlichen Aggressions- und Selbstvernichtungstrieb Herr zu werden. In diesem Bezug verdient vielleicht gerade die gegenwärtige Zeit ein besonderes Interesse.“[1]

Herr zu werden des Selbstvernichtungstriebes – der Gewalttätigkeit, des Machtmissbrauchs der Herrschenden, der Entmenschlichung des Staates Einhalt zu gebieten – zu denen, die es dazu trieb, dagegen anzukämpfen, die dafür persönliches Glück, Gesundheit und eigenen Erfolg geopfert haben, zählt Alfred Kantorowicz. Sein ganzes Leben zeugt dafür, zeugt von Kampf, Verfolgung, Flucht. Dem Opfer der Aggression wird man nicht beweisen müssen, dass die Beherrschung des Aggressionstriebes die zentrale Aufgabe aller derer ist, die eine menschlichere Gesellschaft erstreben. Wir alle haben erst lernen müssen, dass der Satz Freuds, der uns einst fast wie eine Blasphemie erschien, nicht der müden Resignation eines kranken und alternden Mannes entsprang, sondern eine tiefe Wahrheit enthält: „Es wird den Menschen offenbar nicht leicht, auf die Befriedigung dieser Aggressionsneigung zu verzichten; sie fühlen sich nicht wohl dabei.“ Die Verkennung dieser tiefen Einsicht ist uns allen nicht gut bekommen.

Sicherlich erfüllte auch „Kanton“, wie ihn die Freunde nennen, wie so viele Millionen Menschen, die die grauenvollen Jahre des Krieges und der nationalsozialistischen Gewaltherrschaft überlebt hatten als am 8. Mai 1945 die Waffen schwiegen, hochgespannte Erwartung, dass nunmehr eine Zeit gekommen wäre, eine gerechtere Ordnung zu schaffen und die gesellschaftlichen und politischen Verhältnisse in Deutschland und der Welt von Grund auf neu zu gestalten. Nur allzu bald mussten wir trotz einiger hoffnungsvoller Ansätze eine gefährliche Enttäuschung und den Rückfall in Verhältnisse erleben, die eben erst zu Krieg und Barbarei geführt hatten. Schon die Zeit des kalten Krieges stellte viel von dem in Frage, was wir für den Aufbau einer besseren Welt erhofft hatten. Was wir aber fast allabendlich am Fernsehschirm sehen, die Greuel in Biafra oder Vietnam und in vielen anderen Ländern, lässt uns doch die Frage aufwerfen, ob Freud mit seiner Hypothese recht hatte, es gäbe einen naturhaften Zerstörungs-

---

[1] Sigmund Freud, Gesammelte Werke, Band 14: Das Unbehagen in der Kultur. London 1955.

trieb der Menschen. Wir würden unumstößlich psychologische Tatsachen übersehen, wenn wir die Ursachen nur in der unzureichenden politischen Bildung und in der mangelhaften Ordnung der Gesellschaft suchten. Haben wir uns schon ernsthaft mit dem auseinandergesetzt, was die Menschen erst dazu befähigen würde, diesen Zerstörungstrieb einzudämmen oder ihn in positiv-schöpferische Kräfte umzusetzen? Einflussreiche politische Kräfte haben es von jeher verstanden, sich der Mächte der Destruktion in ihrem Sinne zu bedienen. Sie haben es immer besser verstanden, die Gefühle der Menschen anzusprechen und in ihre Kanäle zu leiten, und basierten dabei auf Erfahrungen und Einsichten, die die fortschrittlichen Kräfte nicht zu sehen vermochten, weil sie Rationalität zu eng und damit falsch verstanden. Wenn wir darum wirklich die Welt verändern wollen, müssen wir nicht nur die sozialen und politischen Voraussetzungen dafür schaffen; vor allen Dingen stellt sich unübersehbar das Problem der Bewältigung der Aggressivität, der „Zähmung" des Individuums. Wenn es nicht gelingt, gleichzeitig auch die psychologischen Voraussetzungen hierfür zu schaffen, laufen wir Gefahr, dass, bei der gewaltigen Steigerung der Zerstörungsmittel, die Welt, die wir bessern wollen, vorher zugrunde geht. Wie in der großen Politik sehen wir dieses Problem im täglichen Leben auf uns zukommen, zum Beispiel in Form der Steigerung der Jugendkriminalität, der wachsenden Zerstörungswut an öffentlichem Eigentum (Telefonzellen, Einrichtung von Eisenbahnwagen u. a.).

Wir sehen – wenigstens im Ansatz – den Versuch, individuelle Aggression zu sublimieren: auf dem Gebiete des Strafrechts. Nicht mehr der Geschädigte selbst ist der Richter, der sich sofort rächen darf, sondern staatliche Einrichtungen als unbeteiligte Dritte verhängen nach Anhörung beider Seiten und nicht in der ersten Erregung die Strafe. Freilich ist auch unser Strafrecht noch in anderer Weise ein Mittel der Bewältigung aggressiver Kräfte; im Miterleben der Taten anderer. Mit der Verfolgung der Zeitungsberichte über Morde und Raubgeschichten können wir in der Empörung über die Taten anderer legitim unser Aggressionsbedürfnis abreagieren. In mancher Beziehung erfüllen auch Kriminalfilme und Kriminalromane diese Funktion. Hier wird Aggression auf den Verbrecher projiziert, und auch sonst versteht es der Staat, der durch viele Jahrhunderte seinen Bürgern nur ein Leben schwerster Arbeit und Ausbeutung bieten konnte, die nötigen „Ventile" zu öffnen, durch die aggressive Kräfte abfließen können, in Kriegen, Bürgerkriegen und Pogromen. Der Hass wird nach außen oder nach innen in bestimmter Richtung abgelenkt, vor allem auf wehrlose Minderheiten. Unter Individuen würde dieses freie Ausleben der Aggression, die individuelle Rache, die „Selbsthilfe" zur Auflösung jeder Gesellschaft führen. Darum müssten und müssen alle Mittel der Kultur aufgeboten werden, die zu einer Veränderung dieser Kräfte, zur Umwandlung der Menschen in wirklich sozial handelnde Wesen führen können. Einsicht und Appell an Liebe allein genügen hierfür nicht. Und was für die Beziehungen der Individuen untereinander gilt, gilt auch zwischen den Staaten.

Seltsamerweise wurde dies in einem mitten im Zweiten Weltkrieg – und noch dazu in Deutschland – erschienenen Buch mit aller Klarheit ausgesprochen: „Die Pazifisten haben sich niemals Gedanken darüber gemacht, wie sie die menschliche Energieform (die Leidenschaften), die im Kriege zum Ausdruck kommt, umwandeln können, um Kriege zu vermeiden. Mit anderen Worten: Der Krieg als Problem der psychischen Anpassung wurde bisher nicht behandelt.“[1]

Wie steht es heute in der menschlichen Gesellschaft? Wohin wir sehen, erblicken wir hemmungsloses Machtstreben, rücksichtsloses Verfolgen der eigenen Interessen, nicht nur zwischen den Staaten, sondern zwischen den Individuen und zwischen den einzelnen Gruppen innerhalb des Staates. Müssen wir dies als ein unabänderliches Fatum hinnehmen, oder gibt es Mittel, diese Entwicklung in eine andere Richtung zu lenken? Zunächst gehört dazu ein Verständnis dessen, was wirklich Aggression bedeutet. Der allgemeine Sprachgebrauch versteht hier immer nur etwas Zerstörerisches und Negatives. Damit ist jedoch der Begriff zu einseitig gesehen. Die Aggression ist ein Teil der menschlichen Natur, der ursprünglich der Selbsterhaltung diente und nicht von vornherein gut oder böse ist. Wenn dieser Trieb richtig beherrscht wird, kann er ebenso zu positiven Taten führen. Wie viele unserer Instinkte und Triebe ist er ein biologisches Erbteil unserer Abstammung aus dem Tierreich, ein Mittel, sich in seiner Umwelt zu behaupten, und für den Menschen deshalb ein lebenswichtiges Element.

Aber ganz im Gegensatz zum Tierreich erfolgt das Handeln des Menschen eben nicht „instinktiv“, d.h. als automatisch durch Reize ausgelöste und unwandelbare Reaktion. Gerade der – zum Glück geisteswissenschaftlich umfassend gebildete – Zoologe Adolf Portmann hat immer wieder vor einer mechanischen Übertragung als einem „verhängnisvollen Irrtum“ gewarnt. Viele Verhaltensforscher, die durch ihn angeregt wurden, übersehen nur zu gern diesen entscheidenden Punkt, dass an der Ausbildung des Menschen und seines Verhaltens Sozialkontakte (Nachahmung, Anregung durch einzelne wie durch Gruppen, Vorbilder), die Dynamik der menschlichen Beziehungen und die in ihnen reifende Fähigkeit zur Reflexion die richtungweisende Rolle spielen. Das, was wir gedankenlos die Natur des Menschen nennen, ist das Ergebnis einer langen, gesellschaftlich geprägten Entwicklung zur Umwandlung dieser Natur – Kultur ist die zweite Natur des Menschen geworden. Und das Bild vom Menschen, das

---

[1] W. Mühlmann, Krieg und Frieden. Ein Leitfaden der politischen Ethnologie. Heidelberg 1940.

als allgemeines Vorurteil Anspruch auf Wissenschaftlichkeit erhebt, ist doch erst der Niederschlag einer jahrhundertealten – teils unbewussten – teils eingeprügelten Anerziehung von Verhaltensweisen, die geprägt sind durch Gesellschaftsordnungen, für die der permanente Kampf aller gegen alle, als Konkurrenzkampf zum Leitbild erhoben, charakteristisches Merkmal ist. Unterdrückung und Ausbeutung haben gerade diesen Menschentyp geschaffen, den uns die Verhaltensforscher allzu oft als die „Menschennatur" einreden wollen. Die tiefen Einblicke der Psychoanalyse haben gerade dies als „Vorurteil" enthüllt. Der Mensch ist eben kein biologischer Trieb-Instinkt-Automat, er k a n n lernen, er k a n n erzogen werden, so schwer es ist, in Generationen erworbene Haltungen zu korrigieren.

So hat im Laufe der Zeit der Mensch gelernt, diese Aggressivität wenigstens teilweise durch Verschiebungs- und Hemmungsmechanismen so zu lenken, dass sie nicht Schaden anrichtet, sondern auch kulturschaffende Werke hervorbringt. Diese wertfreie Kraft kann positiv werden, wenn sie mit libidinösen Trieben verschmilzt. Der Verlauf der menschlichen Geschichte wird davon abhängen, wieweit es den Menschen gelingt, diese beiden Grundströmungen des unbewussten, ihre Lebensenergie mit Libido, d. h. mit dem Streben nach „Lust", Freude, Liebe, Verbundenheit zu amalgieren. Beim Individuum ist diese Zähmung in einem Jahrtausende währenden Prozess zum Teil gelungen; es weiß, dass es sich nicht mehr alles holen kann, was es braucht, und alles beseitigen, was ihm bei der Erfüllung seiner Wünsche im Wege steht – allerdings nur, wenn ihm durch die vorhin genannten „Ventile" die Möglichkeit gegeben wurde, „Dampf abzulassen". Auch was wir jeden Tag von den KZ-Prozessen lesen und hören, ist ein Beispiel dafür, dass bisher noch keine dauerhafte Lösung gefunden wurde, sondern dass der angestaute Ärger, die Unlust und die Lebensenttäuschung breiter Massen von Zeit zu Zeit immer wieder in Explosionen münden, deren sich Machthaber für ihre Zwecke bedienen können. Trotzdem müssen wir bei der Untersuchung davon ausgehen, dass, wie es dem Individuum gelingt, mit Aggressionen fertig zu werden, uns auch als Beispiel dient, wie es auf gesellschaftlichem Gebiet vielleicht einmal Wirklichkeit werden kann.

Der Mensch ist nicht von Natur aus ein soziales Wesen, sondern ist es in einem jahrtausende alten Entwicklungsprozess geworden, den jedes Kind in seinen ersten Lebensjahren noch einmal durchlaufen muss. Dabei wandeln sich die Erscheinungsformen der Aggressivität unter außerordentlich starkem äußerem Druck, wie er ständig vom engen Umgang der Menschen untereinander, zuerst vom Leben in der Familie, in der Schule und später in der Arbeitsstätte ausgeht und wie er durch den staatlichen Zwangsapparat und alle von ihm beherrschten Bildungs- und Erziehungseinrichtungen noch verstärkt wird. Keine angeborene

Moral würde das Kind in seiner Triebbefriedigung hindern. Die fehlende Einsicht erwirbt es durch Erfahrungen, sein Gewissen dadurch, dass es die Gebote der Gesellschaft verinnerlicht, wenn ihm Liebe und Geborgenheit im Elternhaus einen lebenswichtigen Ersatz für den Verzicht oder die Aufschiebung der Wünsche gewähren. So wird die Aggression allmählich im eigenen Kreise eingeschränkt, die „Selbsthilfe" verboten, die Identifizierung einer Gruppe untereinander in den Formen moralischer und religiöser Gebote so bewirkt, dass in Familie, Sippe, Stamm, Staat, Nation der Angriff gegen einen als Angriff gegen alle empfunden und damit die Aggression nach außen gewandt wird. Je größer die Gruppe ist, desto schwieriger wird diese Entwicklung, in der die Macht begrenzt werden und die Rechte des Einzelnen zur Anerkennung kommen sollen.

Die Soziologen sehen einen wesentlichen Zug unserer gesellschaftlichen Entwicklung in dem, was sie „cultural lag" nennen: Dem stürmischen Fortschreiten der intellektuellen Kräfte in Wissenschaft und Technik, zu einer immer weitergehenden Beherrschung der äußeren Natur, der Umwelt des Menschen führend, entspricht nicht das Tempo der Entwicklung seiner inneren Kräfte, der affektiven Befriedigung und seiner sozialen Moral. Sie bleiben hoffnungslos zurück, stürzen ihn in Unsicherheit, in Selbstentfremdung. Dies führt immer wieder zu einem Durchbruch der Aggressivkräfte in Massensituationen. Genügt es, diesen unbefriedigenden Zustand moralisch zu verurteilen oder ihn soziologisch zu analysieren?

Die Unsicherheit unserer Moralbegriffe können wir täglich bei der Beurteilung der KZ-Prozesse beobachten. Viele sind zwar bereit zuzugeben, dass Täter, die direkt grausame Handlungen begangen haben, bestraft werden müssen, doch bei der Beurteilung derjenigen, die diese Verbrechen angeordnet und ermöglicht haben, werden die Maßstäbe schon schwankend. Für die Menschheit insgesamt gibt es noch keine eindeutigen Kriterien für die Beurteilung sozialen Handelns. Wenn es gelingt, ein Kind dazu zu bringen, gewisse Dinge zu tun oder nicht zu tun und dabei anders zu handeln, als es eigentlich gern möchte, so wissen wir, einer liebevollen und vernünftigen Erziehung, die die Entstehung von Furcht und Hass vermeiden will, gelingt dies viel dauerhafter; nur so akzeptiert das Kind die erwünschten Verhaltensweisen innerlich. Was im engen Verhältnis Mutter und Kind einleuchtend erscheinen mag, ist in der Gesellschaft um so schwerer einsichtig zu machen, ist aber die Voraussetzung, um auch die Verinnerlichung sozialer und menschlicher Grundsätze zu bewirken. Die Menschheit ist ständig in der Gefahr, dass die Kräfte, die in Tausenden von Jahren eingedämmt wurden, wieder durchbrechen.

Die Psychoanalyse spricht hier von einer Regression in frühere Stadien. Der Verbrecher z. B. hat dieses höhere Stadium nie erreicht, er ist mit einem Teil seines Wesens im Primitiven steckengeblieben. Aber auch in höheren Bereichen geht es der Menschheit nicht viel besser. In den Beziehungen der Völker zueinander hat sich zwar das Völkerrecht entwickelt, aber es ist nur eine zeitweise Stabilität erreicht worden. Immer wieder dringen die destruktiven Tendenzen unter veränderten Bedingungen hervor, besonders in Massensituationen, werden ausgelöst durch die Interessen von Machtgruppen, die für die Massen nicht zu durchschauen sind, führen zu Zerstörung und Vernichtung. Im Ernstfall gilt die Moral nur für die Schwachen, nicht für die Mächtigen in Staat und Gesellschaft, die die Aggression der Massen nach außen oder gegen Minoritäten ableiten. So ist aber keine dauerhafte Neutralisierung der Aggression möglich. Der Hass, der nur auf einen anderen projiziert wird, kann wohl zu einem Bindemittel nach innen werden, er muss aber ständig reproduziert werden, er braucht Verbrecher und die Verteufelung anderer Menschengruppen, sonst würden die aggressiven Kräfte sich wieder gegen die Ordnung im Inneren wenden.

Kultur als Sublimierung

Aggression ist in ihrem Ausmaß und in ihrer Richtung abhängig von gesellschaftlichen und sozialen Voraussetzungen, sie ist aber ein Urtrieb, der in wechselnder Form und Stärke das menschliche Leben beherrscht, sowohl zur Anarchie, zum Kampf aller gegen alle, wie auch allmählich durch seine Verbindung mit der Libido, durch affektive Befriedigung und Einsicht zu positiver und sozial nützlicher Aktivität führen kann. Diese Umwandlung der Aggressivität in dynamische Kräfte für die Gesellschaft ist aber kein stetiger Prozess, immer wieder machen Rückfälle das erreichte Stadium der Sublimierung, die bewusste Beherrschung der Triebe zunichte.

Die Erkenntnis dieses Vorgangs, d. h., die Anerkennung der unbewussten Triebkräfte und ihrer möglichen Lenkung durch die Vernunft, ist die Aufgabe der Wissenschaft wie der Erziehung, die ihre Erkenntnisse anwendet. Der Mensch muss um seine eigenen Triebkräfte wissen, um sie beherrschen zu können. Das Wissen um sie ist ebenso wichtig wie das über die Umwelt. Kultur und Sublimierung sind deshalb weitgehend identische Begriffe. Bisher ist es nicht gelungen, das im unbewussten verbliebene Potential an Aggressivität in genügendem Maße und auf die Dauer zu binden. Für viele war der Ausbruch in den dreißiger Jahren, der Rückfall in die Barbarei, etwas völlig Unerklärliches, und Freud glaubte deshalb an einen Destruktionstrieb, der den Menschen immer wieder zur Selbstzerstörung und Selbstvernichtung führt. Ist dieser wirklich ein Teil seiner Natur, oder ist er nur eine Erscheinungsform der Aggression unter bestimmten kulturellen Bedingungen? Auf Jahrtausende hinaus war die Entwicklung der menschlichen Gesellschaft nur so möglich, dass ein Teil der Menschheit dem anderen das wegnahm, was er benötigte, um leben zu können, dass er die anderen sich unterwarf und für sich arbeiten ließ. Dabei wurden naturhafte aggressive Kräfte in der Arbeit gebunden und allmählich sublimiert. Die gleiche Grundkraft, die im Menschen wertneutral angelegt ist und ihn zu aggressivem Handeln treibt, wird zum Sadismus, wenn ihm auch ein Minimum an libidinöser Befriedigung versagt bleibt. Sie macht den einen zum Mörder, kann in nützlichen Berufen unter individuell wie sozial verschiedenen Positionen, wie z. B. beim Metzger, ausgelebt, unbewusst auf sozial höherer Stufe, z. B. in der Tätigkeit des Chirurgen, sublimiert werden. Alle Berufe, die zu einer „Herrschaft" über andere Menschen führen, selbst beim Juristen und Lehrer, werden aus unbewussten Motiven gewählt, die in der gleichen Kraft wurzeln, die ebenso zu höchst negativen Erscheinungen führen wie auch gewandelt und sozial nutzbar gemacht werden können. Aggression heißt ursprünglich nur „Angreifen" im Sinne von anpacken, bewältigen, realisieren. Den negativen Sinn bekommt sie nur unter Bedingungen, die einem großen Teil der Menschheit unendlich mehr Leid und Versagung als Lebensglück und Lebensfreude gewähren. Es kommt also sehr stark darauf an, wie die Gesellschaft organisiert ist, wie stark die Kräfte der Vernunft in ihr sich auswirken können, um die Richtung der Aggressivität zu bestimmen.

In aller bisherigen Geschichte blieb ein Reservoir aggressiver Bestrebungen. Unter dem Druck der Gesellschaft wurden sie verdrängt, damit aber noch nicht eliminiert. Wo die Kräfte, die die Verdrängung bewirken, aus irgendeinem Grunde schwach werden, brechen sie mit Gewalt wieder durch, z. B. wenn die Staatsgewalt nach einem verlorenen Krieg oder durch Krisen desorganisiert ist. Dann tritt eine dem Dammbruch vergleichbare Situation ein, und der Aggressionsüberschuss erscheint als Destruktionstrieb für die einen, als Motor der Geschichte für die anderen.

Herrschaft oder Erziehung

Überlegen wir noch einmal, wie die herrschenden Kräfte einer solchen Situation bisher begegnet sind. Sie haben diese Kräfte im Kampf gegen die Außenwelt zur Durchsetzung ihrer Ziele benutzt. Sie haben durch eine ungeheure Arbeitsleistung diese Kräfte zur Verwandlung der Erde, zur Nutzbarmachung und Beherrschung der Naturkräfte verwendet. Oft wurde die hemmungslose Aggression mit einer ideellen Zielsetzung verschleiert. Die Problematik besteht heute aber gerade darin, dass innerhalb der zivilisierten Welt ein Krieg ein derartiges Risiko in sich trägt und die Zerstörungswaffen so mächtig geworden sind, dass kein auch nur halbwegs verantwortungsbewusster Staatsmann es wagen kann, diesen Ausweg zu gehen. Auch die Umlenkung in Arbeitsleistung hat nicht mehr die gleiche Wirkung wie früher. Sie wird für die überwältigende Mehrheit durch Mechanisierung, Automatisierung, höchste Arbeitsteiligkeit immer seelenloser, unbefriedigender auf der einen und durch die Hilfsmittel der Technik immer kürzer und weniger kräfteverbrauchend auf der anderen Seite. Dabei kommen sowohl die libidinösen wie die aggressiven Kräfte zu kurz. Der Arbeitsprozess ist streng rationalisiert, die affektiven Kräfte werden dabei nicht benötigt. Unter solchen Umständen besteht die Gefahr, dass die hierfür nicht mehr benötigte Aggression sich gegen den Menschen selbst wendet, dass er neurotisch erkrankt und depressiv wird. Die verdrängten Kräfte führen zu funktionellen Störungen und psychosomatischen Erkrankungen.

Sind die Triebkräfte so stark, dass sie dem wachsenden Verdrängungsdruck noch Widerstand leisten, so können die inneren Störungen nur durch Projektion auf Objekte der Außenwelt bewältigt werden. Die Aggression entlädt sich im Hass gegen Andersartige, sie wird legitimiert, indem der andere verteufelt und mit all den Eigenschaften ausgestattet wird, die man an sich selbst für unerwünscht und gefährlich hält. Sehr viel davon schwingt auch in der Entrüstung über verbrecherische Taten mit. Man wird mit eigenen inneren Problemen und verbrecherischen Wünschen eher fertig, wenn man sich über andere, denen diese Bewältigung schlechter gelingt, entrüstet und nunmehr legitim seine Aggression durch die Forderung nach strengeren Bestrafungen der Asozialen loswerden kann. Doch ist auch dies eine Form der seelischen Erkrankung, bei der die innere und äußere Wirklichkeit verfälscht wird.

Im Völker- und Rassenhass, in Kriegen, die in regelmäßigen Abständen die Welt heimsuchten, konnte ein großer Teil der aggressiven Elemente sich ausleben oder gegenseitig vernichten. In Friedenszeiten fanden viele einen Ausweg dadurch, dass sie in die Kolonien gingen, wo sie sich lange Zeit ungestraft an den als minderwertig deklassierten Bewohnern austoben konnten. Dies ist heute, wie wir gesehen haben, für Europa zumindest, nicht mehr so ohne weiteres möglich.

Zwar werden immer noch durch die modernen Produktionsmethoden, durch die Steigerung des Arbeitstempos große aggressive Energien gebunden, da die Arbeit aber keine Befriedigung gewährt, wird die Disposition zu asozialen Entwicklungen erhöht. Wo noch individuelle oder soziale Benachteiligungen und Diskriminierungen zusätzlich dazukommen, z. B. bei dem Fehlen einer echten Familiensituation, bei unehelichen Kindern, Kindern aus geschiedenen und gestörten Ehen, bei diskriminierten Gruppen, wo ungelernte oder nur angelernte Arbeiter an ihrer minderen sozialen Stellung leiden, wird die Tendenz zu Destruktivität gestärkt. Der Mensch wird unfähig, echte Beziehungen zu anderen Menschen herzustellen, er glaubt allein an die Kraft, deren Erfolge er so oft im Leben sieht, an die rücksichtslose Selbstbehauptung des „catch as catch can".

Der mangelnde „Status" muss solche Wirkungen nicht haben; das Klassenbewusstsein des Arbeiters in früheren Jahrzehnten war ein wirksames Gegenmittel, in dem die Aggressivität im Aufbau politischer Gegenkräfte mit dem Ziel einer besseren Zukunft gebunden wurde. Rassische und religiöse Minoritäten können ein sehr starkes Selbstbewusstsein entwickeln, wobei große Opfer und gewaltige Leistungen mit Begeisterung erbracht werden. Ein Beispiel dafür ist der Zionismus, die nationale jüdische Bewegung, im Aufbau des Staates Israel, aber auch der Kampf der Neger in den Vereinigten Staaten um ihre Bürgerrechte. Mangelnde affektive Befriedigung und soziale Kränkung führen nur dann zu Hass und Verlust des Selbstbewusstseins, wenn es nicht gelingt, sie in Begeisterung und Aktivität für soziale und nationale Ziele umzusetzen. Es ist also kein unentrinnbarer Prozess, der uns durch die Entwicklung der Technik und der politischen Gegebenheiten aufgezwungen ist. Wie diese Beispiele zeigen, kann ihm begegnet werden durch positive Zielsetzungen, „Perspektiven" in der Erziehung und in der Gesellschaft überhaupt. Die Erziehungsversuche bedeutender Pädagogen haben gezeigt, dass es möglich ist, selbst außerordentlich stark verwahrloste und aggressive Jugendliche zu sozialen Leistungen zu befähigen. Das große Beispiel hierfür ist August Aichhorns Versuch in einem Erziehungsheim der Stadt Wien. Aber auch mit anderen Methoden wurden erfolgreiche Erziehungsversuche in vielen Ländern, z. B. in Makarenkos Gorki-Kolonie, gemacht. Allerdings hat dies einige Voraussetzungen. Es ist sehr leicht, diese Versuche damit abzutun, dass es hier eben geniale Persönlichkeiten, geborene Erzieher waren, die diese Erfolge erzielten. Sicherlich sind es immer geniale Persönlichkeiten, die einen neuen Weg begehen, das heißt aber nicht, dass nicht gerade aufgrund dieser Erfahrungen Methoden entwickelt werden können, die von jedem befähigten und gut ausgebildeten Erzieher erlernt werden könnten. Gerade die Kenntnis der Tiefenpsychologie ist hier ein wertvolles Hilfsmittel, dessen wirkliche Bedeutung nicht in der Heilung seelisch Erkrankter allein liegt, sondern in der Entwicklung von Erziehungsmethoden, die seelischen Fehlentwicklungen vorbeugen und die zur Beherrschung der dynamischen Kräfte der menschlichen Seele, zu einer Stärkung des Ichs, der Vernunft und des sozialen Überichs führen.

Um dies jedoch zu erreichen, muss auf die Anwendung von Zwang und Gewalt in der Erziehung verzichtet werden. Ohne „Übertragung", die Entstehung libidinöser Beziehungen zwischen Erzieher und Erzogenem, kann dies nicht gelingen. Das Erlebnis der Liebe ist das wichtigste Mittel gegen die affektive Unterernährung. Mit Zwang werden Symptome unterdrückt, aber zugleich neue erzeugt. Aber diese persönliche Beziehung muss zur Begeisterung für soziale, kulturelle Ziele, die enge Bindung zur Stärkung des Ichs mittels Selbstverwaltung und Selbstbestimmung benutzt werden.

Dies aber setzt Erziehung der Erzieher voraus, auch sie leben ja in der heutigen Welt, in der Liebe und Verständnis nicht groß geschrieben werden. Sie entwickeln sich nur auf dem Boden einer gesellschaftlichen Ordnung, die die Freiheit von Furcht und Not gewährleistet. Die menschliche Gesellschaft steht heute an einem Wendepunkt. Die Beseitigung der Not ist ein Problem, das technisch schon heute für große Schichten realisierbar wäre. Die Freiheit von Furcht vor Unterdrückung, Herrschaft und Ausbeutung würde aber damit eines Tages auch möglich werden. Werden aber Menschen ohne Zwang arbeiten und die Interessen der anderen respektieren? Gerade die von mir erwähnten Erziehungsversuche haben gezeigt, dass sich die Erziehung zur Selbstverwaltung und Solidarität als ein hervorragendes Mittel bewährt, die auf die Dauer jegliche Anwendung von Zwang und Strafe überflüssig macht. Wenn wir uns die Erfahrungen und Einsichten moderner Pädagogik und Psychologie zunutze machen, können die gleichen Kräfte, die in Krieg, Kriminalität und Zerstörung heute ihre perverse Befriedigung finden, auf positive soziale Aufgaben und Ideen gelenkt werden. Auch hier findet eine Umwandlung der Aggression auf dem Wege der Projektion statt. Aber sie hat eine gänzlich andere Auswirkung, sofern sie das Bedürfnis des Menschen nach Anerkennung, Liebe und Begeisterung befriedigt. Wie diese Bedürfnisse oft als Ansporn für große Leistungen im Kriege missbraucht wurden, so können sie nun Antriebskräfte des gesellschaftlichen, nicht nur technisch-wirtschaftlichen Fortschritts werden. Die persönliche Bindung des einzelnen an die Probleme des Betriebes und der Gemeinschaft kann in unserer arbeitsteiligen und immer mehr automatisierten Wirtschaftsgesellschaft nur dadurch erreicht werden, dass Eigeninteresse und Gemeininteresse zusammenfallen, dass die Gesellschaft selbst auf einer solidarischen Grundlage organisiert wird, die die Konkurrenz des Gegeneinander – aber nicht den Wettbewerb des Miteinander – ausschließt. Dass der Mensch nicht vom Brot allein lebt, beweist unsere Wohlstandsgesellschaft immer wieder.

Das „Böse"

Ein Buch, das vor einigen Jahren großes Aufsehen erregt hat und das sich mit diesen Problemen beschäftigt („Das sogenannte Böse" von Konrad Lorenz, bezeichnenderweise von einem Zoologen und Verhaltensforscher), kommt zu dem Ergebnis, dass die Änderung der Lebensbedingungen so schnell und so umwälzend erfolgt ist, dass die instinktive Anpassungsfähigkeit des Menschen ihr nicht folgen kann. Die bisherigen Ausleseprinzipien funktionieren nicht mehr. Das menschliche Denken, das durch die Möglichkeit der Akkumulierung und

Weitergabe menschlichen Wissens so gewaltige Leistungen auf dem Gebiet der Wissenschaft und Technik erzeugt, führt in einer vom Konkurrenzprinzip beherrschten Gesellschaft zu Missbrauch und Unverantwortlichkeit, zur Ausbeutung und Unterdrückung. „Er nennts Vernunft und brauchts allein, nur tierischer als jedes Tier zu sein“ (Faust, II. Teil). Hierzu sagt wiederum Portmann: „Gerade hier muss der Zoologe in aller Offenheit auf eine klare Grenze hinweisen. Dieses Böse, dieses Grauenhafte ist kein tierischer Rest, der beim unmerklichen Übergang eben mitgekommen wäre. Hier ist eine scharfe Grenze – dieses Böse, es gehört ganz diesseits der Grenze zum richtig Menschlichen. Das ist Menschenwerk, für das es keine Herleitung aus Tierhaftem gibt. Wer nach den Grenzen von Tier und Mensch und damit nach der Erkenntnis unserer Eigenart forscht, muss wissen, dass er das Böse ganz und gar in unsere Menschenwelt einzuordnen hat. Er muss die Schwere der Aufgabe voll erkennen, die uns mit dieser Tatsache gestellt ist“ (Grenze des Lebens, S. 68). Und Lorenz betont in dem obengenannten Buch, dass dem Menschen in grauer Vorzeit ein Maß von Aggressivität angezüchtet wurde, für das in heutiger Gesellschaft kein adäquates Ventil gegeben ist. Niemals zuvor gab es so rapide Veränderungen. Die erforderlichen Anpassungsleistungen haben die kritische Vernunft der Individuen wie ihre gesellschaftliche Organisation überfordert. Wie immer gibt es in der menschlichen Geschichte zwei Wege. Der bequemere ist der der regressiven Anpassung, das Erleiden des Schicksals (keine Experimente!), die Flucht vor der Verantwortung, die Nichtansprechbarkeit für progressive Lösungen, das Widerstreben jeder kritischen Durchdringung. Der rasch erreichbare Lustgewinn wird vorgezogen und damit doch nur steigende Unlust, ein pathologischer Zustand für den einzelnen wie für die Gesellschaft erreicht. Dies kann zu neuen Katastrophen führen – aber es muss dies nicht. Der Druck kann auch zur Umgestaltung unserer Gesellschaft führen, wenn die progressiven Kräfte nicht in den alten Fehler verfallen, die Aktivierung der seelischen Energien dem Gegner zu überlassen. Die Bewältigung der aggressiven Kräfte, die im Selbstbehauptungskampf des einzelnen und der Gesellschaft entbehrlich wurden, heute in hemmungslosem Machtstreben, Selbstsucht, in sinnlosen Intrigen und Gehässigkeiten aller gegen alle ihren Ausweg suchen, ist das zentrale Problem unserer Zeit. Auch Lorenz weiß uns nur solche Mittel der Abreaktion zu nennen, die allein kaum ausreichen. Er weist auf die Bedeutung des Sportes, des Humors, einer sinnvollen Gestaltung der Freizeit und auf die Umsetzung in positive Leistungen auf den Gebieten der Kunst, der Wissenschaft, der Begeisterung für ideale Werte hin, und zugleich auf die Notwendigkeit der Erziehung zur Skepsis gegen deren Missbrauch. Wie sich dies in einer Welt immer härter werdenden Konkurrenzkampfes erreichen lässt, vermag er allerdings nicht zu sagen.

Soviel steht fest: Die Aggression kann nicht unterdrückt, nicht „abgebaut“ werden, aber durch die Entwicklung neuer, besserer Methoden in der Erziehung, durch Triebbefreiung und Schaffung eines affektiv befriedigenden Klimas kann sie der Entwicklung des Menschen und der Menschheit nutzbar gemacht werden. Gekonnte Aggressivität nennt es Lorenz, ihre Beherrschung durch Erziehung aber wirft die Frage auf, wer erzieht und wer bestimmt die Erziehung. Weder Psychologie noch Pädagogik, noch Soziologie allein kann den Menschen befähigen, dieses Problem zu lösen. Nur die Verbindung aller Teilwissenschaften in einer neuen Wissenschaft vom Menschen kann diejenigen Kräfte, die einen Ausweg aus der pathologischen Situation unserer Zeit suchen, befähigen, den Weg zu gehen, der zu neuen Formen des Zusammenlebens führt. Theoretisch ist die Frage, wie es möglich ist, Aggression zu bändigen, zu lösen, das Problem der Verwirklichung dieser Kenntnisse aber bleibt. Die Menschen müssen lernen, ihre Aggressivität, ebenso wie ihre Sexualität, fruchtbar auszuleben. Das bedeutet Beherrschung des Erziehungsprozesses durch tiefenpsychologisch fundierte Pädagogik vom Kleinkind an, es bedeutet Beherrschung des gesellschaftlichen Prozesses durch richtige Politik. Alle sozialen Veränderungen mussten bisher gegen große Widerstände durchgeführt werden. Man muss deshalb wissen, dass man nicht mit utopischen Forderungen beginnen kann und dass nur ein schrittweises Vorankommen möglich ist. Gefährlich allein ist die Resignation. Bisher ist die Menschheit erst in einem Durchgangsstadium zum wirklichen Menschsein. Sie wird lernen müssen, dass Aggression nicht eine zerstörerische Kraft sein muss, dass sie dies nur unter Bedingungen und Verhältnissen ist, die Menschen geschaffen haben und deshalb auch wieder verändern können. Das Wissen darum wird uns die Kraft geben, auch die gesellschaftlichen Voraussetzungen zu schaffen, um Aggression nicht zur hemmungslosen Destruktion der Gesellschaft werden zu lassen, sondern mittels ihrer in positiver Aktivität ein neues Stadium der menschlichen Entwicklung zu erreichen. Das richtige Bewusstsein muss gewaltige affektive Kräfte mobilisieren, um der Aggression diese Richtung zu geben, damit aus dem Gewalt-Antun „Bewältigung“, aus dem Beherrschen von Menschen und Naturkräften die Beherrschung der menschlichen Natur werden, eine neue, bessere Ordnung der Gesellschaft, eine Welt des friedlichen Wettstreits statt ihrer Zerstörung hervorgehen kann.

Angesichts des ungeheuren Missbrauchs aller Ideale sind Kritik und Skepsis gewiss angebracht. Aber eine neue Welt wird nur geboren aus der Kraft der Utopie, aus Hoffnung und Begeisterung. Unsere Jugend glaubt wieder, durch alle Irrungen und Wirrungen hindurch, an Worte wie die von Herbert Marcuse: „Wo sind die Kräfte, wo sind die Möglichkeiten für eine Gegentendenz? Ich glaube, dass die objektiven Kräfte vorhanden sind ... die subjektiven ... sind im

Augenblick nicht zu identifizieren. Es gibt keine Massenpartei, keine Massenorganisation, auf die man als Träger der neuen humanisierenden Tendenzen hinweisen könnte. Es gibt aber überall ... Individuen und kleine Gruppen, die das falsche Bewusstsein des Fortschritts und der Prosperität bereits durchbrochen haben und daran arbeiten, auch anderen zum Durchbruch zu verhelfen."

„Der Traum war es wert, geträumt zu werden" – schreibt Alfred Kantorowicz 1967 im Vorwort zu seinem Buch „Im 2. Drittel unseres Jahrhunderts".

Das Missverhältnis zwischen dem Erstrebten und dem persönlichen Einsatz dafür – und dem Erreichten, das durch alle „Illusionen, Irrtümer, Widersprüche und Einsichten" – so der Untertitel dieses Buches – hindurch dem Erträumten so wenig entspricht, das erdrückende Gewicht der Niederlagen und Enttäuschungen kann gewiss das Gefühl aufkommen lassen, ein „Gescheiterter und Geschlagener" zu sein. Aber es ist keine lähmende Resignation. Denn er weiß und sagt es, dass auch „misslungene Experimente" zählen – und dass nicht alles vergeblich war. Der Traum war nicht nur wert, geträumt zu werden, er ist auch wert, dass eine neue Generation wieder beginnt, mit misslingenden und einst besser gelingenden Experimenten auf neuen Wegen sie in die Wirklichkeit umzusetzen.

(1969)

„Sozialpolitik ist die beste Kriminalpolitik"

Zur Denkschrift der Arbeiterwohlfahrt

„Vorschläge für ein erweitertes Jugendhilferecht"

„Vorbeugen ist besser als heilen!" Der Satz ist in der Medizin seit langem zum Gemeinplatz geworden, in der Sozialpolitik ist seine Verwirklichung ein Hauptanliegen moderner Sozialreform. Die Konjunkturpolitik unserer Zeit ist auf ihm aufgebaut. Dieser Satz stellte der viel zu früh verstorbene Generalstaatsanwalt Fritz Bauer an den Anfang seiner Darstellung der Theorien der Verbrechensbekämpfung[1]. Er verwies auch auf das vielzitierte Wort des Strafrechtswissenschaftlers Franz v. Liszt, das die Überschrift dieser Abhandlung bildet und auf die kritische Äußerung des Vorkämpfers für eine Humanisierung des Strafrechts und früheren sozialdemokratischen Justizministers Gustav Radbruch, es sei des Strafrechts fragwürdige Aufgabe, gegen den Verbrecher nachzuholen, was die Sozialpolitik für ihn versäumt habe[2].

Solche Erwägungen waren es, die den Vorstand des Bundesverbandes der Arbeiterwohlfahrt veranlassten – angesichts des rapiden Wachstums der Zahl minderjähriger Straffälliger[3], vor allem angesichts der Feststellung, dass immer jüngere Jahrgänge davon betroffen werden und dass sich in 15 Jahren die Zahl der Kinder unter 14 Jahren, gegen die die Kriminalpolitik ermittelt hat, verdreifachte –, eine Kommission zu beauftragen, sich mit einer gründlichen Revision des gesamten Jugendhilferechts unter Einschluss des bisherigen Jugendstrafrechts, zu befassen. Hierüber berichtet die Vorsitzende dieser Kommission, Dr. Christa Hasenclever[4].

Dass dissoziale wie neurotische Fehlentwicklungen rapid zunehmen, dass sich das Ausmaß an Gewalttätigkeit und Bindungslosigkeit bei Teilen der jüngeren Generation steigert, sind Erscheinungen, die in allen hochindustrialisierten Staaten zu beobachten sind und mit der Entwicklung der Gesellschaftsstruktur in einem direkten Zusammenhang stehen.

Sie sind ein Ausdruck der Entfremdung vieler Jugendlicher von überholten gesellschaftlichen Lebensordnungen und Wertvorstellungen. In solchen Zeiten ertönt sehr schnell der Ruf nach strengerem und hartem „Durchgreifen" und

---

[1] Fritz Bauer, Das Verbrechen und die Gesellschaft. München-Basel 1957, S. 134.

[2] Gustav Radbruch, Einführung in die Rechtswissenschaft. Leipzig 1929, S. 105.

[3] Siehe Tabelle.

[4] Vgl. S. 257 ff. dieses Heftes.

es ist bedrückend, dass er nicht nur von den Verteidigern alter Machtstrukturen erhoben wird.

Jahr:	1963	1964	Gegenüber Vorjahr	1965	1966	1967	1968
Kinder unter 14 Jahren	40.873	47.420	+16%	49.0335 +3,4%	51.995 +6%	55.181 +5,9%	60.945 +6,3%
Jugendl. 15-18 J.	72.343	80.302	+11%	84.244 +4,9%	98.081 +16,4%	108.368 +10,5%	120.834 +12,3%
Heranwachsende 19-21 J.	83.944	77.694	-8%	76.649 -1,2%	87.212 +13%	96.197 +10,8%	104.993 +10.7%
Minderjährige insgesamt	197.160	205.416	+4%	209.928 +2,2%	237.288 +10,3%	254.746 +9,6%	286.772 +10,3%
Anteil an allen ermittelten Tätern	23%	23,6%		24,4%	25,9%	26,8%	29,30%

Die Zahl der Minderjährigen, die als Täter ermittelt wurden, stieg in 6 Jahren von 197.000 auf 287.000, mithin um 46%! Ihr Anteil an der Gesamtzahl der ermittelten Täter stieg von 23 auf 30%. Dabei steigt der Anteil der Kinder absolut um 50%, relativ von 4,8 auf 6,8% und der der Jugendlichen absolut um 60%, relativ von 8,4 auf 12,3%.

Quelle: Statistik des Bundeskriminalamts

Warum sich die Gewerkschaften mit dem Problem befassen müssen

Leider besteht gerade auch in großen Teilen der Arbeiterschaft Verständnislosigkeit, wenn nicht Ablehnung, gegenüber allen Bemühungen, an dieses Problem – im Geist der obersten Prinzipien unseres Grundgesetzes – mit Methoden heranzugehen, die den Anspruch jedes noch so jungen Menschen, auf freie Entfaltung seiner Persönlichkeit und Menschenwürde, sein Recht auf Hilfe und Erziehung ernst nehmen.

Dabei handelt es sich doch ganz überwiegend um ihre Kinder; gewiss, auch die Kinder anderer Schichten unterliegen der gleichen Entwicklung, aber deren Eltern finden meist andere Wege, sie den behördlichen und gerichtlichen Maßnahmen zu entziehen. Um so bedrückender war die Feststellung auf einer Tagung, die sich mit diesen Problemen beschäftigte, dass die Bereitschaft, jungen Menschen mit Vorstrafen durch Eingliederung in den Arbeitsprozess zur Resozialisierung zu verhelfen, bei modernen Arbeitgebern oft eher zu erwecken ist, als bei den sich sträubenden Arbeitskollegen und deren betrieblichen und gewerkschaftlichen Organen. Es scheint deshalb notwendig, dass auch die gewerkschaftliche Bildungsarbeit sich mit diesen Problemen befasst, alte Vorurteile bei ihren Mitgliedern, Funktionären und Betriebsräten überwinden hilft und der Auffassung zum Durchbruch verhilft, dass „nicht die verwahrloste Jugend die Gesellschaft bedroht, sondern die Gesellschaft die Jugend mit Verwahrlosung".

Gerade die organisierte Arbeitnehmerschaft muss im Bilde sein (in einem ganz anderen „Bild" als dem, aus dem sie jetzt die Bestätigung emotionaler Vourteile erhält), was Erfahrung und Wissenschaft – als verarbeitete, vielseitig und vielfältig erprobte Erfahrung – zur Bewältigung dieser Probleme zu sagen haben. Wir haben deshalb dankbar begrüßt, dass die Gewerkschaftlichen Monatshefte bereit waren, eine Ausgabe dieser Thematik zu widmen.

Sinnlosigkeit des Strafvollzugs

Schon vor 70 Jahren hat Franz v. Liszt hervorgehoben, dass mit jeder neuen Verurteilung ein Jugendlicher erst recht auf den Weg der Kriminalität gestoßen wird und dass der Rückfall um so rascher erfolge, je härter die Vorstrafe nach Art und Maß gewesen sei. Er folgerte daraus, was jeder unbefangene Beobachter leicht feststellen kann, dass, wenn man einen Jugendlichen laufen ließe, die Wahrscheinlichkeit, dass er wieder straffällig wird, geringer ist, als wenn man ihn bestraft und dass damit der völlige Bankrott und Zusammenbruch der Strafrechtspflege dargetan sei[1]. Und mit Nachdruck lehnte er es ab, von einem

---

1 Franz v. Liszt, Die Kriminalität der Jugend, in: Strafrechtliche Aufsätze und Vorträge. Berlin 1905, Bd. 2.

Verschulden der Eltern und der Kinder zu sprechen: „Liegt hier nicht die Schuld an der Gesellschaft, in welcher solche Zustände möglich sind ...", er forderte staatliche Fürsorge und Übernahme der Kosten der Erziehung vor der ersten Straftat und so früh wie möglich, und lehnte jede Verbindung von Strafe und Erziehung ab als „eine Halbheit, die im Einzelfalle sicher keinen Nutzen, wahrscheinlich aber schweren Schaden bringt"[1].

Alle Reformbemühungen im Kaiserreich, in der Weimarer Republik und in der Bundesrepublik – vom Rückfall im Dritten Reich ganz zu schweigen – haben bisher nicht vermocht, die zähe Barriere des Vorurteils vom Glauben an das angeborene Böse, von der Schuld des Fehlenden und der Pflicht zur vergeltenden Sühne zu durchbrechen und diesen Ideen eines fortschrittlichen Liberalen und vieler anderer zur Verwirklichung in der Gesetzgebung und in der Praxis der Jugendhilfe zu verhelfen; obwohl inzwischen die Entfaltung der Wissenschaften vom Menschen, Soziologie und Tiefenpsychologie vor allem, die Richtigkeit der Ansichten bestätigt und uns ein viel besseres Verständnis über die Entstehungsbedingungen aller Formen jugendlicher Fehlentwicklung vermittelt hat, als vor vielen Jahrzehnten vorstellbar war.

Jugendhilfe statt Strafe

Die Denkschrift der Arbeiterwohlfahrt hat sich deshalb auch nicht damit begnügt, Vorschläge für einzelne Verbesserungen des geltenden Jugendgerichtsgesetzes und des Jugendwohlfahrtsrechtes zu machen. Sie läuft auf eine grundsätzliche Neuorientierung unter einem einzigen Gesichtspunkt – dem der Erziehung – hinaus und steht auf dem Boden einer rationalen, auf die Ergebnisse der modernen Wissenschaft sich stützenden Behandlung des Problems – außerhalb des Strafrechtsdenkens mit dem Vorrang der Vergeltung und Abschreckung, das die Probleme der Jugendkriminalität und Jugendverwahrlosung nicht bewältigen kann und ebenso inhumanen wie erfolglosen Methoden im Strafvollzug geführt hat.

Die Jugendrechtskommission der Arbeiterwohlfahrt schlägt deshalb vor, das Jugendstrafrecht in einem einheitlichen Jugendhilferecht aufgehen zu lassen, Vormundschaftsgericht und Jugend(straf)gericht in einem gemeinsamen neuen Jugendgericht zusammenzufassen und die Ausführung aller von diesen angeordneten Erziehungshilfen den Jugendbehörden, Bezirks- und Landesjugendämtern, zu übertragen. Eine Ausnahme soll nur gelten bei SchwerstKriminalität (z. B. Mord) von über 18-Jährigen, für die besondere Jugendkammern der allgemeinen Strafgerichte zuständig sein müssten. Hier allein wird es noch Strafe und Strafvollzug geben, wenn auch der Vollzug für junge Menschen in

---

[1] Strafrechtliche Aufsätze und Vorträge, Bd. 1, S. 450, 543, 440.

eigenen Jugendstrafanstalten erzieherisch gestaltet werden soll. Diese Konzession wird manchem als inkonsequent erscheinen, doch scheint trotz dem erfreulichen Wandel in den letzten Jahren, die öffentliche Meinung, die sich gerade bei solchen, an sich seltenen Straftaten, emotional und irrational erregt, für eine weitergehende Lösung nicht reif. In allen übrigen Fällen soll bei Verfehlungen von jungen Menschen, die bei der Begehung das 21. Lebensjahr noch nicht vollendet haben, nur Erziehungshilfe angeordnet werden können, die auch, ohne [dass] Verstöße gegen strafrechtliche Bestimmungen vorliegen, bei Fehlentwicklungen und Erziehungsnotständen zwischen den Eltern und den Jugendämtern freiwillig vereinbart und in der Regel ohne deren Kostenbeteiligung gewährt werden kann.

Überhaupt ist davon auszugehen, dass dissoziales Verhalten von Minderjährigen als Gefährdung und Schädigung ihrer Entwicklung – aufgrund fehlender, falscher oder mangelhafter Erziehung – anzusehen ist; das Anlass für Erziehungsbeihilfen zur Beseitigung der Fehlentwicklung gibt. Ob dieses sich nun in Verwahrlosungserscheinungen äußert oder in strafbaren Handlungen. In pädagogisch-psychologischer Sicht sind beide nur Symptome für einen Erziehungsnotstand, der sachverständige Hilfe zu einer Behebung erforderlich macht.

Das Recht vieler anderer Staaten geht deshalb seit langem schon von dem einheitlichen Begriff der Jugend-Delinquenz (Fehlverhalten) aus und hat dafür ein gemeinsames Gerichtsverfahren und gleiche Formen der Behandlung.

Das Jugendgericht

Das neue Jugendgericht soll aus einem Richter, der durch eine sozialpädagogisch-psychologische Zusatzausbildung fachlich qualifiziert ist und – in allen gewichtigeren Fällen – aus zwei gleichwertig ausgebildeten ehrenamtlichen Beisitzern bestehen. Da es pädagogischen Grundsätzen widerspricht, Erziehungshilfen durch Zwang zu bewirken, soll nach Möglichkeit der Weg einer Vereinbarung der Eltern mit dem Jugendamt beschritten werden. Die Entscheidung des Jugendgerichts, das sich als Erziehungsgericht versteht, ist aber aus rechtsstaatlichen Gründen in allen Fällen zum Schutz des Jugendlichen wie seiner Eltern herbeizuführen, wo Eltern nicht gewillt und/oder nicht in der Lage sind, ihr Erziehungsrecht und ihre Erziehungspflicht zum Wohle der Minderjährigen auszubauen, – wofür der bisherige §1666 BGB aber von jeglichem Schuldvorwurf zu entlasten ist. Gerichtliche Entscheidung ist aber auch in allen Fällen unerlässlich, wo Verstöße gegen strafrechtliche Bestimmungen vorliegen, auch wenn der vorausgesetzte „Strafanspruch“ des Staates nicht in Form von Strafen, sondern von zweckmäßigeren Erziehungshilfen verwirklicht wird.

Auf diesen Formen der offenen Erziehungshilfen liegt deshalb das Schwergewicht der in der Denkschrift vertretenen Konzeption. Dem Jugendgericht steht der ganze Katalog erzieherischer und therapeutischer Hilfen zur Verfügung, mit denen in konsequenter Verwirklichung des Erziehungsgedankens den jeweiligen erzieherischen Erfordernissen des einzelnen jungen Menschen gerecht werden kann. Mit diesen Hilfen, die Freiheitsstrafen für Minderjährige – bis auf die oben genannten Ausnahmen – grundsätzlich ausschließen, werden ganz neue Möglichkeiten und Einrichtungen für die Behebung der Fehlentwicklung und die soziale Eingliederung jugendlicher „Dissozialer" vorgeschlagen. Es sind im Wesentlichen die gleichen, die als Leistungen des Jugendamtes auch in Vereinbarung mit den Eltern bei Vorliegen eines nicht unwesentlichen Erziehungsnotstandes zu gewähren sind. Grundsätzlich sind den offenen und halboffenen Hilfen Vorzug vor jeder Art von stationärer Erziehung zu geben.

Ambulante Erziehungshilfen

Im Gegensatz zum alten Jugendwohlfahrtsgesetz (JWG) soll das Schwergewicht auf den Ausbau derjenigen Leistungen der öffentlichen Jugendhilfe gelegt werden, die Fehlentwicklungen frühzeitig vorbeugen, um Heimerziehung nach Möglichkeit zu vermeiden. Erzieherische Diagnose, Beratung und ambulante heilpädagogisch/therapeutische Behandlung werden wohl in der Regel freiwillig vereinbart werden. Dies sollte auch, wenn die Gewährung einer Erziehungsbeistandschaft, die durch eine sozialpädagogische Fachkraft auszuüben ist, gelten; denn die intensive erzieherische Beratung der Eltern gehört wesentlich dazu. Sie kann aber auch gerichtlich angeordnet werden, wenn dadurch eine Unterbringung außerhalb des Elternhauses noch mit einer Aussicht auf Erfolg vermieden oder früher beendet werden kann. In diesen Fällen kann sie mit Auflagen und Weisungen an den Minderjährigen, aber auch an die Eltern verbunden werden und kommt dann in der Ausführung der Bewährungshilfe sehr nahe.

Erziehungskurse statt Jugendarrest

Die Erziehungskurse, die von einem Wochenende bis höchstens sechs Monaten dauern können, sind eine neue Einrichtung, die mit dem alten, für wirkungslos gehaltenen Jugendarrest, nur eine formelle Ähnlichkeit haben. Sie sollen, auch wenn keine Verfehlungen strafrechtlicher Art vorliegen, bei erzieherischer Gefährdung nicht nur angeordnet, sondern auch mit den Eltern vereinbart werden können, wenn eine kurzfristige intensive Einwirkung außerhalb des Elternhauses erforderlich und ausreichend erscheint, weil das Fehlverhalten nicht in einer tiefverwurzelten Fehlentwicklung verankert ist, sondern auf Unerfahrenheit, Übermut, Verführung u. ä. beruht. Es soll sich dabei um pädgogisch-therapeutische Übungs- und Selbsterfahrungskurse handeln, die mittels emotional eindringlicher Information durch Erfahrungen im gruppendynamischen Prozess die Bedingungen des Verhaltens ändern und mittels Durcharbeitung der Konflikte zu konstruktiven Einsichten und Problemlösungen führen. Die Ausführung sollte den Landesjugendämtern übertragen werden, zumal neue Einrichtungen mit qualifizierten Fachkräften noch zu schaffen wären.

Heimerziehung und Werkhöfe

Ist aber langfristige Erziehung erforderlich, soll Heimerziehung von mindestens ein und höchstens fünf Jahren Dauer vereinbart oder angeordnet werden. Wenn außer dem Erziehungsnotstand in Form von Verwahrlosungserscheinungen noch Verstöße gegen Strafrechtsbestimmungen vorliegen, die nach Art und ihrem Ausmaß nach bisher geltendem Recht die Verurteilung zur Jugendstrafe ermöglicht hätten, soll bei jungen Menschen über 16 Jahren die Erziehung auf bestimmte Dauer – die vom Erziehungserfolg abhängig ist (höchstens fünf Jahre mit richterlicher Nachprüfung im Abstand von maximal zwei Jahren) – in besonderen Einrichtungen erfolgen, für die die Bezeichnung „Werkhof" vorgeschlagen wird. Auch die Unterbringung im Werkhof ist keine Strafe, hat keine Eintragung im Strafregister mit all ihren für die Wiedereingliederung schädlichen Nachwirkungen zur Folge, und wird auch nicht durch die Justizverwaltung ausgeführt. Vielmehr wären nach pädagogischen und therapeutischen Erfordernissen differenzierte Einrichtungen durch die Landesjugendbehörden neu zu schaffen, und als offene, halboffene und geschlossene Werkhöfe unter der Verantwortung der Landesjugendämter zu führen. Da es sich um eine Anordnung aufgrund des „Strafanspruches" des Staates handelt, kann die Erziehung auch über das 21. Lebensjahr hinaus erfolgen. Die bestehenden Erziehungsheime sind für die Altersstufe so wenig geeignet wie die bisherigen Jugendstrafanstalten für die neuen Erziehungsmethoden, die den Bedürfnissen dieser Jahrgänge und heutiger Jugendlicher gemäß zu entwickeln wären.

Bewährungshilfe

Wenn immer die persönlichen Verhältnisse des jungen Menschen und seiner Erziehungsberechtigten es gestatten, soll zuvor „Bewährungshilfe" – befreit von den bisherigen engen gesetzlichen Voraussetzungen – angeordnet werden, aus der Überlegung heraus, dass die Erziehung in der Freiheit, dem gewohnten Milieu, z. B. des Elternhauses, im alltäglichen Leben mit seinen Versuchungen in der Ausbildungs- und Arbeitsstätte wie in der Freizeit, lebensnäher und wirkungsvoller ist. Erst bei Nichtbewährung könnte das Verfahren wieder aufgenommen werden und gegebenenfalls Erziehung in einem Werkhof angeordnet werden. Umgekehrt kann die Bewährungshilfe im Werkhof begonnene Erziehungsarbeit noch fortsetzen. Diese ist stets von sozialpädagogischen Fachkräften, die zukünftig an Fachhochschulen auszubilden sind, unter Verantwortung der Jugendämter zu leisten.

Vorbeugende Jugendhilfe

Es sei jedoch ausdrücklich betont, dass im neuen Gesetz nicht die Erziehungshilfen im Vordergrund stehen sollen, die dann zum Zuge kommen, wenn das Kind „in den Brunnen gefallen ist“. Vielmehr soll der aus Art. 2 des Grundgesetzes hergeleitete Rechtsanspruch auf Erziehung und Hilfe zur freien Entfaltung der Persönlichkeit, im Zusammenwirken mit den in erster Linie erziehungsberechtigten Eltern, die Familienerziehung allgemein fördern und ergänzen. Dabei wird an Bildungsstätten und Beratungsstellen für Mütter und Eltern, an Gruppenarbeit mit diesen, Elterbriefe nach Art der Peter-Pelikan-Briefe ebenso gedacht, wie an Spielstuben, Kindergärten, Kinderklubs usw. Daneben soll die Jugendhilfe eine Fülle von Einrichtungen und Veranstaltungen anbieten, die Familienerziehung und Schulbildung zu ergänzen hätten und als „Allgemeine Förderung der Jugend“ zu bezeichnen wären. Durch die Wahl dieses Namens soll gegenüber dem nicht mehr zeitgemäßen Begriff „Jugendpflege“ zum Ausdruck kommen, dass es sich hier um einen dynamisch zu verstehenden Wandel des Erziehungs- und Bildungsauftrages handelt; er soll den jungen Menschen helfen, den entpersönlichenden und enthumanisierenden Tendenzen in Beruf und Freizeit, Gesellschaft und Politik zu widerstehen und nicht „Anpassung“ bezwecken, sondern Lernprozesse in Gang setzen, die notwendige gesellschaftliche Veränderungen erst möglich machen.

Diese Veranstaltungen sollen die von der Jugend ausgehenden Impulse annehmen und in neuen Aktivitäten sichtbar machen.

Aussichten der Verwirklichung

Dies alles vermag vielleicht einen Überblick darüber zu geben was die Denkschrift erreichen will. Dass das zuständige Ministerium eine Sachverständigen-Kommission berufen will, die sich ebenfalls mit der Neuordnung des Jugendwohlfahrtsrechts befassen will, ist ein hoffnungsvolles Anzeichen dafür, dass die Bereitschaft vorhanden ist, das Konzept der Jugendhilfe von Grund auf neu zu durchdenken und die Voraussetzungen für die Verwirklichung einer zeitgemäßen Neugestaltung der Arbeit für die Jugend zu schaffen. Die früheren Bundesregierungen waren offensichtlich weder bereit, noch fähig, über kleine Verbesserungen hinauszugehen.

(1970)

Jugendkriminalität

A. Jugendkriminalität als soziales Phänomen

Begriffsbestimmung der Jugendkriminalität

Obwohl die Jugendkriminalität in allen Ländern der Erde – unabhängig von ihrer gesellschaftlichen Struktur und dem Grad der technisch-industriellen Entwicklung – die Öffentlichkeit in steigendem Maß erregt und beschäftigt und demgemäß auch die verschiedenen Wissenschaften von Menschen beschäftigt, ist es nicht einfach, eine international gültige Definition zu geben.

Während unter Kriminalität allgemein ein Verhalten verstanden wird, das gegen strafgesetzliche Bestimmungen verstößt, also Verstöße gegen die Regeln des gesellschaftlichen Zusammenlebens, die von einer Gruppe, welche die erforderliche Macht besitzt, ihre Anschauungen in die Gesetze des Staates durchzusetzen, für so schädlich und gefährlich gehalten werden, dass Strafen als gesellschaftliche Funktion ausreichen, ist der Begriff der Jugendkriminalität umfassender. Er umfasst in den meisten Ländern auch Verhaltensweisen, die von der Gesellschaft zwar missbilligt werden, moralisch verurteilt werden und auch nachteilige Folgen für den Betroffenen haben können, aber nicht strafrechtliche Sanktionen nach sich ziehen. Darum spricht man im angelsächsischen Sprachbereich, aber folgend auch in den romanischen und skandinavischen Ländern, von „juvenile delinquincy“ und versteht darunter jegliches sozial auffällige Verhalten, ob es strafrechtlich verfolgt wird oder nur moralisch verurteilt und Anlass für pädagogische und soziale Maßnahmen bietet, also auch Erscheinungsformen der Schwererziehbarkeit und Asozialität, wie Schulschwänzen, häufiges Fortlaufen aus dem Elternhaus, Arbeitsscheu, zielloses Umherstreunen, Triebhaftigkeit und Süchtigkeit. Nur in den Ländern des deutschen Sprachbereichs (Bundesrepublik Deutschland, Österreich, Schweiz) unterscheidet man noch mit erheblichen Unterschieden in der rechtlichen und tatsächlichen Behandlung zwischen „Verwahrlosung“ und „Kriminalität“, obwohl auch hier Bestrebungen im Gange sind, sich der international immer mehr durchsetzenden einheitlichen Sicht des Problems dissozialen Verhaltens anzuschließen, wobei Ausnahmen nur für Schwerkriminalität gemacht werden.

Ebenso schwer ist es, für den Begriff „Jugend“ Altersgrenzen nach unten oder oben zu bestimmen. Die Entwicklung ist hier in den einzelnen Ländern, aus historischen, sozialen und ethnischen Gegebenheiten, sehr verschieden verlaufen. Wenn es auch schon in der Antike und im Mittelalter nicht an Bestimmungen fehlte, die die Kinder bis zu 10 oder 12 Jahren aus der Strafverfolgung der staatlichen Gerichtsbarkeit herausnahm, oder doch mangelnde Reife als Strafmilderungsgrund gelten ließen, so hat sich eine besondere Behandlung der

Straftaten von Jugendlichen vom Mindestalter von 12-14 Jahren doch erst im Laufe der letzten hundert Jahre entwickelt, zuerst in England und den USA und mit ihr die Entstehung einer eigenen Jugendgerichtsbarkeit und eines Jugendrechts völlig eigener Art, in dem der Gedanke erzieherischer Hilfe an die Stelle der Vergeltung tritt. Dabei liegt die obere Altersgrenze meist bei 18 Jahren, in einzelnen Ländern bei 16 Jahren. Doch zeichnet sich deutlich die Tendenz ab, (schon heute in der BRD und in einigen Staaten der USA) auch diese Grenze noch bis 20 bzw. 21 Jahren hinauszuschieben und zwischen den einzelnen Altersgruppen zu differenzieren. Die Unterschiede der Reifeentwicklung sind durch kulturelle, ebenso wie durch physische und ethnische Momente bestimmt. Will man den Begriff Jugendkriminalität international vom Alter her bestimmen, so wird man sagen können, dass es sich um das Problem der Sonderbehandlung junger Menschen handelt, sofern sie in einem bestimmten Volk und Kulturkreis als noch in der Entwicklung befindlich betrachtet werden.

Umfang der Jugendkriminalität

Aus dem Vorstehend Gesagtem ergibt sich, dass es außerordentlich schwierig ist, etwas Allgemeingültiges über den Umfang der Jugendkriminalität zu sagen. Es hängt davon ab, was in den einzelnen Ländern als delinquentes Verhalten angesehen wird, das zum Eingreifen staatlicher Organe, der Gerichte oder Jugendbehörden, führt, und von den Altersgrenzen innerhalb derer besondere Verfahrens- und Behandlungsmethoden angewandt werden. Vor allem aber hängt es von der Qualität der statistischen Erhebungen ab, von der wissenschaftlichen Relevanz der ihr zugrunde liegenden Vor-Untersuchungen und von der Vergleichbarkeit ihrer Ergebnisse mit denen anderer Länder. Vor allem aber hängt auch diese von der Wirksamkeit der mit der Aufklärung befassten Behörde ab. Strafbare Taten und erhebliche Verwahrlosungserscheinungen müssen aufgedeckt und das angezeigt werden, die Täter müssen überführt und Verfahren in Gang gesetzt werden. Deren Folgen können in Strafen oder in Erziehungsmaßnahmen verschiedenster Art bestehen. All dies hängt von der kulturellen Enwicklung und der politisch-weltanschaulichen Einstellung zu dem Verhalten junger Menschen ab, von dem Vertrauen zu den Behörden und ihren Fähigkeiten.

Die meisten Staaten sind trotz dieser Vorbehalte im Laufe des 19. Jahrhunderts dazu übergegangen, jährlich Kriminalstatistiken zu erstellen und bald auch nach Altersgruppen zu gliedern; dabei stützen sie sich entweder auf Zählungen der Straftaten, die den Polizeibehörden bekannt geworden sind oder der gerichtlich abgeurteilten Fälle. Wenn auch die unentdeckte Kriminalität vermutlich einen größeren Umfang hat und gerade bei jungen Menschen die Zahl der nicht angezeigten Straftaten sehr erheblich ist (sogenannte Dunkelziffer). Um die Unterschiede, die sich durch einen wandelnden Altersaufbau der Bevölkerung, Zu- und Abnahme durch Gebietsveränderungen usw. ergeben, auszuschalten, genügt ein Vergleich absoluter Ziffern auch innerhalb eines Landes nicht. Zu diesem Zweck wendet man die Kriminalitätsziffer an, in der die Zahl der (ermittelten und verurteilten) Täter auf 100.000 der jeweiligen Altersstufe bezogen wird. Auch dann ist zur Beurteilung der sich von Jahr zu Jahr oder sinnvollerweise erst in größeren Zeitabschnitten ergebenden unterschiedlichen Zahlen, eine umfassende Kenntnis der juristischen (Amnestien, Gesetzesänderungen z. B. der Altersgrenzen, Fähigkeit der mit Aufklärung und Behandlung befassenden Behörden und Gerichte und ihre Bereitschaft zur Verfolgung bestimmter Taten in Übereinstimmung mit Änderungen in ihrer Beurteilung in der Volksmeinung), der politisch-sozialen Umstände (Kriege, Krisen, Arbeitslosigkeit, ethnische, rassische und religiöse Minoritäten, technische Entwicklung) erforderlich, wenn keine voreiligen Fehlschlüsse gezogen werden sollen. Trotz all dieser Vorbehalte zeichnen sich in den meisten europäischen und amerikanischen Staaten und ähnlich auch in Japan, einige Entwicklungstendenzen zwingend ab und zwar um so stärker, je technisch-industriell entwickelter das Land ist.

a) Der Anteil der noch in der Entwicklung befindlichen jungen Menschen an Straftaten und dissozialen Verhaltensweisen ist erheblich größer als der Anteil der betreffenden Jahrgänge an der gesamten Bevölkerung. Er ist im Allgemeinen zwei bis dreimal höher als diesem Anteil entsprechen würde. Diese Zahlen schwanken natürlich von Jahr zu Jahr und sind auch bei den einzelnen strafbaren Handlungen außerordentlich differenziert. Auch hierbei zeichnen sich wesentliche Verschiebungen ab, wobei die Neigung zur Anwendung von Gewalt steigt und Sittlichkeitsdelikte im Zunehmen begriffen sind, während Vermögensdelikte aus Not mit wachsendem Wohlstand in den führenden Industrieländern zurücktreten.

b) Die Jugendkriminalität als Ganzes zeigt eine steigende Tendenz von unterschiedlichem Ausmaß in den einzelnen Ländern. Sie ist am stärksten in den USA und Japan, deutlich erkennbar in der BRD; England und die romanischen Länder folgen mit Abstand. Auch Staaten, die nicht vom Krieg betroffen wurden, aber hochentwickelte Industrieländer sind, wie Schweden und Schweiz, zeigen ein stärkeres Anwachsen krimineller und dissozialer Verhaltensweisen bei Jugendlichen. Dass während des Krieges die Jugendkriminalität allgemein in den betroffenen Ländern stark anstieg, ist einleuchtend; charakteristisch jedoch ist, dass sie eigentliche bedrohende Ausmaße erst und unabhängig davon annimmt bei steigendem Lebensstandard und einer Durchdringung des Wirtschaftslebens durch moderne Technik. Die Staaten des Ostblocks haben lange Zeit keine statistischen Angaben über die Entwicklung auf diesem Gebiet gegeben, aber behauptet, die Jugendkriminalität sei ein Überbleibsel des Kapitalismus und dem gemäß bei ihnen im Absterben. In den letzten Jahren wird jedoch auch hier eine Zunahme aller dissozialen Erscheinungen zugegeben, und es entwickelt sich auch wissenschaftliches Interesse für die Probleme der Jugendkriminalität und ihrer Behandlung.

c) Ein auffallendes Kennzeichen ist, dass nicht nur der Anteil der Jugendlichen an der gesamten Kriminalität stark im Steigen ist, sondern dass in zunehmendem Maße auch schon die jüngeren Jahrgänge zu strafbaren Handlungen neigen. So hat sich z. B. in der BRD der Anteil der Kinder (unter 14 Jahren) an der Gesamtheit der aufgedeckten Verbrechen und Vergehen in den letzten 15 Jahren mehr als verdoppelt. Auch wenn es sich meist nur um leichte Vergehen (kleinere Diebstähle) handelt, so ist dies ein Umstand von um so größerer Bedeutung, weil kriminologische Forschungen ergeben haben, dass fast alle Gewohnheitskriminelle in sehr frühen Jahren auffällig wurden und dass die Prognose meist ungünstiger ist, je früher ein Krimineller begonnen hat.

Eigenarten und besondere Erscheinungsformen der Jugendkriminalität

Die Jugendkriminalität zeigt aufgrund der biologisch und psychologischen Entwicklung dieser Altersgruppe, hinsichtlich der Art der begangenen Delikte, ihrer Motivation und ihrer Begehungsformen erhebliche Unterschiede gegenüber der Kriminalität der Erwachsenen. Die in vielen Ländern beobachtete Reifungsbeschleunigung (Akzeleration) bei der Jugend führt zu einem steigendem Missverhältnis zwischen den triebhaften Wünschen (Sexualität, Aggressivität) und den seelisch-geistigen Gegenkräften (Einsicht, Gewissen). Die erhöhten Spannungen der Pubertätszeit führen zu bestimmten Erscheinungsformen dissozialen Verhaltens, in denen körperliche Kräfte erprobt, das durch Minderwertigkeitskomplexe gestörte Selbstwertgefühl gestärkt werden soll. Je weniger eine technisierte Massengesellschaft ohne bindende und allgemein anerkannte Wertvorstellungen den jungen Menschen eine legale und soziale Betätigung seiner Körperkräfte ermöglicht und seine Selbständigkeit durch immer längere Ausbildungszeiten hinausschiebt, desto stärker führen der Wunsch, schon als Erwachsener angesehen zu werden zu Großmannssucht, Angeberei, Leichtsinn und Rücksichtslosigkeit. Die wachsenden Widersprüche zwischen seinen Wünschen, seinem Erlebnishunger und dieser tatsächlichen sozialen Situation, die deren Befriedigung nicht zulässt, führen zu einer Trotzeinstellung gegenüber Zwang und Autorität, zu typischen Jugendverfehlungen, die durch impulsives, situationsbedingtes Handeln, mangelnde Planung, Missverhältnis zwischen Einsatz und Ergebnis, Anlass und Erfolg gekennzeichnet sind. Wichtiger als die Bereicherung ist das Abreagieren in oft sinn- und nutzlosen Zerstörungsakten. Bevorzugte Objekte sind hierbei Automobile – das Statussymbol für die geglückte Eingliederung in die gehasste Erwachsenengesellschaft, aber auch öffentliches Eigentum (Schulen, Parks, Telefonzellen, Eisenbahnen) und Automaten. So ist der Vandalismus in allen industrialisierten Gesellschaften ein Charakteristikum für die missglückte Einordnung junger Menschen in einen ihre elementarsten Bedürfnisse unbefriedigt lassenden gesellschaftlichen Entwicklungsprozess. Die sich besonders in Slumvierteln der Großstädte und bei diskriminierten und sozial benachteiligten Schichten zeigende Tendenz zur Gewalttätigkeit äußert sich auch darin, dass bei allen Formen der Vermögensdelikte der Anteil der älteren Jugendlichen dort am stärksten ist, wo – wie bei Einbruchsdiebstählen und Raub – Gewalt angewendet werden muss, ebenso aber in Rohheitsdelikten (Körperverletzungen, Rowdytum) und Notzuchtakten. Bei Tötungsdelikten ist ihr Anteil absolut und relativ klein und bei den meisten Fällen handelt es sich um nicht geplante Exzesse in Panik bei befürchteter Aufdeckung anderer Vergehen. Wo Erfahrung und Intelligenz nötig ist, wie beim Betrug, sind Minderjährige seltener tätig. Brandstiftung wird oft von Kindern und Jugendlichen als Angriffs- und Schädigungsdelikt begangen. Rache und Trotz, aber auch sexuelle Spannungen sind meist das Motiv.

Ein entscheidendes Merkmal der Kriminalität von Kindern und Jugendlichen ist die gemeinschaftliche Verübung von Delikten. Etwa die Hälfte aller Straftaten Jugendlicher wird im Kollektiv begangen. Der Zusammenschluss bezweckt meist nicht von vornherein kriminelle Akte und dient zunächst der Befriedigung von Erlebnishunger und körperlicher Betätigung. Mit Zunahme des Gruppengefühls (Solidarität) in der inneren Organisation und der daraus folgenden Gefolgschaftstreue werden Hemmungen abgebaut und das Rechtsbewusstsein geschwächt. Vor allem in den „underprivileged areas“ der Großstädte hat sich hier eine eigentliche Subkultur der gangs (Banden) entwickelt, in der ihre Umwelt ablehnende, ja hassende junge Menschen das Gemeinschaftsbedürfnis dieser Altersschicht befriedigend, ihre Unsicherheit durch gemeinsame aggressive Unternehmungen überwinden und eine „Ersatzheimat“ finden. Die Zunahme von Kollektivdelikten wird in vielen Kulturländern seit dem letzten Weltkrieg beobachtet und hat besonderen Umfang in den Massenstädten der Ostküste der USA angenommen, wo Banden von Jungen in der Dunkelheit ganze Stadtviertel terrorisieren und bewaffnete Überfälle oft zu Mordtaten führen. Das Problem der „gangs“ hat deshalb in der Kriminologie der USA besondere Beachtung gefunden. Rassische und ethnische Diskriminierung, zusammen mit Arbeitslosigkeit und Not unter den farbigen Jugendlichen und verbunden mit einer Auflösung der Familien haben zum Umfang und der Zuspitzung der jugendlichen Bandenkriminalität beigetragen und es zu einem ernsten sozialen Problem werden lassen. In Europa gibt es diese jugendlichen Banden zwar auch, aber sie sind seltener, weniger fest organisiert und lösen sich rascher auf.

In den Halbstarken-Krawallen (Hooligans), die periodisch in den Großstädten fast aller europäischen Ländern aufflammen, zeigt sich ein ähnliches Phänomen zielloser Aggressivität als Erscheinungsform der hochindustrialisierten Gesellschaft (auch in den sozialistischen Ländern). Sie führen meist zu Kämpfen mit der Polizei, Krawallen und Zerstörungsakten. Die gemeinsame Subkultur findet aber mehr in Äußerlichkeiten der Kleidung und der Haartracht, in der Ablehnung der Normen, vor allen Dingen im sexuellen Verhalten ihren Ausdruck. Es handelt sich aber nicht um organisierte Gruppen und wenn auch die Kerngruppe der Rädelsführer meist schwer verwahrloste und kriminelle Jugendliche sind, verhält sich die große Masse der Mitläufer im Berufsleben durchaus angepasst und tobt sich nur von Zeit zu Zeit als „Freizeitbeschäftigung" aus. Sie findet meist nach wenigen Jahren in die Normalität des Jugendlebens zurück. Schwere wirtschaftliche und politische Krisen und die Übernahme der Initiative durch ideologisch geschulte und skrupellose, um die Aufrechterhaltung ihrer Machtstellung fürchtende Gruppen, können solchen Kollektiven zu einem Ziel und zu einer festen Organisationsstruktur verhelfen. Der zusätzliche Alkoholgenuss führt zusätzlich zu einer Enthemmung, vor allem zu Aggressionsdelikten. Hingegen führt der – vor allem in den USA – stark ansteigende Konsum von Rauschgiften eher zu einer Schwächung der kriminellen und antisozialen Energien.

B. Ursachen und Bedingungen Jugendlicher Delinquenz

1. Voraussetzungen für die Ursachenforschung und deren Methoden

Die Wissenschaft hat sich all dieser Probleme in den letzten Jahren in steigendem Maße angenommen. Die Klärung des Phänomens, also die Frage, welche Ursache zur Jugendkriminalität im besonderen führe, ist durch Vorurteile weltanschaulicher Art besonders erschwert. Während dies ursprünglich Strafjuristen waren, die sich der Ursachenforschung annahmen und die Kriminologie in Europa noch weithin als Hilfswissenschaft der Jurisprudenz gilt, wird sie in den angelsächsischen Ländern zu einem Teil der Soziologie und Sozialpsychologie. Auch Ärzte, vor allem Psychiater, haben sich schon frühzeitig dieses Problems angenommen. Aber alle Versuche, die Kriminalität und Delinquenz aus den Prinzipien einer Fachwissenschaft allein zu erklären, werden heute als überholt angesehen. Die moderne Kriminologie versucht, delinquentes Verhalten hinsichtlich seiner Entstehung und seiner Funktion multidisziplinar zu untersuchen und aus dem Zusammenwirken vieler Faktoren biologischer, soziologischer und psychologischer Art zu deuten. Statt dem einfachen Ursache-Wirkungs-Verhältnis (Kausalität) spricht man von Bedingungsgeflechten, Korrelationen, statistischer Relevanz. Dabei wird, je nach der Herkunft des Forschers aus einer wissenschaftlichen Disziplin das Schwergewicht auf Anlage- und Umweltbedingungen sehr verschieden verteilt.

Wie in den Naturwissenschaften muss versucht werden, Gesetzmäßigkeiten festzustellen. Da Experimente beim Menschen nicht zulässig sind, bedarf es
a) einer Fülle von Einzeluntersuchungen, die miteinander verglichen werden müssen; b) von gezielten Gruppenuntersuchungen, bei denen die Gruppe „repräsentativ“ ausgewählt und groß genug sein muss, die Ergebnisse mit Vergleichsgruppen entgegengesetzter Zusammensetzung kontrolliert werden müssen. Die bedeutendste Forschung dieser Art bildet das Lebenswerk des amerikanischen Ehepaares Sheldon und Eleanore Glueck (Havard University USA) in zahlreichen Büchern niedergelegt (Unravelling juvenile delinquency, Cambridge 1957); c) und schließlich leistet die Statistik bei der Untersuchung vieler Anlässe wie Umweltfaktoren eine wichtige Hilfsfunktion.

Vergleiche über längere Zeiträume und internationale Vergleiche geben wichtige Hinweise. Immer aber ist die Zusammenarbeit aller Fachgebiete vom Menschen bei der Auswertung der Ergebnisse erforderlich. Wollen wir erklären, warum bestimmte Menschen oder bestimmte Menschengruppen zu einem delinquenten Verhalten kommen, bedarf es der Untersuchung dieses Phänomens als gesellschaftliche Erscheinung und der verarbeiteten Erfahrung, die sich auf eine Fülle von Einzelbeobachtungen und Einzeluntersuchungen stützt. Die Fragestellung ist also stets eine zweifache: Welche Bedingungen begünstigen in einer bestimmten Konstellation generell das Entstehen dissozialer Verhaltensweisen und aufgrund welcher Gegebenheit kommt dieser junge Mensch zu seiner Tat.

Die Frage, welche Ursachen ausschlaggebend sind, ist zu verschiedenen Zeiten und in einzelnen Ländern auch ganz verschieden beantwortet worden. Schließlich spielt eine erhebliche Rolle, aus welchem Wissensgebiet der Untersuchende kommt und ob für ihn die biologischen, sozial-kulturellen oder psychologischen Faktoren des Menschseins im Vordergrund stehen, die alle am Aufbau der Persönlichkeit mitbeteiligt sind.

2. Die biologischen Faktoren und Theorien

Den Anstoß für die empirische Forschung gab ein italienischer Arzt jüdischer Herkunft (Cesare Lombroso, 1836-1909). Er glaubte Verbrecher an körperlichen Merkmalen bestimmen zu können. Seine Lehre behauptet, es gäbe geborene Verbrecher. Die körperliche Eigenart erzeuge den verbrecherischen Charakter und einen Menschentyp, der einen Rückfall in frühere Zustände darstelle (Atavismus) und zwangsläufig zum Verbrecher wird. Die Umwelt gäbe nur die Bedingungen unter denen sich der verbrecherische Charakter in bestimmten Straftaten realisiere. Obwohl Lombroso später seine Theorie selbst eingeschränkt hat und seine bedeutendsten Schüler (Ferri, Garofolo) den sozialen Faktoren größere Bedeutung zuerkannt haben, gibt es auch heute noch Schulen, die dem Körperbau eine bedeutende Rolle zusprechen, vor allem die der Konstitutionsbiologie und Psychologie (Kretschmer, Deutschland, Sheldon, USA).

Dass vor allem der Nationalsozialismus diese Lehre, die die Anlagebedingtheit des Charakters behauptete, zur Stützung seiner Rasse- und Blutmythologie benutzte, ist einleuchtend. Zum Beweis sollten die Untersuchungen an eineiigen Zwillingen dienen, um die Bedeutung der Anlagefaktoren – des „rassischen Erbgutes", wie es in der NS-Ideologie hieß – zu beweisen. Diese Untersuchungen, mit denen sich auch der berüchtigte Arzt des Auschwitz, Mengele beschäftigte, beruhen z. Z. auf fehlerhaften Voraussetzungen, der Ausschaltung sozialer und psychologischer Gegebenheiten und stützen sich auf kleine Zahlen von Zwillingspaaren, deren Auswahl mehr oder weniger zufällig war. Auch in anderen Ländern sind solche Untersuchungen gemacht worden. Die Behauptung, dass der kriminelle Charakter vererblich sei und auf biologischen Eigenarten beruhe, hat sich als wissenschaftlich unhaltbar erwiesen. Zweifellos ist aber, dass viele Anlagefaktoren (Körperbau, Vitalität, Triebstärke, Sensibilität) Bedingungen darstellen, die in Verbindung mit Umwelterfahrung fördernd oder bremsend auf soziale Fehlentwicklungen einwirken. Auch die Untersuchungen des Ehepaars Glueck bestätigen dies. Dass auch Gehirnerkrankungen, besonders die frühkindliche Encephalitis, Drüsenstörungen, Epilepsie auf die Charakterbildung negativ einwirken, dass angeborener Schwachsinn die Persönlichkeit beeinträchtigen können, ist unbestritten. Zu kriminellem Verhalten führen sie nur, wenn in der Umwelt, vor allem der Familie, zusätzliche Bedingungen gegeben sind. Gerade bei der Jugendkriminalität spielen Störungen des Reifungsablaufes (Akzeleration, Retardierung) eine erhebliche Rolle. Hingegen sind die sogenannten „Psychopathischen" Charakterstrukturen (Willensschwäche, gemütlose, stumpfe, geltungsbedürftige Psychopathen) überwiegend nicht anlagebedingt, sondern zumeist das Ergebnis kindlicher Erlebnisse. Die Überschätzung der „Anlagen" bei der Entstehung der Jugendkriminalität unter erbbiologischen und erbpsychologischen Gesichtspunkten beruhte auf Verkennung der Kausalzusammenhänge und ideologischer Voreingenommenheit.

Zu den biologischen Faktoren gehört auch das Geschlecht. Die Kriminalität der Frau liegt in allen Ländern der Welt erheblich unter derjenigen der Männer und beträgt meist weniger als ein Fünftel der Gesamtkriminalität. Auch ist der weibliche Anteil an der Gewaltkriminalität sehr gering. Bei Kindern und Jugendlichen ist dies nicht anders. Allerdings gibt es nicht unbeträchtliche Unterschiede zwischen den einzelnen Ländern und im Allgemeinen zeigt sich in den führenden Industrienationen ein allmähliches Ansteigen der weiblichen Delinquenz. Dies spricht dafür, dass nicht nur die biologische Anlage der Frau, sondern ihre soziale Rolle, dem Maß ihrer Gleichberechtigung im häuslichen, gesellschaftlichen und vor allem wirtschaftlichen Bereich, ein erhebliches Gewicht zukommt.

3. Umweltfaktoren und die sozial-psychologische Sicht

In steigendem Maß wird anhand von empirischen Untersuchungen den unmittelbaren Umweltverhältnissen Bedeutung zuerkannt, vor allem dem Lebensschicksal in der frühen Kindheit, dem „Milieu“ in dem ein Mensch aufwächst und lebt. Die tiefenpsychologischen Lehren (Psychoanalyse, Individualpsychologie) haben die Aufmerksamkeit der Wissenschaft auf diese Faktoren gelenkt, ebenso wie die Entwicklung der Soziologie zu einer empirischen Wissenschaft hierbei beeinflusst. So ist für das Lebensschicksal des Menschen und für die Artung seines Charakters entscheidend, wie sich die ersten Lebensjahre gestalten, ob das Kind in einer vollständigen oder unvollständigen Familie aufwächst, oder ob diese überhaupt fehlt (Waisenkinder, Heimkinder, außerehelich geborene Kinder). Vor allem die Letzteren sind, wie viele Statistiken beweisen, in weit höherem Maße an dissozialen Handlungen und Verhaltensweisen beteiligt, als ihrem Anteil an den vergleichbaren Altersjahrgängen entspricht. Aber nicht ihre „schlechteren“ Anlagen sind dafür verantwortlich, sondern ihre Lebensumstände (Heimunterbringung, Pflegefamilie, berufstätige Mutter) und die gesellschaftlichen Diskriminierungen. Vor allem sind Kinder aus gestörten Familien (disharmonische oder geschiedene Ehen) in besonderem Maße für Fehlentwicklungen anfällig. Dafür dass „broken homes“ delinquente Entwicklungen fördern, liefern die Glueck'schen Untersuchungen einen ebenso überzeugenden Beweis, wie dafür dass den Beziehungen der Mutter und des Vaters, dem Ausmaß an Liebe, Sorgfalt, Aufmerksamkeit untereinander und den Kindern gegenüber, vor allem dem Erziehungsstil (Strenge, Inkonsequenz, Strafen) die entscheidende Bedeutung für deren dissoziale Verhaltensweisen zukommt.

Die Arbeiten von René Spitz, einem der bedeutendsten Schüler Freuds (Wien, Genf, USA) haben die wissenschaftlichen Grundlagen für die Erklärung dieser Zusammenhänge geliefert. Danach erfolgt die primäre soziale Entwicklung des Kindes (Sozialisation) durch frühe Identifikation mit den Eltern als erstes Liebesobjekt. Ihre Forderungen werden verinnerlicht, weil sie zugleich gewähren, was das Kind in seiner totalen Abhängigkeit braucht – Geborgenheit und Liebe. Verläuft dieser Primärprozess nicht befriedigend, wird das Verhältnis des Individuums zu seiner näheren und weiteren Umwelt – und der Gesellschaft überhaupt – gestört, so entstehen Fehlentwicklungen, die zu neurotischen Erkrankungen oder Charakterstörungen ebenso wie zur Dissozialität führen können. Nur eine intensive und liebevolle Beziehung zu seiner nächsten Umgebung entwickelt in ihm soziale Verantwortung und Gewissen. Für die Entwicklung der Persönlichkeitsstruktur sind deshalb die ersten Lebensjahre. Verwahrlosung und Kriminalität sind Symptome für soziale Anpassungsschwierigkeit und zugleich fehlerhafte Versuche des Auswegs aus diesen. Der Wiener Psychoanalytiker August Aichhorn (1878-1948) ursprünglich Lehrer, hat aufgrund der verarbeitenden Erfahrung als Leiter von Erziehungs- und Beratungsstelle und Heimen für verwahrloste Kinder als erster mit Hilfe der Anwendung der Freud'schen Theorie auf die Kriminologie, die Verwandtschaft der neurotischen Struktur mit der latenten Verwahrlosung festgestellt. In der Aggressivität seiner Zöglinge sah er das Produkt einer lieblosen, überstrengen Erziehung, die Reaktion auf nicht befriedigtes Liebesbedürfnis (Frustration). Die Aufdeckung der frühkindlichen Erlebnisse und der traumatischen Faktoren, die zur Fehlentwicklung (Fixierung oder Repression) führten, ist nach ihm die Vorbedingung für eine gezielte Therapie („Verwahrloste Jugend", Bern 5. Aufl. 1965 – Englische Ausgabe „Wayward Youth", New York 1935). Wann aus dem gestörten familiären Zusammenleben die Fehlanpassung zur neurotischen Symptomatik, wann zu dissozialen Verhaltensweisen führt, ist nur unter Einbeziehung auch der biologischen Faktoren, vor allem aber auch der gesellschaftlichen Bedingungen ihrer Umwelt zu klären.

4. Die sozialen Bedingungen und die soziologische Sicht in West und Ost

Vor allem in der amerikanischen Kriminologie wird der letzteren Beachtung geschenkt. Soziologische Erkenntnisse ohne Verleugnung der tiefenpsychologischen Forschungsergebnisse – eine auf beiden aufbauende sozialpsychologische Sicht der Probleme der Delinquenz, haben dort zur Berücksichtigung weiterer Faktoren geführt, von denen einige nur für die USA charakteristisch sind: die soziale Desintegration von Bevölkerungsschichten verschiedener nationaler und kultureller Herkunft und die daraus resultierenden Norm-Konflikte zwischen verschiedenen Subkulturen, das Entstehen von „delinquency Areas" in den Armenvierteln am Rande der Großstädte, in denen Banden ganze Straßenviertel terrorisieren. Hierauf stützt sich vor allem die Theorie von der „differentiellen sozialen Organisation" von Edwin H. Sutherland und seiner Schule. („Principles of Criminology". New York 1947; Albert Cohen: Delinquent boys. Ill. 1955; C. R, Shaw & H. D. Mc.Kay: „Juvenile Delinquency in urban areas", 1942). Hierbei werden nicht nur die biologischen und psychologischen Gesichtspunkte vernachlässigt sondern auch die soziologische Fragestellung auf einige spezifisch amerikanische Probleme eingeengt (Kulturkonflikt). Viel grundsätzlicher sieht ein anderer Kriminologe (Milton L. Barron) die Jugendkriminalität als Folge der hyperdynamischen Struktur der amerikanischen Gesellschaft, die alle moralischen Werte aufgelöst und deren rücksichtsloses Konkurrenzprinzip als Ideal einer kriminellen Gesellschaft bezeichnet. Sein Werk heißt deshalb auch „The juvenile in delinquent society“ (New York 1956). Hiermit nähert er sich Ansichten, die in einigen westeuropäischen Ländern (vor allem Frankreich, Italien und Holland) in Verbindung mit dem sozialwissenschaftlichem Materialismus und beeinflusst von marxistischen Gedankengängen, vertreten wurden. Die Milieutheorie wurde von Lacassagne und dem Holländer Bonger vertreten. Die wirtschaftlichen Verhältnisse, vor allem Not, Krisen und Kriege werden für Entstehen und Ausmaß der Kriminalität verantwortlich gemacht. Der Zusammenhang von Massennotständen mit wachsender Jugendkriminalität und Verwahrlosung kann ernsthaft nicht bestritten werden. Weil diese dem wachsenden Wohlstand in den führenden Industrieländern nicht verschwunden, sonder weiter angewachsen ist, spricht man heute voreilig von einer „Wohlstandskriminalität“.

Man übersieht, dass, wenn auch nicht mehr der Mangel an den existenziellen Lebensbedürfnissen der treibende Faktor ist, doch die große Masse der Jugendlichen, die Gerichte und Behörden beschäftigen, aus den unteren und Randschichten der Gesellschaft stammen, bei denen das Zurückbleiben hinter der gesellschaftlichen und wirtschaftlichen Aufwärtsentwicklung zu einer Status-Unsicherheit führt, die ihren Ausdruck oft in einem Versuch findet, das gekränkte Selbstwertgefühl durch aggressive Akte zu kompensieren und so sich Beachtung zu erzwingen

Allerdings haben Untersuchungen ergeben, dass oft zur sozialen Benachteiligung die Verunsicherung des Pubertätsalters mit seinem Wunsch als Erwachsener zu gelten und eine unglückliche Familiensituation hinzukommen. Überhaupt ist der Zusammenhang zwischen Ursachen und Wirkungen kein unmittelbarer. Es muss jeweils untersucht werden, wie soziologische Bedingungen auf bestimmte Individuen bzw. Gruppen wirken, bei denen die Entwicklungsgeschichte der frühen Kindheit und die biologischen Konstitutionen verschieden sind. Man verkennt aber die wirklichen Zusammenhänge, wenn man nicht die allseitigen Wechselwirkungen aller dieser Faktoren auf die Erziehung des jungen Menschen berücksichtigt. Dabei ist sowohl die Struktur der Familie wie der Erziehungsstil durch gesellschaftliche Faktoren mitbestimmend und was die Soziologen Desintegrierung der Familie, ihren Funktionswandel nennen, hat individuelle Auswirkungen auf unzählige Lebensschicksale junger Menschen.

Dabei wirkt vieles auf die Erziehung des Kindes ein, vorwiegend Umfang und Stil der Schulbildung, vor allem aber das Beispiel der führenden Schichten mit doppelter Moral, Rücksichtslosigkeit und Begehrlichkeit (was die amerikanische Soziologie „white collar crimes“ nennt). Für den Juristen ist Diebstahl gleich Diebstahl. Was und warum jemand stiehlt kann ganz verschiedne Motive haben. Hinter dem Eigennutz steht die psychologische Problematik und dies vor allem beim jungen Menschen (Hans Zulliger: „Über symbolische Diebstähle von Kindern und Jugendlichen“. Biel 1956).

Zu den Erziehungsfaktoren gehören in steigendem Maße die Massenmedien (Fernsehen, Radio, Film, Presse, Illustrierte), deren negative Einflüsse allerdings oft überschätzt werden. Nur bereits in ihrer Entwicklung geschädigte Kinder werden zusätzlich beeinflusst, allerdings vermitteln sie frühzeitig ein Bild der in der Welt tatsächlich bestimmenden Spielregeln im Gegensatz zu den gepredigten Morallehren der Eltern, Lehrer und anderer Erzieher. Auch die Religion kann der aggressiven Realität des Lebens nicht entgegenwirken, da ihr Einfluss auf junge Menschen zurückgeht. Zum Teil sind politische Ideologien an ihre Stelle getreten und geben kriminellen Kräften in der Politik (Nationalsozialismus, Faschismus, Chauvinismus) ein legales Betätigungsfeld oder wandeln sie, wenn humanistische Ideen führend sind, in politische Aktivität und setzen gewaltige Gemeinschaftskräfte frei (z. B. Russische Revolution 1917, antifaschistischer Widerstand, chaluzische Bewegung).

5. Die marxistische Betrachtung in Osteuropa

In der Sowjetunion und den nach 1945 kommunistisch gewordenen Ländern glaubte man lange Zeit, das Problem der Jugendkriminalität werde sich mit der Einführung der sozialistischen Gesellschaftsordnung von selbst lösen; was es an Erscheinungen dieser Art gäbe, sei ein Überbleibsel der kapitalistischen Gesinnung und den von ihr angerichteten Schäden. Dafür war die Massenverwahrlosung Millionen Jugendlicher, die als Folge des Krieges und Bürgerkrieges eltern- und obdachlos, bettelnd und plündernd durch die Städte Russlands zogen ein eindringliches Beispiel (Makarenko: „Der Weg ins Leben“). Danach drang aber wenig davon in den Westen. Man erwartete, dass mit der proklamierten „Aufhebung der Ausbeutung des Menschen durch den Menschen“ die Kriminalität zurückgehen und verschwinden würde, musste aber schließlich feststellen, dass dies nicht nur nicht der Fall war, sondern vor allem die Jugendkriminalität in den Formen „Hooliganismus“ (Banden von Halbstarken) anstieg, auch wenn bei weitem nicht in dem Ausmaß als in den westlichen Ländern. dass aber gerade der Anteil der jungen, also der schon in der kommunistischen Gesellschaft erzogenen Generation stieg, führte dazu, dass die Wissenschaft sich der Problematik auch in Osteuropa wieder zuwandte und die psychologischen und pädagogischen Momente wieder beachtet wurden, wenn auch die Fragestellung der marxistischen Soziologie weiterhin dominiert und die Kriminologie der kapitalistischen Länder, vor allem auch die Psychoanalyse abgelehnt werden. Die Entartung der sozialistischen Ideen unter dem System des bürokratischen Stalinismus hat nicht nur ihren Anteil am Wiederaufflammen der Jugendkriminalität, soweit sie nicht einfach durch diesen mit Gewalt unterdrückt worden war (Arbeitslager), sondern zu einer Verengung des Gesichtsfeldes der Wissenschaft im Osten Europas geführt, aus der sie sich nur mühsam zu befreien vermag. Über die DDR sind jetzt auch wieder Abhandlungen über diese Thematik bekannt geworden. Die Jugendkriminalität ist Gegenstand zweier internationaler Symposien von Kriminologen aller Ostblockländer gewesen. Im Vordergrund steht die Überzeugung, dass die Kriminalität durch wissenschaftliche und gesellschaftspolitische Anstrengungen überwunden werden kann und muss. Im Vordergrund stehen daher die Behandungsmethoden zur Bekämpfung und Verhütung der Jugendkriminalität, wobei in einzelnen Ländern Beachtliches geleistet wird. („Jugendkriminalität und ihre Bekämpfung in der sozialistischen Gesellschaft". Hrsg.: J. Leschkas. Berlin (Ost) 1965; Buchholz; Hartmann; Leschkas: Sozialistische Kriminologie. Berlin 1966; „Studien zur Jugend-Kriminologie" Berlin 1965).

C. Verhütung, Behandlung und Bekämpfung der Jugendkriminalität

1. Die geschichtliche Entwicklung des Problems

Bis in die Gegenwart hinein ist das Strafrecht vom Gedanken der Vergeltung beherrscht. dass Kinder bis zu 10 oder 12 Jahren wegen mangelnder Reife milder zu bestrafen seien, weil ihre Schuld gemildert sei, ist von einzelnen Gesetzbüchern schon im Mittelalter anerkannt und von humanistisch Gesinnten gefordert worden. Beispielhaft dafür ist das Werk eines der bedeutendsten Vertreter der Aufklärung in Italien, der Schriftsteller und Jurist Cesare Beccaria „Über Verbrecher und Strafen", Lovorno 1766. Selten ist mit solcher Klarheit der Grundsatz vertreten worden, es sei besser, dem Verbrechen vorzubeugen als sie zu bestrafen und das sicherste doch schwierigste Mittel zur Vorbeugung gegen das Verbrechen sei die Vervollkommnung der Erziehung. Es bedurfte noch vieler Jahrzehnte, bis solche Gedanken Eingang in die Wirklichkeit und die Gesetzgebung fanden. Es bedurfte erst des nicht zu übersehenden Beweises, dass grausame Abschreckung, frühe und strenge Bestrafung, das Einsperren von Kindern mit erwachsenen Verbrechern das Gegenteil bewirkten und nicht nur die Jugendkriminalität weiter anstieg, sondern vor allem die Rückfallziffern ständig zunahmen. Es gelang der Internationalen Kriminalisten Vereinigung unter ihrem Gründer und Leiter, dem Strafrechtslehrer Franz von Liszt, Juristen und die Öffentlichkeit davon zu überzeugen, dass andere, zweckmäßigere und der Situation der Jugendlichen gerechter werdende Mittel angewandt werden müssen.

2. Die Entstehung der Jugend-Gerichte

Das erste Ziel war, eine selbständige Jugendgerichtsbarkeit unter schrittweiser Loslösung vom strafrechtlichen Denken zu schaffen. Am 1.7.1899 wurde in Chicago das erste Jugendgericht der Welt geschaffen. In der Präambel des Gesetzes wurde programmatisch das Ziel umschieben, wonach nicht Vergeltung, sondern Fürsorge, Schutz und Erziehung des jungen Menschen seine Aufgabe sein solle.

„Der Grundgedanke des Jugendgerichtsgesetzes ist, dass der Staat einschreiten und die Vormundschaft über ein Kinder oder einen Jugendlichen ausüben muss, der sich in so schlechten sozialen und persönlichen Verhältnissen befindet, dass er sich zum Kriminellen entwickeln kann. Er soll jedoch nicht als Verbrecher behandelt und nicht wegen eines Verbrechens angeklagt werden, sondern als Mündel des Staates besonderer Pflege, Bewachung und Disziplin teilhaftig werden, die sonst nur nicht straffällige Jugendliche empfangen und die so beschaffen sein sollen, als wenn sie von den eigenen Eltern kommen."

Von Amerika aus breitete sich die Jugendgerichtsbewegung rasch über die ganze Welt aus. Viele Länder schufen besondere Gesetze und eigene Jugendgerichte, mindestens aber Sonderbestimmungen über die Behandlung von Jugendlichen. Am weitesten gingen die skandinavischen Länder, in denen von schweren Verbrechen abgesehen, die große Mehrzahl aller mit dem Strafrecht in Konflikt geratenen Jugendlichen vor Jugendwohlfahrtskommissionen kommen, die über die erzieherischen Maßnahmen nach eingehender Untersuchung entscheiden. Aber auch wo dies eine Angelegenheit der Gerichte bleibt, sollen fachlich ausgebildete Laien mitentscheiden. In den meisten Ländern fallen auch dissoziale Verhaltensweisen (Verwahrlosung, Schwererziehbarkeit) in die Zuständigkeit dieser Gerichte und es zeichnet sich in einigen Ländern die Tendenz zu „Familiengerichten" ab (z. B. Japan), die über die Angelegenheiten, die Kinder und Jugendliche oder die Familie im ganzen bereffen, zu befinden haben. In anderen wiederum übernehmen die Jugendbehörden die Auswahl und Durchführung der Maßnahmen an Stelle. der Jugendgerichte.

3. Die pädagogische Sicht der Behandlung des Problems

Die Behandlung dissozialer oder straffällig gewordener Kinder und Jugendlicher – die Altersgrenzen sind je nach nationaler Gesetzgebung und nach dem Ausmaß der Lösung vom Strafrecht sehr verschieden – unterscheidet sich von der der Erwachsenen (Volljährigen) in folgender Hinsicht:

Das Verhalten des jungen Menschen wird nicht an dem äußeren Geschehen und nicht an dem Tatbestand des Strafbestands der Strafgesetze gemessen, sondern als ein Symptom seiner durch fehlerhafte Erziehung bewirkte Fehlentwicklung seiner Persönlichkeit. Art und Ausmaß der Erziehungsbedürftigkeit entscheiden über die Folgemaßnahmen. Darum ist die Erforschung der Persönlichkeit, seines Lebensschicksals bzw. seiner Familienstruktur wesentlicher als die Tataufklärung der meist geständigen und leicht zu überführenden Jugendlichen.

a) Die Reaktion auf die Tat muss auf die besondere Persönlichkeit des Delinquenten individuell ausgerichtet sein. Nicht seine individuelle Schuld, sondern die Schuld der Gesellschaft wird als schwerwiegend gewertet.

b) Bei der Beurteilung ist davon auszugehen, was für diesen bestimmten Jugendlichen erzieherisch sinnvoll ist. Es ist alles zu vermeiden, was ihn für seine Zukunft schädigen würde. Erziehungsmängel sind nicht am Jugendlichen zu vergelten (Überzufügung), sie sind durch Nacherziehung möglichst auszugleichen.

c) Ziel aller Maßnahmen ist, den Jugendlichen persönlich reif zu machen, den Anforderungen der Gesellschaft zu entsprechen. Erziehung bedeutet Entfaltung aller geistig-seelischen Anlagen und Fähigkeiten und hat den jungen Menschen durch Herstellung eines persönlichen Bezuges zur Selbstbestimmung und Lebenstüchtigkeit zu führen durch Stärkung seiner Willenskraft und seiner Einsicht.

d) Alles erzieherische Handeln darf nicht an Strafvorstellung der Justiz anknüpfen, sondern muss von der Erkenntnis der Erziehungswissenschaft (Pädagogik, Psychologie) ausgehen.

e) Die Erziehung bedarf der Unterstützung durch soziale Hilfsmaßnahmen für ihn und seine Umwelt.

f) Erziehungs- und Fürsorgemaßnahmen sollen die Selbständigkeit und Selbstbestimmung des jungen Menschen fördern und dürfen diese daher nur insoweit einschränken, als es für den Erziehungserfolg unerlässlich ist.

g) Deshalb ist die Erziehung zum Leben als freier Mensch in der Gesellschaft so weit wie möglich nicht in Anstalten, schon gar nicht in Strafanstalten, sondern unter Anleitung möglichst in der Freiheit selbst durchzuführen.

4. Die Erziehung in der Freiheit

Der zuletzt genannte Gedanke hat schon in der Mitte des vorigen Jahrhunderts in England und den USA dazu geführt, die Strafe zur Bewährung (probation) auszusetzen und die Jugendlichen der Aufsicht und Anleitung von ehrenamtlichen Helfern oder seiner Lehrherren zu unterstellen. In späteren Jahren wurden immer mehr fachlich ausgebildete Beamte hierfür benötigt, um dem jungen Menschen Rat, Beistand und freundschaftliche Hilfe dabei zu leisten, zukünftig straffrei zu bleiben, sich zu bewähren. Das System der „Probation“, d. h. der Aussetzung von Urteil und Strafe zur Bewährung, oder der Aussetzung eines Teiles der Strafe (Entlassung „on parole“) hat sich immer mehr eingebürgert und zu einer Senkung der Rückfallquote geführt. Der Vorteil dieser ambulanten Behandlung ist, dass der Jugendliche nicht aus seinen sozialen Beziehungen gelöst wird und er sich in der Realität seines Lebens mit allen Versuchungen besser bewähren kann, als in dem künstlichem Milieu einer Anstalt mit ihrer strengen Ordnung. Oft genügen auch verpflichtende Weisungen für die Gestaltung seines Lebens oder Auflagen zur Wiedergutmachung eines angerichteten Schadens durch Geld- oder Arbeitsleistungen.

5. Erziehungsheime und Jugendstrafanstalten

Sofern aber die Erziehung eine Herausnahme aus dem bisherigen Milieu erforderlich macht, soll die anstaltsmäßige Behandlung – institutional treatment – eher in Erziehungsheimen als in Strafanstalten erfolgen. Viele internationale Kongresse und Vereinigungen (Weltkongress der UNO über Verbrechensverhütung und Behandlung von Rechtsbrechern. Genf 1955; Internationale Vereinigung für Jugendhilfe) haben Grundsätze für die Behandlung dissozialer und schwererziehbarer Jugendlicher entwickelt. Dabei ist je nach Art und Ausmaß der Störung ein differenziertes System von Heimen Vorbedingung für einen erzieherischen Erfolg. Die Einweisung soll erst nach eingehender Beobachtung und Testung in besonderen Beobachtungseinrichtungen erfolgen. Die Behandlung soll nach Methoden durchgeführt werden, denen die modernen wissenschaftlichen Erkenntnisse der Sozialpädagogik und der Tiefenpsychologie zugrunde liegen (Gruppenpädagogik und Gruppenpsychotherapie kombiniert mit Einzelbehandlung. Vollzug in Stufen mit wachsender Freiheit und Vergünstigungen je nach Bewährung, Mitbestimmung der Jugendlichen). Zur Durchführung werden gut ausgebildete, pädagogisch und psychologisch geschulte Fachkräfte benötigt. Die Wirklichkeit bleibt in verschiedenem Grad in den einzelnen Ländern hinter diesen Erfordernissen zurück. Von Mustereinrichtungen bis zu Anstalten, die noch reinen Strafanstalten gleichen, gibt es alles. In der Bundesrepublik Deutschland stellen Jugendstrafanstalten (für Jugendliche, die bei Begehung der Tat unter 21 Jahre alt waren) eine Verbindung strafrechtlicher und erzieherischer Grundsätze dar, in den USA ist es von Staat zu Staat verschieden, am fortschrittlichsten in Kalifornien. Italien hat schon 1954 das letzte Jugendgefängnis geschlossen und kennt nur noch geschlossene Abteilungen in Erziehungsheimen. England hat mit dem Borstal-System für 16- bis 21-Jährige schon seit 1908 neue Wege beschritten. Die Einweisung durch das Gericht erfolgt auf unbestimmte Zeit. Die Anstalten sind meist „offen“, Entweichungen werden als Risiko in Kauf genommen. Man geht davon aus, dass der Erfolg der Erziehung nicht von vornherein zeitlich voraus bestimmt werden kann und dass Erziehung meist ein Mindestmaß von Zeit (selten weniger als ein Jahr) erfordert. Durchschnittlich werden 18 bis 24 Monate in der Anstalt benötigt, danach steht der Jugendliche noch einige Zeit unter „Bewährung“. Das Schwergewicht der Erziehungsarbeit liegt auf der Entwicklung des Charakters sowie der Ausbildung der geistigen und beruflichen Fähigkeiten. Dieses System hat Schule gemacht und liegt mehr oder weniger allen ähnlichen Einrichtungen heute zugrunde. Neben der langfristigen Heimerziehung hat sich in zunehmendem Maße das Bedürfnis auch nach kurzfristigen Maßnahmen (1-6 Monate) für leichtere Fälle geltend gemacht (Jugendarrest in Deutschland, detention centres in England und USA). Der Council of Europe hat einen umfassenden Überblick über diese noch in der Entwicklung befindlichen Methoden veröffentlicht (Short terms methods of Treatment for young offenders, Straßburg 1967), die noch sehr in der Erprobung sind.

D. Verhütung durch vorbeugende Maßnahmen

Immer stärker setzt sich aber die Erkenntnis durch, dass Vorbeugen besser als Heilen ist und dass man um so eher Fehlentwicklungen verhüten kann, je früher man eingreift. Die wachsende Kenntnis der Zusammenhänge ermöglicht gezielte Hilfsmaßnahmen, um die Voraussetzungen für die Verhütung oder rechtzeitige Heilung dissozialer Entwicklungen bei gefährdeten Kindern zu schaffen. Vor allen ist es nötig, den Eltern für die sich aus der Änderung des Gesellschaftsgefüges ergebenden Gefährdungen rechzeitig Rat und Hilfe durch ein ausgebautes Netz von Erziehungsberatungsstellen (child guidance centres) zu geben, sowie die Eltern durch besondere Schulungskurse (Elternbildung) auf ihre erzieherischen Aufgaben besser vorzubereiten, damit sie in den kritischen und gefährlichen Perioden der jugendlichen Entwicklung zweckmäßig und nicht emotionell handeln und ihren Kindern helfen können in die soziale Ordnung hineinzuwachsen. Darüber hinaus ist die Unterstützung der Eltern durch Ausbau von Kindergärten und Horten für die Schulkinder, von Jugendclubs, Freizeitheimen, Camps notwendig. Viele andere Maßnahmen der Jugendfürsorge und des Schutzes der Jugend vor schädlichen Einflüssen der Schundliteratur, Kriminalfilmen, Sensationspresse und der „Freizeitindustrie“, die Schaffung einer für die Behandlung von Kindern und Jugendlichen eigens ausgebildete Abteilung der Polizei treten hinzu. Die beste Verhütung stellt eine vernünftige Sozialpolitik dar, die für Arbeitsplätze, Ausbildungsmöglichkeit, gesunde Wohnungen und die Beseitigung materieller Not Sorge trägt. Nicht minder wichtig ist ein gut ausgebautes Schulwesen, das moderne Erziehungsgrundsätze befolgt. Gerade hier fällt einer Schule, die nicht nur dem Leistungsprinzip zuliebe Wissen vermittelt, sondern seelische Hygiene und Charakterbildung erstrebt, eine wichtige Funktion zu. Fast alle späteren Kriminellen wurden schon in den ersten Schuljahren durch aggressives Verhalten auffällig und häufiges Schulschwänzen ist ein Frühsymptom für spätere Delinquenz.

Die Forschungen des Ehepaares Glueck haben, aufgrund lebenslanger Erfahrung und Untersuchung von Tausenden von Jugendlichen, zur Aufstellung von Prognosetafeln geführt, die das frühzeitige Erkennen beginnender Dissozialität ermöglicht. Sie schließen das Schlusskapitel ihres Buches, mit dem sie ihre Ergebnisse zusammenfassend referieren:

„Bei dem Problem der Kriminalität begegnen wir nicht der Prädestination, sonder lediglich einer Prädisposition. Und wie Versuche ergeben haben, besteht eine Wahrscheinlichkeit dafür, dass in vielen Fällen diese Disposition durch einen gezielten und besonders frühzeitigen Eingriff in andere Bahnen gelenkt werden kann, und zwar mit Hilfe therapeutischer und prophylaktischer Maßnahmen. Es handelt sich um ein Problem von Störungen des Gefühlslebens, der Persönlichkeit und des Charakters ... Aufgrund dieser Erkenntnis werden wir zumindest mit einer Grundhaltung und Einsicht an dieses Problem herangehen ....., dass es für die Wissenschaft keine „guten“ und keine „bösen“ Jungen gibt, sondern nur Kinder, die bei ihrem Aufwachsen mehr und solche, die dabei weniger einer Hilfe bedürfen. ... Es besteht wohlbegründete Hoffnung, dass Rückfall-Kriminalität nicht unvermeidbar ist ... Eltern, Lehrer und Berater und andere Menschen, die mit Kindern zu tun haben obliegt es, so viel wie möglich von der erstickenden Asche des „Determinismus“ abzutragen.“

Voraussetzungen für die Verwirklichung

Darüber dass vieles vorher geschehen muss, wenn solche Vorschläge – selbst wenn sie Gesetzesform annehmen – nicht Papier bleiben sollen, waren sich die Mitglieder der Kommission von Anfang an klar; folgende Voraussetzungen müssen geschaffen werden, damit sie in einigen Jahren die Praxis wirklich zu bestimmen in der Lage sind:

Die Organisation der Jugendämter auf kommunaler Landesebene muss auf Anbetracht der vielen Aufgaben, die neu auf sie zukommen, erheblich verbreitert und verbessert werden. Funktionsfähige Ämter mit der unerlässlichen Arbeitsteilung haben zur Voraussetzung eine Verwaltungsreform, durch die große, fachlich und finanziell leistungsfähige Stadt- und Landkreise geschaffen werden, und/oder den Zusammenschluss mehrerer Kreise zu einem Zweckverband (Bezirksjugendämter), der leistungsfähig genug ist, um eine personelle und institutionelle „Mindestausstattung“ zu gewährleisten. An Stelle der „sozialen Ordnungsbehörden“ und „Ämter für Vermögenssorge von Mündeln“ muss das lebendige Jugendamt unter dem Prinzip der vorbeugenden und heilenden Hilfe treten, das soziale Leistungsdenken muss obrigkeitliches Ordnungs- und Eingriffsgebaren ablösen.

Jede wirkliche Reform steht und fällt mit dem Einsatz einer genügend großen Zahl von gut ausgebildeten und speziell für die jeweilige Aufgabe vorgebildeten Fachkräften. Den Jugendbehörden müssen genügend Planstellen zur Verfügung stehen und Status, Arbeitsbedingungen und Besoldung sind den höheren Ausbildungsanforderungen entsprechend zu verbessern. In weiterem Umfang erfolgt die Ausbildung künftig an Fach- bzw. Gesamthochschulen und Universitäten, eine systematische Fortbildung muss gewährleistet sein. Dies gilt auch für die künftigen Jugendrichter und deren Beisitzer. Nur so kann sichergestellt werden, dass die Arbeit mit zeitgemäßen, dem Stand der Wissenschaft angemessenen Methoden geleistet wird. In ganz besonderem Maße hängt die unerlässliche Reform der Heimerziehung vom Einsatz qualifizierter und in Sozialpädagogik wie Tiefenpsychologie gut ausgebildeter Fachkräfte ab.

Die wissenschaftliche Forschung muss gefördert und für den gesamten Bereich der Jugend- und Sozialhilfe (Sozialpädagogik und Sozialtherapie) entwickelt und ausgebaut werden. Insbesondere sind neue Behandlungsmethoden in Modelleinrichtungen zu erproben.

Die Frage des personellen Bedarfs, des Ausbildungswesens, der zu schaffenden neuen Einrichtungen, der strukturellen Reformen und des für alle Aufgaben erforderlichen Finanzbedarfs machen eine systematische Planung zwischen Gemeinden und Ländern nach der Erstellung einer sachgerechten Bestands- und Bedarfsanalyse erforderlich.

Gleichzeitig muss die breite Öffentlichkeit davon überzeugt werden, dass eine grundlegende Reform von Recht und Praxis der Jugendhilfe notwendig ist. Sie muss in viel größerem Umfang und objektiver als bisher über die Ursachen jugendlicher Fehlentwicklung – bis hin zur Jugendkriminalität – aufgeklärt und zu der Überzeugung gebracht werden, dass es hierbei nicht um Schuld und Vergeltung geht, sondern um eine rationale, mit wissenschaftlichen Methoden zu entwickelnde Behandlung zur Heilung von seelischen Störungen und um ihre Verhütung durch rechtzeitige sozialpädagogische und sozialpolitische Maßnahmen. Diese werden sich im Ergebnis und auf Dauer nicht nur als humaner, vernünftiger und zweckmäßiger erweisen, sondern der Gesellschaft auch zukünftige, weit größere Kosten und Schäden ersparen. Auch bei den Gewerkschaften und ihrer Bildungsarbeit liegt hier eine große Verantwortung, die organisierte Arbeitnehmerschaft für diese Ideen zu gewinnen und an ihrer Verwirklichung mitzuarbeiten.

(1970)

Literatur

Deutsch
Handwörterbuch der Kriminologie. Hrsg. R. Sieverts, Berlin 1966 (Beiträge: Jugendkriminalität, Jugendstrafrecht u. a.)
Minendorf: Jugendkriminologie. Ratingen 1956
P. Heintz; R. König: Soziologie der Jugendkriminalität. Köln 1958
J. Hellmer: Jugendkriminalität in unserer Zeit. Frankfurt 1966
E. Künzel: Jugendkriminalität und Jugendverwahrlosung in tiefenpsychologischer Sicht. Göttingen 1968
E. Opitz: Verwahrlosung im Jugendalter 1959

Englisch
K. Friedlaender: The Psychoanalytic approach to juvenile Delinquency. London 1960
K. R. Eissler (Hrsg.): Searchlights on Delinquency. New York 1949
W. C. Reckless (Hrsg.): The etiology of delinquent and criminal behaviour. New York 1943
Teeters; Reinemann: The challenge of delinquency. New York 1950
S. & E. Glueck. Delinquents in the making-path to prevention. New York 1952
W. Kvaraccus: Juvenile Delinquency and the school. Yonkers 1945
US-Department of Labor: Lists of Reverences on Juvenile Delinquency. Childrens Bureau. Washington D.C.
US-Department of Health, Education & Welfare: A selected bibliography on juvenile delinquency. Children Bureau 1953

Französisch
J. Chazal: Delinquante Juvenile. Paris 1964
J. Chazal: Etudes de Criminoloie juvenile. 1952
D. Szabo: La delinquance juvenils (Bibliographie) 1962
Veillard-Cybulski: Les jeunes deliquants dans le monde. 1963
United Nations
Comparative Survey on Juvenile Delinquency
Prevention of juvenile delinquency in selected european countries 1955
Excerta Criminologica (Bibliographie - vierteljährlich) Amsterdam 1961 ff

Zum Problem der akademischen Ausbildung auf dem Gebiet der Sozialpädagogik

„Was ist Charitas ohne Wissenschaft? Sie wäre ein Schiff ohne Steuer"

(Erasmus)

Anfänge der Entwicklung

Seit langem und von vielen Seiten wird die Forderung gestellt, Möglichkeiten für eine eigenständige sozialpädagogische Ausbildung an Universitäten zu schaffen.[1] Diese Bestrebungen sind jetzt 50 Jahre alt. Als erster hat Karl Wilker, der mit seiner umwälzenden Praxis der Fürsorgeerziehung im „Lindenhof" (einer Anstalt der Stadt Berlin) 1917-21 die sozialpädagogische Bewegung der 20er Jahre mit einem leuchtenden Beispiel eingeläutet hat, schon 1911 darauf hingewiesen, dass Lehrstühle an den Universitäten für Sozialpädagogik unerlässlich seien. Über seinen Mitarbeiter Curt Herrmann, der mit Curt Bondy in den darauf folgenden Jahren die Grundsätze einer humanen und rational gestalteten Erziehung aus dem Jugendstrafvollzug (Hamburg - Hannöversand) zu übertragen versuchte, führte der Weg zu dem bekannten und geachteten Pädagogen Professor Herrmann Nohl, der 1924 an der Göttinger Universität den Versuch unternahm, eine Anzahl ausgewählter Studenten in besonderen Kursen für Berufe im Bereich der Sozialpädagogik und Sozialarbeit auszubilden. Diese Ausbildung erfolgte im Rahmen des Pädagogischen Seminars und wurde mit einem Staatsexamen abgeschlossen

Bald darauf gelang es den beiden christlichen Spitzenverbänden der freien Wohlfahrtspflege, die Studenten aller Fakultäten mit den Problemen der von ihnen geleisteten Sozialarbeit unter wissenschaftlichen Gesichtspunkten durch die Schaffung von Universitätsinstituten vertraut zu machen und sich dadurch einen akademisch ausgebildeten Stab von Mitarbeitern für ihre Arbeit heranzuziehen. Überflüssig zu betonen, dass sowohl das „Institut für Sozialethik der Inneren Mission" am Theologischen Seminar der Universität Berlin (seit 1925), wie das 1927 gegründete „Caritaswissenschaftliche Institut" An der Universität Freiburg (Breisgau) bemüht waren, den Studenten einen Überblick über ihre eigene Arbeit und unter den für sie spezifisch sozialethischen und moraltheologischen Blickpunkten zu geben. Charakteristisch für beide war es, dass es

[1] s. vorstehende Auszüge aus Druckschriften, Resolutionen, Referaten.

sich zwar um ein Zusatzstudium für Studenten aller Fakultäten handelte, dass dem aber doch die Einsicht zugrunde lag, mindestens einem kleinen Kreis leitender Mitarbeiter für die soziale Arbeit eine eigenständig wissenschaftliche Grundlage im Ansatz geben zu müssen. Beide Institute wurden ein Opfer nationalsozialistischer Willkürherrschaft, erstanden aber wieder nach dem 2. Weltkrieg, das katholische unter altem Namen am gleichen Ort, wenn auch erst 1964 der Lehrstuhl wieder besetzt wurde, das evangelische als „Diakoniewissenschaftliches Institut" an der Universität Heidelberg im Jahre 1954. Die Fülle der nach dem Krieg auf die freie Wohlfahrtspflege zukommenden neuen Aufgaben, die auch zur Gründung des evangelischen Hilfswerkes führten, förderte die Erkenntnis, dass das gute Herz und der Appell an die Barmherzigkeit längst nicht mehr genügen, und dass das Ausbildungswesen für die soziale Hilfsarbeit eines akademischen Überbaus benötigte, dass Lehr- und Forschungsstätten für die sozialen Probleme erforderlich seien.[1]

Außerhalb des konfessionellen Bereichs bestand an der Universität Frankfurt von ihrer Gründung 1914 an das von Christian J. Klumker gegründete „Institut für Fürsorgewesen und Jugendhilfe" im Rahmen der Wirtschafts- und Sozialwissenschaftlichen Fakultät, zuletzt als „Seminar für Fürsorgewesen und Sozialpädagogik" unter Leitung von Professor Hans Scherpner, das seit dessen Tode im Jahre 1959 nur unter kommissarischer Leitung im kleineren Rahmen fortgeführt wurde und sich kaum entfalten konnte. In Berlin erhielt Friedrich Siegmund-Schultze 1926 eine Professur für Jugendkunde und Jugendwohlfahrt (später Sozialpädagogik und Sozialethik). Er versuchte dort, die Studentenschaft mittels seiner „Sozialen Arbeitsgemeinschaft" in enge Verbindung mit sozialen Problemen zu bringen. Diese Tätigkeit fand 1933 ein gewaltsames Ende. Nach dem Kriege übernahm Siegmund-Schultze eine Honorarprofessur an der Universität Münster und bemühte sich um die Einführung eines sozialpädagogischen Ausbildungsganges mit Diplom-Abschluss.

Heutiger Stand

Eine Anzahl Universitäten (vor allem Hamburg, Göttingen, Berlin, München, Münster, Tübingen) bot oder bietet Vorlesungen und Seminare über Probleme der Sozialpädagogik im Rahmen ihrer Seminare für Pädagogik und Psychologie an, vor allem auch viele Pädagogische Hochschulen. Die Universität Mainz hat in ihrem Pädagogischen Seminar eine Abteilung für Heil- und Sozialpädagogik. Die Hamburger Universität hat nach den Plänen von Professor Curt Bondy ein sozialpädagogisches Zusatzstudium eingerichtet und einen Senatsausschuss hierfür geschaffen. Es bietet Studenten aller Fakultäten Gelegenheit, sich

---

1 Vgl. „Innere Mission" 1964, Heft 5, S. 132.

parallel zum Hauptstudium mit den Grundlagen der Sozialpädagogik und Sozialarbeit vertraut zu machen, und soll das Hauptstudium insoweit ergänzen, dass es mit den pädagogischen, psychologischen, medizinischen und rechtlichen Grundlagen der sozialen und sozialpädagogischen Arbeit, deren Methoden und Institutionen vertraut macht.[1] Das Studium wird mit einer Prüfung abgeschlossen, und der Kandidat erhält hierüber eine Urkunde. Auch an der Marburger Universität wird ein ähnlicher Versuch, wenn auch in viel loserer Form und ohne Möglichkeiten eines Abschlusses durch eine Prüfung, seit 1954 unternommen. Dozenten verschiedener Fachrichtungen führen gemeinsame Seminare und Kolloquien für Studenten aller Fakultäten durch, zu denen auch Praktiker aus dem Bereich der Sozialarbeit zugezogen werden. Die Initiative ging von der Professorin für Pädagogik, Frau Dr. Elisabeth Blochmann, unter aktiver Beteiligung von Professor Dr. med. Hermann Stutte (Kinder- und Jugendpsychiatrie) aus.[2]

Die Möglichkeit eines eigenständigen Studiums der Sozialpädagogik und des Erwerbs eines Diploms für Sozialpädagogik – oder die Möglichkeit, wenigstens mit der Fächerkombination Pädagogik – Psychologie – Soziologie zu promovieren –, gibt es wohl nur in Ausnahmefällen, wenn man auch Sozialpädagogik vereinzelt als Schwerpunkt im Fache Pädagogik wählen kann. Neuerdings gibt es auch die Möglichkeit einer solchen Fächerkombination bei der Magisterprüfung, die für eine weitere akademische Laufbahn jedoch nicht ausreicht. Doch immer handelt es sich nur um vereinzelte Möglichkeiten in Verbindung mit dem Studium an anderen Fakultäten.

Besonderes Interesse verdient in diesem Zusammenhang eine Einrichtung, die an einer Schweizer Universität im Jahre 1961 auf Initiative des Schweizerischen Caritas-Verband des geschaffen wurde, dem es damit als erstem Verband gelang, das Postulat der schweizerischen Landeskonferenz für soziale Arbeit zur Schaffung von Ausbildungsstätten auf Universitätsniveau in die Praxis umzusetzen. Im Rahmen des „Instituts für Pädagogik, Heilpädagogik und angewandte Psychologie“ wurde neben der Abteilung „Heilpädagogik“ eine besondere Abteilung für „Caritas und angewandte Sozialwissenschaft“ (Direktor Prof. Dr. Willy Büchi) geschaffen.[3] An diesem Versuch, der sich nunmehr schon fünf Jahre bewähren konnte, ist besonders interessant, dass auch die Grundausbildung, wie sie sonst an Sozialen Schulen erworben wird, in die Universitätsausbildung einbezogen wurde, um so auch Abiturienten und

---

[1] Vgl. Studien- und Prüfungsordnung für ein interfakultatives Zusatzstudium an der Universität Hamburg (s. auch „Unsre Jugend“ 1962, S. 55ff.

[2] Vgl. „Marburger Denkschrift“ (Literaturverzeichnis 19).

[3] Prof. Montaita (Literaturverzeichnis 12.) und Prof. Büchl (Literaturverzeichnis 21).

Absolventen der Lehrerausbildung für die Sozialarbeit zu gewinnen und schon im Rahmen dieser Grundausbildung deren wissenschaftliche Vertiefung zu erreichen. Diese kann nach vier Semestern und einem halbjährigen Praktikum mit einem Caritas-Diplom und nach weiteren zwei Semestern Studium und einem Jahr Praktikum mit einem Höheren Diplom für Sozialarbeit abgeschlossen werden. Es besteht daneben die Möglichkeit, die berufswissenschaftliche Diplomausbildung mit einem akademischen Lizentiat oder Doktorat innerhalb einer der in Betracht kommenden Fakultäten zu krönen. Dieses Modell verdient unsere besondere Aufmerksamkeit.

Notwendigkeit einer akademischen Ausbildung

Was hat zu dieser Entwicklung, die sich in ihrer Richtung eindeutig abzeichnet, und zu den immer häufiger und dringlicher werdenden Forderungen nach ihrer Beschleunigung, nach dem systematischen Ausbau eines akademischen Ausbildungsweges geführt? Die Gründe liegen einmal – und entscheidend – in der gesamtgesellschaftlichen Entwicklung mit ihrem ständigen Wandel, den immer komplexer und undurchschaubarer werdenden Zusammenhängen. Die Probleme des menschlichen Zusammenlebens werden damit komplizierter und erfordern immer differenziertere Methoden für ihre Bewältigung beim Einzelnen wie bei ganzen Gruppen. Erst als der absolute Stillstand und Rückschritt des geistigen Lebens mit der totalen Niederlage des nationalsozialistischen Systems und der Überwindung der ärgsten Not sein Ende fand, wurde die persönliche und ideelle Wiederbegegnung mit Theorie und Praxis der demokratischen Welt auch auf dem Gebiet der sozialpädagogischen Arbeit möglich. Neue Erkenntnisse in allen Wissenschaften vom Menschen hatten – nicht zuletzt unter aktivster Mitwirkung der aus dem deutschen Sprach- und Kulturkreis Vertriebenen – zur Entfaltung neuer Methoden geführt. Die starke Spezialisierung und Differenzierung machte eine Zusammenfassung des Wesentlichen, seine theoretische Durchdringung und Analyse dringend, schuf das Bedürfnis nach einer eigenständigen wissenschaftlichen Disziplin der Sozialpädagogik als Grundlage für eine moderne Sozialarbeit, nach einer Forschung, die die Erfahrungen und Erkenntnisse anderer Länder gemäß den in der Bundesrepublik gegebenen Bedingungen selbständig zu verarbeiten und zu entwickeln hätte, nach einer Lehre, die dem wissenschaftlichen Standard der zweiten Hälfte des 20. Jahrhunderts angemessen wäre. Dass dies auch erhöhte Anforderungen an die Ausbildung der Berufstätigen im gesamten Bereich erzieherischer und sozialer Arbeit bedeuten würde, kann gar nicht zweifelhaft sein. In den angelsächsischen Ländern und denen, die sich von ihrer Auffassung moderner Sozialarbeit inspirieren ließen, besteht die Ausbildung in einem vierjährigen Universitätsstudium. Dabei ist allerdings die andersartige Organisation des höheren Schulwesens und der Universitäten zu berücksichtigen und die Tatsache zu beachten, dass trotzdem ein großer Teil der Sozialarbeiter nicht ausreichend ausgebildet ist.

Niemand wird erwarten oder die Forderung erheben, dass wir diesem Beispiel folgen. Aber es kann kein Zweifel daran bestehen, dass uns nicht grundsätzliche Erwägungen hierzu veranlassen, sondern die nüchterne Erkenntnis der ideellen, personellen und finanziellen Gegebenheiten hier (von allen Widerständen aus Vorurteil, Unverständnis, Beharrungsvermögen und kurzsichtigen Eigeninteressen abgesehen), und dass die Entwicklung in diese Richtung geht. Es ist nicht einzusehen, warum Lehrer, die mit der Erziehung normaler Kinder zu tun haben, heute das Abitur haben müssen und an eigenen Hochschulen, die immer enger an die Universität heranrücken – z. T., wie in Hamburg und Hessen, weitgehend in sie integriert werden –, ausgebildet werden, dass für Erzieher von geschädigten, gestörten und schwierigen Kindern aber mittlere Reife und Fachschulausbildung allein genügen soll. Ohne wissenschaftliche Grundlage wird auf die Dauer solche verantwortungsvolle Arbeit nicht geleistet werden können.

Die Empfehlungen und Gutachten des Deutschen Ausschusses für Erziehungs- und Bildungswesen verlangen „Erziehung in einer Welt, die ihre verpflichtenden Ordnungen und Beziehungen nicht mehr von selbst auf die junge Generation tradiert ... das erfordert einen hohen Grad der Reflexionsfähigkeit, des Motivationsbewusstseins und des sachkundigen Eindringens in eine kompliziert gewordene Erziehungswirklichkeit“. Für die Hebung des Niveaus der Sozialarbeiterausbildung ist gewiss im letzten Jahrzehnt vieles getan worden. Letzten Endes werden wir uns aber – ohne das ausländische Vorbild einfach zu kopieren – einer gehobenen Ausbildung für Sozialarbeiter und Sozialpädagogen in steigendem Maße annähern müssen. Doch steht nicht dies hier zur Debatte. Alle wissen, dass es bedeuten würde, den zweiten Schritt vor dem ersten zu tun und nur die Zahl der sich für diesen Beruf Interessierenden zu beschränken. Denn wo sind die wissenschaftlich qualifizierten Lehrkräfte, die die Probleme auch von der Praxis her kennen?

Verbindung von Theorie und Praxis

Die enge Verbindung der theoretischen Ausbildung mit praktischer Erfahrung in der sozialen Arbeit ist eine unerlässliche Voraussetzung auch für die akademische Forschung und Lehre. Darum geht die übereinstimmende Forderung Aller zunächst nach einer akademischen Ausbildung für die Führungskräfte der sozialpädagogischen Institutionen, für die Leiter der Erziehungsheime, Jugendstrafanstalten, für die Leitung der Verwaltung von Jugend- und Sozialämtern, von entsprechenden Abteilungen der kommunalen Zusammenschlüsse, der Länder- und Bundesministerien, der freien Wohlfahrtsverbände und für die Dozenten an Fachschulen für die soziale Arbeit.

Die Beschränkung auf Spitzenfunktionen und spezielle Aufgaben mit psychotherapeutischem Charakter erscheint allein in absehbarer Zeit realisierbar und wäre ein großer Fortschritt auf dem Wege zur Hebung der sozialpädagogischen Berufslaufbahn. Vielleicht könnten auch bewährte Kräfte mit langer Erfahrung in der praktischen Arbeit in einem zusätzlichen Studium für die Tätigkeit des Supervisors (Praxisanleiters) ausgebildet werden. So ausgebildeten Kräften könnte im Ansehen der öffentlichen Meinung wie in ihrer beamtenrechtlichen und finanziellen Einstufung dann ein besserer Status nicht verweigert werden.

Dann würde auch der höchst unbefriedigende Zustand überwunden werden können, dass fachlich ausgebildete Kräfte in ihrer Arbeit durch Vorgesetzte eingeschränkt werden, die selbst entweder keine entsprechende Ausbildung haben oder eine solche, die von ganz anderen Gesichtspunkten bestimmt ist. Die so „gesicherte Autorität“ würde nicht mehr zu sachfremden Ressentiments und autoritären Methoden führen, sie könnte auf besseres Wissen und Können gestützt werden. Auch die künftigen Lehrkräfte an den Höheren Fachschulen sollten zu Lehre und Forschung auf ihrem Gebiet vorgebildet sein, damit zur Entwicklung der Sozialpädagogik in Theorie und deren methodischer Anwendung in der Praxis beitragen und so vor allem auch das Niveau der Ausbildung an den Höheren Fachschulen steigern, die möglichst engen Kontakt mit den zu schaffenden Universitätsinstituten haben müssten.

Es ist sehr zu bedauern, dass der Deutsche Ausschuss für das Erziehungs- und Bildungswesen in seinen Empfehlungen und Gutachten diesen Fragen kaum seine Aufmerksamkeit geschenkt hat, als ob der sozialpädagogische Bereich nicht zum Erziehungswesen gehöre, und dies, obwohl er selbst nicht umhin konnte festzustellen: „Zwar stehen alle Bildungseinrichtungen und alle ihre Sachwalter vom Elternhaus und Kindergarten bis zu den Universitäten ... in einer wechselseitigen Abhängigkeit.“ Es ist sicherlich richtig, dass die Neuregelung der Lehrerausbildung vordringlich war und dass sie der Punkt der größten Wirkung ist.[1] „Dem Volksschullehrer vertrauen wir alle Kinder unseres Volkes in Jahren stärkster Bildsamkeit an.“ Die Konsequenz, die Ausbildung aller in erzieherischen Berufen Stehenden in gleicher Weise zu heben, zu fördern und zu verbinden, wird leider nirgendwo gezogen. Aber doch enthalten diese Empfehlungen vieles, was mit gleichem Recht und mindestens so guten Gründen auch für den sozialpädagogischen Bereich gilt. So, wenn Hochschulreife und akademische Bildung als grundsätzliche Bedingungen für eine zeitgemäße Lehrerbildung gefordert werden, weil „hinter den Bedingungen des geistigen Lebens der Gegenwart mit seinen Wertungskrisen und einer sich

---

[1] S. „Empfehlungen ... “, Folge 1, S. 52.

schnell ändernden Gesellschaft ... eine praktizistische Funktionsschulung für feste Leistungskomplexe keine Chance mehr hat“[1] und weil „jede Bildung für ein Lehramt unter das Gesetz der Wissenschaft zu treten hat und sie vermeiden muss, sich in ein verengtes Verständnis des Berufes einzukapseln und vom geistigen Gesamtleben zu isolieren“.[2] Obwohl der Deutsche Ausschuss eine „Brücke von den Bestrebungen der Reformpädagogik und Jugendbewegung der 20er Jahre zu den Erfordernissen der modernen technischen Welt“ sein wollte, hat er deren engen Zusammenhang mit der sozialpädagogischen Bewegung nicht gesehen. Und wenn auch Kultusminister Prof. Dr. Wilhelm Hahn in seiner Schlussansprache auf die Bedeutung von „Schulreife und Schulkindergarten, Erziehung im frühen Kindesalter“ hinwies – die logische Folgerung: Einheit der Erziehung setze einen einheitlichen und gleichgestalteten Ausbildungsweg voraus, zog niemand in diesem Gremium.

Für und wider universitäre Ausbildung

Liest man die Aufsätze Wilkers, Nohls, Klumkers und anderer, die vor vier, fünf Jahrzehnten geschrieben wurden, so kann man nur immer wieder feststellen, dass damals eigentlich schon nahezu alles gesagt wurde, was zu diesem Thema gesagt werden kann – und dass wir seitdem kaum weitergekommen sind. Übereinstimmend wird betont, dass die Sozialpädagogik in keines unserer akademischen Fächer hineinpasst, sondern „die Grenzen mehrerer von ihnen durchschneidet“ (Klumker). Er sagt – wie vor ihm Wilker, der schon 1911 einen Aufbauplan für eine pädagogische Fakultät entworfen hat –, dass „eben Fürsorge in allen Formen ein Stück Erziehung einschließt“. Das ist um so beachtlicher, als er ja im Rahmen einer wirtschaftswissenschaftlichen Fakultät wirkte, wo sich seine Sicht des Problems nie durchsetzen konnte. Deshalb auch erkannte er bald, dass ein solches Studium ... „nicht nebenbei in einen anderen Bildungsgang hineingedrängt werden“ kann und „dass der zukünftige Fürsorger Wissen und Kenntnisse“ sich „überall besser und sicherer verschaffen kann als im Rahmen des akademischen Lehrbetriebs“.

Von daher auch die Bedenken, die Alice Salomon gegen die akademische Ausbildung äußert. Wenn sie 1929 noch betont, dass die Universitäten die besondere Ausrüstung für die sozialen Aufgaben gar nicht geben können, andererseits die Notwendigkeit einer hochschulartigen Schulung für die Aufgabe der Leitung großer Ämter und Vereine klar erkennt, so hat sie in der damaligen Situation durchaus recht, wenn sie die Lösung in einer Fortbildungsakademie sieht. Das Selbstverständnis der Universitäten als Stätten reiner Wissenschaft im Sinn Humboldts ist längst ins Wanken geraten; es gibt Ansätze, die Isolierung und

---

[1] A. a. O., Folge 10, S. 111. A. a. O., Folge 10, S. 16.

[2] S. a. a. O., Folge 10, S. 111.

Spezialisierung der Wissenschaften zu überwinden, sie auf die Totalität des Menschen in seiner leib-seelischen, wirtschaftlich-sozial-kulturellen Bedingtheit zu beziehen, in Verbindung zu bringen und auch auf praktische und methodische Probleme der sozialen Arbeit auszurichten. Die Universität dient in fast allen Fakultäten nicht mehr nur dem Erkennen ohne jeden Bezug auf das Handeln. Und die soziale Arbeit ist nicht nur auf Handeln gerichtet, das ohne wissenschaftliche Erkenntnis und Forschung die äußeren Umstände gestalten und die innere Entwicklung des Menschen zu beeinflussen vermag. Mit Recht hebt sie hervor, dass alles, was Kultusminister Becker damals über die Notwendigkeit eigenständiger pädagogischer Akademien sagt, in gleichem Maß für eine vertiefte und geistige Durchdringung der sozialen Berufe zutrifft. Aber die Entwicklung ist auch hier über die Akademie längst hinausgegangen, hat zur Pädagogischen Hochschule und zu deren immer enger werdenden Bindung an die Universität bis zur Vollintegrierung geführt und die einheitliche pädagogische Fakultät für alle Lehr- und Erziehungsberufe auf die Tagesordnung gebracht. Aber vom traditionellen und keineswegs heute schon überholten Bild der Universität her kommt es immer noch zu einer resignierten Selbstbescheidung, die zu Teillösungen wie dem der Akademien (Deutscher Verein, Gollancz-Stiftung) oder zu Vorschlägen führt, Institute in Verbindung mit der Universität (Bondy) oder gar als selbständige Sozialpädagogische Hochschulen (Hasenclever) zu schaffen.

Nach meiner Überzeugung wären dies Lösungen, die von der Entwicklung bereits überholt sind. Die Universität selbst befindet sich in einem Wandel ihres Selbstverständnisses, der Anpassung ihrer Ausbildungsmethoden auf die Bedürfnisse der zweiten Hälfte des 20. Jahrhunderts. Die Zusammenarbeit über die Fakultätsgrenzen hinweg in interfakultären Instituten steht auf der Tagesordnung, sie wird vom Wissenschaftsrat gefordert. Darin liegt die Chance für die Sozialpädagogik! Nur im Rahmen der Universität, wenn auch in solchen selbständigen, multidisziplinären Instituten, kann wissenschaftliche Forschung heute organisiert und entwickelt werden. (Für „Schmalspur"-Laufbahnen ohne akademische Freiheit wird man heute keine qualifizierten Lehrkräfte mehr halten können.) Nur in diesen könnte das „völlige Nebeneinander der isolierten Fächer" überwunden werden, die Zusammenfassung aller Kräfte im Sinne der Integrierung der Einzeldisziplinen gelingen, die weitgehende Spezialisierung der allgemeinen Zielsetzung eingeordnet werden. In einer gemeinsamen Sitzung der Fachausschüsse „Soziale Berufe" und „Jugendfragen" des Deutschen Vereins für öffentliche und private Fürsorge wurde 1959 ein „selbständiges, breitangelegtes Sozialstudium" gefordert, das auf die Erfordernisse der Zukunft ausgerichtet werden müsse.[1]

---

[1] S. Bondy, N. D. 1959, S. 273 (Literaturverzeichnis 10).

Der Begriff der „Hilfsbedürftigkeit" ist weit von dem des „Armenwesens" der früheren Jahrzehnte entfernt. Die Erkenntnis seiner Bedingtheit durch die jeweiligen gesellschaftlichen Verhältnisse setzt ein geschärftes Urteilsvermögen voraus, die Erziehung zum selbständigen, kritischen Denken, die Befähigung, in einer sich rapid wandelnden Gesellschaft stets weiter zu lernen – kurz die Methode wissenschaftlichen Denkens, Lehrens und Forschens.

Die Bedürfnisse der Praxis drängen dazu, einen Anfang mit der Hochschulausbildung auf dem Gebiet der Sozialpädagogik zu machen, mit dem Ziel einer berufswissenschaftlichen Ausbildung, die mit einem Diplom abzuschließen wäre und einer Befähigung zu wissenschaftlich-theoretischer Forschung, für die Promotionsmöglichkeiten gegeben werden müssten.

Zusatzstudium?

Wie kann dies geschehen? Folgende Möglichkeiten bieten sich an :

Ein interfakultäres Zusatzstudium nach dem Hamburger Modell, das sicherlich einen bemerkenswerten Anfang darstellt. Aber eine befriedigende Lösung bietet es nicht, ist es doch nur ein Anhängsel an ein Studium, das zu einer bestimmten Sicht der Probleme, sei es nun Jurisprudenz, Psychologie, Medizin, Psychiatrie, Soziologie, Theologie, erzieht, die nicht von den Bedürfnissen und Erfahrungen der praktischen sozialen Arbeit ausgeht; auch kommen Lehrkräfte für dieses Zusatzstudium überwiegend aus anderen Wissenschaftsbereichen. Achtzehn Wochen Sozialpraktika dürften diesen Mangel nicht ausgleichen, obwohl die Aussprache mit Sachverständigen aus Sozialpädagogik und Sozialarbeit ebenso wie die Erarbeitung wissenschaftlicher Einsichten für die Praxis in Fallseminaren in der Studienordnung vorgesehen sind. Damit soll nichts gegen diesen begrüßenswerten Versuch gesagt werden, an dem sich eine akademische Vollausbildung für Sozialpädagogik in ihren Anfängen sicherlich orientieren wird. Aber „die Erweiterung und Vertiefung eines anderen Studiums" (Neises), die „Vermittlung der sozialpädagogischen Einstellung an die breite Masse der Studierenden aller Fakultäten, vor allem Lehrer" (Nohl), sind zwar wertvolle, doch zusätzliche Aufgaben. Es geht um die Hebung des Niveaus der sozialen und sozialpädagogischen Arbeit überhaupt. Die Klage und anklagende Frage August Verlegers (Leiter eines halboffenen Fürsorgeerziehungsheimes in Frankfurt am Main) aus dem Jahre 1930[1] – gilt sie nicht in voller Schärfe auch heute noch? „Wo ist das wissenschaftliche Institut, das alle die Fragen, die wir als brennend ansehen, bearbeitet? Ist es nicht so, dass wir alle von vorn angefangen haben? Muss es sein, dass jeder Anfänger dieselben Fehler wieder macht? Das große Erfahrungsgut, das sich bei dem Einzelnen ansammelt und

---

[1] S. „Zentralblatt für Jugendrecht und Jugendwohlfahrt", 22. Jg. Okt. 1930, S. 255.

fast immer mit ihm vergeht, müsste gerettet, gesichtet und wissenschaftlich verwertet werden. Gewiss geschieht das auch jetzt schon, und es wäre leicht, solche Institute zu nennen, aber man tut es nur gelegentlich, so nebenbei, nicht systematisch mit der Autorität einer zentralen Stelle, die im Hauptamt damit beauftragt ist ... Uns fehlt ... ein Lehrstuhl für Anstaltspädagogik an einer Universität oder ein gesondertes wissenschaftliches Institut, wo uns die wissenschaftliche Grundlage, das geistige Rüstzeug für unser Werk verarbeitet wird."

Deshalb sah Nohl in dem Zusatzstudium auch nur eine Form, nicht den selbständigen Weg. Es war ihm, wie vor allem auch Friedrich Siegmund-Schultze in Berlin, darum zu tun, Studenten so früh wie möglich während ihres Studiums mit praktischer Arbeit in Berührung zu bringen, „die Sozialpädagogik aus dem Hinterhof des Hauses der Menschheit heraus und im Bewusstsein des Volkes mit den großen Problemen der Menschheitsentwicklung" in Verbindung zu bringen. Siegmund-Schultze stellte in seiner Antrittsvorlesung 1945 in Münster ihre großen Ziele klar heraus:

„1. Die Erziehung des Einzelnen zum rechten Verhalten gegenüber der Gruppe;

2. die Erziehung der Gruppe bzw. der Gesellschaft zum rechten Verhalten gegenüber den Einzelnen;

3. die Erziehung der Gruppen zum rechten Verhalten gegeneinander."

Leider ist der Lehrstuhl nach seiner Emeritierung nicht wieder besetzt, das von ihm aufgebaute Seminar für Sozialpädagogik aufgelöst und damit die einmalige Möglichkeit, die Venia legendi für das Fach Sozialpädagogik zu erwerben, verlorengegangen. Mit dem Tode von Professor Kroh im Jahre 1956 wurde die Einrichtung eines Abendstudiums für Sozialpädagogik an der Freien Universität Berlin wieder aufgegeben. Der Lehrstuhl an der Johann Wolfgang Goethe-Universität Frankfurt am Main – erst 1959, nach Scherpners Tode, wieder eingerichtet – ist seit sieben (!) Jahren unbesetzt. Die über das Zusatzstudium hinausgehenden Pläne Bondys in Hamburg scheiterten ebenso.

Um so mehr überrascht es, aus dem anderen Teile Deutschlands zu erfahren, dass an der Ostberliner Humboldt-Universität in der Pädagogischen Fakultät ein Institut für Sonderschulwesen und Sozialpädagogik am 1. September 1966 seine Arbeit aufgenommen hat, das neben der Lehrtätigkeit auch die Forschungsaufgaben für den Bereich der Sozialpädagogik wahrnimmt. In ihm sollen Jugendfürsorger, Erzieher und Lehrer auf dem Gebiete der Jugendhilfe und Heimerziehung die Möglichkeit einer Hochschulausbildung erhalten, um die Wissenschaftlichkeit der Arbeit zu erhöhen und sie für leitende Funktionen in einem zweijährigen Zusatzstudium, das mit dem Staatsexamen als Sozialpädagoge abschließt, auszubilden. Damit hofft man, „den dringenden Erfordernissen der Praxis gerecht zu werden und die Studenten für eine wissenschaftliche und sachkundige Leitungstätigkeit in ihren künftigen Aufgabenbereichen in der Jugendhilfe und Heimerziehung zu befähigen".[1]

Grundständiger Studiengang

In der Bundesrepublik sind wir leider nicht aus dem „Hinterhof der Menschheit" herausgekommen, obwohl beispielsweise die Misere der Heimerziehung die Forderungen Verlegers vordringlich erscheinen lassen. Das immer stärkere Drängen aller Fachverbände macht deutlich, dass „die dringenden Erfordernisse der Praxis" hüben wie drüben bestehen und auch hier dazu führen müssen, dass nach fünfzigjähriger Diskussion der Weg zu Lösungen beschritten wird. Niemand wird erwarten, dass dies überall und gleichzeitig geschieht. Aber die Marburger Denkschrift setzt trotzdem die Akzente falsch: Begleitstudien und Fortbildung können nicht die vorrangige Aufgabe eines „interfakultären Instituts zur Integration der Jugend- und Sozialhilfen" sein. Hier sind vorhandene Ansätze nur auszubauen. Aber was als „Zukunftsaufgaben" am Ende des Katalogs rangiert, ein grundständiger Studiengang für den sozialpädagogischen Spezialisten und Forschung, ist die Vorbedingung dafür, dass wirklich einmal ein Schritt vorwärts getan wird. Wird dies erreicht, werden Grundausbildung, Fortbildung und Zusatzausbildung erst die Lehrkräfte erhalten und das Niveau erreichen, das allein den heute sich stellenden Aufgaben angemessen sein wird.

Auch die von Christa Hasenclever als ein möglicher Weg genannte „Sozialpädagogische Hochschule"[2] scheint mir aus organisatorischen, finanziellen und personellen Gründen nicht realisierbar zu sein. Die von ihr hierfür genannten Argumente (leichtere Einbeziehung bewährter Praktiker, Miteinander aller beteiligten Fachrichtungen) sind gewiss beachtlich. Im Rahmen einer sich erneuernden Universität und eigenständiger, nicht an Fakultäten gebundener Institute wäre dies alles auch zu erreichen, ohne den Oberbau der sozialpädagogischen Ausbildung aus der gerade lebenswichtigen engen Verbindung mit den Gesamtwissenschaften zu lösen. Zu einer Zeit, in der die Pädagogischen Hochschulen immer enger an die Universitäten heranrücken, wäre eine erneute „Spezialisierung" und Absonderung von der Universitas anachronistisch.

---

[1] E. Bornemann, S. 124 (Literaturverzeichnis 24). S. Friedel Spohr, S. 273 (Literaturverzeichnis 25).

[2] In ihrem Referat auf der Bundesarbeitstagung der Sozialpädagogen. In der GEW, 1963 (Literaturverzeichnis 16). U. N. D. 1962, S. 230 (Literaturverzeichnis 15).

Nur in autonomer, doch enger Zusammenarbeit mit allen Wissenschaftsbereichen kann eine integrative Wissenschaft wie die Sozialpädagogik gedeihen. Das, was sie erstrebt, die dreifache Unterteilung in

a) ein akademisches Vollstudium auf der Grundlage des Abiturs oder einer gehobenen Sozialpädagogenausbildung;

b) eine akademische Zusatzausbildung für spezielle Tätigkeiten auf der Grundlage einer gehobenen Sozialpädagogenausbildung oder eines anderen akademischen Studiums;

c) ein eigenständiges sozialpädagogisches Studium, das von vornherein auf Forschung und Lehre ausgerichtet wäre, kann, wie das Beispiel der Universität Freiburg (Schweiz) zeigt, ohne neue Zersplitterung im Rahmen der Universität erreicht werden.

Auch das Institut der Humboldt-Universität in Berlin kann in mancher Beziehung Vorbild sein und verdient, sorgfältig studiert zu werden. Die enge Verbindung mit der Praxis muss immer wieder betont werden, denn deren wissenschaftliche Durchdringung hat dem Fortschritt der sozialen und pädagogischen Berufsarbeit zu dienen. Die Schranken „zwischen wissenschaftsfernen Fachschulen und praxisfernen wissenschaftlichen Hochschulen“[1] müssen überwunden werden. Vor allem sind Pädagogik und Sozialpädagogik nicht zwei getrennte Gebiete. Die Versuche, Benachteiligten, Gestörten und Verwahrlosten zu helfen, haben die Einsicht in pädagogische und psychologische Vorgänge und Methoden generell vertieft und erweitert. Darum haben Pädagogik und Psychologie, vor allem die auf die Tiefenpsychologie sich stützenden neuen Methoden, in der therapeutischen und gruppenpädagogischen Behandlung ihren festen Platz neben den Sozialwissenschaften, der Jurisprudenz, der Sozialpsychiatrie und -medizin. Gestufte Zugangsmöglichkeiten, die Ausgestaltung des Lehrplans, die Abschlussmöglichkeiten (Staatsexamen, Diplome, wissenschaftliche Prüfungen), die Vorbereitung an sozialwissenschaftlich-sozialpädagogischen Sonderzweigen der höheren Schulen 10 – das alles sind Fragen, für die eine „Art Deutscher Ausschuss für sozialpädagogisches Bildungswesen“ eine Lösung finden müsste.

Christa Hasenclever schlug seinerzeit vor, einen Anfang an neugeplanten oder jungen Universitäten zu machen, weil die hierfür unerlässliche wissenschaftliche Teambildung über die Fakultätsgrenzen hinweg am ehesten verwirklicht werden könne. Soviel mir bekannt ist, hat man in Bochum diese Chance

---

[1] „Womit Lina Mayer-Kulenkampf an Frauenoberschulen und Lyzeen in Halle/Saale vor 40 Jahren begonnen hatte.“ So Christa Hasenclever a. a. O.

nicht wahrgenommen. Ob in Bremen in dieser Richtung Bestrebungen vorhanden sind, ist mir nicht bekannt. Aber sie nannte als „junge Universitäten" auch Hamburg und Frankfurt. Für beide spricht außer der „akademischen Jugend" auch solche der „sozialpädagogischen Tradition". Bei Hamburg die einer sehr „alten" und fortschrittlichen Jugendhilfearbeit der Stadtverwaltung – neben dem „Arbeitskreis für Sozialpädagogik" und dem institutionalisierten Zusatzstudium; bei Frankfurt die einer achtzigjährigen sozialwissenschaftlichen Forschung dank Klumker, ferner das „Seminar für Fürsorgewesen und Sozialpädagogik" mit einem Lehrstuhl an der Sozial- und Wirtschaftswissenschaftlichen Fakultät (und einem Lehrstuhl für Sozialpädagogik und Jugendrecht in der Abteilung für Erziehungswissenschaften). Beiden Universitäten gemeinsam ist die weitgehende Integrierung der Lehrerbildung, in der die Zusammenarbeit von Pädagogik, Psychologie und Soziologie ohne Fakultätsgrenze ebenso geboten wie erreichbar ist und sein muss, in die Universität. Hier sind die Ansatzpunkte und Möglichkeiten, zur „Einheit der Erziehung" zurückzukehren und – wenn auch in getrennten Abteilungen – Lehrer und zunächst „gehobene" Sozialpädagogen gemeinsam auszubilden.

In Frankfurt befinden sich überdies :

> die in der Verwirklichung begriffene Fortbildungsakademie, die Professor Muthesius angeregt hat, und die Viktor-Gollancz-Stiftung (leider nicht ihre in Erlangen befindliche Fortbildungsakademie), die vielleicht doch einmal einen gemeinsamen Weg finden, zumal sie beide darunter leiden, qualifizierte Mitarbeiter auf längere Sicht zu gewinnen;
>
> eine im Entstehen begriffene Höhere Fachschule für Sozialarbeit des Landes Hessen (neben einem Seminar für Soziale Berufsarbeit der Stadt und mehreren Ausbildungsstätten für soziale und pflegerische Berufe);
>
> eine sozial aufgeschlossene Sozialverwaltung;
>
> das bislang in der Bundesrepublik einzige Institut und Ausbildungszentrum für Psychoanalyse (Träger: das Land Hessen), das für die unerlässliche tiefenpsychologische Schulung, die Anwendung der psychoanalytischen Erkenntnisse in der gesamten Erziehungsarbeit wertvolle Dienste leisten kann;
>
> das Institut für Sozialforschung, das für die Vermittlung der modernen sozialwissenschaftlichen Methoden in der Forschung und der wissenschaftlichen Erkenntnisse auch im Ausland einen

unschätzbaren Beitrag liefern könnte, ebenso wie das Deutsche Institut für Internationale Pädagogische Forschung.

All diese Einrichtungen auf den verschiedenen Ebenen der Aus- und Fortbildung an den einzelnen Fakultäten und Instituten mit unterschiedlichen Trägern zu einem vernünftigen, geplanten Zusammenwirken zu bringen, würde sicher keine leichte Aufgabe sein. Aber muss etwas, das sachlich im Interesse der Menschheit geboten und an und für sich realisierbar wäre, immer eine Utopie von Außenseitern bleiben? Theodor Heuss gab dem Deutschen Ausschuss bei seiner Konstituierung diese Worte mit auf den Weg :

„Vergessen Sie nicht, auch Pestalozzi, auch Friedrich Fröbel waren einmal Außenseiter. Und passen Sie auf die Außenseiter auf!“ [1]

Es ist Zeit, diesem Rat die Tat folgen zu lassen!

(1966)

Literaturverzeichnis

1. Karl Wilker: Jugendkunde, Jugenderziehung und die Universitäten. Zeitschrift für Kinderforschung, Beiheft 93, Langensalza 1911.
2. Alice Salomon: Soziale Bildungsbestrebungen in: Zwanzig Jahre soziale Hilfsarbeit. Karlsruhe 1913, S. 64 ff.
3. Hermann Nohl: Die Ausbildung der Sozialpädagogen durch die Universität. Zeitschrift für Kinderforschung, 1924, S. 5-11; S. 36-42.
4. Wilhelm Feld: Die Fürsorge im Hochschulunterricht und als Wissenschaft. Schweizerische Zeitschrift für Gemeinnützigkeit, 1925, Heft 11.
5. Hans Maier: Soziale Lehrstühle an den Universitäten. Arbeiterwohlfahrt, August 1927.
6. Curt Bondy: Die Ausbildung von leitendem Personal für soziale Einrichtungen. Deutsches Archiv für Jugendwohlfahrt, 1927.
7. Christian J. Klumker: Hochschule und soziale Ausbildung. Archiv für Sozialwissenschaft und Sozialpolitik, 1929, Heft 3.

---

[1] 18 S. „Empfehlungen ... “, S. 16.

8. Hans Scherpner: Die Ausbildung des Akademikers für die Fürsorge. Zentralblatt für Jugendwohlfahrt und Jugendrecht, 1929, Heft 9.

9. Alice Salomon: Die Deutsche Akademie für soziale und pädagogische Frauenarbeit im Gesamtaufbau des deutschen Bildungswesens. Deutsche Zeitschrift für Wohlfahrtspflege, 1929, Nr. 3, S. 137-144. dass. in: Alice Salomon. Die Begründerin des sozialen Frauenberufs in Deutschland. Hrsg. vom Deutschen Verein für öffentliche und private Fürsorge, Köln-Berlin 1958.

10. Curt Bondy: Fragen der akademischen sozialwissenschaftlichen Ausbildung. Nachrichtendienst des Deutschen Vereins für öffentliche und private Fürsorge, 1959, Heft 9, S. 273-275.

11. Walter Friedländer: Sozialfürsorge und Sozialwissenschaft. In: Kölner Zeitschrift für Soziologie und Sozialpsychologie. 12. Jahrgang (1960) Heft 4.

12. S. Montalta: Die Ausbildung des Sozialarbeiters an der Universität Freiburg (Schweiz). Heilpädagogische Werkblätter, Bern 1961.

13. C. Bondy; E. G. Skiba: Sozialpädagogisches Zusatzstudium. Unsere Jugend, 14. Jahrgang (1962), Heft 2.

14. G. Neises: Einige Bemerkungen zur akademischen Ausbildung des Sozialarbeiters. Unsere Jugend, 1962, Heft 6.

15. „Die Akademie für Sozialarbeit." Eine Ausarbeitung über ihre Errichtung und Unterhaltung. Nachrichtendienst des Deutschen Vereins für öffentliche und private Fürsorge, 1962, S. 230-234.

16. Christa Hasenclever: Die Sozialpädagogen und ihre Ausbildung. Hamburger Lehrerzeitung, 1963, Nr. 16.

17. Die Ausbildung von leitendem Personal für soziale Einrichtungen (Europäisches Seminar der UN, 21. - 31. Oktober 1964 in Amersfort [Holland]). Nachrichtendienst des Deutschen Vereins für öffentliche und private Fürsorge 1964, S. 78-81.

18. Herbert Krimm: Akademischer Nachwuchs für die Diakonie. „Innere Mission", 1964, Heft 5, S. 132 ff.

19. Hermann Stutte: Erziehungsfürsorge als Wissenschaft. Anschl. Denkschrift über Sozialpädagogik an deutschen Universitäten (Stutte, Blochmann, Lücken). Mitgliederrundbrief des Allgemeinen Deutschen Fürsorgeerziehungstages, 1965, Heft 3.

20. Brigitte Beer: Die Aufgaben zwingen zur Uberwindung der Fakultätsgrenzen auf dem Gebiet der Sozialpädagogik. Ein Beispiel aus Marburg. Frankfurter Allgemeine Zeitung vom 12. 3. 1965.

21. W. Büchi: Die Ausbildung von Sozialarbeitern auf akademischer universitärer Ebene. Schweiz. Zeitschrift für Gemeinnützigkeit, Jg. 1966, Heft 3, S. 60-69. dass. in: Caritas (Zeitschrift des Schweiz. Caritas-Verbandes), 1966, Heft 8/9.

22. Hans Pfaffenberger: Sozialpädagogische und soziale Arbeit – Zur Evolution eines Arbeitsfeldes und zur Reform der Ausbildung. Deutsche Jugend, 1966, Heft 3.

23. Kurt Wehlitz: Die Auswirkungen des BSHG auf die berufspolitische Situation der in der Sozialhilfe tätigen Verwaltungsbeamten und Sozialarbeiter. Blätter für Wohlfahrtspflege 1966, S. 183 und 184.

24. Erst Bornemann: Die Bemühungen Siegmund-Schultzes um den Ausbau der Sozialpädagogik als akademisches Lehrfach. In: Friedrich Siegmund-Schultze als Wegbereiter sozialer Arbeit. 1966 (Schriften des Deutschen Vereins für öffentliche und private Fürsorge 236).

25. Friedel Spohr: Sozialpädagogik-Studium begann. Jugendhilfe (Berlin-Ost), 1966, Heft 9, S. 273.

26. Deutscher Ausschuss für das Erziehungs- und Bildungswesen. Empfehlungen und Gutachten, Folge 1-10, Stuttgart: Ernst-Klett Verlag, 1956-1965.

Rede zur Eröffnung der Vorlesung am 23.4.1968

Ich glaube, es ist nicht möglich, eine Vorlesung in diesem Semester zu beginnen, wie es sonst der Fall ist. Ich bin der Meinung, dass nach allem, was geschehen ist, jeder, der vor junge Menschen tritt, sagen muss, wo er steht und wie er die Ereignisse der vergangenen Woche sieht.

Ganz besonders jetzt, wo die Hüter der Ordnung und Staatsautorität sich anschicken, ihre Gewalt verstärkt zu etablieren, Demokratie, Rechtsstaat und Grundgesetz mehr noch, als es ohnehin der Fall ist, auszuhöhlen, nach Verboten, Schnelljustiz, Ausschluss und Existenzvernichtung schreien und alles diffamieren, was anders aussieht, anders sich benimmt und anders denkt. Ihre staatsmännische Weisheit erschöpft sich darin, in Begriffen von Härte, Gummiknüppeln, Schlagstöcken zu denken und vielleicht nach Schlimmerem zu rufen.

Fast ist es schon gelungen, in Vergessenheit zu bringen, dass am Anfang der Totschlag Benno Ohnesorgs und ein Mordversuch an einem Führer der Studenten hier in der Bundesrepublik, ein Mord an einem Führer derer, die für die Unterdrückten in den USA kämpfen, standen. Der Mord von rechts hat in unserem Lande eine alte Tradition, Tausende sind ihm zum Opfer gefallen.

Das, was demgegenüber an Gewalttätigkeiten von studentischer Seite geschehen ist, muss in der Relation von Ursache undWirkung im Verhältnis zur Gewalt hier und Gewalt dort gesehen werden. Niemand, der Gewalttätigkeit verurteilt – und auch ich glaube, dass sie den angestrebten Zielen nur abträglich ist –, kann als glaubwürdig gelten, wenn er nur die eine Seite verurteilt. Der weit über den gegebenen Anlass hinausschießende Einsatz der etablierten Gewalt, die Ausnutzung der Stimmen einer einseitig informierten und verhetzten Öffentlichkeit zum verstärkten Einsatz aller politischen Machtmittel gehört ebenso dazu. Völlig unglaubwürdig muss die Empörung jener wirken, die einem verbrecherischen Gewaltregime gedient haben, sei es auch nur mit beschönigenden Worten oder mit sogenannter Pflichterfüllung.

Selbstbesinnung und Selbstkritik ist auf allen Seiten nötig. Soll die Kluft zwischen den Generationen nicht entscheidend vertieft werden, so muss die Einsicht bei den Regierenden und den Parteien am Anfang stehen, dass ihr Immobilismus, ihre Verständnislosigkeit für die Erfordernisse einer Gesellschaft im letzten Drittel des 20. Jahrhunderts, ihre ständigen Versuche, die Freiheitsrechte einzuschränken, bei großen Teilen der jungen Generation, und ganz besonders bei der akademischen Jugend, zu dem Glauben geführt haben, man könne die erstarrte Tabuisierung, die autoritäre und bürokratische Verhärtung nur mit provokativen Aktionen und drastischem Druck erschüttern – es geschähe mit vernünftigen Reformvorschlägen doch nichts anderes, als dass sie in den Schubläden und Papierkörben verschwänden. Gerade die Erziehung zum Glauben an die Heiligkeit und Weisheit der Staatsautorität ist das Unglück der deutschen Geschichte und hat in diesem Jahrhundert Millionen in Tod und Elend gestürzt und zweimal die Welt in Brand gesetzt. Dass eine junge Generation endlich einmal mit diesem verhängnisvollen Tabu bricht, ist eine der wenigen erfreulichen Erscheinungen in Deutschland, in dem allzu lange Ruhe und Gehorsam die ersten Bürgerpflichten waren.

Freilich ist es mit Empörung allein nicht getan. Es muss dazu die Einsicht in das Erreichbare, in die psychologischen, soziologischen und politischen Gegebenheiten kommen. Wer die menschliche Gesellschaft erneuern will, darf – nicht in seinem Denken, aber in seinem Tun – dem Bewusstsein der Massen, die er gewinnen und überzeugen will, nur einen Schritt voraus sein. Bei jedem Handeln müssen stets die Möglichkeiten einberechnet werden und dazu gehört, dass jede hysterische Übersteigerung, Revolutionsspielerei und Verkennung der Realitäten nur anderen zum Vorwand für den Einsatz ihrer Gewalt dient und den faschistischen Tendenzen zum Durchbruch verhilft. Einsicht und Selbstkritik tut auch hier not. Das Falscheste wäre hier Resignation. Wer für eine bessere Welt eintritt, muss wissen, dass es sich um einen langen Kampf, in dem Erfolg und Rückschläge einander folgen, handelt, der die Herrschaft der Vernunft über emotionelle Empörung verlangt, Geduld und Einsicht in das Mögliche, damit man nicht anderen in die Falle geht. Dazu gehört, dass man aus Erfahrungen und aus den Fehlern der anderen wie der eigenen überhaupt lernt. Dazu gehört die Bereitschaft von beiden Seiten, auf repressive Gewalt und autoritäre Machtausnutzung zu verzichten, die Freiheit und Wahrheit der Information, der Verzicht auf Verketzerung der Studenten und Intellektuellen. Ihnen, die Sie an der Erziehung der Jugend mitzuwirken berufen sind, muss besondern bewusst sein, dass die Umerziehung der Menschen eine Aufgabe auf lange Sicht ist, dass jede Erziehung das Beispiel verlangt und die Geduld. Generationen sind in Ehrfurcht vor den Oberen in blindem Gehorsam und treuer Pflichterfüllung erzogen worden. Arbeiten Sie mit daran, dass verantwortliche Mitbestimmung aller schon in der Erziehung der neuen Generation vorbereitet wird. Aber seien Sie sich bewusst, dass man auch auf politischem Wege darum kämpfen muss, dass die Freiheit, gerade dies zu tun, gesichert wird. Will man in einem Teilbereich etwas verändern, stößt man bald auf die Grenzen, die die organisierte Gewalt des gesellschaftlichen Systems setzt. Lassen Sie sich deshalb nicht entmutigen und nicht auf Hochschulfragen beschränken. Lassen Sie aber auch nicht zu, billige Vorwände durch undisziplinierte Aktionen denen zu liefern, die das Rad der Entwicklung aufhalten, die Kluft zwischen den Generationen noch vertiefen wollen.

Wer für eine bessere Welt kämpft muss wissen, dass zum heißen Herzen, zur verständlichen Ungeduld der Jugend die Einsicht und die Selbstbeherrschung treten müssen, dass beides umgesetzt werden muss in organisierte und geplante Aktionen. Gewaltlosigkeit darf keineswegs Tatenlosigkeit bedeuten. Wenn aus dem Geschehen – wie es der Bundesjustizminister hofft – ein Gewinn erwachsen soll, muss auf beiden Seiten dem Verzicht auf Gewalt das ständige Gespräch und der Wille zu entschiedener Reform folgen.

(1968)

V. Würdigungen

Helfer in der Sozialarbeit
Zum Tode von Rabbiner Dr. Leo Baeck

Mit Leo Baeck ist die repräsentativste Gestalt des deutschen Judentums dahingegangen. Sein besonderes Interesse galt der jüdischen Sozialarbeit, deren geistige Grundlagen er aus den Lehren der jüdischen Tradition entwickelte. Er war aktiv an der Gründung der Zentralwohlfahrtsstelle der deutschen Juden beteiligt, stellte er sich ihr jederzeit zur Verfügung und war viele Jahre ihr Präsident und blieb es auch, als die Zentralwohlfahrtsstelle in der Reichsvertretung der Juden in Deutschland aufging. Selbst in dem bescheidenen Rahmen, der einer jüdischen Selbstverwaltung im Lager Theresienstadt verblieb, suchte er als Leiter der Fürsorgeabteilung die Leiden der Alten und Kranken, der Kinder und Jugendlichen zu mildern. Als im Jahr 1951 die Zentralwohlfahrtsstelle wieder gegründet wurde, war er zur Stelle und setzte sich vorbehaltlos für die Neugründung ein. Er blieb der Arbeit unserer Organisation treu und zeigte sein stetes Interesse, das auch darin zum Ausdruck kam, dass er mehrfach Artikel für Veröffentlichungen beisteuerte; zunächst schrieb er das Geleitwort für das erste Mitteilungsblatt „Jüdische Sozialarbeit", das im Februar dieses Jahr erschien. In Würdigung der hervorragenden Verdienste um die soziale Arbeit der Juden in und aus Deutschland hatte der Vorstand der Zentralwohlfahrtsstelle ihn anlässlich seines 80. Geburtstages zum Ehrenpräsidenten gewählt.

Harry Maòr – 60 Jahre

Viele Leser, die Harry Maòr aus seinen vielseitigen Tätigkeiten kennen, werden es kaum glauben, dass er am 27. Mai d. J. sein sechstes Lebensjahrzehnt vollendet. Denn etwas vom Jungsein ist immer an ihm geblieben, obgleich es ihm im Leben gewiss nicht leicht gemacht worden ist. München, wo er 1914 geboren wurde, Würzburg, Tal Yossef, Haifa, Tela Aviv, Düsseldorf, Frankfurt, Gedera, Stuttgart, Heidelberg, London (Ontario) und Kassel sind Stationen des steten Wanderers. Chaluz, Sozialarbeiter, Lehrer an Schulen aller Art, Jugendleiter, Vorbeter, Religionslehrer, Vortragender auf vielen Gebieten des Judaismus und der Sozialwissenschaften, Übersetzer, Privatdozent an der Universität Heidelberg, Assistenzprofessor in Kanada, Akademischer Rat in Göttingen und nun Fachhochschullehrer in Kassel, das sind die Etappen eines sicherlich bemerkenswerten Werdegangs, der doch seine unverrückbaren Bezugspunkte aufweist: Seine tiefe Verwurzelung im Judentum, sein unstillbarer Wissensdrang auf allen Gebieten der Sozialwissenschaften und ein Bestreben, in Lehrtätigkeiten mancher Art sein Wissen anderen zu vermitteln, mit ihnen zu diskutieren und gemeinsam zu lernen. Und bei alledem stets hilfsbereit und aufopfernd, für seine Familie, wie für seine Freunde und seine Studenten, stets freundlich und guter Laune, jemand der keine Feinde und Gegner kennt. Das alles sind keine Eigenschaften, mit denen man normaler Weise Erfolge zu erringen pflegt. Mit einem bewundernswertem Fleiß und dank der treuen Sorge seiner Frau Gila hat er sich dennoch hochgearbeitet. 1960 promiviert er mit einer Dissertation über den Wiederaufbau der jüdischen Gemeinden in Deutschland nach 1945 zum Dr. phil. in Mainz und habilitiert sich 1970 mit dem Thema: „Säkularisierung und Erneuerung des deutschen Judentums im 19. Jahrhundert" als Privatdozent in Heidelberg, mit der venia legendi für Soziologie. Am Wiederaufbau des jüdischen Lebens hat er selbst nach seiner Rückkehr aus Israel in seiner Eigenschaft als Jugendreferent der Zentralwohlfahrtsstelle der Juden in Deutschland Großes geleistet, die jüdische Jugend gesammelt, Seminare, Ferienkurse, Heimabende geleitet, Madrichim geschult, bei der Schaffung von Jugendzentren in Berlin, Frankfurt und München mitgewirkt, kurz – die Fundamente gelegt, auf denen andere weiterbauen konnten. In vielen Sprachen zu Hause, Hebräisch, Jiddisch, Englisch und Arabisch sprechend und lehrend, hat er viele Bücher ins Deutsche übersetzt, Artikel geschrieben, in Jüdischen Gemeinden und Gesellschaften für Christlich-Jüdische Zusammenarbeit referiert, immer den engen Kontakt zu Menschen und Problemen Israels wahrend. In all seinen Stationen und Tätigkeiten haben ihn viele Menschen kennen und schätzen gelernt, die an seinem 60. Geburtstag mit Freundschaft und Hochachtung seiner gedenken und ihm in seiner derzeitigen Stellung als Fachhochschullehrer für Soziologie an der Gesamthochschule Kassel im Fachbereich Sozialarbeit und Sozialpädagogik Anerkennung und Erfolg wünschen, auf dass er noch viele Jahre so jung, so menschlich, so engagiert und so liebenswert für andere wirken kann, seiner Frau seinen Kindern und Enkeln, ebenso aber auch seinen Freunden in aller Welt, seinen Schülern, Hörern und Lesern – und der jüdischen Gemeinschaft zur Freude.

Karl Wilker – zum 80. Geburtstag

Alle, die vor 1933 an einer Erneuerung der Erziehung arbeiteten, werden dankbar des Mannes gedenken, der in der Zeit nach dem Ersten Weltkrieg die sozialpädagogische Bewegung einleitete und – wie es seiner bescheidenen Art entspricht – still und zurückgezogen am 6. November vergangenen Jahres sein 80. Lebensjahr vollendet hat. Sein pädagogisch so überaus erfolgreicher, zu jeder Zeit geradezu revolutionärer Versuch, die Fürsorge-Erziehungsanstalt der Stadt Berlin aus einer Art Gefängnis, zu einem heilpädagogischen Heim für Jugendliche umzuwandeln, hat – was Pädagogen doch so selten zuteil wird – weite Kreise der Öffentlichkeit leidenschaftlich bewegt. und durch ihre Ausstrahlung über Bondy's und Herrmanns Versuch der Reformierung des Jugendstrafvollzugs auf Hermann Nohl und Moritz Liepmann Geschichte gemacht. Wir können es uns heute kaum noch vorstellen, dass führende Persönlichkeiten aus allen Gebieten des Geisteslebens, Tausende von Jugendlichen aller Richtungen für ihn Partei ergriffen und in Massenkundgebungen gegen seine Entlassung protestiert haben.

Im „Lindenhof" – wie er die Zwangserziehungsanstalt in Berlin-Lichtenberg umbenannte – hat er einen völlig neuen Typ der Erziehung für schwergestörte und benachteiligte Jugend geschaffen, die man so leicht als „verwahrlost", „kriminell", „asozial" abstempelt. Wie Pestalozzi, Don Bosco, Wichern lange vor ihm, August Aichhorn, Siegfried Bernfeld und Father Flanagan zur gleichen Zeit bewiesen, konnte nur liebevolle Zuwendung, Güte, Vertrauen und Geduld, Befreiung von Angst, Achtung der Menschenwürde – und all dies beispielhaft vorgelebt – bei diesen Jungen zur Wiedergewinnung der Selbstachtung und zur freudig bejahten Selbsterziehung, zur Bejahung einer sich selbst verwaltenden demokratischen Gemeinschaft führen. Das alles hat er in seinen 1921 erschienenen Schriften „Der Lindenhof – Werden und Wollen", in dem noch spürbar die Erregung nachklingt, und in „Fürsorge-Erziehung als Lebensschulung" eindrucksvoll geschildert. (Sie verdienten, dass sich ein Verleger findet, der sie neu herausgibt.) Wie alle großen Pädagogen glaubte er an das Gute im Menschen, er wollte helfen, heilen, wo andere sühnen lassen und strafen, seinen Jungen Vater und Kamerad sein.

„Ich glaube, dass gerade ... alte und neue Pädagogen sich auf dem Fürsorgegebiet scheiden. Die vom alten Schlag lieben den Drill und die straffe Zucht, lieben den Willen zu brechen und nichts anderes; die vom neuen Schlag wollen den jugendlichen Betätigungsdrang erwecken und in die neue Bahn leiten", schrieb er 1918 in der „Zeitschrift für Kinderforschung", die er zusammen mit J. Trüper herausgab. Er, der geprägt war vom Geiste der Jugendbewegung, aber sein religiöses wie pädagogischen Ethos in einem

Studium der Psychologie, Pädagogik, Medizin und Biologie wissenschaftlich fundiert hatte – er war einer der ersten, der – wie es Heil- und Sozialpädagogik gebieterisch verlangen – die Grenzen der Fakultäten damit überwand. In Wort und Schrift kämpfte er für die Erneuerung der Erziehung innerhalb und außerhalb der Schule, forderte als einer der ersten eine bessere pädagogische Ausbildung aller, die mit Kindern und Jugendlichen zu tun haben, und mahnte die Universitäten an ihre Pflicht, sich der Forschung und Lehrer auf allen Gebieten der Jugendkunde, Jugendpsychologie und Jugenderziehung anzunehmen.

Vier Jahre lang zeigte er durch das Beispiel, was sein geradezu religiöser – und doch nicht konfessioneller – Glaube an die Macht des Guten in der Erziehung, was Selbstverwaltung und Verzicht auf Gewalt in allen ihren Formen vermochten.

Aber, wie so viele große Erzieher, scheiterte er an dem Unverständnis der Beamten vom alten Schlag, die mit ihrer Menschenverachtung alles hassten, was ihm hoch und heilig war. Sie sahen sich durch die Erfolge Wilkers gerade darin bedroht. Dass sie dabei die Unterstützung der leidenden Dezernentin der Stadtverwaltung des demokratischen Berlins fanden, die ganz unfähig war, die Intrigen und Verleumdungen zu durchschauen und die Bedeutung Wilkers für die Erneuerung und Neugestaltung der Erziehung im Geste einer demokratischen Gesellschaft zu erkennen, zeigt ihm und allen an den pädagogischen Fortschritt Glaubenden, wie wenig die politische Revolution an der autoritären Haltung geändert hatte. Eine Würdigung, die die Schriftstellerin Auguste Heuschner im „Berliner Tageblatt“, damals einer der bedeutendsten deutschen Tageszeitungen von Weltruf, schrieb, begann mit den Worten:

„Von einem Tatmenschen soll hier die Rede sein; von einer jener seltenen Erscheinungen, die, unbeirrt vom Tageslärm, der Stimme ihren inneren Notwendigkeiten folgen.“ Und sie schloss: „Wilker muss den Lindenhof verlassen. Soll er darum Deutschlands Volk verloren gehen? Soviel Ödland in der deutschen Jugend! Ihr, die ihr Verantwortung für sie auf euch genommen habt, hört auf ihre Bitte. Holt den Gärtner zurück, der berufen ist, erlesene Saat auf unfruchtbare Brache auszuwerfen.!“

Umsonst! Vergebens auch das Eintreten vieler bedeutender Persönlichkeiten, Pädagogen, Professoren, Künstler, Politiker – unter ihnen Gustav Radbruch, Walther Rathenau, Eduard Spranger, Friedrich Wilhelm Förster, Paul Natorp, Berthold Otto, Adolphe Ferrière für ihn. Keine Aufrufe, Petitionen, Protestkundgebungen konnten daran etwas ändern, dass Wilker seiner eigentlichen sozialpädagogischen Arbeit für immer verloren ging und bald die Heimat verlieren sollte. Die thüringische Regierung bot ihm, bevor auch sie durch Intervention der Reichswehr aus ihrem Amte gejagt wurde, noch einige Jahre

Gelegenheit, in dem Muster-Volkshochschulheim Dreißigacker auf dem Gebiete der Erwachsenenbildung Vorbildliches zu leisten. In jener Zeit leitete er zusammen mit der unvergesslichen Elisabeth Rotten die deutschsprachige Sektion des Weltbundes für Erneuerung der Erziehung, dessen internationalem Rat er angehörte, bis zu deren Unterdrückung und redigierte mit ihr deren Zeitschrift „Das werdende Zeitalter" von 1923 bis 1932. Noch kurz bevor sich die Nacht über Deutschland senkte, hatte ihn der damalige preußische Kultusminister Adolf Grimme an die Pädagogische Hochschule Hannover berufen wollen. Die Urkunde war schon unterzeichnet, als der aufkommende Nationalsozialismus, der illegale Sturz der demokratischen Otto Brauns diese Hoffnung zunichte machte. Mit Hitlers Regierung siegten bald endgültig die Mächte des Hasses und Verderbens, triumphierte all das, was der überzeugte Pazifist Wilker hatte verhindern wollen. Um der Verhaftung zu entgehen, floh er in die Schweiz, wo er noch vier Jahre in der Leitung des Landerziehungsheims Hof-Oberkirch für die Jugend arbeiten konnte. Dann musste er wieder weiterwandern und ging nach Südafrika, wo er sich wieder der Verachteten und Unterdrückten annahm und Dozent der Lehrerbildungsanstalt für Bantu-Neger wurde, 1945 deren Direktor, zuletzt war er an dem Institut für Kinderpsychiatrie der Universität Durham tätig. Im Mai 1964 kehrte er nach Deutschland zurück. Die Tragik des Schicksals fügte es, dass in der Woche seiner Rückkehr Elisabeth Rotten, der er zeit Lebens in engster Freundschaft und gemeinsamer Gesinnung verbunden war, starb und er als erste traurige Pflicht auf europäischem Boden ihren unermüdlichen Kampf für eine bessere, friedliche Welt an ihrem Grabe würdigen musste. Er übernahm als ihr Vermächtnis die Mitarbeit im Sonnenbergkreis, an deren Seminaren für internationale Verständigung unter Lehrern, Studenten und Schülern er – ungebrochen in seinen Überzeugungen, unbeirrt in seiner Güte durch sein schweres Schicksal – als Referent mitwirkt. Heute lebt er in dem idyllischen Bad Orb am Rande des Spessart, fernab vom Getriebe der Welt. Seine größte Freude ist es, dass Studierende mancher Universitäten und Hochschulen, an denen heute wieder seine beispielgebende pädagogische Leistung im „Lindenhof" gewürdigt wird, sich an ihn um Material und Auskünfte wenden, so dass er hoffen darf, dass das, was er, der durch Jahrzehnte verschollen schien, einst geleistet hat, doch nicht umsonst war. Das offizielle, das „neue" Deutschland, freilich erinnerte sich seiner am 80. Geburtstag so wenig, wie es das alte getan hätte.

Karl Wilker – Vorkämpfer der Sozialpädagogik – 90 Jahre alt!

Am 6. November ehrte die Johann Wolfgang Goethe-Universität in Frankfurt Karl Wilker aus Anlass seines 90. Geburtstags durch die Verleihung des Dr. honoris causa. Von den Jüngeren werden sich nur wenige des Namens erinnern. Doch als seine Tätigkeit als Leiter des Erziehungsheimes in Berlin-Lichterfelde, das er in den Jahren 1917—1921 aus einer Zwangsanstalt zu einer Modelleinrichtung moderner Sozialpädagogik unter dem Namen „Der Lindenhof" entwickelt hatte, am Unverständnis der Bürokratie scheiterte, protestierten 4000 Jugendliche und fast alle Jugendverbände in der Berliner Hasenheide, – und mit ihnen fast alle führenden Pädagogen, Künstler, viele Persönlichkeiten des öffentlichen Lebens wie Gustav Radbruch, Käthe Kollwitz, Helene Stöcker und Walter Friedländer[1]. Er – und zwei andere, heute in den USA lebende bedeutende Sozialpädagogen, Prof. Otto Reinemann (Philadelphia/fr. Frankfurt)[2], Prof. Gisela Konopka-Peiper, (Minneapolis/fr. Berlin) sind unter denen, die die jetzige Ehrung befürwortet haben. Unter den Gratulanten befand sich neben der kleinen Zahl derer, denen Wilkers Arbeit noch etwas bedeutet, als Vertreter der Arbeiterwohlfahrt Berlin und des Senats der Stadt Berlin, Stadtrat a. D. Erwin Beck[3] – fürwahr eine späte Wiedergutmachung für erlittenes Unrecht nach mehr als 50 Jahren, durch das der hoffnungsvolle Beginn fortschrittlicher Heimpädagogik zum Erliegen kam.

Wilker hatte Vertrauen, Verständnis und Zuwendung an die Stelle von Misstrauen, moralisierender Verurteilung und Diskriminierung gesetzt und an Stelle einer autoritären Heimstruktur eine funktionierende Selbstbestimmung auch in der Verwaltung und „Gerichtsbarkeit" geschaffen. Alles, was an lieblose und inhumane Gefängnisvorbilder erinnert, Gitter und Schlösser wurden beseitigt, helle Farben, Blumen, Freude, Kameradschaft, sinnvolle Arbeit und kulturell hochstehende Freizeitgestaltung in engem Kontakt mit der Außenwelt hielten Einzug[3]. Wie

---

1 Friedländer war Stadtrat in Berlin und Gründer, bis 1933 Leiter der Kommission „Jugendwohlfahrt" der Arbeiterwohlfahrt.

2 Reinemann, Jurist und Sozialpädagoge, war in der Jugend- und Bewährungshilfe der USA vorbildlich wirksam. Er starb vor Drucklegung dieses Artikels Ende Dezember 1975 in Philadelphia.

3 Er hat seine Tätigkeit beschrieben in dem 1921 erschienenen Buch: „Der Lindenhof – Werden und Wollen" (Lichtkampf-Verlag Heilbronn (2. Auflage 1924 Kettwig / Ruhr). Ferner in: „Fürsorgeerziehung als Lebensschulung", Schwetschke & Sohn, Berlin 1921). Auszüge aus beiden Werken in Gertrud Herrmann: „Die sozialpädagogische Bewegung der zwanziger Jahre", Beltz Verlag Weinheim 1956 und in der von B. Simonsohn herausgegebenen Sammlung: „Fürsorgeerziehung und Jugendstrafvollzug" in Klinkhardts Päd. Quellentexten, Bad Heilbrunn, 1969.

schwer fällt es noch heute, dies in unseren Heimen zu verwirklichen, um so verstehbarer, dass es nicht nur an der Feldwebel-Mentalität der alten Aufsichtsbeamten, sondern auch am Widerstand der in den Vorstellungen von Vergeltung, Abschreckung und Sühne Befangenen in den verantwortlichen Stellen scheitern musste. Sein engster Mitarbeiter, der vor 2 Jahren verstorbene Walter Herrmann (zuletzt Professor für Sozialpädagogik in Göttingen), und der kurz vor ihm dahingegangene Curt Bondy (zuletzt Professor für Psychologie und Sozialpädagogik in Hamburg) haben danach noch versucht, Wilkers Grundsätze in der Jugendstrafanstalt der Stadt Hamburg „Hahnöfersand" zu verwirklichen [4], und später noch in Heimen und Anstalten in Thüringen, mit dem gleichen pädagogischen Erfolg – und Scheitern an den Behörden.

Wer waren diese Männer und woher kamen sie und ihre Ideen? Alle drei waren vor allem durch die Jugendbewegung geprägt. Im Gegensatz zu der großen Mehrheit ihrer Führer und Anhänger, deren Weltflucht in Romantik und deutschtümelnder Gemeinschaftsschwärmerei sie zu willigen Opfern von Chauvinismus und Nationalsozialismus machte und damit zu Gegnern einer klassenbewussten Arbeiterbewegung, wandten sie sich denen zu, die von der Gesellschaft am meisten geschädigt waren: den Kindern des großstädtischen Proletariats in den Fürsorge- und Strafanstalten und gingen in die soziale und pädagogische Arbeit. Charakteristisch hierfür sind Wilkers Worte, die an Makarenkos ähnlichen großartigen Versuch jener Jahre nach der russischen Revolution in der Gorki-Kolonie erinnern:

„Aber die mich lockten, noch immer am meisten lockten, das sind die problematischen Naturen, in denen Gewalten gegen Gewalten ringen, in denen abgebaut werden muss bis zum restlosen Nichts, um aufzubauen den neuen Menschen ... Wir werden ihn erlösen, den gebundenen, den gefesselten, den schuldig gemachten, den schuldig gesprochenen, den getöteten, den gemordeten Menschenbruder ... Der Lindenhof war ein Anfang, war Tasten, war ersten Gestaltversuchen neuer Menschen. Es lag in unserem Tun vielleicht unerhört viel Wagemut ... "[5]

Wilker war einer der Initiatoren des Höhepunktes der deutschen Jugendbewegung, der Kundgebung am Hohen Meißner (1914) und Mitverfasser der berühmten Programm-Formel: „Die Freideutsche Jugend will aus eigener Bestimmung, vor eigener Verantwortung und mit innerer Wahrhaftigkeit ihr Leben gestalten."

---

4 Beide haben über ihre Arbeit berichtet: Curt Bondy in seiner auch heute noch interessanten Schrift: „Pädagogische Probleme im Jugendstrafvollzug", J. Bensheimer, Mannheim/Berlin 1925. Walter Herrmann „Das hamburgische Jugendgefängnis Hahnöfersand" (do.).

5 „Lindenhof", S. 79.

Die innere Wahrhaftigkeit hat sein ganzes Leben gekennzeichnet. Seine Freundschaft mit führenden Sozialdemokraten, mit Elisabeth Ziegler, ihrer Schwester Hildegard Wegscheider[6] – unvergesslich als opferbereite Helferin für die vom Naziregime Verfolgten –, Helene Stöcker, seine Bekanntschaft mit August Bebel und vor allem mit Paul Göhre, der vom Pfarrer zum Industriearbeiter und zum überzeugten Sozialisten wurde, und ihn besonders beeindruckte, – sie alle halfen ihm, seinen Weg in sozialem Fortschritt und in emanzipatorisch humanistischer Pädagogik zu finden. Die von Regierungen der Linken geprägten Volkshochschulen Sachsens und Thüringens boten ihm ein neues Arbeitsfeld. Hier hat er mit Adolf Reichwein[7], durch gleiche geistige Herkunft und Gesinnung verbunden, die Modell-Heim-Volkshochschule Dreißigacker (bei Meiningen) gestaltet, hier hat er aus dem Jugend-Erholungsheim Ottendorf (bei Dresden) so etwas wie ein Modell für den „Bildungsurlaub" entwickelt. Mit Elisabeth Rotten[8] schuf und redigierte er die Zeitschrift des Weltbundes für neue Erziehung „Das Werdende Zeitalter" und machte sie zu einem Sammelpunkt entschiedener Reformpädagogik jeder Art, nachdem er bis dahin die von dem Heilpädagogen Johannes Trüper gegründete erste sozial-pädagogische Monatsschrift, die „Zeitschrift für Kinderforschung" redigiert hatte. Vom „Ortsausschuss für Jugendpflege" wurde er 1931 nach Frankfurt gerufen, um die Leitung eines Heimes für arbeitslose Jugendliche zu übernehmen. Hätte dieses Heim für 40 junge Arbeitslose nicht schon nach einem halben Jahr aus finanziellen Gründen schließen müssen, hätte Wilker auch für die heute leider wieder so aktuelle Arbeit ein Vorbild geschaffen. Wenige Monate waren ihm noch in seiner Lehrtätigkeit an den Volkshochschulen in Offenbach und Frankfurt gegönnt. Symbolhaft hielt er seinen letzten Vortrag am 30. April 1933 im Gefängnis Frankfurt-Preungesheim. Als unerbittlicher Gegner des Nationalsozialismus – sein eher religiös, aber nicht kirchlich geprägter Humanismus hätte ihm jeden Kompromiss mit ihnen unmöglich gemacht – bedroht und noch rechtzeitig gewarnt vor seiner bevorstehenden Verhaftung, floh er schon 10 Tage später über den Bodensee in die Schweiz, wo ihm viele Pädagogen halfen.

Fast vier Jahre war er Leiter des Landerziehungsheims Hof-Oberkirch, das noch heute besteht. Er folgte dem Angebot, eine ähnliche Einrichtung auf einer Farm in Südafrika zu gründen, wurde dann aber Lehrer und Psychologe an einer Lehrerbildungsanstalt für Bantus. Als diese ein Opfer der Rassenpolitik der südafrikanischen Regierung wurde, war er noch bis 1963 als Psychologe und

---

6 Oberschulrätin und sozialdem. Stadtverordnete in der Weimarer Republik.

7 Sozialdemokrat. Kulturpolitiker und Pädagoge. Als Mitglied des Kreisauer Kreises am 20.10.1944 hingerichtet.

8 Schweizerische Pädagogin, Pazifistin. Mitbegründerin des Weltbundes für die Erneuerung der Erziehung, der FICE und des Kinderdorfes Trogen.

Psychotherapeut an einem Kinderzentrum tätig. Als die Zustände dort allzu sehr denen zu gleichen begannen, vor denen er 30 Jahre zuvor geflohen war, folgte er dem Rat seiner Freunde in Deutschland, und seiner eigenen Sehnsucht nach der Heimat und der Kultur eines besseren Deutschlands. Nach kurzer Tätigkeit im Rahmen des Sonnenbergkreises mit Vorträgen und Seminaren, zog er sich in hohem Alter, aber in körperlicher Rüstigkeit und geistiger Regsamkeit nach Bad Orb und später Camberg im Taunus zurück.

In seiner Tätigkeit verband er stets, was damals noch ganz ungewöhnlich war, die Erkenntnisse vieler Wissenschaften, Pädagogik, die er selbst erst zu einer anerkannten Wissenschaft zu machen bestrebt war, mit Psychologie und Philosophie. Er studierte Medizin und war im Kriege als Psychiater tätig, wurde dann Psychotherapeut. Er hatte eine abgeschlossene Bildung als Gymnasiallehrer. Aus allen diesem schuf er die Ansätze einer modernen Sozial- und Heilpädagogik, für die er schon 1911 eigene Lehrstühle und Forschungsmöglichkeiten forderte. Stets verband er Theorie mit ihrer Erprobung in der Praxis. In einer seiner heute kaum noch zugänglichen Schriften schrieb er: „Wer das Unmögliche nicht begehren vermag, kann nur noch das allzu Mögliche vollbringen“[9]. Für alle, die das heute Mögliche versuchen und nicht am Pragmatismus des „Machbaren“, d.h. Bezahlbaren, resignieren wollen, wird er Vorbild und Ansporn sein.

Literatur über Wilker:

Gisela Konopka hat in mehreren Schriften, leider nur in englischer Sprache, das Wirken Karl Wilkers beschrieben. Auch sie war vor 1933 der Arbeiterwohlfahrt verbunden. Sie erhielt 1975 das Bundesverdienstkreuz.

Horst Roche: Theorie, Praxis und Bedeutung der Arbeit Karl Wilkers im Berliner Erziehungsheim „Lindenhof“, in: Erziehung und Leben, Quelle & Meyer, Heidelberg 1960.

Friederike Burkard: „Karl Wilkers Lebenswerk – in seiner Bedeutung für die Sozialpädagogik“, unveröffentlicht. Manuskript, Frankfurt 1968; Berthold Simonsohn: „Aus der Frühzeit der Sozialpädagogik. Karl Wilker – Schicksal und Werk eines Vorkämpfers“. Manuskript des Vortrages im Hess. Rundfunk, II. Programm, am 9.11. 1975.

---

[9] „Fürsorgeerziehung als Lebensschule“, S. 7.

Walter Friedländer zum 85. Geburtstag

Mit nur sehr wenigen Namen ist die Geschichte der Arbeiterwohlfahrt in der Weimarer Republik so verbunden, wie mit dem von Walter Friedländer, der am 20. September dieses Jahres seinen 85. Geburtstag feiern konnte. Fast von der Gründung ihres Hauptausschusses an, hat er als Mitglied des Beirats, als Vorsitzender des Fachausschusses Jugendwohlfahrt, als ständiger Mitarbeiter an ihrer Zeitschrift, als Dozent auf vielen Lehrgängen Vorbildliches geleistet. Als fast 40 Jahre später die Kommission Jugendrecht für eine Umgestaltung, ja Überwindung der Fürsorgeerziehung Vorschläge ausarbeitete, konnte sie feststellen, dass alles Wesentliche schon in den maßgeblich von ihm gestalteten Richtlinien von 1929 enthalten war. Auch nach 15-jähriger Verfolgung und erzwungener Trennung hielt er treu zu den Menschen und Ideen, mit denen er einst verbunden gewesen war. Er nutzte vielmehr die Möglichkeit des erneuten Kontaktes durch Teilnahme an Tagungen und Kongressen der AW (Arbeiterwohlfahrt).

Die mannigfachen beruflichen Tätigkeiten von Walter Friedländer zu würdigen, dem zu seinem 85. Geburtstag vom amerikanischen Nationalverband der Sozialarbeiter der Titel „Sozialarbeiter und Sozialpädagoge des Jahres" verliehen wurde, würde den Rahmen dieser Würdigung überschreiten. Sie seien daher nur stichwortartig genannt, um den ganzen Umfang seines Wirkens einst wie heute zu skizzieren: Jugendrichter in Potsdam, Stadtrat im Berliner Arbeiterbezirk Prenzlau (Dezernent für Jugend und Soziales), von dort aus starke Einwirkungen auf die Realisierung des Reichsjugendwohlfahrtsgesetzes und die Ausgestaltung der Jugendämter; Dozent an der ersten Sozialarbeiterschule im Rahmen der Deutschen Hochschule für Politik; Vorsitzender der deutschen Zentrale für Jugendwohlfahrt. Seine zahlreichen Kontakte zu internationalen Organisationen erleichterten ihm nach seiner Emigration wieder in der sozialen Arbeit als Hochschullehrer Fuß zu fassen. Nach dreijähriger Tätigkeit für Flüchtlinge in Frankreich wurde er 1937 Dozent an der Universität Chicago und ab 1943 Professor für Sozialarbeit an der Universität Kalifornien in Berkeley, wo er noch heute unermüdlich tätig ist, mit Gastprofessuren an amerikanischen und deutschen Universitäten, zahllosen Vorträgen auf internationalen und nationalen Kongressen.

Von seinen vielen Artikeln und Schriften sei hier nur sein Hauptwerk „Grundbegriffe und Methoden der Sozialarbeit" genannt, dessen deutsche Ausgabe Prof. Pfaffenberger besorgte. Fürwahr eine fruchtbare, in seiner Vielfalt zunächst verwirrende Lebenstätigkeit, angetrieben von dem Wunsch, den Benachteiligten und Hilfsbedürftigen, insbesondere aber der Jugend, zu helfen, wie von den Ideen eines demokratischen und humanen Sozialismus.

Die besten Wünsche der Arbeiterwohlfahrt für ein noch recht langes Wirken in der bisherigen geistigen Frische und Beweglichkeit für ihn und seine getreue Gattin und Mitkämpferin gelten ihm in dankbarer Freude zu seinem Ehrentage.

Persönliches Schicksal – Teil der Geschichte der deutschen Arbeiterbewegung Walter Fabian zum 75. Geburtstag

„Drei Viertel eines Jahrhunderts Deines Lebens – sie beinhalten zugleich ein Stück der Geschichte mit ihrem Auf und Ab – für das, wofür wir einstehen: d. h. Aufwachsen im wilhelminischen Kaiserreich, kämpferische Aktivität für sozialistische Demokratie in der Weimarer Republik, Kampf gegen den Faschismus im Untergrund und – als die Gefahr für Freiheit und Leben zur Flucht zwang –, Weiterkämpfen in den bitteren Jahren der Emigration, ums Überleben, nicht nur für die eigene Person, sondern für alles, was im Lande der Geburt verbrannt, verboten, unterdrückt war: fortschrittliches Denken, fortschrittliche deutsche Kultur; das hieß radikale Demokratie und radikaler Sozialismus, radikal nicht in dem von rechts und links missbrauchten Sinn, sondern in dem Sinne, wie es Karl Marx vor 130 Jahren schrieb: „Radikal sein ist: Die Sache an der Wurzel fassen. Die Wurzel für den Menschen ist aber der Mensch selbst.“[1]

Es ist wohl kein Zufall, dass wir uns das erste Mal persönlich begegneten bei der Gedenkfeier, die die Sozialistische Studentenschaft Zürich am 15. Januar 1948 zum 30. Jahrestag ihrer und Karl Liebknechts Ermordung abhielt. Vielleicht wäre ohne dieses Geschehnis die Geschichte der deutschen und der internationalen Arbeiterbewegung anders verlaufen, wäre uns ihre stalinistische Entartung und ihre Zerschlagung durch den Faschismus erspart geblieben. …

Ich will aus der großen Palette Deines Lebens diejenigen Gebiete herausgreifen, die bisher noch kaum gewürdigt worden sind. … Ich meine Dein Eintreten für fortschrittliche Pädagogik und Bildungsinhalte. …

Allmählich verlagerten sich, wie bei vielen die für eine neue Pädagogik kämpften, bei Dir die Schwerpunkte mehr in die Richtung des politischen Kampfes und der Erwachsenenbildung und insbesondere dort, wo sich beides berührte, in der Arbeiterbildung. Dein Wirken nicht nur an Volkshochschulen,

---

[1] K. Marx: Zur Kritik der Hegelschen Rechtsphilosophie, Einleitung. In: Deutsch-Französische Jahrbücher, 1846. Marx-Engels, Werke, Dietz Verlag, Berlin 1961, Bd. I, S. 385.

an vielen Gewerkschaftsschulen war damals, wie auch nach 1945 wieder, Zentrum Deiner Tätigkeit. Die Mitwirkung im Reichsausschuss für sozialistische Bildungsarbeit und in unserem damaligen Lebenszentrum, im politischen Sturmzentrum Sachsen in den entscheidenden Jahren vor 1933, die Mitarbeit am „Kulturwillen", einem der zentralen kulturellen Organe der deutschen Arbeiterbewegung, wie auch in der „Sozialistischen Bildung" sprechen für jene Zeit. Du warst abwechselnd freier Journalist und Redakteur – dieses auch, obwohl dir der freie Publizist stets näher gelegen hat. Doch wenn du Redakteur an einer linkssozialistischen Tageszeitung wurdest, so tatest du es damals für unsere gemeinsame Sache und teiltest mit vielen tausend meist jungen Menschen die Hoffnung, das unaufhaltsame Schicksal noch einmal zu wenden in dem Versuch, durch eine Bewegung von unten die großen Apparate zur Einheitsfront zu zwingen. Wir wussten, dass das Gelingen dieses Unterfangens als einziges in der Lage gewesen wäre, das Unheil zu verhüten. Vielleicht hätten wir den Versuch früher unternehmen sollen; wir alle wissen nicht, ob es genutzt hätte, ich weiß nur, dass damals – mit jungen Menschen wie Willy Brandt und dem verstorbenen Otto Brenner im Kreise der Sozialistischen Arbeiterpartei – sich unsere Wege wieder zusammengefunden und wir versucht haben, die Woge des Hitlerismus mit schwachen, viel zu schwachen Kräften aufzuhalten. Und dann hat sie uns überrollt, die Sintflut, hat viele für immer entrissen und hat unser aller Leben neu und anders gestaltet, als wir je glaubten. Du glaubtest die Treue halten zu müssen und hier auszuharren. Das war nur im Untergrund möglich. Zwei Jahre hast Du in täglicher Lebensgefahr die illegale Arbeit der so kleinen und im Widerstand bewährten SAP von Berlin aus geleitet. Dann war für Dich nur Flucht noch der Ausweg. Was danach kam, war für Dich nicht allein das Bemühen um Überleben, sondern das Ziel, den Kampf von außen fortzusetzen. Du hast, um zu tun, was noch geblieben war, in Frankreich, in der Schweiz an Zeitungen mitgearbeitet, über dieses Deutschland, und was da in ihm geschah, berichtet und vom anderen besseren Deutschland zu künden gesucht. Wo das nicht mehr ging, suchtest Du in wissenschaftlichen Institutionen zu arbeiten, Dich mit dem Studium der französischen Literatur zu befassen und ein Mittler dessen zu sein, was damals Landesverrat genannt wurde und heute inzwischen selbstverständlich geworden ist: zwischen deutscher und französischer Kultur zu vermitteln durch die Übersetzung bedeutender französischer Schriftsteller ins Deutsche. Deine Tätigkeit im Schweizer Arbeiterbildungswerk, in der Schweizer Flüchtlingshilfe, im Schutzverband deutscher Schriftsteller in der Schweiz zeugen von Deinen vielseitige Aktivitäten. Und dann trafen wir uns dort. Ich, nach Jahren des Konzentrationslagers, nach den Stationen Sachsenhausen, Theresienstadt, Dachau, Auschwitz, um Heilung zu suchen in der Schweiz – als du schon wieder Deine Blicke nach Deutschland wandtest. Du warst mir wie vielen persönlich behilflich – in Deiner Stellung dort – im Kampf gegen die Bürokratie, im Kampf gegen Engherzigkeit und Engstirnigkeit auch in jenem Lande, das uns als das Land der Humanität galt. Schon damals reistest Du nach Deutschland, um an den Schulen des DGB, an Volkshochschulen, an französischen Instituten und in Amerika-Häusern, wieder Deine alte Tätigkeit aufzunehmen, die dann in der Übernahme der Redaktion der „Gewerkschaftlichen Monatshefte" gipfelte, die Deine endgültige Wohnsitzverlegung nach Deutschland einleitete. Und eng damit verbunden die Arbeit in der Erwachsenenbildung in allen Sparten, die Mitarbeiterschulung als Pädagogischer Mitarbeiter des Landesverbandes der Volkshochschulen Niedersachsens, die Planung für die Neuorganisierung der Erwachsenenbildung in der Bundesrepublik, die Herstellung dessen, was Dir stets ein Anliegen war: die Zusammenarbeit von Schule und Erwachsenenbildung. Und so war konsequent der Weg in die universitäre Laufbahn, zunächst an der Hochschule für Erziehung und dann am Institut für Sozialpädagogik und Erwachsenenbildung der Johann Wolfgang Goethe-Universität in Frankfurt. Ich müsste lügen, wenn ich sagen würde, die hessischen Amtsstellen hätten dir diesen Weg leicht gemacht. Du ließest Dich dadurch nicht beirren. Allmählich kamst Du über Lehraufträge doch in die Dir liegende Tätigkeit hinein, zunächst nur über das alte Gebiet der Reformpädagogik und dann zu dem, was Dein Schwerpunkt war: über die Didaktik der Erwachsenenbildung zu lesen. dass Du Anklang und Mitarbeit fandest, zeigt die wachsende Zahl der Studenten.

Als du im Jahr 1965 Honorarprofessor wurdest und endlich Deine Verdienste auf dem Gebiet der Pädagogik von Kindheit an eine entsprechende Würdigung fanden, da hast Du mitgewirkt an allen Diskussionen über die Schul- und Bildungsreform in Deutschland. Jetzt sind wir gerade dort, an dem das Gestalt anzunehmen scheint, wofür wir beide, wenn auch auf verschiedenen Sektoren, aber doch innerhalb desselben Instituts, um einen Zusammenhang gekämpft haben: die akademische Ausbildung auf dem Gebiet der Sozialpädagogik, der außerschulischen Jugendbildung und der Erwachsenenbildung. Jetzt endlich, wo wir glauben, es erreicht zu haben, stehen wir alle etwas verlegen, dass nun eine neue Generation diese Aufgaben in die Hand nimmt, und wir Alten bei aller Beweglichkeit, die wir glauben zu haben, doch manchmal Mühe hatten, Schritt zu halten, und uns dennoch berufen fühlten, auch die Gesichtspunkte der Realität zu vertreten. Wie ein roter Faden durchziehen Deine Treue, Dein Mut, Deine Konsequenz, Dein steter Kampf und Deine unermüdliche Aktivität Dein Leben. Wir Pädagogen nennen das eigentlich „Sekundärtugenden". Denn alle diese Tugenden können ganz missbraucht werden und sind nur allzu oft in ihr Gegenteil ausgeartet. Es kommt darauf an: Treue zu welchem Ziel? Sie kann in blinde Gefolgschaft ausarten! Der Mut desgleichen, aber keiner, ich glaube auch niemand von Deinen Gegnern, wird das je behaupten, dass Du in diesem Sinne die Tugenden zu anderen als humanitären Zielen verwendet hast. Treue und Kampf für demokratischen Sozialismus, für Rechts- und Sozialstaat.

Wir haben auf vielen Gebieten sachliche Gemeinsamkeiten, wie in Deiner langjährigen Tätigkeit als Vorsitzender der Humanistischen Union, im Kampf um die Sicherung der Grundfreiheiten, der Menschenwürde, um die Verwirklichung des Grundauftrags des Grundgesetzes, auf das sich heute so viele „Schützer" zu Unrecht berufen. Auch in der Treue zur Arbeiterbewegung und zum Sozialismus, so schillernd diese Begriffe heute erscheinen mögen, Treue zur Friedensidee, zum Abbau der internationalen Spannungen, zur Aussöhnung mit dem „Erbfeind" Frankreich, dann mit Osteuropa. Einen Beitrag zum Frieden zu leisten hieltest Du stets für Deine Aufgabe, Ich glaube sie sind die Richtschnur Deines Lebens geblieben: für die Überwindung der Selbstentfremdung, den Kampf um Selbstbestimmung des Menschen oder, wie man auch sagt: die Wiedergewinnung des wirklichen Lebens des Menschen, von der wir alle träumen. Und nie hast Du zu denen gehört, in Deinem vielfachen Wirken in Wort und Schrift, denen es nur darum ging, die Welt zu interpretieren, sondern Du wusstest stets, dass es darauf ankam, sie zu verändern."

Nachweise (chronologisch)

Der Hochverrat in Wissenschaft, Gesetzgebung und Rechtsprechung von der französischen Revolution bis zum Reichsstrafgesetzbuch. Eine rechtsgeschichtliche Untersuchung des Verbrechens in der Epoche des Liberalismus, in seinem Zusammenhang mit dem Zeitgeschehen. Inaugural-Dissertation zur Erlangung der Doktorwürde der Rechts- und Staatswissenschaftlichen Fakultät an der Martin-Luther-Universität Halle-Wittenberg vorgelegt und verfasst von stud. jur. Berthold Simonsohn aus Bernburg (Anhalt). Berichterstatter Prof. Dr. Erich Schwinge. 1934. Buchdruckerei Th. Baruch & Co., Berlin SW 19

Der einzige Weg – Voraussetzung einer jüdisch-arabischen Verständigung. Vortrag Frühjahr 1937, Typoskript Bundesarchiv Koblenz N 1533/18

Drei Jahre erst! Erinnerungen an die Hohen Feiertage im Ghetto Theresienstadt. Typoskript von 1948; Bundesarchiv Koblenz N1533/3a

Fünf Jahre Befreiung. Typoskript Bundesarchiv Koblenz N 1533/11

1956 – Zum neuen Beginnen. In: Jüdische Sozialarbeit, 1. Jg., 1956, Nr. ½, S.1f

Etappen einer Entwicklung. Die Zentralwohlfahrtsstelle berichtet über ihre Arbeit. In: Jüdische Sozialarbeit, 2. Jg., 1956, Nr. 6, S. 1-6

Internationaler Erfahrungsaustausch tut not! In: Jüdische Sozialarbeit, 1. Jg., 1956, Nr. 4, S. 1-3

Helfer in der Sozialarbeit. Zum Tode des Rabbiners Dr. Dr. h.c. Leo Beack. In: Allgemeine Wochenzeitung der Juden in Deutschland. Sonderausgabe zum Tode von Rabbiner Dr. Leo Baeck. XI. Jg., Nr. 31A, 2. November 1956, S. 1

Fragen und Aufgaben der Gegenwart. Die „neue“ ZWST. In Jüdische Sozialarbeit. 2. Jg.,1957, Nr. 5/6, S. 41f

Internationales Fürsorgerecht. Neue Entwicklungen. In: Jüdische Sozialarbeit, 2. Jg., 1957, Nr. 3/4, S. 19, 20, 22

Gendenkblatt für Dr. Paul Eppstein. Sein Andenken wird weiterleben: Paul Eppstein. In: Jüdische Sozialarbeit, 4. Jg. 1959, Nr. 3/4, S. 23-26

Nöte der Wiedereingliederung. Gleiches Recht für Naziverfolgte und Kriegsgeschädigte! In: Jüdische Sozialarbeit, 4. Jg., 1959, Nr. 1/2, S. 3f

In jüdischer Sicht. In: Jüdische Sozialarbeit, 4. Jg., 1959, Nr. 3/4, S. 27

Hilfe durch sachverständigen Rat. In: Jüdische Sozialarbeit, 5. Jg., 1960, Nr. 1/2, S. 1 f

Verpflichtung und Verantwortung um die jüdischen Kinder in Deutschland. In: Jüdische Sozialarbeit, 5. Jg., 1960, Nr. 7/8, S. 49f

Der junge Mensch vor Gericht. Gedanken zur Neugestaltung des Rechts im Geiste demokratischer Erziehung. Ein internationaler Überblick. In: Neues Beginnen. Zeitschrift der Arbeiterwohlfahrt für Theorie und Praxis der sozialen Arbeit. 15. Jg.,1964, Nr. 7, S. 97-101

Aggression als erzieherisches und soziales Problem. In: Vorgänge, 6. Jg., 1966, Nr. 3, S. 204-215 und in: Diskussion. Zeitschrift für Probleme der Gesellschaft und der deutsch-israelischen Beziehungen, 7. Jg., 1966, Nr. 18, S. 9-14

Karl Wilker – zum 80. Geburtstag. In: Blätter des Weltbundes für die Erneuerung der Erziehung. Organ der deutschsprachigen Sektion, 1966, Nr. 1, S. 37-39

Zum Problem der akademischen Ausbildung für Führungskräfte auf dem Gebiet der Sozialpädagogik und Sozialarbeit. In: Neues Beginnen, Zeitschrift der Arbeiterwohlfahrt für Theorie und Praxis der sozialen Arbeit 1966, Jg. H. 6, S. 204-215

Der Nahost-Konflikt und die Verwirrung der Linken. In: Diskussion. Zeitschrift für Probleme der Gesellschaft und der deutsch-israelischen Beziehungen, 8. Jg., 1967, Nr. 3, S. 6-14

Die Rolle der Sozialpädagogik in der Lehrerbildung. In: Unsere Jugend, 20. Jg., 1968, Nr. 11, S. 515-518

Rede zur Eröffnung der Vorlesung am 23.4.1968. In: Grossmann, Heinz/Negt, Oskar: Die Auferstehung der Gewalt. Franfurt a. M.: Europäische Verlags-anstalt, 1968, S. 78f

Vom Strafrecht zur Jugendhilfe. Ein geschichtlicher Überblick. In: B. Simon-sohn (Hrsg.): Jugendkriminalität, Strafjustiz und Sozialpädagogik. Frankfurt: Suhrkamp, 1969

Sozialpolitik ist die beste Kriminalpolitik. Zur Denkschrift der Arbeiterwohlfahrt „Vorschläge für ein erweitertes Jugendhilferecht“. In: Gewerkschaftliche Monatsblätter, 21. Jg., Mai 1970, Heft 5, S. 261-267

Jugendkriminalität, Typoskript BA N 1533/221, II/5 (o. J. ca. 1970)

Der Beitrag der Psychoanalyse zum Problem der Jugendkriminalität und des Jugendstrafrechts. In: Beiträge zum 50-jährigen Bestehen der Jugendgerichtsbarkeit. Sonderdruck der Zeitschrift Zentralblatt für Jugendrecht und Jugendwohlfahrt. Hrsg. Von der Deutschen Vereinigung für Jugendgerichte und Jugendgerichtshilfe e. V., 1973, Heft 2, S. 65-72

Harry Maòr – 60 Jahre. 1974, BA N 1533/236

Karl Wilker – Vorkämpfer der Sozialpädagogik – 90 Jahre alt. In: Theorie und Praxis der sozialen Arbeit, 27. Jg., 1976, Heft 3, S.82-84

Walter Friedländer zum 85. Geburtstag. In: Theorie und Praxis der sozialen Arbeit, 27. Jg. 1976, Heft 3, S. 82-84

Persönliches Schicksal – Teil der Geschichte der deutschen Arbeiterbewegung: Walter Fabian zum 75. Geburtstag. In: Arno Behrisch u. a.: Arbeiterbewegung, Erwachsenenbildung, Presse. Festschrift für Walter Fabian zum 75. Geburtstag. Frankfurt: Europäische Verlagsanstalt 1977, S. 205-211

Literatur über Berthold Simonsohn

Aden-Grossmann, Wilma: Berthold Simonsohn. In: Neue Deutsche Biographie. Herausgegeben von der Historischen Kommission der Bayerischen Akademie der Wissenschaften, Band 24, München 2010, S. 443-445

Dies.: Berthold Simonsohn – Sozialpädagoge und Humanist. Zeitschrift für Sozialpädagogik 7. Jg. 2009, H. 1, S. 44-60

dies.: „...dennoch kehrte er zurück." Zum 30. Todestag von Prof. Dr. Berthold Simonsohn. In: Jüdische Zeitung, Januar 2008

dies.: Berthold Simonsohn – Biographie des jüdischen Sozialpädagogen und Juristen (1912-1978), Frankfurt 2007: Campus

dies.: Sozialarbeit für Juden: Berthold Simonsohn. Gründung und Aufbau der neuen Zentralwohlfahrtsstelle der Juden in Deutschland. In: Krohn, H.; Maierhof, G. (Hrsg.): Deutschland – trotz alledem? Jüdische Sozialarbeit nach 1945, Frankfurt 2006: Fachhochschulverlag, S. 185-204

dies.: Sozialarbeit für Juden in Deutschland: Berthold Simonsohn. In: Brumlik, M.; Ortmeyer, B. (Hrsg.): Erziehungswissenschaft und Pädagogik in Frankfurt – Eine Geschichte in Porträts. 90 Jahre Johann Wolfgang Goethe-Universität. Frankfurt a. M. 2005, S. 103-120

Maòr, Harry (Hrsg.): Zeugnisse eines engagierten Lebens für die Menschlichkeit: Berthold Simonsohn zum Gedenken. Frankfurt o. J. Privatdruck (1978)

Leber, Aloys: Berthold Simonsohn wurde emeritiert. In: Uni-Report, Frankfurt, 26.10.1977

Ders.: Zur Emeritierung von Berthold Simonsohn. In: Neue Praxis. Ztschr. für Sozialarbeit, Sozialpädagogik und Sozialpolitik 3/1977

Lowenthal, E.G.: Tätig in den Ruhestand – zum 65. Geburtstag von Prof. Dr. Berthold Simonsohn. In: Allgemeine Jüdische Wochenzeitung, vom 22.4.1977

Lowenthal, E.G.: Im Dienst an der Jugend. Zum 60. Geburtstag von Prof. Berthold Simonsohn. In Jüdische Allgemeine Wochenzeitung, vom 21.4.1972;

Maòr, Harry: Pionier des jüdischen Lebens. Dr. Berthold Simonsohn zum 50. Geburtstag. In: Jüdische Allgemeine Wochenzeitung, April 1962

BERTHOLD SIMONSOHN

DER HOCHVERRAT IN WISSENSCHAFT, GESETZGEBUNG UND RECHTSPRECHNUNG

VON DER FRANZÖSISCHEN REVOLUTION BIS ZUM REICHSSTRAFGESETZBUCH

FAKSIMILE

Der Hochverrat
in Wissenschaft, Gesetzgebung und Rechtsprechung von der französischen Revolution bis zum Reichsstrafgesetzbuch

Eine rechtsgeschichtliche Untersuchung des Verbrechens in der Epoche des Liberalismus, in seinem Zusammenhang mit dem Zeitgeschehen

Inaugural-Dissertation
zur Erlangung der Doktorwürde
der Rechts- und Staatswissenschaftlichen Fakultät
an der
Martin-Luther-Universität Halle-Wittenberg

Vorgelegt und verfaßt von
stud. jur. Berthold Simonsohn
aus Bernburg (Anhalt)

Berichterstatter Prof. Dr. Schwinge

1934

Buchdruckerei Th. Baruch & Co., Berlin SW 19

„Nichts ist gefährlicher für einen Staat, als wenn die Majestätsverbrechen unbestimmt sind".

Montesquieu.

Meinen lieben Eltern!

Inhalts-Verzeichnis

Vorwort.

Es mag heute, nachdem die Ideen des liberalen Rechtsstaates in Deutschland eine Niederlage erlitten haben, nach der sie wohl kaum jemals wieder zu entscheidender Bedeutung gelangen werden, überflüssig erscheinen, die Entwicklung eines Verbrechens zu schildern, die gerade von diesen Ideen beeinflußt ist. Wenn aber auch, wie nach allen Revolutionen, die politische Entwicklung anfänglich in ihr Gegenteil umzuschlagen schien, und damit alle früheren Ideen zum alten Eisen geworfen zu werden drohten, so ist dies doch ein durch die Notwendigkeit der Sicherung der Macht gebotenes Zwischenstadium; es ist jedoch nicht der Sinn der Geschichte, daß ein Zeitalter das vorhergehende restlos verneint, sondern daß es die errungene Erfahrung der abgelaufenen Epoche in seinen Sinn und Willen aufnimmt und so den kontinuierlichen Zusammenhang der Geschichte wahrt. Keine Bewegung — und sei sie noch so revolutionär — kann völlig aus dem Neuen schöpfen. Freilich kann sie die ideellen und realen Schöpfungen der vergangenen Epoche nicht einfach übernehmen, sondern nur das erhalten, was unter den veränderten Verhältnissen noch lebenskräftig ist, das alte Recht „aufheben" in dem dreifach Hegelschen Sinne des Zerstörens und Aufbewahrens und der Synthese dieses entgegengesetzten Tuns: Des Hinaufhebens auf eine höhere Stufe.

Da schon die nächste Zeit uns ein neues Strafgesetzbuch bringen wird, konnte die Arbeit die dogmatische Untersuchung des geltenden Hochverratsrechts nicht in den Vordergrund stellen. Sie setzt es sich vielmehr zum Ziele, die in der wissenschaftlichen Literatur, in Gesetzgebung und Rechtsprechung wirksamen Tendenzen aufzuzeigen, und in das politische und soziale Geschehen jener Zeit, die Anfang und Gipfelpunkt des Liberalismus als rechts- und staatsgestaltender Macht umfaßt, einzugliedern. Es kam darauf an, die bisherige Entwicklung des Hochverratsrechts aus dem Zusammenhang allen gesellschaftlich-geistigen Geschehens zu begreifen; denn nur so kann entschieden werden, was aus der Situation jener Zeit allein verstanden und gewertet werden will, und was überzeitliche Geltung beanspruchen kann. Auch für ein Recht, das neue Bahnen einschlägt, wird das Verständnis der bisherigen Entwicklung förderlich sein können, und wäre es nur zum Zwecke negativer Abgrenzung. Aus dem Gesagten ergibt sich, daß es hier weder auf Vollständigkeit bei der Untersuchung der mit dem Hochverrat zusammenhängenden Probleme ankommen, noch der Dogmatik überhaupt ein größerer Raum gewidmet werden konnte. Einzelne für den Zusammenhang unbedeutende und unpraktische Fragen, auch die nach der Bedeutung des Unternehmensbegriffes, auf die schon eine Unmenge von Scharfsinn und Tinte verwandt worden ist, sind hier übergangen oder nur kurz gestreift worden.

Wenn Binding[1] schreibt, die Leistungen der Vergangenheit wiesen verschiedenes Gewicht auf, ein relativ kleines aber auf dem Gebiet der Staatsverbrechen, so ist dem nur teilweise zuzustimmen. Eine Untersuchung der Einzelheiten dieser Delikte im römischen und altdeutschen Recht ist allerdings für das geltende wie das künftige Recht unfruchtbar, wenn auch die Herausarbeitung der leitenden Grundgedanken jener Zeit, z. B. die Gegenüberstellung der Majestas- und der Perduellionswurzel[2] von großem Wert sein kann. Die Entwicklung des Hochverratsrechts seit Feuerbach ist aber in dem Sinne nicht

1) Handbuch II, 2, S. 363.
2) So Wegner, Diss. S. 18/19.

mehr „Vergangenheit“. Wenn auch in der ersten Hälfte des 19. Jahrhunderts die Erörterung und Auslegung des alten Rechts im Mittelpunkt steht, so erfolgt dies doch nur, um das Verbrechen des Hochverrats als strafrechtlichen Niederschlag der jeweiligen Verfassungszustände zu kennzeichnen und dann seine vernünftige Ausgestaltung, d. h. seine Anpassung an den schrittweise sich durchsetzenden liberalen Rechtsstaat zu fordern. Da bekanntlich alle Bewegungen in ihren Anfängen, so lange sie noch nicht im politischen Tageskampf aufgehen oder als regierende Macht Wasser in den Wein ihrer radikalen Forderungen gießen müssen, ihr Programm am klarsten und entschiedensten zu formulieren pflegen, tritt uns auch der ideale Rechtsstaatsbegriff in der Lehre vom Hochverrat am deutlichsten dort entgegen, wo der Liberalismus noch im Kampf gegen die Staatsordnung steht — das aber ist die Zeit vor 1870. Es ist daher zu verwundern, daß zwar die Geschichte des Hochverratsverbrechens im Altertum und Mittelalter eine große Anzahl von Bearbeitern gefunden hat, daß aber über die eigentliche Vorgeschichte des geltenden Rechts, die nur kurz und dürftig behandelt worden ist, eine zusammenhängende Betrachtung fehlt.

Bei keinem Verbrechen wäre die rein juristische Betrachtungsweise so verfehlt wie beim Hochverrat; denn der Bestand des Staates kann nur dann gesichert werden, wenn die Bestimmungen des Gesetzes über die Angriffe gegen den Staat „von dem Geiste der zu schützenden Staatsform durchdrungen sind, und ein getreues Abbild der politischen und staatsrechtlichen Grundideen des Volkes darstellen“[3]). Mit der Konstruktion eines aus den Gesetzen der juristischen Logik gefolgerten Hochverratsbegriffes ist wenig gewonnen, vielmehr kommt es darauf an, ob die Normen dem faktischen Sein entsprechen, aus dem sie erwachsen und zu dessen Schutz sie bestimmt sind, und wie sie das staatsrechtliche und politische Kräfteverhältnis wiederspiegelt. Das 19. Jahrhundert steht im Zeichen des Kampfes zwischen Volks- und Fürstensouveränität und die Lehre vom Hochverrat verzeichnet getreulich alle Wandlungen dieses Ringens, das 1871 noch nicht entschieden ist und daher mit dem Kompromiß endet, daß die Verfassung als gleichberechtigter Angriffsgegenstand neben den Monarchen tritt. Hier, wo es sich um den Schutz politischer Interessen handelt, setzt die strafrechtliche Fragestellung die staatsrechtliche, und diese wieder die soziologische voraus. Die juristischen Begriffe sind nur „die Schattenrisse realer Vorgänge“[4]) und es bedarf daher einer Untersuchung ihrer gesellschaftlichen Grundlagen umso mehr, als es gerade der liberalistischen Denkweise entsprach, alles Tatsächliche in Abstraktionen aufzulösen. Mit Recht weist daher von Weber darauf hin, daß der Staat nicht als Normenkomplex, sondern als soziale Erscheinung geschützt werden müsse, denn nur in der Seinsebene sei er angreifbar und der Verrat treffe ihn in der Macht, die er als soziales Gebilde ausübe[5]). Mehr als jedes andere Recht enthält der Tatbestand des Hochverrats ein Werturteil über Interessenkonflikte und daher kann nur eine teleologische Betrachtungsweise sagen, ob die Norm mit der Wirklichkeit in Einklang steht.

Die Arbeit stellt daher einen Versuch dar, die Entwicklung des Hochverratsrechts in Theorie und Praxis unter Berücksichtigung der sozialen und politischen Bestrebungen und Kräfte darzustellen und die geschichtliche Erfahrung für die Gegenwart zunutze zu machen. Der Aufbau war im wesentlichen durch die historische Aufeinanderfolge staats- und strafrechtlicher Ideen bestimmt. Die Stellung der Strafrechtsschulen ist im Zusammenhang, die bedeutenderer Persönlichkeiten für sich behandelt worden. Gesetzgebung und Rechtsprechung, deren Entwicklung nicht allen Wandlungen der wissenschaftlichen Literatur folgt, sondern häufig nach ganz anderen Gesetzen verläuft, sind daher auch

3) Lincke, Diss. S. 9.
4) Nach einem Worte H. Hellers.
5) „Die Reichsgerichtspraxis im Rechtsleben“, Bd. V. S. 197.

selbständig behandelt. Dabei konnte die Rechtsprechung umso eher in aller Kürze besprochen werden, als die Demagogenprozesse — und die Literatur darüber — für Begriff und Tatbestand des Hochverrats wenig ergiebig sind, zumal meist prozessuale und politische Fragen im Vordergrund standen. Nirgends aber war die historische Forschung Selbstzweck, sondern nur Mittel zum Zweck, nur Methode zur Erkenntnis des Rechts. „Aus dem, was geworden, und wie es geworden, erkennen wir das Werdende und dieses sagt uns, was wir handeln sollen und dürfen"[6].

---

6) Feuerbach, Kleine Schriften, S. 3.

A I: **Das Strafrecht und die Ideen der Aufklärung, des Naturrechts und des Liberalismus. — Ein Zeitbild.**

Die Anfänge des modernen Strafrechts fallen in eine Zeit, die auf allen Gebieten zu einer Auflösung der mittelalterlichen Lebensformen führt. Die großen Fortschritte, die in Wirtschaft und Technik gemacht werden, zersetzen die feudalistische und ständische Gesellschaftsordnung. Der Geist, befreit von den Fesseln der Scholastik, will nun umso unwilliger sich vor dem absolutistischen Polizeistaat beugen. Eine solche Entwicklung konnte die Rechtswissenschaft natürlich nicht unberührt lassen. Um die Wende des 18. zum 19. Jahrhundert befindet sich das gesamte deutsche Geistesleben, nicht zuletzt unter dem Eindruck der wuchtigen Schläge, mit denen das französische Bürgertum die alte Welt zertrümmert hatte, in einem Zustand der Gärung. Naturrecht, Aufklärung und kritische Philosophie revolutionieren als treibende Kräfte, „die sich bald feindselig gegenüber traten, bald einander helfend und verstärkend durchdrangen und befruchteten“[1]), auch die Strafrechtwissenschaft. Bald danach stellt eine große politische Bewegung die Forderungen der Zeit, Freiheit, Gleichheit und Volkssouveränität „als die in der menschlichen Vernunft begründeten unveräußerlichen, natürlichen Rechte“[2]). Revolutionäre lieben es, das geltende Recht mit dem Hinweis auf ein älteres und besseres Recht anzugreifen. Solange der Liberalismus noch keinen Einfluß auf die Staatsgewalt gewonnen hat, begnügt er sich nicht etwa damit, das Ideal des Rechtsstaats zu vertreten, sondern leitet „aus den Geboten der Vernunft“ auch das Recht zur Verwirklichung dieses Zieles auf dem Wege der Revolution her; allerdings sucht er auch das Prinzip der Volkssouveränität und die Lehre vom Widerstandsrechte des Volkes gegen den Oberherrn, die Rousseau mit aller Schärfe aufgestellt und die Revolution von 1789 verwirklicht hatte, nicht nur auf zeitlose Prinzipien, sondern auch auf eine Tatsache des mittelalterlichen Rechtslebens, nämlich das positiv-rechtliche Widerstandsrecht der Stände zu stützen, dessen „entwicklungsgeschichtlich beachtenswerter Kern . . . der Kampf für die Rechte der Volksrepräsentation und das entschlossene Eintreten für die Volkssouveränität“[3]) bilde. Je mehr sich aber der Liberalismus der praktischen Verwirklichung seiner wirtschaftlichen und politischen Ziele nähert, desto mehr überwindet er die naturrechtliche Denkweise und stabilisiert die Autorität des positiven Rechts. Dieser Positivismus wird umso stärker, als die einst revolutionäre liberale Bewegung selbst von einer Revolution bedroht wird, die sie wie ihre früheren Gegner in gleichem Maße treffen muß. So ist der Liberalismus am Ende des 19. Jahrhunderts ein wesentlich anderer als am Anfang.

Als Reaktion gegen den Staatsabsolutismus entstanden, erkennt diese Weltanschauung dem Staat keinen Eigenwert zu, sondern ist der Meinung, dieser solle lediglich zum Schutz für die freie Entfaltung der Indivualitäten dienen[4]). Begründet werden seine Forderungen der staatsbürgerlichen Rechtsgleichheit und Freiheit mit der alten Lehre vom Staatsvertrag; insofern ist der Liberalismus Ueberwinder und Erbe der Aufklärung zugleich. Dieser Wandel der Staatsidee mußte für das Straf-

1) Grünhut, „Feuerbach“, S. 1,
2) ebenda S. 2.
3) Wegner, Diss. S. 51.
4) Vgl. Dannenberg, Lib. u. Strafrecht, S. 1—12.

recht, insbesondere natürlich für das Recht der politischen Verbrechen von entscheidender Bedeutung werden. Wie sich die Positivierung dieses Zieles, die Anpassung des Strafrechts an den liberalen Rechtsstaat unter den verschiedensten ideologischen Formen der naturrechtlich-philosophischen, historischen und hegelianischen Richtungen in der Strafrechtswissenschaft, als das die ganze Entwicklung des Hochverratsverbrechens bestimmende Moment vollzieht, soll im Hauptteil dieser Arbeit dargestellt werden.

A II: **Philosophie und Revolution.**

Die Frage des „Rechts auf Revolution" bewegt alle großen Geister Deutschlands seit dem Ende des 18. Jahrhunderts. Wie die französische Revolution ihre verschiedenen Phasen hat — die Regierung der gemäßigten Gironde, die Herrschaft der Jakobiner und die Diktatur Napoléons, so ist auch die Stellung der deutschen Philosophen zu den Problemen der Revolution nicht einheitlich.

Die Kantsche Rechtsphilosophie erscheint in ihrer Bedeutung „als wahrer Januskopf"[5]), wie bei Kant selbst stets „der republikanische Denker und der loyale Bürger"[6]) im Streit liegen. So übernimmt er zwar das Prinzip der Volkssouveränität von Rousseau und bleibt zeitlebens ein enthusiastischer Bewunderer der großen französischen Revolution, doch wendet er sich andererseits gegen die naturrechtliche Lehre vom Widerstandsrecht des Volkes. Sein Ideal ist der Staat als reine Rechtsanstalt, dessen Aufgabe und Grenze in der Aufrechterhaltung und Freiheit aller liegt; aber er begeht wie viele Liberale, den Fehler, die Folgerungen aus seinem Rechtsstaatsbegriff schon auf den bestehenden Staat anzuwenden. So kommt er dazu, alle Widersetzlichkeit gegen oberste Gewalt, alle Aufwiegelung und Rebellion als höchstes und strafbarstes Verbrechen im gemeinen Wesen zu bezeichnen. Die Veränderung der Staatsverfassung könne nur vom Souverän selbst durch Reform, wo sie nötig sei, nicht aber vom Volk durch Revolution bewirkt werden. Der Untertan dürfe nicht einmal über den Ursprung der obersten Gewalt „vernünfteln". Der Herrscher habe ihm gegenüber nur Rechte, nicht Pflichten; selbst einem Regenten, der dem Gesetz zuwider verfahre, dürfe der Untertan keinen Widerstand entgegensetzen. Der geringste Versuch hierzu sei Hochverrat, und ein Verräter dieser Art könne als einer, der sein Vaterland umzubringen versuche, nur mit dem Tode bestraft werden, weil der Widerstand des Volkes nur „als die ganze Verfassung zernichtend gedacht werden kann". Sei die Revolution aber gelungen, so müßten trotz der Unrechtmäßigkeit des Beginnens die Untertanen sich als gute Staatsbürger der neuen Ordnung fügen und dürften sich nicht weigern, „derjenigen Obrigkeit zu gehorchen, die jetzt Gewalt über sie hat"[7]). Dieser Auffassung, die im Widerspruch zu seiner eigenen Rechtslehre steht, erging es daher so wie seiner Strafrechtstheorie überhaupt: Sie wurde selbst von den Juristen verworfen, die sonst begeisterte Kantianer waren. Daher ist z. B. Feuerbachs „Antihobbes" zugleich ein „Antikant"[8]) und die Rütli-Szene des Kantianers Schiller enthält „ein vollständiges System des Widerstandsrechtes"[9]).

Da Fichte wie Kant zu einer Ueberwindung des Dualismus zwischen positivem und Naturrecht und damit zur alleinigen Anerkennung des staatlich gesetzten Rechtes gekommen war, konnte auch er ein Widerstandsrecht nicht aus allgemeinen Rechtsprinzipien herleiten. Während aber Kant aus diesem

---

5) Landsberg, III. I. Halbb., S. 503.
6) K. Fischer, „Kant", II. S. 148.
7) Ueber Kants Stellung vgl.: Metaphysische Anfangsgründe der Rechtslehre, S. 241 ff; allgemeine Anmerkung zu § 49 Abs. 4/5.
8) Breuer, Diss. S. 30.
9) Wolzendorff, Staatsrecht und Naturrecht, S. 511.

Grunde zu seiner Verwerfung kam, hat es Fichte[10]) auf besondere positiv-rechtliche Vorschriften zu gründen versucht. In einer Schrift, die er 1793 — bezeichnender Weise anonym — zur Rechtfertigung der französischen Revolution erscheinen ließ, vertritt er den Standpunkt, keine Staatsverfassung sei unabänderlich, sondern es liege in ihrer Natur, daß sie sich alle ändern. Eine gegenteilige Klausel im Gesellschaftsvertrage sei „der härteste Widerspruch gegen den Geist der Menschheit". Der Mensch habe kein Recht, das einzige Vorrecht vor der Tierheit, das Vorrecht der Vervollkommnung ins Unendliche aufzugeben. Die erste Begründung seines Widerstandsrechts findet sich hier schon, allerdings noch primitiv darauf gestützt, daß, wie jeder Einzelne das Recht habe, aus dem Staate zu treten, auch mehrere den Bürgervertrag lösen und einen neuen begründen könnten. Wichtiger ist seine rechts- und staatstheoretische Fortbildung von gesetzgeberischen Gedanken der französischen Revolution und die Anpassung eines altdeutschen Instituts des Widerstandsrechts der Stände an die Einheit und das Prinzip des modernen Rechtsstaates in seinen „Grundlagen des Naturrechts"[11]). Die beiden Arten, wie man sich am Staat vergehen könne, bezeichnet er als Rebellion, „wenn man gegen die Gewalt des Staates sich eine Macht zu schaffen sucht, oder sie sich wirklich verschafft und mit derselben sich ihr widersetzt", — als Hochverrat, „wenn man sich der vom Staat verliehenen Macht bedient, um die Zwecke desselben zu stören oder zu vernichten, oder auch, wenn man sich der anvertrauten Macht nicht bedient, um diese Zwecke zu befördern". Niemals könne das Volk Rebell sein; denn es sei in der Tat und nach dem Rechte die höchste Gewalt, die Quelle aller anderen Gewalt und allein Gott verantwortlich und durch seine Versammlung verliere die exekutive Gewalt die ihrige. Nur gegen einen Höheren finde Rebellion statt; „soll daher gesagt werden, ein Volk habe gegen seinen Fürsten rebelliert, so muß angenommen werden, daß der Fürst ein Gott sei, welches schwer zu erweisen sein dürfe". Der Aufstand des Volkes sei der Natur der Sache nach stets gerecht, denn es werde nie ein Volk aufstehen, bevor die Ungerechtigkeit nicht aufs höchste gestiegen wäre. Fordern einzelne die Untertanen auf, sich zum Volk zu konstituieren, so seien sie so lange als Rebellen strafbar, wie die Gemeine noch nicht konstituiert wäre; leiste diese aber dem Aufruf Folge, „dann verschwinde die Exekutive in Nichts" und der Aufruf enthalte „das Materiale des Rechts". Verwerfe die Gemeine die Aufforderung, dann würden die Rebellen nach völlig gültigem äußeren Rechte bestraft, mögen sie auch nach innerem Recht Märtyrer des Rechts sein. „Sie werden ihrer Absicht nach vielleicht völlig unschuldig, aber ihrer Tat nach völlig schuldig bestraft; sie hätten ihre Nation besser kennen sollen". Seine ganze sorgfältige Gründung auf das positive Recht, deren Einzelheiten hier nicht dargestellt werden konnten, wirft er dann aber über den Haufen, indem er sie nur für eine „rechtmäßige Konstitution" gelten läßt, während eine unrechtmäßige beliebig verändert werden dürfe.

Bis 1848 ist die mehr oder weniger positiv begründete Lehre vom Widerstandsrecht immer in der Rechtswissenschaft lebendig geblieben. In ihrer Gegensätzlichkeit verkörpern Kant und Fichte dabei den Zwiespalt, in dem auch die Juristen jener Zeit stehen. Zwiespältig ist auch die Stellung des größten deutschen Philosophen, des „Alles-Zermalmers" Hegel. Sein Grundsatz: „Alles, was ist, ist vernünftig", könnte als Rechtfertigung des Bestehenden und als Ablehnung jeder Revolution gedeutet werden, wüßten wir nicht[12]), daß er in jenen Satz auch den Sinn hineinlegte „alles, was vernünftig ist, muß sein". Während er in seiner Jugend die französische Revolution begrüßt, er-

---

10) Ueber Fichtes Stellung vgl. Grundlagen I. S. 110 ff; II. S. 203 ff; Französische Revolution I. S. 85.

11) Vgl. Wolzendorff, S. 421.

12) H. Heine, sämtl. Werke (Meyers Klassiker Ausgaben) Bd. IV., S. 149.

klärt er in späteren Jahren, daß „die Verletzungen des Staates überhaupt oder der Souveränität, Majestät und Persönlichkeit des Fürsten unter den Begriff des Verbrechens subsumiert und zwar als die höchsten Verbrechen bestimmt werden“[13] müssen. Getreu diesen beiden Seiten des Dialektikers Hegel konnten unter seinen philosophischen Schülern so grundverschiedene Richtungen und Menschen, wie etwa Stahl und Marx sein. Leider finden wir bei Hegel keine zusammenhängende Stellungnahme zur Lehre vom Widerstandsrecht. Offenbar sah er im Alter in dem preußischen Staat sein Ideal, das nicht mehr der reine Rechtsstaat, sondern ein Kulturstaat ist, verkörpert, sodaß dem Manne, der einst die „List der Vernunft“ darin gesehen hatte, die Leidenschaften der Menschen handeln zu lassen, auch schon der Gedanke an eine Revolution absurd erschienen sein muß. Für seine Schüler in der Rechts-, wie in der Gesellschaftswissenschaft ist dieser Standpunkt des alten Hegels meist nicht bindend gewesen. Die Hegelsche Philosophie enthält jedenfalls Elemente, die über die liberalen Vorstellungen von Recht, Staat und Gesellschaft weit hinaus gehen; sie vollendet die liberale Revolution im Reich der Philosophie und birgt in sich damit schon den Keim ihrer Ueberwindung.

Die philosophischen Systeme, Kants, Fichtes und Hegels wurden, ganz unabhängig von der Stellungnahme ihrer Schöpfer zu dem Problem der Revolution, zur treibenden Kraft auch in der Entwicklung des Strafrechts und der Lehre vom Hochverrat.

---

13) Grundlinien der Philosophie des Rechts, S. 392.

B Das Recht des Hochverrats von Feuerbach bis zur Gegenwart

I. Teil: Die Entwicklung bis zum Reichstrafgesetzbuch (1871).

I. Feuerbachs bahnbrechende Wirksamkeit im Hochverratsrecht

1. Seit der Rezeption des römischen Rechts, d. h. seit den Tagen der C. C. C., die für ihre Zeit eine gewaltige Leistung darstellte, wollte es mit der Entwicklung der deutschen Strafrechtswissenschaft nicht recht vorwärts gehen. Die furchtbare Erschöpfung aller geistigen und wirtschaftlichen Kräfte, die das dreißigjährige Ringen auf Deutschlands Boden mit sich gebracht hatte, strich das deutsche Volk für zwei Jahrhunderte aus den Reihen der führenden Nationen. Bis in das letzte Drittel des 18. Jahrhunderts hinein entspricht dem politischen und wirtschaftlichen Stillstand eine Zeit der geistigen Unfruchtbarkeit auch auf dem Gebiete der Strafrechtswissenschaft. Die spätere wissenschaftliche Literatur spricht nur mit Verachtung von dieser Zeit der „Knechtschaft des römischen Rechts"[1]) und der Nachbeter der Glossatoren, die abschreiben „ohne Kritik und Auswahl ihrer Quellen und schwören in verba magistri"[2]).

Auch für eine selbständige Entwicklung des Hochverratsrechts fehlen alle Voraussetzungen. Bei der engen Verbindung zwischen dem, was als Staatsverbrechen angesehen wird und der gesellschaftlich-politischen Struktur eines Volkes, bedarf es erst der Entstehung kraftvoller Staaten und eines Wandels der Stellung des Volks im und zum Staate, um auch die Wissenschaft auf diesem Gebiete vorwärts zu treiben. Ueberall, wo ein starkes Bürgertum als Träger dieses Wandels auf die Bühne des Geschehens tritt, — so in Holland und England im 17., in Frankreich um die Mitte des 18. und in Deutschland am Ende des 18. und Beginn des 19. Jahrhunderts — erweist sich die alte Strafrechtslehre wie das Recht der Staatsverbrechen als unhaltbar. Die Theorie des Hochverrats, die durch Auslegung einzelner, aus dem Zusammenhang gerissener Stellen römischer Rechtsbücher das Verbrechen maßlos ausgedehnt hatte und so selbst noch „die willkürlichen Dekrete der von Besorgnis um den Verlust ihrer Herrschaft gefolterten römischen Imperatoren"[3]) übertraf, wurde praktisch immer undurchführbarer, sodaß schon die ersten bayerischen und österreichischen Strafgesetze gezwungen waren, wenigstens die Majestätsbeleidigung als crimen majestatis in specie aus den Staatsverbrechen (crimina majestatis in genere) auszusondern und dem Hochverrat (perduellio) gegenüber zu stellen. Nur langsam folgte die Wissenschaft, während die Rechtsprechung die längst unverständlichen und viel zu strengen Bestimmungen durch gekünstelte Auslegung zu umgehen suchte, „ein Phänomen das überall wiederkehrt, wo zu strenge Strafgesetze mit dem Zeitgeist in Widerspruch geraten"[4]). Statt aber ein neues, den Bedürfnissen der Zeit angepaßtes Strafrecht aufzustellen, gefiel man sich darin, das geltende Recht durch allgemein-philosophische Grundsätze zu verdrehen und tatsächliche oder angebliche Lücken durch Hinweise auf ein älteres und besseres, gemeingültiges Naturrecht zu einer vollkommenen, aber willkürlichen Modifizierung des überkommenen Rechts zu benutzen.

---

1) Bisoukides, S. 65 ff.
2) Zachariä A. C. R. 1838, S. 550.
3) Feder S. 34.
4) Berner, Lehrbuch S. 22.

Die ungenügenden Verbesserungen der älteren Partikulargesetzbücher mit ihren unscharfen und rein subjektiv unterschiedenen Tatbeständen, waren letzten Endes ebenso geradezu ein Hemmnis auf dem Wege der Herausbildung eines modernen der entwickelten bürgerlichen Gesellschaft entsprechenden Strafrechts, wie die gut gemeinten, doch Rechtsunsicherheit schaffenden naturrechtlichen Auslegungen.

Es ist Anselm Feuerbachs Verdienst, die Gefährlichkeit dieser „Verbesserungen“ erkannt und damit erst der modernen Strafrechtswissenschaft die Bahn frei gemacht zu haben. Unter dem Einfluß der französischen Revolution und ihres Lehrmeisters Roussseau, wie unter dem Eindruck der im Reich der Gedanken gemachten deutschen Revolution in Gestalt der klassischen Philosophie, namentlich Kants, wird er zum Schöpfer des bürgerlichen, von den Gedankengängen der Aufklärung und des Liberalismus bestimmten Strafrechts. Die Unzulänglichkeit des mittelalterlichen Strafrechts verhinderte im Gegensatz zum bürgerlichen Recht eine historische Herleitung des neuen aus dem alten Strafrecht und ließ nur einen spekulativen Ausgangspunkt zu, der in der kritischen Philosophie Kants gefunden wurde. In ihren extremsten Formen konnten daher ein starrer Positivismus ebenso wenig gedeihen wie die unkritische Vulgärphilosophie des Naturrechts[5]). Feuerbach wies der Wissenschaft den Weg: Erneuerung des Strafrechts vom Boden der positiven Gesetzgebung aus, scharfe Trennung von Recht und Moral! Indem er sich gegen die „philosophierende Jurisprudenz wandte, die unter dem Namen von Vernunftherrschaft die Anarchie der Unvernunft proklamierte“[6]), erkannte er aber doch, daß es nur ein Mittel gab, die naturrechtliche Denkweise zu überwinden, nämlich die Erfüllung der Forderungen der Aufklärung in der Gesetzgebung. Das Ergebnis seines Wirkens war: Die Anerkennung der Fundamentalprinzipien des Liberalismus durch die Wissenschaft und, wenn auch langsam, durch die Strafgesetzgebung.

2. Feuerbach steht an einem Wendepunkt der Geschichte, und nicht die willkürliche Erschaffung von Ideen macht seine Persönlichkeit so unvergleichlich, sondern die Tatsache, daß in ihm alle „kulturellen Mächte der Zeit und die schöpferischen und gestaltenden Kräfte des Rechts in lebendiger Individualität verkörpert sind“[7]). Er hat ein leidenschaftliches Interesse für alle philosophischen und politischen Grundfragen und greift schon in früher Jugend in den Kampf der Geister ein. Weltanschaulicher Ausgangspunkt ist ihm das Naturrecht in der von Kant und Rousseau als Vernunftrecht ausgeprägten Form[8]). Trotzdem bleibt er stets ein selbständiger Geist und geht in der Frage des Naturrechts über Kant hinaus. Gerade aber die Verselbständigung und Vertiefung der naturrechtlichen Denkweise führt dazu, daß — gemäß dem Gesetz vom Umschlagen der Qualität in die Quantität — der Bestand des Naturrechtes überhaupt in Frage gestellt und die Herrschaft des positiven Rechts vorbereitet wird[9]).

Stark hat auch das revolutionäre Geschehen jenseits des Rheins auf Feuerbach eingewirkt. Dies äußert sich in seinem ganzen Wirken, insbesondere darin, daß er ein begeisterter Verehrer Rousseaus ist[10]), daß seine erste Schrift eine Verteidigung der Menschenrechte durch die Prinzipien der kritischen Philosophie ist[11]), und daß er noch viele Jahre danach die Grundsätze des

5) Landsberg, III. 2, S. 111.
6) „Blick auf die deutsche Rechtswissenschaft“, zit. b. Breuer, S. 54.
7) Grünhut, S. 1.
8) Gielhammer, S. 4 (A).
9) Grünhut S. 11.
10) Vgl. Leben und Wirken I. S. 5.
11) „Ueber die Beweisgründe gegen das Dasein und die Gültigkeit natürlicher Rechte.“ Leipzig und Gera 1795.

Code Napoléon, der eine Geistesfrucht der französischen Revolution war, in Bayern zur Einführung empfiehlt. Was das französische Bürgertum politisch erkämpft und in dem Art. 8 der Verfassung von 1791 verankert hatte: die Festlegung des künftigen Strafrechts auf die Prinzipien des Liberalismus — das verdankt Deutschland, vom Boden des bestehenden Staats- und Rechtssystem aus, Feuerbach als Gesetzgeber und Wissenschaftler. Wenn Dannenberg[12]) als Hauptpunkte eines liberalen Strafrechts, den Grundsatz „nulla poena sine lege", das Prinzip der Vergeltung, und den formellen Schuldbegriff bezeichnet, so hat hier überall Feuerbach bahnbrechend gewirkt.

Mit der schrittweisen Ueberwindung der naturrechtlichen Eierschalen — von denen er sich freilich ebenso wenig wie der Liberalismus jemals ganz befreien konnte — und der immer schärferen Betonung „der positivistischen Tendenz zugunsten einer strengen Bindung des Richters an das Gesetz, hat auf strafrechtlichem Gebiet F. den Rechtsgarantien des modernen Staates die Wege geebnet"[13]). Dem Grundgedanken der Begrenzung des staatlichen juspuniendi durch das Gesetz hat in Deutschland erst F. zum Siege verholfen. Liberalistisch ist die Theorie der aequivalenten Vergeltung, die nur durch eine geringe Beimengung zweckmäßig-generalpräventiver Ideen gemildert wird und das formale Gleichheitsprinzip in das Strafrecht verpflanzt. Seine Lehre von den einzelnen Verbrechen, sein Schuldbegriff, sein Rechtsgutbegriff, all das verdankt der Doktrin des Liberalismus Entstehung und Bedeutung, sodaß Gielhammer[14]) zusammenfassend mit Recht sagen kann: „Der Liberalismus ist das Erdreich, aus dem das moderne Strafrecht erwuchs und Feuerbach sein Schöpfer."

Freilich ist er auch darin ein Kind seiner Zeit, daß seine an sich revolutionären Anschauungen, die seinem leidenschaftlichen Temperament entsprachen, gebändigt wurden durch konservatives Festhalten am Hergebrachten und durch seinen Abscheu vor einer politischen Revolution. Der „Zug zum Kompromiß" ist dem deutschen im Gegensatz zum westlichen Liberalismus stets eigen gewesen und in reiner Form ist er eigentlich nur für kurze Zeit zur herrschenden Geistesrichtung geworden, während er sich anfänglich mit antirevolutionär-konservativen, am Ende des 19. Jahrhunderts mehr mit sozialen Ideen verband. Auch F. will „zwischen den gefährlichen Klippen des Libertinismus und Despotismus"[15]) hindurch steuern und steht so als konservativer Liberaler zwischen Republikanern und Royalisten, zwischen Rotteck und Savigny[16]). Selbst wenn man die ihm bei seiner gesellschaftlichen Stellung gebotene Zurückhaltung berücksichtigt, ist er nicht frei von Zwiespältigkeiten und so kommt es, daß in seinen Schriften und Briefen das eine Mal seine leidenschaftliche Freiheitsliebe durchbricht[17]), das andere Mal eine große Aengstlichkeit vor der Verwirklichung der Freiheit zu Tage tritt[18]), daß er bald Stellung und Person vergessend — Freiheitsschriften gegen Napoléon verfaßt, — sodaß Breuer schreiben kann, daß bei ihm die Begeisterung für die Freiheit weit mehr entwickelt war als das vaterländische Gefühl — bald eine deutliche Abneigung gegen politische Bestrebungen und Vereine äußert[19]). Doch zeigt dies alles nur, daß F. eben ein Mensch und ein deutscher Bürger in seinem Widerspruch ge-

12) Lib. und Strafrecht im 19. Jahrhundert S. 5/6.
13) Grünhut S. 24
14) ebenda S. 11.
15) Kritik des natürlichen Rechts S. 37.
16) Breuer, S. 46.
17) Vgl. z. B. L. u. W. II, S. 311/13; 306; 23.
18) „Ueber den Stand der Natur" in Meißners Apoll: „Daß Freiheit für die Menschen, wie sie sind, nichts anderes als ein Dolch in der Hand des Kindes sei."
19) L. u. W. I. S. 326.

wesen ist, daß sich in ihm der Zwiespalt zwischen der sozialen und der politischen Rückständigkeit der deutschen Staaten und den modernen, von allen freien Geistern übernommenen Ideen des Westens wiederspiegelt. An der Tatsache, daß er ein Vorkämpfer bürgerlicher Freiheit wie des konstitutionellen Gedankens war, daß e r das Strafgesetz zu einem „Bollwerk des Staatsbürgers... gegenüber dem Leviathan Staat"[20]) gemacht hat, ist nicht zu zweifeln.

3. Aus diesen weltanschaulichen Grundlagen ergibt sich sowohl seine Methodik wie seine Auffassung von Staat und Staatsverbrechen. War die Naturrechtslehre die erste und primitive Form, in der der Widerspruch zwischen dem starren, noch dazu meist volksfremden Recht und der fortgeschrittenen gesellschaftlichen Entwicklung zutage trat, die allmählich von einem formalen Erklärungsprinzip zu einer Quelle neuer materieller Gesetze wurde, welche mit dem positiven Recht der bestehenden Gesetze konkurrierten[21]), so sind auch die Jugendschriften Feuerbachs noch stark von dieser Doktrin beeinflußt. „Nichts kann nach positiven Gesetzen ein Recht sein, was wider die Vernunftrechte ist"[22]), ist das Motto jener Jahre. Doch kommt er sehr bald aus dem philosophisch erschlossenen Gegensatz zwischen Recht und Moral zu der Anschauung, „wonach der Richter als Diener des positiv gegebenen Rechts ausschließlich zu dessen Anwendung berufen ist, während die Aufgabe, es fortzubilden, bloß dem Gesetzgeber zufällt, beide aber unterstützt von einer Rechtswissenschaft, zu deren erster Pflicht es somit wird, in jedem einzelnen Falle genau zu sondern, ob sie das positive Recht behufs richterlicher Anwendung erklärt, oder ob sie gesetzgeberische Vorschläge macht"[23]). Damit aber war der entscheidende Schritt getan, der die Zeit der Aufklärung im Strafrecht von der Epoche des Liberalismus scheidet: „Die Philosophie wird zur Magd der Themis, die ihr mit der Fackel voranleuchtet"[24]), zur Lückenbüßerin, wenn die positiven Gesetze uns verlassen, der Einfluß staatlicher Gewalt wird gegenüber der freien Sphäre des Einzelnen durch klare Tatbestände fest umgrenzt und durch die strenge Bindung der staatlichen Organe die Autorität des positiven Rechts begründet, der subjektiven Willkür die Rechtssicherheit gegenüber gestellt. Mit der Wiederherstellung der Achtung vor dem historischen Recht war die energische Forderung nach einem neuen Strafgesetz verbunden, wobei Philosophie und Geschichte, jede zu ihrem Teil, zu gemeinsamem Zwecke dienen sollen. Dennoch verschmäht er es nicht, Rechtssätze auch künftig aus Vernunftideen abzuleiten und die eben hinaus beförderte Spekulation mit der Feststellung, daß Geschichte und Erfahrung uns hier verließen, durch eine Hintertür wieder hereinzulassen.

4. Ganz besonders deutlich wird dies bei seiner Staatstheorie, die er namentlich in seiner 1797, im Alter von 22 Jahren verfaßten Schrift „Antihobbes"[25]) entwickelt. Entschieden wendet er sich gegen die absolutistische Staatstheorie von Hobbes, der in seinem „Leviathan" einen unbedingten Unterwerfungsvertrag angenommen hatte der dem Souverän „eine unumschränkte und unverantwortliche, durch kein Gesetz, keinen Vertrag und keine Pflicht gebundene Gewalt zuerkennt", geht aber nicht so weit wie Rousseau, der den Unterwerfungsvertrag radikal aus der Staatslehre gestrichen hatte, „alle Rechte einer außerhalb des Volks stehenden Persönlichkeit aufgehoben und aus seinem Herrscher einen Regenten gemacht, der nur das auszuführen hat, was der allgemeine

---

20) v. Liszt über den Satz: nulla poena sine lege. Strafr. Aufs. und Vorträge, Berlin 1905, S. 80.
21) Grünhut S. 2.
22) Kritik des nat. Rechts.
23) Landsberg III. 2, S. 114.
24) Feuerbach, Hochverrat Einl. III ff.
25) „A. oder über die Grenzen der höchsten Gewalt und des Zwangsrechts der Bürger gegen den Oberherrn."

Volkswille ihm aufträgt"[26]. So war unversehens aus dem Vertrags-, ein einseitiges und stets widerrufbares Auftragsverhältnis geworden; das kam einer Rechtfertigung der Revolution gleich. Kant, der das Prinzip der Volkssouveränität vertreten hatte, lehnte — wie erwähnt — ein Zwangsrecht der Untertanen gegen den Oberherrn ab.

Feuerbachs „Antihobbes" steht in der Mitte zwischen Rousseau und Kant. Während er methodisch Kant weitgehend folgt, rein deduktiv vorgeht und aus der reinen Vernunft zu beweisen sucht, — „nicht Geschichte und Erfahrung, sondern Begriffe, nach denen wir diese meistern wollen", sind sein Ausgangspunkt — geht er im Ergebnis über ihn hinaus. „Von dem ewigen Herumreiten auf dem dürren Pferde des Naturrechts, dem ganz ungeschichtlichen Schema der Vertragstheorie"[27], ist er noch nicht abgekommen und sein Gegenstand ist bewußt als ideelle Norm, nicht als historisch entstandenes Gebilde konstruiert. Hier haben Rousseau und Pufendorf Pate gestanden. Ausgehend von dem Prinzip der Freiheit, deren Behauptung des Menschen Pflicht sei, verficht er die Notwendigkeit des Staates, „weil der Gebrauch der Freiheit eines vernünftigen Wesens dem Gebrauch der Freiheit jedes anderen nicht widersprechen"[28] darf. Die bürgerliche Gesellschaft entstehe durch den Vereinigungsvertrag, dessen Zweck die gegenseitige Verbürgung der Freiheit sei. Nur zur Erreichung dieses Zweckes dürfe die Freiheit des Einzelnen beschränkt werden. Als Interpret des allgemeinen Willens bedarf es eines Regenten, der die Rechte der Gesamtheit gemäß dem Staatszweck auszuüben habe. (Unterwerfungsvertrag.) Wie und auf welche Weise sich der allgemeine Wille durch seinen Organ erklären soll, bestimme der Verfassungsvertrag[29]. Zum Staate, d. h. einer Anstalt, „in welcher die vollkommene Sicherung wechselseitiger Freiheit vorhanden ist"[30] werde die bürgerliche Gesellschaft durch Unterwerfungs- und Verfassungsvertrag. Diese Idee des Staates wird nun zum einzigen Führer erklärt, während „die Welt der Erfahrung" als „matter Widerschein von dem reinen Lichte der Wahrheit und des Rechts"[31] nur gering geachtet wird.

Beschränkt der Staat meine Freiheit, so ist er dazu durch meinen im Vereinigungsvertrag erklärten allgemeinen Willen berechtigt. Wenn der Privatwille dazu im Widerspruch steht, darf der Staat seine Untertanen zwingen, ihr Privatinteresse dem öffentlichen unterzuordnen. Kraft des Unterwerfungsvertrages müssen die Untertanen unbedingt dem Regenten gehorchen und dürfen sich nicht in die Regierungsgeschäfte einmischen. „Wollen sie sich dem ungeachtet seinen Befehlen und Verfügungen entziehen oder gar mit Gewalt der Waffen sich demselben entgegensetzen, so handeln sie als Beleidiger der höchsten Gewalt, als Rebellen gegen den Unterwerfungsvertrag und dürfen wie Rebellen bestraft und gezüchtigt werden"[32].

Nachdem so die Revolution gegen den Idealherrscher im idealen Rechtsstaat verworfen ist und mit dem Satz, daß harter Druck oder mangelnde Glückseligkeit kein Revolutionsgrund sei, jeder sozialen Revolution die Berechtigung abgesprochen wird — „denn wir treten nicht in den Staat um glücklich und angenehm, sondern um ruhig und frei zu leben"[33] — untersucht F. den Fall, daß der Regent gegen den Zweck des Bürgervertrages verstößt. Es scheint, als ob hier der „matte

26) Breuer, S. 28.
27) Vorländer, Von Macchiavelli bis Lenin, S. 92,
28) S. 13,
29) S. 34,
30) S. 34/35,
31) S. 36,
32) S. 58,
33) S. 74,

Widerschein“ doch bis in das Reich der abstrakten Staatsidee eingedrungen sei. Denn wenn er auch den Regenten als an den Unterwerfungsvertrag gebunden bezeichnet, als „Regierung“ nur die Ausübung der höchsten Gewalt gemäß der Idee des Bürgervertrages und gemäß dem allgemeinen Willen erklärt, so wird hier der „teleologische Pferdefuß“ trotz der abstrakt-spekulativen Form sichtbar und letzten Endes wird, bewußt oder unbewußt die Rechtfertigung der liberalen Revolution daraus[34]: „Wenn eine Nation wegen der Verletzung der Grundverträge insurgiert, so ist sie keine Beleidigerin der Majestät oder Empörerin gegen die höchste Gewalt. Denn sie trägt ihre Waffen nicht gegen den Regenten . . ., sondern sie kämpft gegen einen Privatwillen, gegen einen Menschen, der sie beleidigt, der sich als Feind des Staates und dessen Glieder bewiesen hat.“[35] Wenn der Regent also unmittelbar, nicht nur durch die Wahl seiner Mittel, den Gesellschaftszweck verletzt, und sich über die durch den allgemeinen Willen bestimmten Grenzen seiner Gewalt hinweggesetzt, dann ist die Gehorsamspflicht der Untertanen aufgehoben, sie dürfen und müssen ihn zwingen, weil „ein Recht, das ich nicht mit Zwang behaupten darf, kein Recht ist“[36]. Das läuft auf die Anerkennung des Prinzips der Volkssouveränität hinaus. Feuerbach geht hier sogar so weit, die Insurrektion als „ein Opfer, das wir unserer Freiheit und der Pflicht, die uns alle zu einem Bunde vereinigt, darbringen müssen“[37], zu preisen und die dadurch möglich gewordene Anarchie für das kleinere Uebel gegenüber einer Tyrannis erklärt. Für solche Streitfälle schlägt er die Einführung einer Verfassungsgerichtsbarkeit vor. Den Gegnern dieses Rechts auf Revolution — wenn auch nur in den Formen des negativen Zwangs — von Hobbes bis Kant und deren Epigonen — antwortet er mit der einen Frage: „Verpflichtet sein, dem den Gesellschaftszweck verletzenden Regenten nicht zu widerstehen, weil wir verpflichtet sind, den Staat zu erhalten, heißt nichts anderes, als verpflichtet sein zu leiden, daß kein Staat existiere, damit er existiere — oder gibts einen Staat ohne einen Zweck des Staates?“[38]

Die Revolution gegen nicht eingehaltene Versprechen ist auch keine Beleidigung der höchsten Gewalt, weil es sich hier um Verträge, um Privathandlungen des Regenten handelt[39] — klingt dies nicht, als sollte die Revolution von 1848 gerechtfertigt werden, die sich gerade auf die nicht eingehaltenen Versprechungen aus den Jahren 1813 bis 1815 berief? Ein starker Freiheitsdrang spricht aus diesem Werk und aus einer Tagebuchaufzeichnung wissen wir, daß er seine Ansicht, daß „Freiheit des Gewissens“ und der Gedanken ein „unveräußerliches Gut“ sei, mit Recht als reine Spekulation und noch nicht als herrschende Meinung ansah[40]. Es zeigt uns den reinen Vernunfts- und Rechtsstaat; die Konstruktion der Grundverträge dient ihm nicht dazu, das historische Problem zu lösen, vielmehr der Beantwortung der Frage, auf welche Weise wir uns den Staat, wie er sein s o l l, entstanden denken müssen. Mag auch späterhin die Lehre vom Widerstandsrecht von ihm aufgegeben worden sein[41], so zeigen doch alle seine Schriften, daß das Streben nach Freiheit kein jugendliches Strohfeuer war, sondern Feuerbachs Wesen und Bedeutung ausmacht.

---

34) — wenn er sie auch häufig ablehnt. Vgl. L. u. W. I. S. 6, wo er die Totalrevolution eines Teiles der Nation eine unmoralische Operation nennt.
35) S. 127
36) S. 147
37) S. 184
38) S. 264
39) S. 278 ff.
40) L. u. W. I. 39. „Ich gehe dadurch großen Gefahren entgegen. Die politische Inquisition wird ihre Klauen gegen mich ausstrecken. Aber ich will trotzen. Mut Feuerbach! Mut, Heldenmut!“
41) Anm. von Ludwig F. in L. und W. I. S. 41

5. a) Diese liberale Gesinnung war auch maßgebend für die Wahl des Stoffes in seiner nächsten, dem Antihobbes unmittelbar folgenden Schrift[42]), dann aber auch „die Aussicht, daß eben hier eine reife Frucht seiner philosophischen Grundanschauung zu pflücken war"[43]). Denn ein kurzer Geschichtsüberblick dient ihm nur dazu — wohl nicht ganz mit Unrecht — festzustellen, daß hier nichts zu holen sei und „nichts anderes übrig bleibe, als uns der Philosophie in die Arme zu werfen und von ihr ein wohltätiges Licht zu erflehen"[44]). Steckt er hier auch noch tief in naturrechtlichen Anschauungen, so ist es doch gerade der ausgesprochene Zweck dieser Schrift, einen scharf umrissenen, positiven Hochverratsbegriff aufzustellen, und nicht zufällig steht über dieser Schrift als Geleitwort der Satz Montesquieus, der das Streben der Wissenschaft auf dem Gebiete des Hochverratsrechts während der ganzen Epoche des Liberalismus charakterisiert. Stärker als auf jedem anderen Gebiet waren hier die Widersprüche zwischen dem — nicht einmal richtig überlieferten — römischen Recht und dem altdeutschen Recht, zwischen den Wünschen der Fürsten, sich möglichst weiten Spielraum zu lassen, und den aufklärerischen Tendenzen in Theorie und Praxis, die den Kampf gegen die unmenschlichen Strafen aufnahmen. Es ist gerade Feuerbachs Verdienst, diesen Knoten mit dem Schwert der Deduktion gelöst zu haben, weil es eine historisch-positivistische Lösungsmöglichkeit nicht gab. Im übrigen zeigt sich, daß seine aus der Welt der Begriffe entnommene Bestimmung zuweilen recht deutlich die Züge des hergebrachten Rechts trägt.

Erster Anhaltspunkt ist ihm die Tatsache, daß der Hochverrat von allen Gesetzen und Völkern für das verabscheuungswürdigste und strafbarste Verbrechen gehalten wird. So kommt er dazu, den Hochverrat als schwerstes Verbrechen nach dem Grade der in abstracto dem Staate zugefügten Verletzung zu bestimmen. Zwar sei jedes Verbrechen eine Beleidigung der bürgerlichen Gesellschaft. Sei aber der Staat unmittelbar Gegenstand der Beleidigung, seien also die Rechte aller Einzelbürger verletzt, so wäre die Tat um vieles schwerer und strafwürdiger. Bei diesen Staatsverbrechen müsse man aber noch unterscheiden, ob ein bloßes Entgegenhandeln ohne bestimmte Absicht vorlag, oder, ob die Aufhebung des Staats beabsichtigt war. Am schärfsten sei zu strafen, wo Aufhebung des Staats als solchen oder des Staates in einer bestimmten Form beabsichtigt werde, denn hier sei der Täter nicht Beleidiger, sondern Mörder des Staates und darüber hinaus könne es also nichts geben. Also müsse jedes Verbrechen Hochverrat sein, das „in einer Aufhebung der durch die bürgerlichen Grundverträge begründeten Bestimmungen"[45]) bestehe. Konsequent folgert er daraus, daß die Einführung der Tyrannei, die mit dem Zweck der bürgerlichen Gesellschaft in unauflöslichem Widerspruch stehe, Hochverrat sei, nicht aber die Insurrektion dagegen[46]). Nachdem er so die Grundlagen gelegt und die Uebereinstimmung mit Ulpian und dem römischen Recht hervorgehoben hat, wendet er sich den Einzelheiten des Tatbestandes zu.

Aus der ganzen Staatskonstruktion ergibt sich, daß nur der Bürger des Staates selbst, der an die Grundverträge gebunden ist, Subjekt eines Hochverrats sein kann, allenfalls noch der im Staate lebende Fremde. Hierin befindet sich F. in Uebereinstimmung mit Gesetzgebung und herrschenden Meinung im Schrifttum und auch in der Stellung zur Strafbarkeit selbst des entfernten Versuches hat er sich noch nicht von den alten Vorurteilen frei gemacht. Wegen der Abscheulichkeit des Verbrechens, der Größe und Nähe der Gefahr

42) Philosophisch-juridische Untersuchungen über das Verbrechen des Hochverrats.
43) Landsberg III. 2, S. 115.
44) Hochverrat S. 3.
45) S. 20.
46) S. 27.

sei die Strafbarkeit auf jede Versuchshandlung auszudehnen, so weit nur der Wille durch „etliche scheinliche werke“ bestätigt worden sei[47]). So kommt er zu folgender Definition: „Hochverrat ist die von einem Bürger oder von dem, welchen die Gesetze diesem gleich setzen, bewirkte oder versuchte Vernichtung der durch die bürgerlichen Grundverträge begründeten Bestimmungen der bürgerlichen Gesellschaft“[48]).

Im zweiten Teil seiner Schrift zieht Feuerbach die Folgerungen aus dieser Begriffsbestimmung. Aus den drei staats- und gesellschaftsbegründenden Urverträgen werden die drei Arten der Revolution abgeleitet, die „sowohl nach naturrechtlichen als nach positiven Prinzipien mit diesem Namen bezeichnet werden können“. Der Vereinigungsvertrag, der die notwendige Vereinigung aller Kräfte zum Zwecke wechselseitiger Freiheit und der Freiheit der Gesellschaft selbst als einer besonderen, für sich bestehenden Gesellschaft begründet, kann in dreifacher Richtung angegriffen werden: 1. Durch Aufhebung der Vereinigung (Herbeiführung der Anarchie), 2. durch Aufhebung des Gesellschaftszwecks (z. B. Bestrebungen den Regenten zum Despoten zu machen) und 3. durch Unternehmungen gegen Freiheit und Selbständigkeit des Staates (Landesverrat im heutigen Sinne). Gegen den Unterwerfungsvertrag, durch den die Rechte der höchsten Gewalt auf eine physische oder moralische Person als Organ des allgemeinen Willens übertragen würden, werde durch Lebensnachstellung, Entthronung, Gefangennahme, Verstandesberaubung und Raub einzelner Souveränitätsrechte verstoßen; dem stehe gleich Entziehung einzelner Staatsteile und Unterwerfung unter eine andere Macht, schließlich auch der bloße, einem erklärten Feind des Staates geleistete Beistand, also die verschiedenartigsten Handlungen gegen den Regenten. — Der Verfassungsvertrag, der die Grenzen der höchsten Gewalt und die Art ihrer Willensäußerung bestimme, werde durch die gewaltsame Umkehrung oder Veränderung der bestehenden Verfassung (Revolution) verletzt. Wo dagegen eine Reform auf dem Wege des Rechts geschehe, also bei Zustimmung der gesamten Bürgerschaft — bezw. ihrer Mehrheit, wo diese genügt — und bei freier Einwilligung des Regenten, liege kein Hochverrat vor, desgleichen nicht bei Propagierung solcher Verfassungsänderungen. Der Weg der Gewalt und die Veröffentlichung aufrührerischer Schriften seien dagegen Hochverrat, der erstere ohne Rücksicht darauf, ob er gegen den Willen des Volkes, eines Volksteils oder des Regenten beschritten werde.

b) Die so gewonnenen Grundgedanken vertritt F. auch in seinem Lehrbuch, wobei er sich einer konkreteren Ausdrucksweise bedient. So bezeichnet er als Gegenstand des Hochverrats das Dasein des Staates im allgemeinen oder dieses besonderen Staates in seinen Fundamentaleinrichtungen (viel weiter ist auch heute die Wissenschaft nicht gekommen!). Strafbar sei jede auf Vernichtung solcher Einrichtungen gehende Handlung, ob bewirkt oder unternommen, soweit sie von einem Untertan in Vernichtungsabsicht begangen werde. — Am Deutschen Bund als bloßem Staatenbunde sei kein Hochverrat denkbar. Wenn aber in der Landesverfassung der Staat für einen Teil des Bundes erklärt werde, dann sei die feindselige Handlung gegen diesen ein Fall des Landeshochverrats. — Die einzelnen Tatbestände entsprechen völlig den in seinen „Untersuchungen“ deduktiv gewonnenen. Ausdrücklich wird noch hervorgehoben, daß durch bloße Theorien über die Staatsform und durch freimütigen Tadel bestehender Verfassungen kein Hochverrat begangen werden könne — schließlich sägt niemand den Ast ab auf dem er sitzt, — während er sonst noch auf dem Standpunkt steht, daß auch der entfernteste Versuch und jede Beihilfe, zu welcher hier auch die Verschweigung und unterlassene Verhinderung des Verbrechens gehören, mit der ordentlichen Strafe, das ist mit dem Tode,

47) S. 34/35.
48) S. 36.

belegt werden sollen. Dies ist einer jener Fälle, da der anfänglich „revolutionäre Neuerer alsbald selbst in dogmatische Enge verfällt“[49]. Eng damit zusammen hängt seine Abneigung gegen politische Vereine: Sie seien „rechtswidrig und gefährlich und können von keiner Regierung, die ihre Pflichten und Rechte kennt, geduldet werden“[50]. Feuerbachs Bedeutung wird durch solche Schönheitsfehler nicht gemindert; sie wird uns besonders deutlich, wenn wir den Kleinschrod'schen Entwurf eines peinlichen Gesetzbuches für die Kurpfalzbayerischen Staaten mit Feuerbachs „Kritik“ vergleichen, durch die er seine Befähigung als erster moderner Gesetzgeber bewies.

c) Scharf geht er mit der Definition Kleinschrods (§ 403) ins Gericht, nach der „als Hochverrat alle Handlungen eines Untertans angesehen werden sollen, welche mit dem Vorsatz sind unternommen worden, um die bestehende Verfassung des Staates umzustürzen“. Dieser Begriff, der den Hochverrat bloß nach der Absicht bestimmt, ohne im geringsten eine eigentümliche Beschaffenheit der Handlung an sich zu berücksichtigen, passe für eine moralische, aber nicht für eine bürgerliche Gesetzgebung, die objektiv bestimmte Handlungen, nicht aber Gesinnungen strafen wolle. Nicht die Absicht, die Hostilität der äußeren Handlung an sich wider Staat, Staatsverfassung oder Oberherrn müsse die Basis des Begriffes bilden. Die Beschränkung auf Umsturz der Verfassung hält er für zu eng, denn die Verfassung sei nur der „Inbegriff der Einrichtungen eines Staates, die durch Gesetze über die Art, den Umfang und die Grenzen der Regierung bestimmt sind“[51]. Hochverräterische Absicht habe, wer eine feindliche Handlung gegen den Staat, den Oberherrn oder die Verfassung mit dem Bewußtsein ihrer hochverräterischen Eigenschaft unternehme. Er tritt dann fernerhin auch für eine Beschränkung der Majestätsbeleidigung auf die Fälle ein, in denen die Ehre des Oberherrn in seiner Eigenschaft als öffentliche Person verletzt werde. — Seine Kritik der Staatsverbrechen gipfelt in der Forderung, nicht nur die Verbrechensbegriffe scharf zu bestimmen, sondern auch die Hauptarten der in ihnen enthaltenen Fälle aufzuführen, weil „unbestimmte Majestätsgesetze das größte Unglück eines Staates sind“.

6. In allen seinen Schriften hat Feuerbach die drei Tatbestände des Hochverrats im großen und ganzen so konstruiert, wie sie in der Gesetzgebung bis in die neueste Zeit erscheinen. Dabei wird sein spekulativer Ausgangspunkt sehr bald überwunden und als naturrechtliche Begriffsspielerei allgemein abgelehnt[52], wenn auch die streng logische Ableitung der Tatbestände aus dem Grundgedanken anerkannt wird[53]. Die relative Berechtigung dieser Methode, die freilich „einem gänzlichen Lossagen von den gemeinrechtlichen Quellen“ nahe kam, wird dabei jedoch nicht immer zugegeben, vielmehr ihm sein mangelndes Eindringen in die Natur der römischen und deutschen Quellen zum Vorwurf gemacht[54]. Hälschner hat erkannt[55], daß F., wenn auch nicht die Autorität der gemeinrechtlichen Quellen, so doch „die der modernen Staatszustände und politischen Anschauungen für sich hatte“, und daß diese „auch durch den erneuten Versuch einer quellenmäßigen Begründung und Gestaltung der Lehre vom Hochverrat nicht erschüttert werden konnte“. Auch Binding, der den verfehlten Grundgedanken kritisiert, nennt nichtsdestoweniger den „genialen Versuch Feuerbachs eine dogmatische Tat“[56]. Tatsächlich liegen die Dinge so, daß für die Begriffs- und Tatbestandsbestimmung nicht einmal

49) Grünhut, S. 261.
50) L. u. W. I. S. 326.
51) Kritik III. S. 38.
52) Vgl. Landsberg III. 2, S. 16.
53) Knitschky, S. 59 ff.
54) Mittermaier im Staatslexikon von Rotteck-Welcker, 201 f.
55) Lehrb. S. 724
56) Handbuch, II. 2, S. 419.

so sehr der ideelle Ausgangspunkt, sondern die Wandlungen der Staats- und Gesellschaftsordnung ausschlaggebend wurden, und so erklärt sich auch — trotz der Deduktion aus allgemein gültigen Begriffen — die historische Bedingtheit seiner Begründung, namentlich des am Regenten begangenen Hochverrates, und „die Gebundenheit seiner Theorie an die Aufklärung einerseits und die politische Staatsform der Monarchie andererseits“[57]).

Obwohl noch manche Einzelheiten zu kritisieren wären und auch kritisiert worden sind, — so die Vermengung mit dem Landesverrat, das Festhalten an dem Personalitätsprinzip, ferner der „Irrtum, daß jeder Fall des Hochverrats mit dem Tode bestraft werden“ solle, selbst der entfernteste Versuch und die Beihilfe, — wird die Bedeutung und der ungeheuere Fortschritt der Feuerbachschen Lehre nirgends verkannt. Die Vorzüge werden hauptsächlich in der Einschränkung des Verbrechens und der Unterscheidung desselben von anderen, straflosen Handlungen[58]), in der Begrenzung des Versuchs durch das Erfordernis einer äußeren Handlung, kurz: „In der instinktiven Sicherheit, mit der er an Stelle unbestimmt allgemeiner Verbrechensbezeichnungen genaue Tatbestände zu setzen weiß“[59]), erblickt. Wie schon erwähnt, besteht ja gerade darin die Bedeutung Feuerbachs, daß er mit der Forderung und Verwirklichung fest begrenzter Tatbestände der Willkür des absolutistischen Staates entgegengetreten ist. Dieses von seinen philosophischen Grundanschauungen diktierte und zu immer stärkerer Zurückdrängung des naturrechtlichen Einflusses führende Bestreben hat ihn dazu geführt, schon im Jahre 1798 das rechtsstaatliche Programm des Hochverratsrechts zu entwickeln, als ob er geahnt hätte, daß er und seine Söhne in ihrem späteren Leben des Hoch- und Landesverrats beschuldigt werden sollten[60]). Zwei Grundgedanken besonders gewannen bleibende Bedeutung, nämlich daß nur „ganz gefährliche, den Keim des Bürgerkrieges bergende politische Verbrechen“ den schweren Namen des Hochverrats verdienen, und daß Tatbestände und Strafdrohungen „bei diesem Verbrechen mehr noch als anderswo sich durch klare Bestimmtheit auszeichnen“[61]) sollen. Von seiner Jugend an, da er als Achtzehnjähriger in sein Tagebuch schrieb: „Der Staat hat nie ein Recht, einen anderen wegen seiner bloßen politischen spekulativen Meinungen und deren Aeußerungen zu bestrafen oder auf irgendeine Art Gewalt gegen ihn zu brauchen“[62], — bis in sein Alter, da er seiner Begeisterung über die französische Juli-Revolution und den polnischen Freiheitskampf von 1831 Ausdruck gab und die Einführung einer Verfassung als einziges Mittel zur Verhütung blutiger Kämpfe auch in Deutschland empfahl[63]), ist Feuerbach diesen freiheitlichen Grundauffassungen treu geblieben.

---

57) Kahn, Diss. S. 9. f.
58) Mittermaier, a. a. O. S. 207.
59) Landsberg, III. 2, S. 116.
60) Vgl. L. u. W. I. S. 187; S. 316.
61) Wegner, „Die Justiz“ III. S. 142.
62) L. u. W. I. S. 5.
63) ebenda II., S. 311/13.

II. Feuerbachs Zeit- und Weggenossen

1. In der gleichen Richtung wie Feuerbach wirkten auf eine Einschränkung des Hochverratsverbrechens dessen Zeitgenossen Klein, Kleinschrod, Grolman und Tittmann hin. Zwar ist auch ihnen die Befreiung von den Vorurteilen der älteren Lehre und eine schärfere Bestimmung gelungen, doch stecken sie noch allzu tief in der Anschauungsweise der naturrechtlichen Doktrin.

2. Namentlich unternimmt es Kleinschrod, das positive Recht in Verbindung mit den allgemeinen philosophischen Ideen vorzutragen, eine Methode, welche sich „als besonders geeignet erweist, alle Grenzen zwischen positivem und Naturrecht zu verwischen"[1]). Schon ein Jahr vor Feuerbach beschäftigt er sich in einer Abhandlung mit dem Hochverrat (im Archiv für Kriminalrecht 1799). Der Ausgangspunkt ist der gleiche wie später bei F., nämlich die Natur des Hochverrats als schwersten Verbrechens. Sein Hauptverdienst ist die Bestimmung des animus hostilis als Absicht, die Verfassung und das politische Dasein des Staates umzustürzen und zu vernichten, wobei er unter politischem Dasein die Regierungsform, d. i. das Verhältnis zwischen Regent und Volk — und die Unabhängigkeit des Staates von anderen Mächten begreift. So grenzt er den Hochverrat von anderen Staatsverbrechen ab, sowohl von der Majestätsbeleidigung als auch von den Verbrechen, die die Verfassung nur vorübergehend verwunden, nicht aber zerstören wollen (Aufruhr, Empörung). Nur ein Untertan könne Hochverrat begehen; nur dieser habe sich durch Vertrag gegenüber dem seine Person und seine Güter schützenden Staat verpflichtet, nichts gegen dessen Existenz und Verfassung zu unternehmen. Auch wenn das ganze Volk die Staatsverfassung umstoße, breche es einseitig den Vertrag und mache sich des Hochverrats schuldig. Doch gibt Kleinschrod zu, daß sich „in solchen Fällen mehr die Grundsätze der Politik und Konvenienz, als jene des peinlichen Rechts"[2]) durchzusetzen pflegen.

Auch Angriffe auf den Landesherrn sind nach ihm Hochverrat, weil Regent und Volk miteinander zu einer moralischen Person unter dem Namen des Staates so verbunden seien, daß Schaden und Gefahr für den ganzen Staat entstehe. Stets müsse aber der Täter diese Folgen wenigstens als möglich vorausgesehen haben. Die beiden Hauptbegehungsarten sind die Landesverräterei — die Untergrabung des Daseins oder der Unabhängigkeit des Staates nach außen — und der Umsturz oder die Veränderung der Verfassung. Demgemäß lautet seine Definition: „Hochverrat ist jene gesetzwidrige Handlung des Untertanen, welche in der Absicht ist unternommen worden, um die Verfassung und das politische Dasein des Staates umzustürzen und zu vernichten, wodurch der Staat in die nächste Gefahr des Umsturzes ist gebracht worden"[3]). Die gleiche Strafe für versuchten und vollendeten Hochverrat wird dadurch erreicht, daß nicht die wirkliche Beschädigung, sondern die augenscheinliche Gefahr des Unterganges des Staates die Größe des Verbrechens ausmacht. Der Erfolg gehört nicht zur Vollendung. Einen gewaltigen Fortschritt, hinter dem selbst Feuerbach zurück bleibt, bildet seine Forderung nach geringerer Strafbarkeit derjenigen Vorbereitungshandlungen (bei ihm „Versuch" genannt), durch die nur eine

1) Landsberg, III. 2, S. 462.
2) A. C. R. 1799, S. 46.
3) a. a. O. S. 37.

entfernte Gefahr begründet werde. Hierzu rechnet er auch die noch nicht ausgebrochene Verschwörung. Der Eintritt in Volksgesellschaften, die sich mit Veränderung der Staatsform abgeben, solle erst bei Umsturzabsicht als versuchter Hochverrat bestraft werden. Interessant ist seine Stellung zu dem, was wir heute literarischen Hochverrat nennen. Er bejaht die Strafbarkeit aufrührerischer Reden und Schriften, da zu befürchten sei, „daß jene Verfasser bei nächster Gelegenheit selbst einen Hochverrat unternehmen". Aber da sie allein noch keine nahe Gefahr begründen, seien sie nicht mit der ordentlichen Strafe des Hochverrats zu belegen[4]). — Diese solle wegen der großen Gefahr, der Auflösung der gesellschaftlichen Ordnung und dem evtl. Verlust der Freiheit des Staates in der Regel in lebenslänglicher Freiheitsentziehung, und nur in Ausnahmefällen in der Todesstrafe bestehen. Der Grad der Freiheitsentziehung habe sich nach dem Motiv zu richten. (Vgl. § 20 des R. St. G. B.!) Der Staatsdiener sei schwerer als der geborene Untertan, dieser wieder schwerer als der „gekorene" Untertan zu bestrafen. Die landesverräterischen Handlungen seien strafbarer als die Umsturzhandlungen. Auch die Nichtanzeige eines beabsichtigten Unternehmens sei strafbar, desgleichen die Teilnahme daran. Schwere Strafen verdienten auch die Schriftsteller und zwar umso mehr, je gelesener und angesehener sie seien — ein unheilvolles Stichwort für die Praxis![5]) Das Verfahren solle sich durch Geschwindigkeit auszeichnen, sonst aber dem gewöhnlichen entsprechen.

Auf dem Gebiete der Wissenschaft wird dieser Artikel als erster Schritt aus dem Dunkel der Majestätsverbrechen von großer Bedeutung. Auch er verläßt den Tatbestand des römischen Rechts und kommt auf dem Wege der reinen Vernunft zu seinen Schlußfolgerungen, wobei wahrscheinlich die französische Revolution den Anstoß gegeben hat. Obwohl auch bei Kleinschrod die Lehre vom Staatsgrundvertrag zu Grunde liegt, wirkt seine Staatstheorie nicht so abstrakt und konstruiert wie diejenige Feuerbachs[6]). Freilich erscheint dadurch die Einteilung der Begehungsarten willkürlich und ist nicht von der logischen Geschlossenheit der Feuerbach'schen Konstruktion, die sich im Ergebnis garnicht so sehr von der Kleinschrods unterscheidet. Deren Charakteristikum bildet der Gefährdungsgedanke, der zur Bestimmung des deliktischen Tatbestandes, nicht des Strafmaßes benutzt wird. Seine positive Seite besteht in der milderen Bestrafung der Vorbereitungshandlungen, sein Nachteil darin, daß die Möglichkeit einer Bestrafung bloßer Gesinnungen wegen nicht ausgeschlossen wird, wenn nämlich gleichzeitig äußere Umstände hinzu kommen, die den Staat erschüttern.

3. Zu derselben Zeit bemüht sich auch Klein um eine Neuordnung der Staatsverbrechen. Aus dem Majestätsverbrechen scheidet er zunächst den Hochverrat im weiteren Sinne aus[7]) und versteht darunter eine in äußerliche Handlungen ausgebrochene Untreue gegen den Staat, welche entweder zur Vernichtung oder Verringerung seiner Macht (1), oder zur eigenmächtigen Veränderung der Verfassung (2) oder zur Absetzung des Regenten (3) gereichen soll. Die ohne diese Absicht geschehene Verletzung der der Majestät gebührenden Achtung trennt er davon als Majestätsverbrechen im engeren Sinne ab. Innerhalb des Hochverrats unterscheidet er Handlungen, die in der Absicht geschehen, die Verfassung des Staates oder die Person des Regenten als solchen zu verändern (Hv. i. e. S.) und solche ohne diese Absicht, wodurch aber dem Staat zum Vorteil anderer wissentlich Gefahr oder Nachteil verursacht wird (Landesverräterei). Hochverrat im eigentlichen Sinne, definiert er schließlich, sei jedes „Unternehmen, welches auf eine gewaltsame Umwälzung der Verfassung des Staates oder auf

4) Vgl. S. 58/59.
5) S. 68.
6) So auch Kahn, S. 11.
7) Grundsätze §§ 497 f.

die Verletzung des Lebens oder der Freiheit seines Oberhauptes abzweckt". Ein Erfolg wird nicht gefordert; durch jede äußere Handlung mit oben genanntem Zweck wird der Hochverrat vollendet. Zeitige Reue und frühzeitige Anzeige will er als Strafaufhebungsgründe gelten lassen. Bezeichnend ist, daß der Täter milder bestraft werden soll, wenn ihn der Landesherr oder die Regierung zu feindlichen Gesinnungen gereizt habe. Diese Bestimmung hätte, wenn sie Gesetz geworden wäre, dazu geführt, in fast allen Fällen die harten Strafdrohungen zu umgehen.

Wie Feuerbach bot sich auch Klein die Möglichkeit, seine Ansichten in einem Gesetzeswerk zu verwirklichen[8]). Deren Vorzüge und Mängel haben daher große praktische Bedeutung gewonnen. Klein war der erste Kriminalist, der auf Kant ernsthafte Rücksicht nahm; in seinen „Grundsätzen des peinlichen Rechts" wahrt er den Standpunkt der Aufklärung[9]). Wenn aber Grünhut sagt[10]), Klein stecke viel tiefer als Feuerbach in der naturrechtlichen Doktrin, so gilt das auf dem Gebiete des Hochverrats jedenfalls nicht; gerade darum folgten Wissenschaft und Gesetzgebung mehr den Bahnen Kleins[11]). Sein Verdienst besteht in der Schaffung klarer Tatbestände und der ersten, im wesentlichen maßgebenden Unterscheidung zwischen Hoch- und Landesverrat. Der Hauptmangel beruht in dem Festhalten an der, aus einer ganz anderen gesellschaftlichen Ordnung stammenden Treubruchstheorie. Danach ist das Verbrechen schon durch die entfernteste Handlung vollendet, weil in ihr bereits die Treue gebrochen ist. Dieses Fehlen jeder Abstufung der Hochverratshandlungen stellte die Praxis später vor unangenehme Entscheidungen und ermöglichte erst die Demagogenprozesse[12]).

4. Wesentlich neue Gedanken entwickelt Feuerbachs Freund und Antagonist von Grolman für die Hochverratslehre nicht. Wer die Bedingungen für die Existenz des Staates überhaupt oder in seiner individuellen Gestaltung angreife, begehe das Verbrechen der Majestätsvernichtung, und wenn er diesem Staat für seine Person unterworfen ist, das Verbrechen des Hochverrats. Die Tatbestände gleichen denen Kleins; auch er sondert den Landesverrat aus. Aus der Natur des Hochverrats sucht er nachzuweisen, daß das Verbrechen bewirkt sei, sobald die feindliche Absicht sich in Handlungen kundgetan habe. Dagegen spricht er sich für Straflosigkeit der unterlassenen Anzeige aus. Freie Aeußerungen und Urteile über die Güte und Fehler der Staatsart und der Regierungshandlungen seien weder Hochverrat noch Majestätsbeleidigung[13]).

5. Als fünfter und letzter der Erneuerer des Hochverratsrecht ist Tittmann zu nennen. Auch bei ihm „tritt die Neigung seiner Zeit hervor,nur die philosophierenden Allgemeinheiten hochzuschätzen, die positive Erkenntnis aber als bloße Strafrechtskunde geringschätzig zu bezeichnen"[14]). Bei den Staatsverbrechen vernachlässigt er neben der Rücksicht auf die positiven Gesetze auch noch den herrschenden Sprachgebrauch: Sachlich kommt er Feuerbach sehr nahe, doch unterscheidet er sich terminologisch stark von ihm, wie von der herrschenden Lehre überhaupt. Das charakteristische Merkmal des Hochverrats sei nicht die Materie der Handlung, sondern der Mißbrauch der vom Staat anvertrauten Gewalt zur Vernichtung seines Daseins[15]); durch die Eigenschaft als Staatsdiener, nicht durch eine bestimmte Handlungsweise

8) s. A. L. R. unter B. 1. V. 2.
9) Vgl. Landsberg, III. 1, S. 515/16.
10) S. 70.
11) Vgl. Binding, Handb. II. 2, S. 419.
12) s. B. 1. VI. 1.
13) Grundsätze § 325 ff.
14) Landsberg, III. 2, Notenband S. 69.
15) Handb., § 214.

werde die Treulosigkeit zum hohen Verrat. Der widerrechtlichen Anwendung der Gewalt stehe die absichtliche Unterlassung ihres Gebrauchs gleich. Was Tittmann Hochverrat nennt, ist bei den meisten Schriftstellern nur ein qualifizierter Fall davon, während deren Haupttatbestand bei ihm Rebellion heißt und in einen bürgerlichen Krieg, der die Aufhebung des Staates zum Zwecke hat, besteht. Der Begriff des Staatsbürgers wird von ihm dabei in der üblichen Weise auf alle sich im Staatsgebiet Aufhaltenden ausgedehnt. Die Rebellion sei vollendet, sobald der Krieg wirklich zum Ausbruch gekommen wäre. Wo die Befolgung des Willens der höchsten Gewalt nicht durch die gewöhnlichen Zwangsmittel bewirkt werden könne, sei das staatliche Dasein aufgehoben. Die Abweichung von Feuerbach und Klein ist aber rein theoretischer Natur, da er in der Strafe Versuch und Vollendung gleich stellt, die Zuerkennung und Vollziehung der Todesstrafe also nicht von der Vollendung des Vergehens abhängig macht[16]). Sei die Hinrichtung aller unmöglich, so solle wenigstens an einigen durch Los oder Auszählung Bestimmten die Strafe vollstreckt werden. — Auch sein Landesverratsbegriff ist enger als der herrschende. Unterstützung des Feindes mit der Absicht der Vernichtung des staatlichen Daseins könne Rebellion oder Hochverrat sein; ohne diese Absicht sei die Benachteiligung des eigenen Staates zu Gunsten eines anderen Landesverräterei. Vom systematischen Gesichtspunkt interessant ist noch seine Einteilung der Staatsverbrechen in Vergehen wider: a) Das Dasein des Staates (Rebellion, Hochverrat), b) die Majestät, c) die gesetzgebende, d) die vollziehende, e) die richterliche Gewalt; g) Störungen der ökonomischen Verhältnisse; h) alternative Staatsvergehen (Landesverräterei u. ä.).

6. Erwähnt sei schließlich noch eine 1815 erschienene Schrift über das Majestätsverbrechen von H. Winter[17]). Seine halbnaturrechtliche, halb theologische Begründung des Staats hindert nicht, daß er sehr scharfsinnig seine Tatbestände voneinander sondert, wobei er aber den gleichen Fehler wie Tittmann (dessen Einteilung überhaupt auffallend derjenigen Winters gleicht) verfällt, den aus lehnsrechtlichen Vorstellungen entstandenen „hohen Verrat" durch die Hoheit des Subjektes anstatt des Objekts zu charakterisieren. Erstmalig vertritt er den Standpunkt, daß nicht jeder Mord am Regenten Rebellion bezw. Hochverrat sei, „da das unsichtbare Organ des allgemeinen Willens durch die Vernichtung seines physischen Repräsentanten, des sichtbaren Regenten" nicht zerstört werde; die Regierungsform gerate durch den bloßen Abgang des Oberherrn nie in Verwirrung und Stillstand, vielmehr gebe es Fälle, wo gerade nicht Vernichtung, sondern Befreiung des geliebten Vaterlandes von einem Tyrannen bezweckt war. Aus seinem Grundsatz, daß die Vernichtung des Regenten noch keine Vernichtung des Staates zu bedeuten brauche, folgert er die Notwendigkeit einer scharfen Trennung des Majestäts- vom Staatsverbrechen. Wie die Bedeutung des ersten Wortteils verkennt er in seiner unhistorischen, rein wortlogischen Auslegung auch den Sinn des Wortes Verrat, worunter er Mitteilung anvertrauter Gegenstände an einen anderen, nicht bloß Bruch der Untertanentreue versteht. Die Majestätsverbrechen enthielten zwar einen Treubruch, aber keine Verräterei. Nur Herrscherstolz und Schmeichelei vermischte sie unter den Cäsaren mit der perduellio. Aber „nach philosophisch richtigen Prinzipien, die Grundsätze positiver Staatsgesetze sein müssen, muß man von demjenigen Verbrechen, in welchem die Existenz des Staates selbst angegriffen wird, sehr genau die Verbrechen unterscheiden, welche nur gegen die Repräsentanten des Staates, . . . d. h. gegen die Person des Regenten allein

---

16) a. a. O. §§ 214, 223.

17) „Das Majestätsverbrechen. Aus den Geboten Gottes und der Vernunft, sowie aus älteren und neueren Strafgesetzgebungen philosophisch-juridisch erklärt und kritisch festgesetzt".

gerichtet sind"[18]). Diese Gedanken haben später noch häufig die Wissenschaft beschäftigt.

7. Damit ist der Kreis derjenigen geschlossen, die aus naturrechtlichen oder philosophischen Anschauungen und unter Vernachlässigung des historischen und positiven Rechts zu einer festeren Begrenzung des Hochverrats als des schwersten, gegen die Existenz des Staates in seiner bestimmten Form gerichteten Staatsverbrechens kommen. Es ist dies die erste Art in der das erwachende Selbstbewußtsein des Bürgertums sich äußert, ein letzter Widerschein des revolutionären Geschehens in Frankreich und, wie sich aus manchen Aeußerungen beweisen läßt, das erste Wetterleuchten, das die Revolution von 1848 ankündigt.

---

18) S. 98.

III. Die Strafrechtswissenschaft und das gemeine Hochverratsrecht bis zum Jahre 1848

a) Die Herrschaft der historischen Schule.

1. Nach den Freiheitskriegen setzt mit der Restaurationszeit auch in der Strafrechtswissenschaft eine Epoche ruhiger Entwicklung ein. Die Wissenschaft wendet sich anderen Methoden zu, ohne freilich die Ergebnisse Feuerbachs, Kleins und Kleinschrods gänzlich übersehen zu können; das revolutionäre Neuerungsfieber ist verflogen und die historische Schule tritt ihre Herrschaft an[1]. Das germanische und römische Recht werden eingehender Untersuchung unterzogen, wobei das römische, für eine ähnliche Stufe der gesellschaftlichen Ordnung — als man jetzt wieder zu erreichen im Begriffe war — zugeschnittene Recht das altdeutsche in den Hintergrund drängte.

Auch im Rechte des Hochverrats suchte man wieder Anschluß an die historischen Grundlagen. Durch eine Kritik ihrer fiktiven Unterlagen kam man zur Ueberwindung der Feuerbachschen Lehre, der man den Bruch mit allen geschichtlichen Ueberlieferungen nicht verzieh[2]. So sehr man aber die Rückkehr auf den sicheren Boden der gesetzlichen Grundlagen erstrebte, so wenig kam man — trotz der verfehlten Grundgedanken — um die Ergebnisse jener Arbeit herum. Aber man gelangte zu ihnen auf anderem Wege[3]. Dabei ergab sich auch hier, daß das römische Recht bei weitem überwog, einmal weil die Auffassung der Römer vom Staat als einem Gemeinwesen den liberalen Ansichten der Zeit weit näher stand als die lehnsrechtlichen Ideen des altdeutschen Rechts, dann aber, weil die germanischen Rechtsbücher und auch die Carolina über den Hochverrat so gut wie nichts enthielten. So erschienen eine Anzahl Schriften, die sich mit dem Majestätsverbrechen der Römer befassen[4], und in den Spalten des „Archiv für Criminalrecht“ wird eine lebhafte Diskussion über die Staatsverbrechen geführt.

„Wir müssen zu den Quellen zurückkehren!“[5], könnte über all diesen Forschungen stehen. Sie beginnen sämtlich mit einer Kritik der älteren gemeinrechtlichen Schriftsteller, denen man Mißverstehen und Barbarisierung des römischen Rechts vorwirft. Allgemein wird getadelt, daß ihre Ergebnisse nicht auf freier Anschauung der römischen Rechtsgeschichte, sondern auf pedantischer Herbeiziehung römischer Fragmente basierten[6]. Was dem gegenüber die neue gemeinrechtliche Wissenschaft will, hat am besten Mittermaier formuliert: „Nur ein klares Erfassen des Geistes der römischen Quellen . . ., eine Prüfung, wie allmählich unter den verschiedenen Verhältnissen des römischen

1) In der Strafrechtswissenschaft anfänglich noch stark mit allgemein-philosophischen, in den 40er Jahren mit hegelianischen Ideen vermischt.

2) Vgl. Knitschky, S. 59 ff.

3) „Und so wollen wir die Resultate der Feuerbachschen Forschungen durchaus nicht verketzern, obgleich wir sogar aussprechen, daß unser Quellen nichts übersehen haben, ja manches richtiger, manches bestimmter enthalten.“ (Rosshirt, Entwicklung . . . S. 90.)

4) Außer den im Lit. Verz. angeführten: Dieck, Historische Versuche über das Kriminalrecht der Römer, Halle 1822. Köstlin, Der Perduellionsgedanke unter den röm. Königen, Tübingen 1841. Rein: Das Kriminalrecht der Römer, Leipzig 1844.

5) Zirkler, S. VII.

Reichs die Leges, die Aussprüche der Kaiser und Juristen sich ausbildeten und aus welchen politischen Voraussetzungen die Ansichten hervorgingen, kann zum Ziele führen und eine gehörige Grundlage liefern"[7]. Man wollte das römische Recht teils von den Vorwürfen befreien, teils durch Berücksichtigung der politischen Verhältnisse und des gesamten Verbrechensystems, zum Kern des alten Perduellionsgedanken vorstoßen und das Gesunde vom Kranken scheiden; man wies dabei nach, daß die Hauptübel in der kritiklosen Uebertragung der Majestätsgesetze auf ein ganz anderes Rechts- und Staatssystem ihren Grund hatten und die Erweiterung des Tatbestandes ein Produkt der Vermischung mit den feudalistischen Vorstellungen des deutschen Rechts war.

So sehr sich diese Wissenschaftler auch bemühten, rein positivistisch zu verfahren, so deutlich wird doch die Tendenz, aus dem alten Recht das zu beweisen, was ihnen — gleich Feuerbach — als Gebot der Vernunft und gesellschaftlichen Entwicklung erschien. Denn nicht zufällig waren nahezu alle Professoren des Strafrechts auch politisch als Liberale tätig, wofür die Geschichte der Frankfurter National-Versammlung wie der deutschen Landtage Zeugnis ablegt. Welchen Sinn hatte es, das Hochverratsrecht auf seine politischen Grundlagen zu untersuchen und auf den Wandel des majestas-Begriffes hinzuweisen? Doch wohl nur den, dem politisch bekämpften Absolutismus die Waffe der Hochverratsgesetze stumpf zu machen. Und wenn Zirkler sich nicht genug wundern kann, daß Weiske aus einem „ganz divergierenden Standpunkte beinahe auf dieselben praktischen Resultate kommt"[8], so ist die Erklärung sehr einfach: Unbewußt war beiden die Quellenforschung nur das Mittel, zu dem politisch gewünschten Ergebnis zu kommen. Den Anlaß boten die zahlreichen Hochverratsprozesse nach den Freiheitskriegen, die das Aufkommen nationaler und demokratischer Ideen gefördert hatten. Zum Schutz des Staates hiergegen waren aber andere Bestimmungen erforderlich, als sie für die römische Despotie in ihrem Todeskampf und für den mittelalterlichen Feudalstaat brauchbar waren.

2. Dabei kommen Hepp, Zachariä, Mittermaier — um nur einige zu nennen — nicht von abstrakten Staatstheorien zu den verschiedenen Erscheinungsformen, sondern wollen das Problem aus den Erscheinungen ihrer Zeit im Vergleich mit anderen Zeiten lösen[9]. Sie treten für eine feste Begrenzung und Beschränkung des objektiven wie des subjektiven Tatbestandes ein; selbst Rosshirt, der in der Zulässigkeit der Analogie keine Gefahr für die bürgerliche Freiheit sieht, ist betreffs der politischen Verbrechen bedenklich[10], hilft sich aber darüber hinweg, daß, wenn in den Gerichten Unabhängigkeit und Redlichkeit verschwänden, sowieso alles verloren sei. Zirkler fordert ein Maximum an Absicht und Tat zugleich, Wächter und Hepp wenden sich vor allem gegen die Sonderstellung, „die Masse angeblicher Singularitäten", die vielen Ausnahmen und bodenlosen Anomalien, die das Hochverratsrecht zum gesetzlichen Terrorismus stempeln. Fast alle Schriftsteller jener Zeit treten für eine feste Untergrenze und die Anwendung der allgemeinen strafrechtlichen Grundsätze einerseits und für eine Milderung der grausamen Strafen andererseits ein. Nur Welcker meint, dies alles nütze nichts, so lange nicht auch das gerichtliche Verfahren geändert werde[11].

Doch wird fast nirgends die Strafbarkeit, — meist mit Superlativen wie „höchste, schwerste, strengste" versehen, — verneint. Was Landsberg von Savigny sagt, gilt im Grunde für die ganze Schule: „Wer in solchem Maße . . . das Verständnis hat für den Prozeß allmählicher Umgestaltung, dem pflegt eben

---

6) Vgl. Rosshirt, N. A. C. R. 1827, S. 160 ff.
7) Staatslexikon VIII, S. 201 f.
8) Zirkler, S. 18.
9) Vgl. Kahn, S. 13.
10) Entwicklung, S. 98.
11) Geheime Inquisition . . . S. 66 ff.

das Verständnis für den Gegensatz, für den jähen Umsturz zu mangeln, erst recht das Verständnis dafür, daß beide Vorgänge im Leben der Natur dieser Geschichte einander ablösen und ergänzen dürfen"[12]). Die Strafbefugnis wird nicht mehr auf die Grundverträge gestützt, sondern auf das „dem Staat seinem Wesen nach (!) notwendig zustehende Recht auf Fortdauer", aber damit ist nur der Wortlaut ein anderer geworden und in der Sache bleibt es dabei, daß der Hochverrat, wenn man ihn gehörig begrenzt, keine Entschuldigung verdient[13]). Selbst Rotteck spricht sich in scharfen Worten gegen den Feind des gemeinen Wesens aus, doch beschränkt er das auf regelmäßige, von der Nation anerkannte Staatsordnungen[14]), d. h. praktisch auf den kommenden liberalen Staat. Die vielen Untersuchungen über die Rechtmäßigkeit des bestehenden Staats deuten auf ähnliche Absichten auch bei anderen Schriftstellern hin. Zirkler, der erst das Widerstandsrecht als der Lehre der menschlichen Natur zuwider bezeichnet[15]), ist nicht viel später bereit, die nicht vorbereitete, sondern spontan entstandene Revolution als rechtmäßig zu bezeichnen[16]). Die Bereitschaft, den preußischen Polizeistaat, so wie er war, gegen Angriffe zu verteidigen, scheint demnach selbst bei den gemäßigten liberalen Professoren nicht allzu groß gewesen zu sein und diese Neigung wurde sowohl durch die Demagogenprozesse als auch durch die Verfolgungen angesehener Professoren nicht gesteigert.

Allen Abhandlungen und Lehrbüchern liegt, mehr oder weniger deutlich ausgesprochen, die liberale Rechtsstaatsidee zu Grunde. Der Staat ist ein bloßes Gedankending, die Staatsgewalt findet ihre Berechtigung nur in der Vertretung des Gemeinwesens. Das Staatsvolk wird aus einem Objekt obrigkeitlicher Gewalt zum Rechtssubjekt. Die Landesherrschaft ist nicht mehr um ihrer selbst willen da, das Einzelwesen wird nicht der mystischen Person des Staates zum Opfer gebracht, sondern dieser ist nur ein Mittel für die Freiheit und Sicherheit der Entfaltung der Individuen. „Die verkannte und mißhandelte Individualität tritt wieder in ihre unverjährbaren Rechte; sie ist es jetzt allein, in deren Schirmung und Beschützung der Staat die rechtliche Grundlage seines Bestehens finden kann", schreibt Henke bereits 1830[17]). Waren bisher die Privatverbrechen als mittelbare Staatsverbrechen angesehen worden, so werden diese jetzt als mittelbare Verletzung der Privatrechte betrachtet. Bei dieser Auflösung feudalistischer und absolutistischer Anschauungen leistete das Recht des republikanischen Roms vortreffliche Dienste, lieferte es doch den Nachweis, daß ursprünglich die majestas beim Volke war, das selbst die Imperatoren formell „von Volkes Gnaden' regierten und die Deutschen Duodezfürsten ganz zu Unrecht und dem Wesen des Verbrechens widersprechend den Schutz der Majestätsgesetze für sich in Anspruch nahmen. Indem die Juristen vom überlieferten Recht der römischen Cäsaren auf das Recht der römischen Republik zurückgingen, bereiteten sie in Wirklichkeit die Anpassung des Hochverratsrechts an die Umwandlung vom Feudalstaat zum bürgerlichen Nationalstaat vor. „Die Rechtsentwicklung, die wie in Rom, so bei den Germanen vom Volke aus gegangen war, ist zu ihm zurückgekehrt!"[18])

3. Es ist selbstverständlich, daß ein derartiger Wandel in den grundlegenden Fragen, in dem — je nach Herkunft und Temperament — der eine weiter ging als der andere, auch Begriff und Tatbestand des Hochverrats in mannigfacher Weise berühren mußte.

---

12) III. 2. S. 243.
13) z. B. Mittermaier, Staatslexikon, S. 213.
14) ebenda S. 221 ff.
15) S. 127.
16) S. 226.
17) Handb. III. S. 187.
18) Binding, Lehrb. II. 2, S. 371.

a) Kennzeichnend ist zunächst, daß der objektive Tatbestand und damit der Gesichtspunkt der Gefährlichkeit der Handlung, das Uebergewicht erhält. Der Gegenstand der Verletzung wird ausschlaggebend, die subjektive Seite tritt zurück[19]. Die Richtung des Verbrechens gegen die Existenz des Staates wird dadurch näher bestimmt, daß die wesentlichen Bestandteile einzeln aufgezählt werden. Bei den Angriffen auf den Regenten, der überall noch Hauptgegenstand bleibt, bildet die äußere Handlung so sehr das wesentliche Merkmal, daß darüber die Verschiedenartigkeit der Beweggründe ganz außer Acht gelassen wird[20]. Die bekannten drei Richtungen des Hochverrats bilden sich immer deutlicher heraus, wobei man im Gegensatz zu Klein auch den Gebietsverrat in den Hochverrat hineinzieht. Die Scheidung in Angriffe 1. gegen das Dasein des Staates schlechthin — die absolut wesentlichen Einrichtungen und Bestandteile —, und 2. gegen die bestimmte Daseinsform — relativ wesentliche Bestandteile: Staatsvolk und -gebiet, Staatsverfassung und Staatsoberhaupt — wird teilweise noch aufrecht erhalten[21], verliert aber an Bedeutung, da Angriffe der ersteren Art praktisch nicht vorkommen oder sich als Gebiets- und Verfassungshochverrat darstellen. Der letztere erscheint vornehmlich als der typische Fall des Hochverrats. So geht Hepp[22] davon aus, daß die Grundeinrichtungen jedes Staates durch die Verfassungsgesetze bestimmt würden, sodaß jene das einzige Objekt des Hochverrats ausmachten. Der Begriff der Verfassung wird fast übereinstimmend als „Inbegriff der gesetzlichen Einrichtungen des Staates, durch welche die Art, der Umfang und die Grenze der höchsten Gewalt bestimmt werden", aufgefaßt[23]. Die rechtswidrige Aufhebung einzelner Bestimmungen, so die Aufhebung der verfassungsmäßigen Freiheiten des Volkes, macht schon den Hochverrat aus.

b) Im subjektiven Tatbestand lebt in der durchweg vertretenen Ansicht, nur ein Untertan (höchstens Inländer) könne einen Hochverrat begehen, ein Rest des alten deutschen Rechts fort. So lange das Lehnswesen die vorherrschende Gesellschaftsform war, hatte jene Auffassung des Hochverrats als Treubruch einen Sinn. Zur Zeit des Territorialfürstentums diente sie nur noch als moralische Rechtfertigung für die barbarische, aus dem spät römischen Recht übernommene, von den Glossatoren und der gemeinrechtlichen Theorie verschärften Gesetze und Strafen. Auch wo die neuere Strafrechtsliteratur trotz der Ausdehnung auf die im Inland befindlichen Ausländer noch an den überlieferten Grundlagen festzuhalten wähnte, gab sie diesen doch einen ganz anderen Sinn. Die Treuverpflichtung wird aus einer Unterwürfigkeit des Untergebenen unter die Macht, von der er abhängig ist, zu einem „Band, welche das einzelne Mitglied des Gemeinwesens an die Gesamtheit fesselt", ihre Verletzung zu einem „Bruch der natürlichen Pflicht, nicht denjenigen Organismus zu schädigen, innerhalb dessen allein man Schutz für sein Dasein und seine Rechte findet"[24]. An die Stelle des Treuverhältnisses zwischen Herrn und Untergebenen tritt die moralische Bindung gleichberechtigter Bürger. Das Festhalten an der veralteten Treubruchtheorie, die nicht mehr etwas über das Wesen des Hochverrats aussagte, sondern bloß noch zur moralischen Sanktionierung hoher Strafen diente, war einer Klärung des Hochverratsrechts nicht gerade dienlich und verdunkelte die Erkenntnis, daß die Rücksicht auf das Objekt zum charakteristischen Merkmal des Verbrechens geworden war. In der Praxis ging man über die „historischen" Bedenken der

---

19) Knitschky, S. 77.
20) Zirkler, S. 208; dagegen Henke: Tötung des Fürsten in Erbmonarchien sei nur bei Hochverratsabsicht auch als Hochverrat zu strafen.
21) Vgl. Bauer, Lehrbuch.
22) Pol. u. unpol. Staatsverbrechen, S. 17.
23) a. a. O. S. 25.
24) Knitschky, S. 67 ff.

Wissenschaft bald zur Tagesordnung über; in der Theorie und auch in der Volksmeinung ist diese Auffassung aber nie völlig überwunden worden.

Dem römisch-rechtlichen Erfordernis des animus hostilis ergeht es nicht viel anders. Auch es wird zunächst dem Charakter des konstitutionellen Staates gemäß gedeutet[25]. - Während zu Zeiten Feuerbachs die Aussonderung des Hochverrats aus den Staatsverbrechen dadurch bewirkt wurde, daß mit dem animus hostilis ein Höchstmaß gefährlicher Absicht verbunden wurde, verlangte man jetzt dieses Höchstmaß an Hostilität in der Richtung der Tat und der animus wird zum einfachen dolus. Zirkler, der darin nur das Erfordernis der „Reife und Festigkeit des Vorsatzes" erblickt, glaubt die Bedenken gegen diese Einschränkung bei Angriffen auf den Regenten dadurch beseitigen zu können, daß er in diesen nach dem Geist des gemeinen Rechts einen unmittelbaren Angriff gegen den Staat erblickt, da durch die monarchische Staatsform die Souveränität personifiziert sei[26]. Der aus der Feuerbach'schen „Vernichtungsabsicht" gefolgerte Grundgedanke, daß der Hochverrat das schwerste, gegen den Staat in seiner Totalität gerichtete Verbrechen sei, blieb trotz der Spezialisierung und Objektivierung des animus hostilis erhalten und von Bedeutung für die Abgrenzung von den anderen Staatsverbrechen. Hatte man früher den Perduellionsgedanken wieder entdeckt und dem Majestätsgedanken gegenübergestellt, in dem er im spätrömischen und älteren gemeinen Recht aufgegangen war, so hatte das zur Ausscheidung der durch den animus injurandi charakterisierten Majestätsbeleidigung aus dem durch den animus hostilis gekennzeichneten Rechte des Hochverrats geführt[27]. Mit dem inzwischen erfolgten tieferen Eindringen in Wortlaut und Geist des Rechts der Staatsverbrechen, namentlich zur Zeit der Republik Rom, gab man diese Art der Einteilung, die sich auf einige aus dem Zusammenhang gerissene und höchst umstrittene Stellen Ulpians[28] stützte, auf. Zirkler und Weiske stimmen darin überein, daß es „auf das Extrem einer auf Vernichtung des Staats gerichteten Absicht garnicht ankommt"[29], sondern darauf, daß es „höchst folgenreiche, im Gesetz ausdrücklich benannte Handlungen", sind. Der so gewonnene Begriff, als der eigentlich römische Perduellionsbegriff bezeichnet, bei dem die objektive Gefährlichkeit und die schlimme Gesinnung zusammen den Hochverrat ausmachen, hebt sich nicht nur scharf von der Majestätsbeleidigung ab, sondern führt auch zu einer neuen Abgrenzung gegenüber dem Landesverrat. Die geringeren, bloß „staatsgefährlichen" landesverräterischen Handlungen behalten allein diesen Namen und bilden nunmehr eine selbständige Gruppe[30] innerhalb der wörtlich, mindestens aber dem Sinne nach zu Staatsverbrechen gewordenen crimina majestatis, während der schwere Fall eines Angriffes auf das Staatsgebiet als „staatsfeindliche Handlung" zum Hochverrat gezogen wird. Damit wurde die von Klein im A. L. R. begonnene Trennung nach innerer und äußerer Sicherheit aufgegeben. Einheitlich und klar trat in der damaligen Literatur die Art der Unterscheidung nicht zu Tage. So verschieden aber die Regelung im einzelnen war, so wenig ist die Gesamttendenz einer Scheidung nach dem Grade der objektiven Gefährlichkeit und Strafbarkeit zu verkennen. — Ferner wird

25) Hepp, A. C. R. 1837, S. 401/2.
26) S. 208.
27) Ansätze dazu bei Carpzov und in den ältesten Partikulargesetzbüchern.
28) Das Mißverständnis des Doppelsinns der crimina majestatis wird auf die nachlässige Kompilation Justinians zurückgeführt. Zirkler, S. 291.
29) Zirkler, S. XIX.
30) Formell freilich oft noch als Unterart des Hochverrats. Terminologisch herrscht gerade hier noch ein starkes Durcheinander. Hier wird stets die Ausdrucksweise des R. St. G. B. gebraucht.

der Aufruhr „nach Objekt und Zweck, statt nach Art und Grad des Vorsatzes"[31]) vom Hochverrat getrennt und auf die Fälle beschränkt, wo die Volksbewegung äußere Maßregeln hervorruft. Der Verletzung der Fundamentaleinrichtungen wird die Verletzung von Regierungsgesetzen und Regierungsanordnungen wie die Bereitung äußerer Gefahren gegenübergestellt und so das ganze große Gebiet der Staatsverbrechen neu geordnet. Das einheitliche crimen majestatis, das so ziemlich alle Staatsverbrechen in sich aufgenommen hatte, wurde nicht nur begrifflich mit dem Wandel der Staatstheorie verändert und von ganz anderen Gesichtspunkten gewertet, sondern immer mehr zu einem bloßen Oberbegriff, aus dem sich die einzelnen Verbrechen, nach Richtung und Gefährlichkeit abgestuft, in steigender Differenzierung herauslösten. In der Benennung und Abgrenzung zeigen sich bei den einzelnen Schriftstellern große Verschiedenheiten, doch nähern sie sich im Grundsätzlichen immer mehr.

c) So wichtig diese Umwälzung des objektiven und subjektiven Tatbestandes und die dadurch hervorgerufene Neugliederung der Staatsverbrechen auch ist, so nimmt den Hauptraum in der Diskussion jener Zeit doch eine andere Frage ein, nämlich die Frage, wie die äußere Handlung beim vollendeten und versuchten Delikt beschaffen sein muß und wo die Untergrenze der Strafbarkeit liegt. Dies Problem war beim Hochverrat durch die Demagogenverfolgungen besonders dringlich geworden. Die Wissenschaft nimmt hier den Kampf gegen die Gesinnungsjustiz auf. Aber auf diesen Gebieten herrschte weitgehende Unklarheit und noch war in das Durcheinander deutsch-, römisch- und naturrechtlicher Dogmen keine Ordnung gekommen. Die Versuchslehre steckte noch in den Anfängen. Namentlich lag das deutschrechtliche Prinzip der Objektivität mit dem, wenn auch fälschlich übertriebenen, römischen Prinzip der Subjektivität im Streit; hinzu kam beim Hochverrat die altdeutsche Treubruchstheorie, die zu noch größeren Unklarheiten führte, da bei dieser Auffassung — selbst wo aus dem Treubruch ein Vertragsbruch geworden war — konsequenterweise schon mit der entferntesten Handlung das Verbrechen vollendet sein mußte.

Ansätze zur Scheidung von Vollendung und Versuch hatten wir schon bei Kleinschrod und Tittmann gesehen, während Grolman und Klein aus der Natur des Verbrechens, das bei geglückter Vollendung ja in der Regel zur Strafvereitlung führe, zu beweisen gesucht hatten, daß eine solche unmöglich sei. Bis zum Jahre 1836, in dem durch die Schriften von Weiske, Zirkler, Luden und Zachariä etwas mehr Licht in die Sache gebracht wurde, folgt die Mehrheit der Ansicht Grolmans. Bei M a r t i n s stark ausgebildetem Positivismus ist dies nicht weiter zu verwundern. Dabei muß man wissen, daß sein Lehrbuch im ersten Drittel des 19. Jahrhunderts auf den Universitäten vorherrschend war. Auch R o s s h i r t sieht schon in der ersten Vorbereitungshandlung die Vollendung des Verrats. So wenig es aber auf den Erfolg ankomme, so müsse doch der in Bewegung gesetzte Plan in concreto zeigen, wie weit die Handlung gehen sollte[32]). Daraus will er schließen, ob es sich um einen nahen oder entfernten Versuch handelt. Den Versuch selbst will er „nicht allgemein als weniger strafbar" angesehen wissen. Doch fordert er einen festen Punkt, an dem die Strafbarkeit anfange, da in politisch erregten Zeiten leicht alles zum Hochverrat gestempelt werde[33]). Die verräterische Gesinnung trete nur durch Handlungen in juristischer Gestalt hervor, und die Erfolgsmöglichkeit sei lediglich für die Strafzumessung von Bedeutung. Damit ist der Versuch einer Abgrenzung gegenüber dem Gebiet der bloß staatsgefährlichen Handlungen gemacht. Auf diesem Wege folgen ihm H e f f t e r, — der aller-

31) Hepp, Staatsverbrechen, S. 17.
32) Geschichte und System II.
33) A. C. R. 1827, S. 159.

dings noch eine Eignung der Handlung, den Feinden des Staats einen Vorteil zu gewähren, verlangt[34]) — und Henke, der in dieser begrifflichen Gleichsetzung „noch keineswegs die Notwendigkeit sieht, sogar den entferntesten Versuch wie das vollendete Verbrechen zu strafen“[35]). Hepp begnügt sich unter Ablehnung der extremen Ansichten von Grolman und Tittmann mit einem wenigstens „teilweise eingetretenen materiellen Schaden“. Der vollendete Hochverrat erfordert demnach einen unternommenen Angriff — der Eintritt des Erfolges erhöht nur die Strafbarkeit — der versuchte Hochverrat, daß sich der verbrecherische Wille durch Handlungen offenbart hat[36]). Eine ähnliche Mittelstellung nehmen in jener Zeit Bauer und Mittermaier ein, indem sie weder den entfernten Versuch genügen lassen, noch die erfolgte Vernichtung des Staates verlangen. Am weitesten geht Wächter, der unter Ablehnung aller anderen Theorien das römische Recht durch Art. 178 der C. C. C. für abgeändert erklärt und sich gegen jede Gleichstellung von Versuch und Vollendung ausspricht[37]), — eine für das Jahr 1825 immerhin bemerkenswerte Leistung, die in seiner gefestigten liberalen Anschauung ihre Erklärung findet. — Die Ansicht, daß die verbrecherische Absicht durch äußerlich wahrnehmbare, die Ausführung des Verbrechens bezweckende Handlungen offenbart sein müsse, ist bereits zum Allgemeingut der Wissenschaft geworden. Im Jahre 1836 setzt sich auch der Gedanke der Notwendigkeit einer Trennung von „Versuch“ — hier allgemein Vorbereitungshandlungen bedeutend — und „Vollendung“ — meist die Versuchshandlungen umfassend — in mannigfachen Variationen als herrschende Meinung durch. Das ganze Verbrechen erscheint damit, wie Escher schon 1822 dargelegt hat, einfach um eine Stufe höher gerückt.

Weiske hält das Vorbild der Römer, nicht jedes gegen Staat und Imperator gerichtete Unternehmen, sondern nur das von einigen höchst folgereichen, im Gesetz ausdrücklich benannten Handlungen zum Majestätsverbrechen zu machen, hinsichtlich der Freiheit des Einzelnen für viel gefahrloser als die jetzige Regelung nach dem Verletzungsgrad. Die Nichtscheidung zwischen Versuch und vollendeten Verbrechen beruhe auf dem subjektiven Gesichtspunkt des römischen Rechts; da man aber sonst nicht mehr von ihm ausgehe, sei seine Anwendung beim Hochverrat, noch dazu ohne Berücksichtigung des „an potuerit facere“ inkonsequent. Barbarisch sei das gemeine, nicht das römische Recht, das keinen strafbaren Versuch des Majestätsverbrechens gekannt habe, während „heute entfernter Verdacht der Hinneigung zu staatsgefährlichen Tendenzen“ genüge. Wenn auch bei den Römern nicht die Vollendung der Handlung zum Begriff des begangenen Verbrechens nötig gewesen sei, so hätten sie doch nie die bloße Absicht (voluntas), sondern nur das aus den Handlungen erkennbar Gewollte bestraft. War aber aus den Vorbereitungshandlungen die voluntas, das Verbrechen auszuführen, nicht deutlich erkennbar, so straften sie diese in bestimmten Fällen als selbständige Verbrechen. Niemals und nirgends aber wurde der Grundsatz „cogitationis poenam nemo patitur“ aufgehoben[38]).

Auf anderem Wege kommt Zirkler zu ähnlichen Ergebnissen. Er geht davon aus, daß die perduellio „Kriegszustand gegen den Staat“ bedeutet hätte, und daß das deutsche Recht im Hochverrat noch engere Grenzen gezogen habe. Das Mißverständnis der gemeinrechtlichen Doktrin, die das Verbrechen „nicht von dem nur durch einen Riß oder Bruch möglichen Eintritt eines Zustandes, sondern von einem sukzessiv und aus der weitesten Ferne zu verfolgenden End-

34) Lehrb., § 197 ff.
35) Handbuch III. S. 415 ff.
36) Versuche . . . S. 275 ff; Beiträge . . . S. 1 ff.
37) Lehrb. II. S. 505 ff.
38) S. 65 ff.

ziele abhängig macht", ziehe alle jene Konsequenzen nach sich, gegen die sich der gesunde Menschenverstand empört. Der Kennzeichnung der Perduellio durch die bloß subjektive Gesinnung — entgegen den sonstigen Verbrechens- und Strafvoraussetzungen — entspräche die zu strenge Auffassung solcher Ausdrücke wie „voluntas", „cogitaverit". Oftmals und mit aller Entschiedenheit wendet er sich gegen die dem positiven Recht zuwiderlaufende Ausdehnung, die Hochverrat „schon in der schwächsten Vorbereitung, ja in der Gedankenwelt schlimmer Gesinnungen, Neigungen und Grundsätze aufspürt, in welcher sich die Grade der Schuld, ja zuletzt Schuld und Unschuld völlig in das Nichtzuunterscheidende verlieren"[39]). Er geht aber nicht den Weg, geringer strafbarer Versuchshandlungen von dem vollendeten Delikt zu trennen; denn die „Anwendung des Versuchs auf ein Verbrechen, das — als höchster Grad der Gefährlichkeit aufzufassen — entweder ganz oder garnicht vorhanden ist", sei naturwidrig[40]). Alle Handlungen, auch Vorbereitungshandlungen, bei denen die Festigkeit des Vorsatzes so weit gegangen sei, daß er nicht mehr zurück könne, und wo dem Täter und seinen Genossen die nötigen Kräfte ohne Verrücktheit und in allem Ernst zuzutrauen seien — kurz: die handhafte Tat bei bestimmtem Plan und dienlichen Mitteln — seien Hochverrat. Alles andere könne niemals Versuch des Hochverrats sein, wohl aber, unter gewissen Voraussetzungen ein staatsgefährliches und strafbares Vergehen. Gewiß ist auch er für staatsbürgerliche Freiheit und für „gesetzliche Mittel, sein Mißvergnügen über das Betragen der Regierung zu äußern", damit nicht das Volk „in den schrecklichen Wechselfall einer sklavischen Unterwerfung oder eines gewaltsamen Widerstandes" versetzt werde[41]); er will aber die Fälle, wo der Endzweck dem Verbrecher noch viel zu unklar war, um ihm denselben als Vorsatz zuzurechnen, nicht straflos lassen, weil es meist nur an der Möglichkeit fehle, „den sich dieses Zwecks wohlbewußten Verbrecher zu überweisen, daß er so weit gedacht hat"[42]). So würden auch die unseligen Tendenzprozesse vermieden, wo doch nur die Verführten gefaßt werden könnten. Solche staatsgefährlichen Handlungen seien z. B. politische Verbindungen — um deren Unterscheidung von den Komplotten er sich eingehend bemüht — schmähende und aufrührerische Schriften, Aufruhr und Empörung. Alles was die Gemüter zu einem erst künftig zu fassenden Entschlusse vorbereiten solle, sei — wenn überhaupt — nur als besonderes Delikt, niemals als Vorbereitung zum Hochverrat zu strafen, damit sich die Strafjustiz nicht in eine von jedem Tatbestande losgesagte Gedankenspäherin verwandle. Dabei macht er allerdings eine bezeichnende Ausnahme: Schon der entfernteste Versuch zur Aufruhrstiftung im Heere — wir sagen heut Zersetzung — greift die höchste Gewalt so sehr in ihrem Lebensprinzip an . . ., daß er als perduellio keine geringere Strafe als den Tod verdient habe"[43]).

Im gleichen Jahre unternehmen es die um die Versuchslehre besonders verdienten Professoren Zachariä und Luden, der Legende von der Sonderstellung der delicta atrocissima ein Ende zu machen. Nach L u d e n können überhaupt nur die einzelnen in den Gesetzen beschriebenen Handlungen und auch nur soweit Versuchshandlungen bestraft werden. Von diesem Versuch gebe es keinen weiteren Versuch, die unvollendete Verschwörung sei wie die erfolglose Soldatenaufwiegelung straffrei. Sprechen werde erst mit dem Eintritt eines hochverräterischen Erfolges strafbar. Stets müssen die Handlungen von der Art gewesen sein, daß sie als nächste Versuche über die gehabte Absicht, den bestimmten Erfolg hervorzubringen, keinen Zweifel lassen[44]). Z a c h a r i ä

39) Einleitung IX.
40) S. 304.
41) Einleitung S. XV.
42) S. 204.
43) S. 214.
44) Abhandlungen I., S. 228 ff.

faßt den Wunsch seiner Zeit an die Gesetzgeber dahin zusammen, diese möchten „doch endlich einmal zu der Ueberzeugung gelangen, daß da, wo der Staat auf festen Füßen steht, die Gefährlichkeit sogenannter Staatsverbrechen nicht so ungeheuer groß ist, um solche Exzeptivgesetze zu rechtfertigen, daß aber ein morsches Gebäude auch nicht durch drakonische Gesetze aufrecht erhalten werden kann“[45]. Zwei Jahre später tritt er in einer besonderen Abhandlung gegen die Gleichstellung von Versuch und Vollendung in der communis opinio ein[46]. Daß ein geglückter Hochverrat nie strafbar sei, stimme historisch nicht, da häufig eine Reaktion folge. Wenn auch der beabsichtigte Erfolg nicht unbedingt zur Vollendung gehöre, so gebe es doch keinen Grund, „den durch das Gefühl geheiligten Satz beiseite zu setzen, daß die Strafe der Größe der Schuld angemessen sein müsse“. Das Merkmal der Vollendung sei der wirklich schon unternommene Angriff, welcher mittelbar oder unmittelbar gegen einen Grundbestandteil des Staates gerichtet würde. Stets sei eine zur Hervorbringung der Missetat dienliche Handlung erforderlich. Beim Versuch müsse diese — im Gegensatz zu den Vorbereitungshandlungen — einen Anfang der Ausführung bilden.

Damit sind begrifflich und terminologisch zum ersten Mal Versuch und Vorbereitung eindeutig abgegrenzt. Unter Stützung auf das römische und germanische Recht sowie die P. G. O. und scharfer Kritik der Glossatoren und ihrer deutschen Abschreiber fordert er die grundsätzliche Straflosigkeit aller Vorbereitungshandlungen, die bloß durch die äußerlich nicht erkennbare verbrecherische Absicht eine Bedeutung erhielten. Strafbar solle die Aufforderung zu hochverräterischem Aufruhr oder zur Bildung eines Komplottes nur sein „bei Nachweis einer bestimmten hochverräterischen Absicht und bei deutlicher und direkter Aufforderung zu einem bestimmten Zweck, sodaß kein Zweifel über die Ernstlichkeit der Absicht und das Bezweckte übrig bleibt“. Hieran schließt sich bei Z. seine Stellung zum „literarischen Hochverrat“, die hier ausführlich zitiert sei, weil sie eigentlich schon die ganze Kritik der Reichsgerichtspraxis in den Jahren nach 1918 vorausnimmt:

> „Dagegen wird man Reden und Schriften, mögen sie auch einen noch so heftigen und schonungslosen Tadel der bestehenden Regierung und Verfassung und eine Anpreisung eines anderen politischen Systems enthalten oder darauf berechnet sein, das Volk auf angebliche oder wirkliche Mißbräuche in der Staatsverwaltung aufmerksam, dasselbe für eine Aenderung der zeitigen Staatsverhältnisse empfänglich zu machen oder den Wunsch nach einer solchen in ihm zu erregen, so gefährlich auch die Verbreitung solcher Gesinnungen und Theorien für die Ruhe des Staates werden kann, nach Umständen vielleicht als Injurien und Schmähschriften, nie aber als Versuche des Hochverrats bestrafen können. Auch wird ein Verbrechen der sog. indirekten Aufreizung zum Haß und zur Verachtung der Regierung einer so mißbräuchlichen Anwendung ausgesetzt sein, daß es das Grab aller freien Meinungsäußerungen werden muß, weil auch jeder freimütige, aber den gegenwärtigen Machthabern mißfällige Tadel des wirklich schlechten Regierungssystems unter jenem weiteren Begriff zu subsummieren ist. Die ganze, diesem angeblichen Verbrechen zugrunde liegende Idee . . . beruht auf der Annahme, daß, weil der Tadel an der Regierungshandlung oder öffentlichen Einrichtung Unzufriedenheit der Bürger mit demselben und Widersätzlichkeit dagegen hervorbringen könne, derjenige, welcher dergleichen Maßregeln tadelt, eben hierdurch die Bürger wirklich in direkter Weise zu beidem auffordere. Nimmt man aber auch an, daß damit wirklich eine derartige Absicht verbunden gewesen sei, so kann doch bei

---

45) Lehre vom Versuch, S. 221.
46) A. C. R. S. 221.

Mangel einer äußerlich rechts- und gesetzwidrigen Handlung die bloße Tendenz keiner Strafe unterworfen werden."[47])

Schärfer konnte das rechtsstaatliche Programm des Liberalismus nicht formuliert werden, weiter konnte auf diesem Gebiet niemand gehen. In dieser Konsequenz aber sind diese Grundsätze auch nie praktisch geworden. So bringt auch die spätere Behandlung des Themas durch Mittermaier in der „Bibel des Liberalismus", dem Staatslexikon von Rotteck und Welcker, nichts mehr für unsere Frage Wesentliches[48]). Das Gleiche gilt auch für die 1846 erschienene Schrift Hepps, in der er, obgleich Tübinger Hochschullehrer, mutig und gründlich die württembergische Gesetzgebung auf dem Gebiet der politischen Delikte kritisiert.

Eng mit der Versuchsfrage hängen noch einige andere, das Wesen der Handlung betreffende Probleme zusammen. Im großen und ganzen befindet sich hier die herrschende Meinung im Einklang mit dem römischen Recht, von dem Mommsen sagt, daß der Versuch die Verfassung zu ändern, an sich für loyal gegolten hätte; damit hätten die Römer dem Gesetze der Logik, daß es von Rechts wegen keine unabänderliche staatliche Anordnung gebe, also nur in den angewandten Mitteln eine Gesetzesverletzung liegen könne, Rechnung getragen[49]). Allgemein wird gefordert, daß es sich beim Verfassungsumsturz um gewaltsame Angriffe handeln müsse, wobei freilich auch Versuche gemacht werden, „gewaltsam" nicht wörtlich aufzufassen und als „ungesetzlich" zu interpretieren[50]). Auch Rosshirt will nur die verfassungsmäßigen und rein wissenschaftlichen Handlungen ausnehmen. Heffter will List und Drohung einbeziehen, bei Henke genügt jeder rechtswidrige Angriff, auch durch Reden und Schriften, wenn die hochverräterische Absicht unzweideutig bewiesen wird. Trotz mancher Erweiterungen tritt aber die Anwendung von Gewalt mehr und mehr als das typische Mittel hervor. In Anknüpfung an das römische „an potuerit facere" tritt häufig die Ansicht auf, daß es sich um dienliche Mittel gehandelt haben müsse. In der Verschwörung wird meist ein solches erblickt und die fast einstimmige Meinung geht dahin, daß durch ein Komplott schon der Hochverrat vollendet wäre, wobei freilich die Einschränkung gemacht wird[51]), daß dieses zustande gekommen sein müsse und zwar zu einem bestimmten Zweck und bei klarer und unzweideutiger Absicht, den erstrebten Zweck auf widerrechtlichem Wege ins Werk zu setzen. Bei Zirkler und Hepp nimmt die Unterscheidung von politischen Verbindungen und hochverräterischen Komplotten den Hauptraum ein. Ihre Vermischung wird als „schreiendste Unbilligkeit und gefährlichste Verirrung" bezeichnet[52]). Obwohl meist nicht zum Ausdruck kommt, wie weit die Detailles des Planes feststehen müssen, so hat sich doch der Grundgedanke des geltenden Rechts, daß es sich um die Verabredung zu einem bestimmten und konkretisierten hochverräterischen Unternehmen handeln muß, eindeutig herauskristallisiert. — Daß Anstifter am schwersten zu bestrafen sind[53]), ist ebenso gemeine Meinung wie die Forderung, den zurücktretenden Teilnehmer durch Straffreiheit, mindestens aber Strafmilderung zu belohnen. Verschiedentlich wird der — rechts-historisch interessante — Versuch gemacht, die Verschwörung wie auch die Kon-

47) A. C. R. 1838, S. 350/51.
48) „Vollendet ist der Hochverrat, wenn der Verbrecher von seiner Seite alles getan hat, was zu dem Unternehmen der Haupthandlung, durch welche der Hochverrat ausgeführt werden soll, erforderlich ist". S. 220.
49) Römisches Strafrecht, S. 549/50.
50) Hepp, Staatsverbrechen, S. 18.
51) Zachariä, A. C. R. 1838; Mittermaier, St. L. S. 217; Zirkler.
52) Zirkler, S. 277.
53) desgl., S. 226.

spiration mit der „verreterei“ in der P. G. O. zu identifizieren[54]), ein Zeichen dafür, daß die Wissenschaft mit diesem Ueberbleibsel lehnsrechtlicher Anschauungen des Mittelalters, die sonst gerade in der Carolina vielfach durch das römische Recht erstickt wurden, nichts mehr anzufangen wußte.

Schließlich spielt beim Hochverrat noch eine besondere Form der Teilnahme eine Rolle: die unterlassene Verhinderung bezw. die Nichtanzeige des Verbrechens bei vorher erlangter Kenntnis. Feuerbach und Rosshirt wollen wegen „negativer Beihilfe“ strafen, da die Treupflicht jedem Staatsangehörigen gebiete, daß er dasjenige abwende, was die Schutzgewalt zerstören könnte, Wächter wegen „negativer Begünstigung“, Martin wegen Teilnahme schlechthin. Mit Recht wendet Hepp[55]) ein, daß hier die allgemeinen Grundsätze einer Bestrafung wegen Teilnahme willkürlich abgeändert würden und daß es keine Verpflichtung zu positivem Tun gäbe. Auch Zirkler erkennt eine solche nur auf Grund besonders übernommener Pflichten, z. B. für Beamte an[56]). Oft regen sich auch moralische Bedenken gegen die staatliche Förderung der Denunziation, die aber aus staatspolitischen Rücksichten meist zurückgedrängt werden. Hepp tritt für eine tatbestandlich und personell beschränkte Strafbarkeit als polizeiliche Uebertretung einer ausdrücklich auferlegten Verbindlichkeit, jedenfalls aber als selbständiges Delikt ein, Zirkler hält sogar die Straflosigkeit für das kleinere Uebel gegenüber der Förderung der Denunziation.

d) Von allen Fällen der Teilnahme am Hochverrat wird, wie schon beim Komplott erwähnt, die Beteiligung an politischen Vereinen und Versammlungen geschieden und zum Teil als besonderes, staatsgefährliches Delikt aufgeführt[57]). Erst wenn man weiß, daß bisher dieses Vergehen als vollendeter Hochverrat mit dem Tode zu bestrafen war — in Preußen kraft ausdrücklicher Bestimmung aus dem Jahre 1798 — wird man dies als Fortschritt ansehen können. Feuerbachs Abneigung gegen alle politischen Vereine wird zwar noch von den meisten Juristen geteilt, jedoch angesichts der wachsenden Volksbewegung für Vereins-, Versammlungs- und Pressfreiheit mehren sich die Stimmen, die eine Beschränkung auf ausdrücklich verbotene Verbindungen[58]) und schließlich Straffreiheit fordern.

Auch sonst schält sich der Hochverrat immer deutlicher aus der Gruppe der staatsgefährlichen Vergehen heraus. Heffter stellt den „Majestätsverbrechen gegen die Integrität der Staatsverbindung“ — Hoch- und Landesverrat — die „Majestätsverbrechen gegen die Sicherheit und das Ansehen des Staates und des Souveräns“ gegenüber, bei denen nicht wesentliche Bestandteile des Staates unmittelbar angegriffen werden[59]). Aehnlich scheidet Rosshirt den Hochverrat von anderem Verrat und allen staatsgefährlichen Verbindungen wie von der Majestätsbeleidigung[60]). Mittermaier, Hepp und Zirkler wollen einige Vorbereitungshandlungen aus dem Hochverratsgebiet aussondern und als Polizei-Uebertretung bestraft wissen. Gemeinsam ist allen Unterscheidungsmaßnahmen, daß sie nicht auf eine besonders gefährliche Absicht, sondern auf eine gefährliche Handlung beim Hochverrat abstellen. In erster Linie ist dies ein ungewolltes Ergebnis der Tendenzprozesse gegen harmlose Studentenverbindungen, die als Hochverratskomplotte bestraft wurden. Die Kritik richtet sich aber nicht nur hiergegen, sondern führt auch zu Forderun-

---

54) Luden, S. 505/6; Knitschky S. 13.
55) Beiträge, S. 12 ff.
56) Zirkler, S. 227.
57) Z. B. Zirkler, S. 277.
58) Hepp, Staatsverbr.; Mittermaier A. C. R. 1835.
59) Lehrbuch, §§ 197 ff.
60) Entwicklung . . . S. 515.

gen, daß man in Hochverratssachen Geschworenen-Gerichte urteilen lassen solle, da sie von der Regierung weniger zu beeinflussen seien[61]).

e) Die Bestrebungen, die grausamen Strafen des römischen Rechts zu mildern, zeigen sich nicht nur in der Aussonderung immer zahlreicherer Uebertretungen, sondern auch in der Forderung, die Todesstrafe abzuschaffen oder mindestens ihr Anwendungsgebiet einzuschränken und die Strafen nach dem Grade der Gefährlichkeit der Handlung und unter Berücksichtigung der Motive des Täters abzustufen. Während der Treubruch am obersten Lehnsherrn in der Zeit des Feudalismus — z. B. im Sachsenspiegel — nur mit Verlust der Ehre und des Lehnsrechts, nicht aber mit Leibesstrafen bedroht war[62]), waren mit dem römischen Recht auch die grausamen Strafen übernommen worden, die den auf Schrecken und Gewalt erbauten Despotenthron der römischen Cäsaren vor Aufruhr und Verschwörung schützen sollten. — Dagegen kämpfte die Wissenschaft auf zweierlei Art an, einmal indem sie durch bestimmte Tatbestände das Gebiet der Strafbarkeit einschränkte, dann aber in ihren Forderungen, mit strengen Strafen sparsam umzugehen und die patriotische Gesinnung als mildernd gelten zu lassen. Nicht Amnestien sollen die gröbsten Ungerechtigkeiten und Härten ausgleichen, sondern moderne und humane Gesetzgebungen sollen sie von vornherein ausschließen.

b) Vier Außenseiter.

Hält sich so im allgemeinen die Wissenschaft von den Extremen fern, die im Hochverrat die ruchloseste und gar nicht schwer genug zu bestrafende Tat einerseits oder das Produkt der edelsten und glühendsten Vaterlandsliebe andererseits sehen, so haben sich doch zuweilen bei einzelnen Männern die beiden Seelen, die in der Brust liberaler Professoren wohnen und miteinander ringen, getrennt. Die staatstreue und antirevolutionäre Seite verkörpert in vollster Reinheit der „berüchtigte Jurist, Staatsmann und Polizeimann von Kamptz" und die freiheitlich-demokratische Seite nicht weniger ausgeprägt der Schweizer Republikaner Frey, während bei den Führern des süddeutschen Linksliberalismus, Rotteck und Welcker die letztere zum mindest stark überwiegt.

1. Treffend wird von Kamptz durch Landsberg charakterisiert[63]), der ihm nackte Brutalität, Wortverdrehung und persönliche Niederträchtigkeit vorwirft, die er in der Führung der Demagogenprozesse bewiesen habe, und es geradezu für eine Schande der Wissenschaft hält, daß er gleichzeitig ein praktisch und wissenschaftlich wohl geschulter Jurist gewesen sei. Mit dem Hochverrat hat sich Kamptz in einem Aufsatz der von ihm herausgegebenen „Jahrbücher der preußischen Gesetzgebung und Rechtswissenschaft" befaßt, der „in der erklärten Absicht, den preußischen Richtern für Demagogenprozesse praktische Anweisungen zu geben" geschrieben wurde. Danach ist die bloße Absicht, die Staatsverfassung zu ändern, zwar „nur" Gegenstand polizeilicher Vorsorge und noch nicht kriminalrechtlich strafbar. Wo aber jemand solche höchst schädlichen und unerlaubten Theorien anderen mitteilt oder verbreitet und Vereine dazu ins Leben ruft oder sie gar nach und nach in die Verfassung einzuführen sucht, so handelt er offenbar animo hostili und ist des Hochverrats schuldig[64]). Die inneren Motive sind völlig gleichgültig. Im Gegenteil, „die aus politischer und religiöser Schwärmerei, Neuerungssucht und verderblichen Theorien hervorgehenden Umtriebe" sind die gefährlichsten. Zwar ist neben der Absicht auch eine Handlung erforderlich[65]), doch gehört

61) Escher, S. 225 ff.
62) Vgl. Knitschky, S. 13.
63) III. 2 Notenband S. 345/46.
64) XVI. S. 309 f.

die Wirkung überall nicht zum Begriff und ob eine Begehungs- oder Unterlassungshandlung vorliegt, ob sie mittelbar oder unmittelbar auf Hochverrat gerichtet, in näherem oder weiterem Grade gefährlich, an sich erlaubt oder unerlaubt, öffentlich oder verborgen, gewaltsam oder nicht gewaltsam ist, ändert überhaupt nichts, ja das heimliche Gift der Verführer ist gefährlicher als offene und gewaltsame Handlungen[66]). Das Wort „gewaltsam" bezieht sich nur auf die Umwälzung, nicht auf das Unternehmen. „Jene aber muß immer gewaltsam sein, weil weder die Regierung, noch der mit der Verfassung zufriedene, bessere und größere Teil der Nation . . . diese Verfassung mutwillig aufgeben wird". Die politischen Vereine sind das Gefährlichste. Die bloße Tatsache einer solchen Vereinigung wider die bestehende Staatsverfassung ist vollendeter Hochverrat, „auch wenn die Mitglieder . . . außer der Versammlung für diesen Zweck nicht tätig geworden sind"[67]). Auch durch Reden und Schriften wird Hochverrat begangen, „wenn diese auf Beförderung des Umsturzes der Verfassung und auf dahin abzielende Aufwiegelung gerichtet sind[68]). Durch alle diese Handlungen wird der Hochverrat, auch wenn der Zweck nicht erreicht ist, vollendet und der Versuch solcher Handlungen ist als versuchter Hochverrat zu bestrafen. Zu allem Ueberfluß beruft er sich für seinen Standpunkt noch auf die Gesetzgebung aller Jahrhunderte und Völker wie auf die klassische Rechtswissenschaft der letzten vier Jahrhunderte[69]). Diese Ausführungen sprechen wohl so für sich, daß eine Kritik sich erübrigt. Es genügt, darauf hinzuweisen, daß selbst die gemäßigten Anhänger der historischen Schule diese Abhandlung einfach totschwiegen.

2. Andererseits scheint der Verfasser des Berner Strafgesetzbuches, Ludwig Frey, dadurch so in Harnisch geraten zu sein, daß er nun leidenschaftliche Anklage gegen Kriminalisten und Gesetzgeber erhebt, wobei selbst Feuerbach und Kleinschrod nicht verschont bleiben. Während er aber jenen nur zum Vorwurf macht, daß sie überhaupt darüber noch stritten, ob die lex V codicis, die „Ausgeburt rasender Tyrannei und Unvernunft" noch gelte, kommen „Jarcke, Kamptz und anderes servile juristische Federvieh, welches bloße Theorien über Staatsformen und freimütigen Tadel bestehender Verfassungen für Hochverrat erklärt"[70]), wesentlich schlechter fort: „Sobald einem (solchen) deutschen Rechtsgelehrten Staatsverbrechen auf den Kopf fallen, wird er wie vom Schlage gerührt . . . und er sinkt ganz zu dem irren Zustande eines kindisch und unmündig gewordenen Geistes herab. Er ist dann kein Mensch mehr, sondern nur ein Tier, das ißt und trinkt und ein Staatsdiener". Man muß bei diesem sehr harten Urteil allerdings berücksichtigen, daß es im Jahre 1835 gefällt ist, als die Lehre vom Hochverrat noch in den Anfängen steckte, und daß man in der kleinen Schweizer Republik großzügiger über solche Dinge denken und reden konnte als in den deutschen Ländern. So kann er denn mit der Kritik an den deutschen Rechtsgelehrten, — die die Gerechtigkeit mit Füßen treten und keinerlei Verständnis haben, daß die Prinzipien ewig im Kampf waren, sind und sein werden, daß der Sieger großmütig handeln müsse und seine Gegner nicht nach Kannibalenart zerfleischen dürfe, — einen Dithryambus auf die Hochverräter verbinden, die Besiegte und nicht todeswürdige Verbrecher seien, „weil sie für Ideen, für Prinzipien, deren Geltendmachung ein heiliges und unveräußerliches Recht der Menschheit ist, gekämpft und in einem ungleichen Kampfe ehrenvoll gefallen sind"[71]). Unter Hinweis darauf, daß man doch auch besiegte äußere Feinde human behandele, wendet

65) S. 311 ff.
66) S. 341.
67) S. 350.
68) S. 365 f.
69) S. 326/28.
70) Entwurf, S. 26.
71) S. 28/29.

er sich dann gegen die Treubruchstheorie. Der staatsbürgerliche Eid sei eine „erzwungene Formalität oder fade Komödie" und da es sich bei der Erkämpfung einer politischen Existenz um einen Notstand handele, so dürften überdies „ganz andere Dinge verletzt werden als ein Eidschwur". Eine Regierung, die ein gewissenhafter Mandatar sei, brauche nicht die Folgen geringer Strafen zu fürchten. „Majorität kann Großmut ohne alle Gefahr üben". Aber handelt die Regierung gegen den Willen und gegen das Interesse des Volkes, mag eine solche Regierung im Sturm des Hochverrats untergehen, ja sie soll untergehen!"[72]) — Der Entwurf selbst ist dann auch außerordentlich milde. Vorbereitungshandlungen sind straflos; das vollendete Delikt, das mindestens einen Anfang der Ausführung enthalten muß, ist mit drei- bis fünfjähriger, und wenn Verletzungen und Beschädigungen eingetreten sind, mit fünf- bis zehnjähriger Verbannung zu bestrafen[73]). Einen Beweis dafür, daß eine solche Auffassung und Beurteilung des Hochverrats nur auf dem ganz anderen historischen und sozialen Boden Schweizer Stadtrepubliken mit ihrer traditionell fest verwurzelten Demokratie möglich war, liefert die Geschichte dieses Verbrechens in Deutschland. Niemals in der ganzen deutschen Rechtsgeschichte hat sich ein Jurist diesen Standpunkt Freys in der gleichen Konsequenz und Radikalität zu eigen gemacht. Mittermaier antwortete sofort Frey mit der Frage, „ob irgendeine Staatsgesellschaft, sei sie auf die monarchische oder republikanische Form gegründet, auf ein rechtlich sicheres Bestehen rechnen kann, wenn sie den Grundsatz sanktioniert, daß jeder Bürger in jedem Augenblick durch gewaltsame Mittel die bestehende Ordnung umstürzen darf"[74]). Das hatte ja nun Frey auch nicht verlangt; aber zweifellos wäre es die Folge der Uebertragung des Berner Entwurfs auf die deutschen Staaten gewesen. Nur Rotteck und Welcker, das Dioskurenpaar der revolutionären Staatsrechtslehre nähern sich diesen Gedankengängen, ohne jemals — selbst am Vorabend der Revolution — ihr Vorbild in Form und Inhalt an Radikalismus zu erreichen.

3. Rotteck, der im „Staatslexikon" den Hochverrat von der politischen Seite behandelt, beginnt zunächst ganz im herkömmlichen Stile damit, den Hochverräter als Feind des Gemeinwesens, dem er durch heilige Pflicht zur Treue verbunden sei, zu bezeichnen. Aber er müßte nicht der Verfasser der letzten bedeutenderen Widerstandslehre, „die den deutschen Revolutionen ihr rechtliches Rüstzeug zu liefern von der Geschichte bestimmt war"[75]), gewesen sein, wenn er nicht die Strafbarkeit des Hochverrats auf die Fälle einschränken würde, da „die Gewaltträger und Autoritäten auch wirklich im Sinne und innerhalb der Grenzen des ihnen von seiten der Regierung gewordenen Auftrags, d. h. also den positiven Verfassungsgesetzen gemäß und in Ermangelung derselben, dem allgemeinen vernünftigen Staatsrecht gemäß, wenigstens nicht offenbar ungemäß handeln oder befehlen, oder wenigstens gegen offenbar ungerechte Befehle ein gesetzliches Verteidigungs- oder Rechtsausführungsmittel vorhanden"[76]) ist. In einem Zustand, in dem es nicht erkennbar oder wenigstens zweifelhaft sei, ob die Auflehnung gegen den Inhaber der Gewalt auch eine Auflehnung gegen die Gesamtheit bedeute, solle statt des Strafrechts —

72) S. 30.
73) Art. 329: „Eines Vergehens wider die Grundverfassung des Staates macht sich schuldig jeder Bürger der Republik, welcher zum Umsturz der bestehenden Grundgesetzgebung oder einzelner Fundamentaleinrichtungen, oder zur Verjagung der vom Volk eingesetzten Regierung oder anderer Staatsbehörden, sich mit Inländern ohne Rücksicht auf Zahl im Inlande verbunden, um auf gewaltsame Weise die Erreichung vorstehender Zwecke durchzusetzen".
74) A. C. R. 1835, S. 557.
75) In seinem „Lehrbuch des Vernunftsrechts". s. Wolzendorff S. 449/50.
76) Staatslexikon VIII. S. 226.

nur Kriegsrecht walten[77]; wo die Triebfeder des Handelns aufrichtiger Glaube, entschuldbarer Irrtum über Rechtmäßigkeit oder patriotische Gesinnung sei, da dürfe keine starre Anwendung des Strafrechts Anwendung finden. Ja er gibt dem Untertan nicht nur ein Recht zum Widerstand, sondern er macht ihm sogar zur Pflicht, die Rechtmäßigkeit der Staatsgewalt und die Gültigkeit der an ihn ergangenen Befehle zu prüfen und, wo es keine gesetzlichen Mittel gibt, das Unrecht mit Gewalt abzuwenden, zu widerstehen. Wo Volksvertretung, Pressfreiheit, Publizität der Regierungshandlung eingeführt seien, werde der Weg der Gewalt zu einem zweifach strafwürdigen, wo aber diese nicht beständen, da

> „mögen die Strafgesetze gegen Aufruhr und Empörung noch so gräßlich lauten . . . die Lehren der Hofpublizisten noch so unbedingt und donnernd jede Volkserhebung verdammen, es wird diese gleichwohl stattfinden, sobald ein Uebermaß des Druckes eingetreten und den darob Entrüsteten, durch Verzweiflung zum Aufstand Gereizten durch die Umstände eine Aussicht des Gelingens eröffnet wird“[78].

Das einzige Mittel, das Gemeinwesen vor dem Umsturz zu bewahren, sei die Umwandlung des terroristischen, auf dem Prinzip des Schreckens und der Gewalt beruhenden Systems in ein freiheitliches, auf Gerechtigkeit und Humanität beruhendes System, das eine aufgeklärte und öffentliche Meinung durch Vereinigungs-, Rede- und Pressfreiheit wünscht und fördert. Mit einer Verdammung der Abschreckungstheorie schließt er dann (ganz wie Frey), indem er der Hoffnung Ausdruck gibt, eine legitime und wohlwollende Regierung brauche sich vor den Folgen niedriger Strafen nicht zu fürchten.

Rotteck vermeidet jeden Hinweis auf die deutschen Verhältnisse. Aus seiner politischen Stellung ergibt sich aber, daß er die Voraussetzungen für die Strafbarkeit des Hochverrats als des schwersten Verbrechens in Deutschland, d. h. die Existenz einer rechtmäßigen Regierung nicht für gegeben ansieht. Aehnliche Gedankengänge finden sich schon früher, so bei Henke (1830), der auch das Gebiet der strafenden Gerechtigkeit „auf Angriffe gegen Staaten, die auf der Grundlage der Legitimität beruhen“ beschränkt[79] und in noch abgeschwächterer Form bei den meisten Schriftstellern. Doch keiner ließ jemals durchblicken, wie weit er seine Prinzipien in den deutschen Staaten für anwendbar hielt. In der ziemlich offenen Sprache und dem stärkeren Hervortreten naturrechtlicher Ideen — trotz positivrechtlicher Verbrämung[80] — erkennen wir die Anzeichen der herannahenden Revolution von 1848. —

Noch stärker treten diese Züge bei W e l c k e r hervor, der viel weniger durch positiv-juristische Bedenken gehemmt wird. Er erklärt den Tiefstand der Hochverratstheorie aus der Ansicht der Herrschenden, daß im Trüben gut fischen sei, und die politische Justiz — deren Opfer Welcker selbst geworden war — aus dem Bedürfnis einer verhaßten Politik, von Zeit zu Zeit einigen Untertanen nach der Formel „von Rechts wegen“ den Stempel des Hochverrats auf die Stirne zu drücken, damit das Volk den in den nächsten Umgebungen der Fürsten stabil gewordenen Hochverrat umso eher aus den Augen verliere[81]. Aus seiner Auffassung des Staates als Organismus heraus wendet er sich gegen die irrige Voraussetzung, daß der sog. Hochverräter aus dem Staatsverband

---

77) R. hält dies offenbar für das mildere. Ganz ähnlich fordert Wegner „Kriegsrecht, nicht Justizkomödie“ (Diss. S. 19) und weist gleichfalls darauf hin, daß Kriegsrecht — Ritterrecht sein solle.
78) S. 239 ff.
79) III. S. 189.
80) R. knüpft an das positiv-rechtliche Widerstandsrecht der Stände an.
81) Geh. Inquisition usw., S. 62.

heraustrete, um sich dem Staat wie ein äußerer Feind mit feindlicher Absicht entgegenzustellen. Hochverrat sei das Symptom eines Uebels, das an einem Glied des Staates zum Ausbruch gekommen sei; wer mit dem Tode straft, handele wie ein Pfuscher, der Glieder abhaut. Gleich Frey und Rotteck meint Welcker — noch befinden wir uns im Frühling demokratischer Illusionen — in einem Rechtsstaat sei die Gefahr eines Hochverrats so gering, daß schon milde Strafen zur politischen Besserung ausreichen würden. Fordere dagegen der Staat selbst durch seine schlechte Verfassung und seine schlechte Einrichtung zum Hochverrat heraus, „wie z. B. in Deutschland durch Presszwang und geheime Justiz, so ist es nicht das schwerste Vergehen, die Herausforderung anzunehmen. Es ist dann vielmehr Aufgabe des Staates, sich selbst zu bessern". Dabei beruft er sich auf den Grundsatz der positiven Wissenschaft, daß nur der Angriff auf einen zu Recht bestehenden Staat Hochverrat sei, bezeichnet es aber als eine nur „aus dem angeborenen Knechtssinne deutscher Juristen" zu erklärende Torheit und Schlechtigkeit, daß sie sich über den Begriff, die Strafbarkeit und moralische Verworfenheit dieses Verbrechens breit ausließen, ohne die Frage, ob dieser Staat zu Recht bestehe, zu prüfen. Er nimmt daher diese Prüfung selbst vor und kommt zu dem Ergebnis, da nach der Auflösung des alten Staatsverbandes im Jahre 1815 ein neuer politischer Verband auf rechtliche Weise nicht zustande gekommen sei, herrsche in Deutschland ein „Zustand der Anarchie"; daran werde auch durch eine lange Pause der Ruhe und Ordnung nichts geändert, denn es gebe auch eine „Ruhe der Verwesung des nur faktisch Bestehenden". Nach der Auflösung des alten Reiches konnte ein neues Staatsrecht nur „aus der lebendigen Quelle allen Rechts, aus dem Geiste, aus der Zustimmung der Nation geschöpft werden"[82]. Die Demagogen hätten geglaubt, bis zur Befreiung des deutschen Geistes von dem völlig rechtlosen System der geheimen Kabinettspolitik, geheimen Justiz und Zensur, sei auch die Souveränität der deutschen Fürsten noch keine rechtmäßig begründete Tatsache und ihre Handlungen seien daher kein Hochverrat im rechtlichen Sinne. — Welcker unterscheidet sich insofern von allen anderen Juristen, als er von der schärferen Bestimmung des Tatbestandes und Milderung einiger Strafen nichts hält, so lange nicht das gerichtliche Verfahren geändert worden ist. Das wird verständlich, wenn man weiß, daß W. seine Theorien über den Hochverrat in einem Buche entwickelt, das sich gegen die Untersuchungsmethoden in dem Prozeß gegen den Pfarrer Weidig[83] richtet, durch die dieser in den Tod getrieben wurde. Hierbei vertritt er die naturrechtlichen Prinzipien der Volkssouveränität und des Widerstandsrechts, wie sie im Anschluß an die französische Revolution vielfach, namentlich von Fichte und Feuerbach vertreten worden waren, als positive Staatsrechtssätze. Nichts zeigt deutlicher, daß wir wieder am Vorabend einer Revolution stehen, da sich „diese Positivierungen des Naturrechts am augenfälligsten in Revolutionen vollziehen"[84].

82) S. 66.
83) Weidig hatte mit Büchner zusammen den „Hessischen Landboten" und andere radikale Flugschriften verfaßt und verbreitet.
84) Maretzki, Diss. S. 113.

IV. Die Revolution von 1848 in ihren Auswirkungen auf die Lehre vom Hochverrat

Wie die französische Revolution im Jahre 1830 und ihre letzten Ausläufer in Deutschland — das Hambacher Fest und der Frankfürter Hauptwachensturm —, so wirkte auch die Revolution von 1848, die nur die Anwendung jener Lehre in der politischen Praxis war, außerordentlich befruchtend auf die Theorie des Hochverrats. Es erschienen im „Archiv für Kriminalrecht" kurz hintereinander drei längere Abhandlungen, ferner zwei Spezialschriften, die sich mit der Wirkung der staatsrechtlichen Veränderungen auf den Charakter der Staatsverbrechen befaßten. Wenn auch das liberale Bürgertum letzten Endes unterlegen war, so war doch ein großer Teil seiner konstitutionellen Forderungen verwirklicht und das bürgerliche Selbstbewußtsein gesteigert worden. Die Widerstandslehre verschwand aus dem Staatsrecht, da „ihr innerer Gehalt seine Grundlage in der staatlichen und rechtlichen Wirklichkeit fand"[1]. Der Schutz der bürgerlichen Freiheit wird, statt im Widerstandsrecht, im positiven Ausbau der rechtsstaatlichen Ordnung gesucht und die Hochverratslehre spiegelt getreulich den Wandel der staatsrechtlichen Anschauungen wieder.

1. Alle Juristen[2], die sich mit dem Hochverrat in jenen Jahren befassen, gehen davon aus, daß die alten Begriffe ins Wanken geraten seien und daß jetzt ein entscheidender Wendepunkt für die Strafrechtswissenschaft kommen müsse. Wenn man Hochverräter aus dem Kerker heraus zu hohen Staatsämtern berufen habe, so sei dies ein Fingerzeig, daß die alten Theorien über den Hochverrat überholt wären[3]. Der äußere Anlaß mag freilich nicht immer nur theoretischer Natur gewesen sein, sondern auch die Tatsache, daß an Stelle eines Angeschuldigten tausend andere getreten waren. „Schon ist viel Blut geflossen und noch sind die Kerker gefüllt. Die Wissenschaft muß hervortreten und den Trägern der Gewalt ihr ne nimis zurufen!"[4]

2. Bei dem engen Zusammenhang zwischen den Ansichten vom Wesen des Staats und des Hochverrats, ist es nur natürlich, daß zunächst der Wandel vom Feudal- zum Rechts- und Nationalstaat festgestellt wird, um dann die Anpassung des Hochverratsbegriffes an den Fortschritt des Staatslebens zu fordern. So finden wir bei dem Bruchsaler Obergerichtsanwalt F e d e r schon den Staat als Persönlichkeit mit den äußeren Grundbedingungen Volk, Gebiet und Verfassung aufgefaßt, wobei die Staatsgewalt nur als notwendige Folge der Verfassung erscheint. Am deutlichsten spricht der Kieler Oberappellationsgerichtsrat von S c h i r a c h das Programm des Rechtsstaates aus — in Schleswig-Holstein siegte die Reaktion zuletzt und nur in abgeschwächter Form! Der Zweck des Staates sei kein anderer als die Sicherung der Rechte aller Staatsbürger. Das Recht beruhe auf der Gleichheit aller vor dem Gesetz, jedes Vorrecht sei ein Unrecht. Der Staatsbürger gebe von seiner Freiheit nicht mehr auf, als notwendig sei, damit die Rechte der anderen bestehen können. Die Staatsgewalt, welche der Volkswille durch die Verfassung einsetze, handle nur im Namen und Auftrag des Volkes. Der Wille des Ober-

1) Wolzendorff, S. 515.
2) Bezeichnender Weise meist Praktiker!
3) Feder, S. 7.
4) ebenda S. 60.

herrn existiere als solcher nur, insoweit er sich innerhalb der verfassungsmäßigen Grenzen in Beziehung auf einen öffentlichen Zweck und unter der Form der Staatsgewalt äußere. Es folgt dann eine entschiedene Absage an die Idee des Wohlfahrtsstaats. Der Staat sei nur eine Rechtsanstalt, die die Freiheit jedes einzelnen und die Gleichheit aller verbürgen solle und dadurch jedem Gelegenheit biete, die Wohlfahrt des einzelnen wie aller in hohem Grade zu verwirklichen; er solle nicht geben, sondern schützen und erhalten[5]). Das ist fürwahr der manchester-liberale „Nachtwächterstaat“ kat' exochēn.

3. Es ist verständlich, daß für diesen konstitutionellen Staat weder die Bestimmungen der römischen Despoten noch das altdeutsche Hochverratsrecht paßten. Das römische Recht kommt daher in diesen Abhandlungen schlecht fort. Es werden sowohl das altrömische Recht wegen seines militärisch-religiösen Inhalts wie auch die Majestätsverbrechen der Kaiserzeit wegen ihres asiatisch-despotischen Charakters als unanwendbar bezeichnet, weil sie mit dem Verhältnis des Staatsoberhauptes zu den Bürgern eines konstitutionellen Staates im Widerspruch ständen[6]). Man dürfe an dieser Theorie nicht herumdeuteln, man müsse sie vernichten[7]). Auch die germanische Auffassung des Verbrechens als eines Treubruches und Verrats wird übereinstimmend abgelehnt[8]). Der Begriff einer Treue gegenüber dem Oberlehnsherrn sei ebenso wie der einer Untertanentreue, die der Majestät des Königs geschuldet werde, rechtlich überwunden. Das Verbrechen der Verräterei sei formell antiquiert und passe gar nicht mehr in das System des heutigen Strafrechts. Auch die Konsequenzen dieser Treubruchstheorie, die von der älteren Wissenschaft einfach umgangen worden waren, werden als unzeitgemäß abgelehnt, so, daß zum Bruch der Untertanentreue schon die entfernteste Handlung genügen solle, was mit dem germanischen Prinip der Objektivität in Widerspruch stand oder daß nur Untertanen das Verbrechen begehen könnten. — Dem gemeinen Recht wird vorgeworfen[9]), daß es den römischen Begriff der kaiserlichen Majestät auf die deutschen Fürsten angewandt habe, die zwar als oberste Herren betrachtet wurde, aber ausdrücklich u n t e r dem Gesetz gestanden hätten. Der patriarchalisch-privatrechtlichen Anschauung des Staates in den letzten zwei Jahrhunderten hätte die Wärme des Lehnsnexus ebenso wie die Energie (?) des Repräsentativstaates gefehlt. F e d e r bestreitet überhaupt die Gültigkeit des gemeinen Hochverratsrechts, denn seine Bestimmungen seien weder gehörig publiziert, noch verständlich abgefaßt, noch eindeutig bestimmt[10]). Jurisprudenz und Praxis jener Zeit wird liderlich-servile Gesinnung vorgeworfen und die Erfolglosigkeit der verdienstlichen Bemühungen Feuerbachs und vieler Wissenschaftler nach ihm festgestellt.

4. Nachdem man so alle Grundlagen des bisherigen Rechts aufgegeben hatte, sah man sich nach anderen und neuen um. Da die internationalen Beziehungen sich im letzten Jahrzehnt auf allen Gebieten verstärkt hatten, lag es nahe, daß man sich auch beim Hochverrat der internationalen Rechtsvergleichung bediente. Dem Vorwurf, daß da alles im Argen liege und veraltet sei, entgeht selbst das Recht des liberalen Musterstaates England nicht, obwohl sich namentlich M a r q u a r d s e n, der dieses Urteil fällt, aber auch Schirach eingehend mit dem englischen Vorbild befassen[11]). Dort galt fast unverändert das Statute Edward III. aus dem Jahre 1352 (!)[12]), das deutlich die Zeichen jener

---

5) A. C. R. 1851, erste Beilage, S. 48/50.
6) Marquardsen, A. C. R. 1849, S. 250; Schirach S. 35 ff.
7) Feder, S. 117.
8) Marquardsen, S. 250 ff; Schirach, S. 19; Feder, S. 65; Walther, S. 41 ff.
9) Schirach, S. 22; Marquardsen, S. 250 f.
10) Feder, S. 25/26; 40.
11) Marquardsen, S. 252 f; Kritische Zeitschrift Band XXI, S. 165.
12) „Statute of Treason“.

Zeit trägt und mit seiner ursprünglichen Scheidung zwischen petty treason und high treason sich als Produkt des Kampfes zwischen dem oberen Lehnsherrn und dem niederen Adel zu erkennen gibt. Es ist nun aber eine typische Eigenschaft des englischen Rechts, trotz der Starrheit der Formen eine große Anpassungsfähigkeit an die Wandlungen des gesellschaftlichen und staatlichen Organismus zu besitzen, sodaß Englands Rechtsgeschichte zugleich Rechtssystem ist[13]). So wurde aus dem lehnsrechtlichen Treubruch der ungesetzliche Eingriff in die Tätigkeiten der obersten Staatsgewalten, unter denen im Einklang mit der staatsrechtlichen Entwicklung das Parlament aus einer Kurie königlicher Vasallen zur gleichberechtigten Macht neben dem König als exekutivem Staatsoberhaupt aufsteigt, während die Person des Königs nur noch unter den Schutz der gewöhnlichen Gesetze gestellt wird[14]). Daß die Engländer ganz entgegen ihrer Abneigung gegen geschriebene Gesetze schon so früh den politischen und sozialen Machtkampf in gewissem Umfang rechtlich begrenzt haben, zeugt von dem stark und frühzeitig entwickelten Freiheitsbedürfnis der unteren Klassen gegenüber der Staatsgewalt. So wurden, trotz häufiger Verdrehung, die Bestimmungen über den Hochverrat zu einer zweiten magna charta, zu einem „Eckstein und Bollwerk der Freiheit“ und zu einem Gradmesser der politischen Entwicklung des Volkes. Der eigentliche Hochverrat (levying of war) wird durch die äußere Handlung vornehmlich charakterisiert, die einzelnen Tatbestände werden aufgeführt, und als König Heinrich VIII. an die Majestätsverbrechen der Imperatoren erinnernde Verschärfungen einführte, hob sie seine Tochter mit den bezeichnenden Worten wieder auf, „daß die feste Stellung jedes Königs sicherer von der Liebe der Untertanen gegen ihren Fürsten abhängt als von der Furcht vor Gesetzen, die durch harte Strafen hervorgerufen ist“[15]). Formell wurde die systematische Geschlossenheit der hochverräterischen Handlungen als Angriff gegen den König, auch wo sie sich gegen das Gebiet oder die Verfassung richten, beibehalten und der Ausbau erfolgte im wesentlichen durch eine Verstärkung der prozessualen Garantien. Amerika folgte hierin ganz den Bahnen des Mutterlandes und nahm sogar in die „Grundrechte der freien Amerikaner“ (Art. 3, Abs. III) die Bestimmung auf: „No person shall be convicted of treason unless on the testimony of two witnesses to the same overt act or on confession in open court“. Ohne das Statute of Treason formell anzutasten, wurden verschiedene Vorbereitungs- und Versuchshandlungen verselbständigt und so die Möglichkeit geschaffen, ein und dieselbe Handlung in ruhigen Zeiten als Uebertretung, in revolutionären Zeiten als Hochverrat zu bestrafen. Im ganzen 19. Jahrhundert wurden infolgedessen nur wenige Todesurteile ausgesprochen und nur ein einziges vollstreckt. Im allgemeinen sind trotz der starken Veränderung des materiellen Hochverratsrechts die deutsch-rechtlichen Prinzipien im angelsächsischen Recht stets lebendig geblieben und niemals in dem Grade wie in Deutschland durch das römische Recht verdrängt worden[16]). Die Strafrechtler, die in den Jahren der Revolution die Willkür der politischen Justiz eindämmen wollten, fanden daher im englischen Recht manchen Stützpunkt. Hauptsächlich entnahmen sie ihm aber

---

13) Marquardsen, Krit. Zeitschr. XXI., S. 189.
14) ebenda, S. 188 f; Wilke, Z. St. W. IXL, S. 412.
15) Thronrede der Königin Mary, zit. bei Schirach, S. 26 ff.
16) Mit der Verschärfung der politischen Gegensätze und sozialen Konflikte in der Kriegs- und Nachkriegszeit setzt sich auch in England der Gedanke durch, daß der gesetzlich anerkannte Staatsnotstand sogar eine Ueberschreitung der in Jahrhunderte langer Entwicklung in Gesetzgebung und Rechtssprechung gezogenen Schranken auf dem Gebiete des Hochverrats rechtfertige. Vgl. Sondergesetzgebung gegen Irland, Emergency Powers Act (1920) und Trade Disputes and Trade Unions Act (1926).

die Forderung der Gleichstellung von Volksvertretung und Fürsten in den Schutzbestimmungen[17].

5. Ein solcher Umbau in den historischen Grundlagen des Verbrechens mußte natürlich auch den Tatbestand in mannigfacher Weise verändern. Obwohl z. B. Schirach[18] und Feder[19] im Landesverrat das alte Hochverratsverbrechen des gemeinen, die verreterei oder Treulosigkeit des germanischen und die perduellio des römischen Rechts erblicken wollen, geben sie dem alten Treubruchsbegriff doch einen ganz modernen Inhalt, wie man ihn erst in neuester Zeit wieder in den Landesverrat hineinzulegen versucht. Schirach stellt ihn als „nationales Verbrechen" den „politischen und sozialen Verbrechen" — unserem Hochverrat — gegenüber, das auf die Vernichtung der „nationalen Existenz eines durch Abstammung, Sitte, meist auch durch Sprache zu einem organischen Ganzen verbundenen, in dem Begriff der Nation zusammengefaßten Teiles der menschlichen Gesellschaft" gerichtet und schwerer als das politische Verbrechen zu strafen sei, weil es die Nationalität bedrohe, die nicht wie der Staat etwas vom Menschen gesetztes und in den Formen wechselndes, sondern ein selbständiger Organismus sei[20]. Ganz ähnlich erblickt auch Feder im Verrat des Vaterlandes, der Volks- und Landesgemeinschaft an den äußeren Feind nicht nur die Verletzung eines Gesetzes, sondern einer sittlichen Pflicht und grenzt ihn von dem weniger strafbaren, weil nur gegen das veränderliche Moment der Staatsverfassung gerichteten Verfassungshochverrat ab[21]. Die für den Tatbestand aufgestellten Leitsätze sind bei der übereinstimmenden Auffassung des Wesens des Verbrechens beiden Verfassern gemeinsam. Er umfaßt daher neben den Fällen einer Veranlassung oder Vermehrung der Kriegsgefahr gegen das Vaterland auch die im geltenden Recht zum Hochverrat gezählte Losreißung von Gebietsteilen. Täter kann nur ein Staatsangehöriger sein, der mit feindseligem und ungetreuem Vorsatz handeln muß. Diese Bestimmungen über den Landesverrat wurzeln mehr in der Vorstellung einer nationalen Demokratie, wie sie die Weimarer Verfassung viel später und ohne Erfolg hatte verwirklichen wollen, als in der liberalen Rechtsstaatsidee, die viel stärker bei Marquardsen zum Ausdruck kommt[22]. Dieser rechnet den Fall, daß ein Teil des Territoriums sich als selbständiger Staat konstituiert, oder mit einem anderen vereinigt, als mittelbare Verfassungsverletzung zum Hochverrat. Diese abstrakte, rein juristische Auffassung des Staates und seiner Grundbestandteile, die in der Rechtsordnung, der Verfassung, und nicht in Land und Leuten das wesentliche eines Staates erblickt, entspricht der Betrachtungsweise des reinen Liberalismus.

6. Ihr entspricht auch die Definition des Hochverrats als Verfassungsumsturz, als Bruch des bürgerlichen Gehorsams gegen die Verfassungsgesetze, der in der Form des Angriffes gegen die Inhaber der höchsten Staatsgewalten erfolge[23]. Einen besonderen Standpunkt entwickelt Schirach, der neben dem Hoch- und Landesverrat noch das „soziale Verbrechen", den Bruch des gesellschaftlichen Friedens als drittes öffentliches Verbrechen aufstellt, das gegen die menschliche Gesellschaft gerichtet sei und darauf hinausgehe, „die sozialen Verhältnisse in Beziehung auf Besitz, Eigentum, Ehe und Familie umzustoßen"[24]. Juristisch ist diese Konstruktion verfehlt, weil sich eine Vernichtung oder nur Gefährdung dieser Grundlagen ohne Eroberung der Staatsgewalt und Umsturz

---

17) Vgl. Marquardsen, Arch. S. 254; Schirach, S. 84.
18) S. 20.
19) S. 83.
20) Schirach, S. 63.
21) Feder, S. 83 f; 88.
22) S. 258/59.
23) Marquardsen, S. 258; Brackenhoeft, S. 404; Schirach, S. 63; Feder, S. 62.
24) S. 63; 67 f.

ihrer politischen Stütze, der Verfassung, nicht denken läßt; daß sie überhaupt auftaucht, wie später noch einmal 1894, ist nur eine Folge der abstrakt-juristischen Auffassung der Staatsgrundlagen als „Verfassung“, die ganz konkrete, gesellschaftliche und politische Einrichtungen nur in ihrem staatsrechtlichen Widerschein erblickt und das Stück Papier für die Wirklichkeit nimmt. Aber politisch ist dieser Gedanke sehr bezeichnend, denn er zeigt die Begrenztheit des Liberalismus, der, sobald er nur einigen politischen Einfluß erlangt, nun seinen Staat als den unabänderlichen Idealzustand hinstellt, und jeden Angriff dagegen als Hochverrat bestrafen will, wobei er alle Grundsätze aus seiner revolutionären Zeit zu vergessen geneigt ist. Schirachs „Soziales Verbrechen“, das er an Schwere noch über den Landes- und Hochverrat stellt, und ausdrücklich gegen „die subversiven Tendenzen einer über Europa verbreiteten Partei“, also gegen die im Juli 1848 in Frankreich und dann noch vereinzelt in Deutschland aufgetretenen sozialistischen Bestrebungen gerichtet sehen will, stellt weiter nichts dar, als die Preisgabe aller rechtsstaatlichen Einschränkungen des Hochverrats, wenn dieser die Grundlagen des Liberalismus, die kapitalistische Wirtschaftsordnung ernsthaft gefährdet. Wenn auch niemand diesen Gedanken später in der Theorie mit dieser Konsequenz verteidigt hat, so zeigt der Versuch doch, daß der Liberalismus aufgehört hat, auf dem Gebiet des Hochverrats eine fortschrittliche Rolle zu spielen; er wird — konservativ. Wo der Liberalismus bedroht ist, zeigt er sich ebenfalls geneigt, die Kulisse Straf-R e c h t hochzuziehen und den nackten politischen Machtkampf sichtbar werden zu lassen. Das Hochverratsrecht kehrt zu seinem Ausgangspunkt zurück und wird Kriegsrecht.

7. Immerhin blieb Schirach mit seiner Ansicht allein, zumal die befürchtete Bewegung längere Zeit ausblieb. F e d e r, B r a c k e n h o e f t und M a r q u a r d s e n bemühen sich dann auch, aus ihrer Definition Schlüsse zu ziehen, die mehr gegen die Reaktion als gegen eine neue radikale Revolution gerichtet sind. Zunächst werden diejenigen Angriffe, die sich nicht gegen den Fürsten als Staatsorgan, sondern als Privatperson richten, aus dem Staatsverbrechen ausgeschieden. In Erbmonarchien sei das physische Dasein des Trägers der Krone mit dem Leben des Staates gar nicht so verwachsen, daß deshalb die Tötung des Fürsten mit dem Umsturz der fundamentalen Staatseinrichtungen auf eine Linie gestellt werden könne[25]). Danach gelten nur noch diejenigen Handlungen gegen den Monarchen als hochverräterisch, die seine Tätigkeit aufheben oder ihn nach dem Willen der Vergewaltiger tätig werden lassen sollen[26]), die ihm also als Repräsentant der Gesetze die Ausübung seiner verfassungsmäßigen Staatsgewalt unmöglich machen, beeinträchtigen oder wieder entziehen sollen[27]). Die Tat wird erst durch den Willen, die Staatsordnung über den Haufen werfen zu wollen, zum Hochverrat. Während der Monarch vom Statthalter Gottes auf Erden, vom absoluten, die ganze Staatspersönlichkeit verkörpernden Souverän zum unter der Verfassung stehenden Organ der Gesamtheit wird, entwickelt sich der Untertan zum mitberechtigten Staatsbürger. Dies äußert sich in dem Verlangen, die Wirksamkeit der staatsbürgerlichen Rechte unter den gleichen Schutz wie die Rechte des Staates zu stellen. Der Hauptfortschritt der neueren Zeit wird in dieser Gleichstellung der legislativen Organe mit der exekutiven, fürstlichen Staatsgewalt erblickt, wobei auf den Kontrast zwischen dem englischen Recht und den deutschen Gesetzbüchern und Richtersprüchen, die dem konstitutionellen Zustand ebenso wenig wie dem Volksbewußtsein entsprächen, hingewiesen wird[28]). — Tatsächlich eilten aber diese Theorien in Verkennung der politischen Machtverhältnisse der staatsrechtlichen Wirksamkeit voraus.

---

25) Marquardsen, A. C. R., S. 254.
26) ebenda; ähnlich Brackenhoeft, S. 403 ff.
27) Feder, S. 93; S. 83.
28) Vgl. Schirach, S. 36.

Folgerichtig müßte bei diesen Schriftstellern der Hochverrat gegen die Verfassung der einzig mögliche sei. In der Tat macht bei Marquardsen der Zwang gegen die Inhaber der höchsten Staatsgewalten (Volksvertretung, Monarch, evtl. auch höchstes Gericht) das Wesen des Hochverrats im allgemeinen aus und auch bei Brackenhoeft, der unter „Verfassung" alle die Bestimmungen versteht, „die Gestaltungen der Verhältnisse der Träger der Verfassung oder der Träger ihrer Verwirklichung"[29] sind, geht der Hochverrat gegen den Monarchen im Verfassungshochverrat auf. Schirach[30] identifiziert „wesentliche Bestandteile des Staates" mit „Verfassung". Nur der unmittelbar gegen den Staat gerichtete Angriff sei Hochverrat; was erst durch einen Akt der Regierung entstehe, kann nicht Objekt dieses Verbrechens sein. Feder, der Verfassung „die Summe der bestimmten Regeln, nach denen die Staatspersönlichkeit lebenstätig ist", nennt, kommt gleichwohl dazu, den Hochverrat an der Person des Regenten neben den Hochverrat an der Verfassung zu stellen. Für den Tatbestand des letzteren will er nicht zwischen wesentlichen und unwesentlichen Bestandteilen unterscheiden, trifft dann aber durch die Formulierung, daß zu seiner Erfüllung „Gewaltanwendung gegen die Verfassung an sich oder gegen diejenigen Organe, welche gerade zu ihrem Schutze bestehen" erforderlich sei, selbst eine ähnliche Auswahl. Uebrigens genüge beim „Hochverrat von oben" Widerrechtlichkeit. Immer könne sich das Verbrechen nur gegen die äußere Gestalt des Staates wenden, nicht gegen seine innere Bestimmung, den Staatszweck. Am Zwecke aller staatlichen Vereinigung könne man sich versündigen, aber kein Verbrechen begehen. Der sog. „Volksverrat" sei kein Rechtsbegriff[31]. Gleich Feder sieht auch Schirach die Widerrechtlichkeit eines hochverräterischen Unternehmens in der Anwendung gewalttätiger Mittel zur Umänderung bestehender Staatsverhältnisse. Die Drohung mit Gewalt und der Mißbrauch öffentlicher Gewalt stehe der direkten Gewaltanwendung gleich[32]. Schirach scheidet innerhalb seines, dem Hochverrat etwa entsprechenden politischen Verbrechens zwischen Angriffen gegen die bestehende Verfassung oder ihre wesentlichen Bestandteile und solchen gegen die verfassungsmäßige freie Wirkungsphäre der betreffenden Staatsgewalt (Nötigung und Hinderung). Im ersteren Falle muß die Handlung auf dauernden Umsturz, nicht nur Verletzung der Verfassung gerichtet sein. — Täter könne jedermann sein, auf den die Wirksamkeit des Gesetzes sich erstreckt[33]. Der innere Tatbestand erfordere feindselige Absicht, die nicht aus betimmten Handlungen, z. B. Fürstenmord, auch nicht einfach aus oppositioneller Gesinnung geschlossen werden dürfe, sondern aus den die Tat begleitenden Umständen und aus der ganzen Person des Täters. Dieser muß bewußt den Umsturz der bestehenden Staatsordnung unter Anwendung von widerrechtlichen Mitteln als Zweck und möglichen Erfolg seines Handelns herbeiführen wollen. Nicht jede staatsgefährliche Handlung sei hochverräterisch, namentlich nicht, wo es an dem Willen, den Staat in seinen wesentlichen Bestandteilen zu vernichten fehlt, oder wo der Propagandist einer politischen Richtung zur Durchführung weder Gewalt gebrauchen will noch hervorruft; der Aufruhr wird zur Revolution, d. h. zum Hochverrat, wenn er nicht bloß gegen einzelne Regierungshandlungen, sondern auf Umsturz gerichtet sei[34].

8. Bei Brackenhoeft und Feder taucht noch einmal ein Tatbestandsmerkmal auf, das mit der schrittweisen Verwirklichung des Rechtsstaates aus der wissenschaftlichen Erörterung verschwindet; die Rechtmäßigkeit

---

29) S. 392.
30) S. 95 ff.
31) Feder, S. 85/86.
32) Schirach, S. 95 ff; Feder S. 74 ff.
33) Feder, S. 64, vergl. Schirach S. 95 ff.
34) Feder, S. 68; 97 — z. T. fast wörtlich so Schirach S. 95; 120 ff.

der angegriffenen Verfassung. Bei Brackenhoeft[35]), der die absolute Monarchie als Krankheitszustand und mit der Rechtsidee des Staates in Widerspruch stehend bezeichnet, trägt der Angriff gegen ihr Bestehen, auch wenn er mit Strafe bedroht ist, den Charakter eines Angriffs gegen einen unrechtmäßigen Zustand, also die Negation einer verbrecherischen Eigenschaft der Tat in sich. Hingegen darf nach Feder[36]) der Untertan der größeren Gewalt nicht ungestraft wieder Gewalt entgegensetzen, ob es sich um eine absolutwiderrechtliche Gewaltherrschaft oder nur um eine relativ-widerrechtliche Staatsordnung handelt. Wo die Ordnung tatsächlich gestört sei, wo keine eigentliche Staatsgesamtheit, sondern nur Parteien existierten, sei die Anwendung der Hochverratsgesetze seitens der bisher rechtmäßigen Staatsgewalt positiv zu rechtfertigen, aber politisch als unklug zu mißbilligen. Der Anschluß an eine revolutionäre Regierung sei kein Hochverrat gegen die vertriebene, aber rechtmäßige Staatsgewalt, weil kein Gesetz über sein eigenes Bestehen hinaus zu verfügen vermöge. Der Zwischenzustand sei als Gewaltzustand aufzufassen, der seine eigenen unerbittlichen Gesetze habe und in dem von Begehung eines Verbrechens gegen die frühere oder spätere Staatsgewalt im juristischen Sinne keine Rede sein könne. Es gäbe keinen Hochverrat an einer umgestürzten Verfassung, auch keine Begünstigung oder „nachgefolgte Teilnahme", weil dies der Natur des Verbrechens widerspräche. Wer zur Beseitigung des anarchistischen Zustandes die neue Ordnung zu erhalten suche, begehe kein Verbrechen, sondern erfülle unter Umständen eine sittlich höchste Pflicht gegen sein Vaterland[37]). Dagegen könne man sich der Rückkehr der rechtmäßigen Staatsgewalt nicht widersetzen, ohne dem Kriegsrecht zu verfallen. Aber Hochverrat liegt auch hier nicht vor, weil „Widerstand" nicht „Angriff" ist.

9. Sehr an Bedeutung verloren haben alle diejenigen Fragen, die mit der Abgrenzung des Versuchs vom vollendeten Delikt und von den Vorbereitungshandlungen zusammen hängen. Dieses Problem scheint seit Zachariä in der Hauptsache gelöst zu sein. Walther[38]) und Feder[39]) kommen, ohne seiner germanistischen Begründung zu folgen, zu dem gleichen Ergebnis wie er, nämlich daß zur juristischen Vollendung nicht der bezweckte Erfolg eingetreten sein müsse. Der Angriff auf die Existenz des Staats gefährde nicht bloß diese, sondern führe bereits eine Störung der öffentlichen Ordnung herbei und trage daher, ob er gelinge oder nicht, schon alle zum Tatbestand eines vollendeten Verbrechens erforderlichen Merkmale in sich. Zur Abgrenzung nach unten müsse neben der hochverräterischen Absicht eine äußere, widerrechtliche Handlung vorliegen, die einen Anfang der Ausführung enthält. — Schirach[40]) wendet sich gegen diese Fiktion der juristischen Vollendung, die aus allgemeinen Prinzipien nicht zu begründen sei. Zur Vollendung gehöre auch der bezweckte Erfolg und es sei eine historisch falsche Behauptung, daß dann niemals gestraft werden könne. Allerdings macht er hinsichtlich des Landesverrats eine Ausnahme, bei dem der Erfolg nicht eingetreten zu sein brauche und der Grad der Beschädigung nur für das Strafmaß von Bedeutung sei. Dagegen sei beim Hochverrat der Versuch begrifflich zu unterscheiden und milder, wenn auch streng zu bestrafen; erforderlich sei, daß eine gewalttätige und wirklich gefährliche, nicht nur auf Störung, sondern auf einen dauernden Zustand gerichtete und der Missetat dienstliche Handlung in Erscheinung getreten wäre. Damit entfällt die Strafbarkeit aller Vorbe-

35) A. C. R. 1850, S. 287 ff.
36) S. 99—117.
37) So auch Kant. Vgl. Einleitung. (A. II.)
38) S. 40 ff.
39) S. 117 ff.
40) S. 107 ff.

reitungshandlungen — außer Komplott und Aufforderung zum Hochverrat — die besonders behandelt werden —, ein Ergebnis, das Allgemeingut jener Zeit ist[41]), und durch das französische und englische Recht eine Stütze erhält. Feder weist auf die absurden Folgen hin, die sich bei der Bestrafung aller Vorbereitungshandlungen ergeben würden, da man ja im Rupfen einer Gans, um mit deren Federkiel später einen hochverräterischen Aufsatz zu schreiben, schon eine Vorbereitung zum Hochverrat erblicken könne. Darum will er nur diejenigen Handlungen bestrafen, die eine Gewaltanwendung selbst schon enthalten oder eine solche veranlassen oder befördern sollen, fügt aber hinzu, daß wohl fast alle mit dem vollendeten Delikt zusammen fallen würden. Gedanken seien zollfrei und alle politischen Theorien und Ansichten, sowie ihre Verbreitung durch Wort, Schrift und Vereinigung mit anderen müßten gesetzlich erlaubt sein.

Aus dieser Sorge, die bürgerliche Freiheit könne von neuem eingeengt werden, ist es auch zu erklären, daß das Komplott und die Aufforderung eingehend behandelt werden. Alle Schriftsteller[42]) sind sich einig, daß die Verschwörung als reine Vorbereitungshandlung nur kraft besonderer Bestimmung strafbar sei. Da sie selbst „kein verbrecherischer Erfolg, sondern nur ein Mittel" sei, wird der Tatbestand unter dem Gesichtspunkt der Dienstlichkeit für den hochverräterischen Zweck geprüft und nach Zahl der Teilnehmer und Reife des Entschlusses eingeschränkt. Besonders wird wieder das Komplott scharf von den politischen Verbindungen geschieden. In seiner Spezialschrift stellt Walther alle Erfordernisse des hochverräterischen Komplotts zusammen, da seine Begrenzung im Interesse der bürgerlichen Freiheit wie der Sicherheit des bürgerlichen Staates liege: Es müsse sich um mehrere Verschwörer handeln — die Zahl richte sich nach dem Angriffsobjekt, beim Fürstenmord genügten zwei, beim Verfassungsumsturz müßte die Zahl größer sein; hinzu müsse die gemeinschaftliche Beschlußfassung und die Verabredung gemeinschaftlicher Ausführung (Mittäterabsicht!) eines speziell bestimmten Verbrechens kommen, damit die Merkmale des Komplotts gegeben seien. Da es sich um ein hochverräterisches Komplott handele, müsse die Anwendung gewaltsamer Mittel für „ganz genau und speziell bestimmte Handlungen" beim Angriff auf Fundamentaleinrichtungen verabredet sein, wozu noch die hochverräterische Absicht erfordert werde. Könnten die Komplottanten nicht überwiesen werden, daß sie ihren Vereinigungszweck auf ungesetzmäßige Art verwirklichen wollten, dann liege nur eine geheime politische Verbindung, keine Verabredung zum Hochverrat vor. Die Strafbarkeit der Teilnehmer solle sich danach richten, wie weit der Plan gediehen, nach der Beschaffenheit der Mittel und nach Alter, Stand und Bildungsstufe. Einen strafbaren Versuch gäbe es nicht, weil die Verschwörung selbst Versuchshandlung sei. Der freiwillig Zurückgetretene solle auch ohne Pflicht zur Denunziation aus kriminalpolitischen Gesichtspunkten straffrei gelassen werden. Zu ähnlichen Ergebnissen kommt auch Feder. — Fast die gleichen Erfordernisse werden bei der Aufforderung zum Hochverrat verlangt[43]), die deutlich und direkt zu einem bestimmten hochverräterischen Zweck erfolgen müsse, sodaß kein Zweifel an der Ernstlichkeit der Absicht bliebe. Die Gewaltanwendung müsse auch wirklich in der bezeichneten Art, Weise und Richtung erfolgt sein. Nur die erfolgreiche Aufforderung sei — und auch das nur kraft besonderen Strafgesetzes — strafbar. Die Theorie der indirekten Aufforderung sei eine Unwahrheit und daher „aus logischen wie politischen Gründen verwerflich, durch die aufgeklärte Jurisprudenz aller Völker und Zeiten gerichtet". Bloße Aufreizung sei daher nur eine straflose Vorbereitungshandlung. Mit diesen Forderungen

41) Marquardsen, A. C. R. S. 253; Feder, S. 123; Walther, S. 48.
42) Marquardsen, S. 260; Schirach, S. 119; Feder, S. 130; Walther, S. 48 ff.
43) Feder, S. 132; Schirach, S. 113 ff.

der strengen Akzeßorität und Unmittelbarkeit der Aufforderung soll vor allem die Rede- und Preßfreiheit — auch bei unehrerbietigem Tadel — geschützt werden. Hierbei dienen Grundsätze, die Zachariä 1838 im A. C. R. vertreten hat, nunmehr allen Schriftstellern als Vorbild. In seinem Bestreben, die allgemeinen Prinzipien des Strafrechts auch beim Hochverrat anzuwenden, kommt Schirach dazu[44]), die Mitwisserschaft, Nichtanzeige und Nichtverhinderung vom Begriff der Teilnahme und damit der Strafbarkeit auszuschließen. Eine spezielle Strafdrohung sei denkbar, aber unnötig. Die Majestätsbeleidigung, d. h. die Injurie gegen das Organ der exekutiven Gewalt, sollen nur noch ein Erschwerungsgrund bei den Beleidigungen, aber kein Staatsverbrechen sein.

10. Hinsichtlich des Strafmaßes und der Strafart schwanken alle Juristen[45]), denn „der Würde des Staates und seiner Hauptgewaltträger darf nichts vergeben werden, seine Verletzung muß als das höchste Verbrechen gelten; und auf der anderen Seite erfordert eben diese Würde und geziemt es dem starken, freien Staat, die schwachen Arme kindischen Eifers an seinem Grundpfeiler unbeachtet sich abmatten zu lassen“[46]). Dem entspricht es, daß zwar allgemein das Abschreckungsprinzip verdammt wird, weil es nur Märtyrer schaffe, und daß humane Gesetze gefordert werden, ein Zustand, „gebaut auf den unumstößlichen Grundstein des Rechts und der Gerechtigkeit, der den geleisteten Zusagen und den gerechten Erwartungen des deutschen Volkes entspricht und darum auch frevelhaften Angriffen spottet“[47]), — daß andererseits jedoch im Kriegszustand Politik und Abschreckungsprinzip das Richteramt ausüben sollen. Für den normalen Zustand ist es aber geradezu ein Gemeinplatz geworden, daß die Trefflichkeit der Regierung und die Strenge der Hochverratsgesetze im umgekehrten Verhältnis zueinander zu stehen pflegen. Die Todesstrafe wird meist abgelehnt, nur Schirach will sie für die Fälle, wo es zu einem Blutvergießen gekommen ist, und für die sozialen und nationalen Verbrechen beibehalten. Wenn auch sittliche Beweggründe die Strafbarkeit der Tat nicht aufheben könnten, so erklärt sich doch die Mehrheit gegen entehrende Strafen. Am bisherigen Recht wird nicht nur die Härte der Strafen, sondern auch die Androhung absoluter Strafen kritisiert. Dem Richter müsse ein größerer Spielraum gegeben werden, dann könne man auch auf die Amnestie verzichten, die einen unerwünschten Eingriff der Exekutivgewalt in die Justiz darstelle. Da durch Freiheitsstrafen der politische Verbrecher nicht gebessert werden könne, empfehle sich ihre Ersetzung durch die Landesverweisung oder Deportation[48]). Wo strenge Schuldbeweise verlangt würden, „wo die richterliche Gewalt in ihrer Unabhängigkeit . . . hoch über den Stürmen der politischen See gehalten wird und wo vor allem in dem Strafkodex Bestimmungen nicht fehlen, die den großmächtigen Staat als großmütigen zeigen[49]), da sei die Gewähr, daß „die schaudervollen Erinnerungen, die sich an den Begriff des Hochverrats knüpfen, zugleich mit ihm ins Meer der Vergangenheit rollen“[50]).

11. Alle diese Theorien, die das Hochverratsrecht dem konstitutionellen Zustand anpassen wollen, basieren auf den Erfahrungen der Revolution von 1848. Es ist bezeichnend, daß außer Marquardsen keiner dieser Männer in der Rechtswissenschaft eine größere Rolle spielte. Und als wieder einmal ein Wissenschaftler von Rang dazu Stellung nimmt, zieht er den Schlußstrich unter diese Revolutionsperiode, die teilweise schon zu Ergebnissen gelangt war, wie

---

44) S. 117/18.
45) Schirach, S. 123 ff.: Feder S. 147 f; Walther S. 47.
46) Marquardsen, S. 265.
47) Feder, S. 148.
48) Marquardsen, S. 264; Schirach, S. 125/6.
49) Schirach, S. 34.
50) Marquardsen, S. 265.

sie erst nach 1918 wieder vertreten wurden. Auch A b e g g[51]) kann zwar nicht umhin, die Anpassung an die veränderten politischen Verhältnisse zu fordern, aber sonst setzt er den Hochverrat wieder in seine alten Rechte ein: „Das Objekt wechselt, der Begriff bleibt". Und da vieles von dem, was er und andere liberale Professoren erstrebt hatten, 1848 erreicht und auch durch die Reaktion nicht wieder genommen war, erklärt er: Es gäbe kein Recht auf Revolution, auch nicht für eine Durchgangsperiode. Die liberale bürgerliche Welt hat aufgehört, revolutionär zu sein und eine neue revolutionäre Bewegung ist noch nicht vorhanden. Für zwei Jahrzehnte verschwindet der Hochverrat aus der wissenschaftlichen Diskussion. Das Strafgesetzbuch Preußens aus dem Jahre 1851 zieht die Bilanz des Erreichten für nahezu 70 Jahre. Damit schließt eine Epoche des Hochverratsrechts, die trotz der verschiedenartigsten Grundlagen mehr durch Ausbau als durch Auslegung gekennzeichnet ist. Es war Feuerbachs Verdienst, den Hochverrat als erster durch die Idee des Maximum von den übrigen Staatsverbrechen getrennt zu haben, wie es das Verdienst der historischen Schule ist, diese Idee für die Tatseite verwertet zu haben. Wenn sie auch nachwiesen, daß die ältere gemeinrechtliche Theorie im römischen Recht keine Stütze finde, daß die Worte „aliquid moliti sunt" lediglich eine abkürzende Wendung sind, unter der die in den übrigen Teilen der justinianischen Gesetzgebung vorgesehenen Fälle zusammen gefaßt wurden, so haben sie doch im Grunde nur das Fundament der alten Lehre zerstört und gleichzeitig ein neues Recht aufgebaut. Wenn sie die lex quisquis selbst als Verfallsprodukt erkannten, so vollzogen doch erst die durch die Revolution aufgerüttelten Juristen den endgültigen Bruch mit dem Recht der römischen Despoten, nicht weniger aber auch mit den Resten der altdeutsch-feudalistischen Gesetze. Auch begriffen erst diese Männer die Gefahr des Durcheinanderwerfens polizeilicher und strafrechtlicher Rücksichten. Der Hochverrat wird mehr und mehr seiner Ausnahmestellung entkleidet, und die Grundsätze des allgemeinen Teiles auch auf ihn zur Anwendung gebracht. Damit war aber dieses Delikt der rein politischen Sphäre entzogen und in die allgemeine Rechtsentwicklung gestellt. Im großen und ganzen verwirklichte die preußische und die ihr nachgebildete Reichsgesetzgebung die Forderungen der Wissenschaft seit Feuerbach. Damit trat an die Stelle des Ausbaues wieder die Auslegung des Hochverratsrechts und es bedurfte erst tief einschneidender politischer und sozialer Veränderungen, um eine neue grundsätzliche Debatte über Wesen und Tatbestand des Verbrechens hervorzurufen.

---

51) A. C. R. 1850, S. 168.

V. Die Strafgesetzgebung in den einzelnen deutschen Ländern (Dogmatik und Entstehungsgeschichte)

Bevor wir die neuere, an das Reichsstrafgesetzbuch von 1871 anknüpfende Entwicklung betrachten, sei hier noch ein kurzer Ueberblick über die einzelstaatliche Gesetzgebung — im Zusammenhang mit den Diskussionen in den Ständeversammlungen — und ihre Auswirkung in der Praxis gegeben.

1. Die im Jahre 1751 einsetzende Gesetzgebung der einzelnen deutschen Staaten will das Chaos deutsch- und römischrechtlicher Bestimmungen, das gerade auf dem Gebiete des Hochverratsrechts am größten war, beseitigen und den tatsächlichen Veränderungen auch im Recht Rechnung tragen. Der Kampf zwischen Kaiser und Fürsten, der durch die Gleichstellung des ersteren mit den Kurfürsten in der „goldenen Bulle", also durch eine Kompromißlösung entschieden worden war und in der C. C. C. infolge des unentschiedenen Kräfteverhältnisses zu keinem neuen Ergebnis geführt hatte, ist inzwischen zu Gunsten der Fürsten beendet. Kaiser und Reich hören auf, Gegenstand des Hochverratsrechts zu sein.

Das erste Gesetz dieser Art ist der Codex juris bavarici criminalis aus dem Jahre 1751. Mit der älteren gemeinrechtlichen Doktrin unterscheidet es Majestätsverbrechen mit perduellio (Hoch- und Landesverrat) und solche ohne perduellio (Majestätsbeleidigung). Den Versuch — die heutigen Vorbereitungshandlungen — straft es mit einer milderen Art der Todesstrafe; der bloße Gedanke ist straflos. In jedem Falle ist ein sonnenklarer Beweis erforderlich. — Auch in der Theresiana (1768) zeigen sich Ansätze dazu, wenigstens einen Teil der Majestätsbeleidigungen von dem Hochverrat zu trennen.

Die Einwirkung moderner Grundsätze ist erst in den folgenden Kodifikationen zu spüren. Eine Mittelstellung nimmt die Josephina aus dem Jahre 1787 ein. Sie trennt merkwürdiger Weise alle verbrecherischen Handlungen gegen den Landesfürsten von denen gegen das Vaterland, eine der monarchischen Staatsauffassung völlig widersprechende Tatsache. Ob es sich bei dieser Aufteilung des Hochverrats auf zwei verschiedene Verbrechen um ein Mißverständnis der gemeinrechtlichen Theorie oder um den Ausdruck radikal-aufklärerischer Staatsideen handelt, ist nicht festzustellen. Doch spricht für die letztere Möglichkeit, daß Joseph II. tatsächlich sehr stark von den Ideen der Aufklärung beherrscht war, was auch in der für jene Zeit geradezu „ungeheuerlichen" Abschaffung der Todesstrafe seine Bestätigung findet. Allerdings wurden beim „Landesverrat" und „dem Verbrechen der beleidigten Majestät" — zusammen dem heutigen Hochverrat entsprechend — sehr harte Freiheitsstrafen an die Stelle der Todesstrafe gesetzt und diese übrigens bereits nach 8 Jahren wieder eingeführt. Von 1795 bis 1848 wurden aber von 121 Todesurteilen wegen Hochverrats nur zwei vollstreckt[1]).

2. Viel bedeutender für die künftige Entwicklung wurde das „Preußische Allgemeine Landrecht" (1794), das wie eine „ideale Kodifikation des herrschenden naturrechtlichen Lehrgebäudes anmutet"[2]), ging doch auch der Auftrag auf Abfassung eines Gesetzbuches, welches sich nur „auf die

1) Berner, Strafgesetzgebung, S. 47.
2) Grünhut, S. 70.

Vernunft und die Landesverfassung"[3] gründen sollte. Freilich handelt es sich um den aufgeklärten Absolutismus, nicht um die radikalen Forderungen der französischen Aufklärer. Insofern das A. L. R. bestrebt ist, die richterliche Willkür durch möglichst genaue Tatbestände auszuschließen, wodurch diese freilich oft auch sehr umfangreich werden, zeigt es seine aufklärerische Wurzel; mit seinen terroristischen Strafdrohungen trägt es zugleich aber auch den Stempel des Absolutismus[4]). Hoch- und Landesverrat werden sorgfältig von einander getrennt, wobei — abweichend vom heutigen Recht — die Losreißung eines Teils vom Staatsgebiet zum Landesverrat gerechnet wird, worin Binding, wohl zu Unrecht, die Ursache der Grenzverwirrung erblickt[5]). Die Definition des Hochverrats als „eines Unternehmens, welches auf eine gewaltsame Umwälzung der Verfassung des Staates oder auf das Leben oder die Freiheit seines Oberhauptes abzielt"[6]), ist historisch dadurch bemerkenswert, daß sie zum ersten Mal dem Staat vor dessen Oberhaupt den Vortritt läßt. Im Gegensatz zum Hochverrat wird der Landesverrat in drei Klassen geschieden und als „Unternehmen, wodurch der Staat gegen fremde Mächte in äußere Gefahr und Unsicherheit gesetzt wird" (§ 100) definiert. Die Verletzung der Ehrfurcht gegen den Staat ist gänzlich abgetrennt. — Zur Vollendung des Hochverrats genügt das Vorhandensein einer Handlung, welche eine feindselige Gesinnung gegen den Staat bekundet, also auch die entfernteste Beteiligungs- oder Vorbereitungshandlung. Dabei stand allgemein auf Hochverrat Tod durch Rädern und in Nachahmung des römischen Rechts mußten sogar die Kinder des Täters verbannt oder in Gefangenschaft gesetzt werden. Bei unterlassener Anzeige drohte selbst Angehörigen 10 jährige Festungshaft als Mindeststrafe. Diese grausamen Strafdrohungen mußten natürlich fortwährend durch Begnadigungen korrigiert werden. Die Härte der Strafen sowie das Fehlen jeglicher Abstufung der Handlungen haben dazu geführt, daß auch die wissenschaftlichen Vorzüge der Hochverratsbestimmung wenig Beachtung fanden, ja diese für „nicht nachahmenswert" erklärt wurde[7]).

3. Das Oesterreichische Strafgesetzbuch von 1803 ist das erste Gesetz, das in der Formulierung den Einfluß moderner Gedanken und die Wirkung der Feuerbach'schen Schrift erkennen läßt. Die alte Einteilung der Josephina wird fallen gelassen und ein einheitliches, auch den Landesverrat umfassendes Verbrechen des „Staatsverrates" aufgestellt. Gegenstand dieses Verbrechens können sein: 1. Die persönliche Sicherheit, d. i. Freiheit, Leben, Gesundheit, nicht aber Ehre des Staatsoberhauptes; 2. die Staatsverfassung, d. i. „die Bestimmungen, aus wievielen Gliedern der Herrscher bestehen und an welche Bedingungen er gebunden sein soll," nicht aber „Einrichtungen und Bestimmungen, welche erst durch den Willen der Regierung entstehen"[8]); 3. die äußere Sicherheit, soweit sich diese auf den Staat als Ganzes bezieht. Die Handlung braucht auch hier bloß auf gewaltsame Umwälzung der Verfassung oder eines Teiles derselben abzuzielen. Das Gesetz zählt die typischen Versuchs- und Vorbereitungshandlungen auf und fügt dann noch eine Generalklausel an. In allen Fällen ist auf Todesstrafe zu erkennen, doch gibt es bei entfernten Versuchshandlungen Milderungsgründe. Auf Nichtanzeige und Nichtverhinderung steht lebenslänglicher Kerker, während der Denunziant, der seine Genossen verrät, straffrei ausgeht. Schriften, „aus denen Abneigung gegen die Regierungsform entstehen kann", werden zwar nicht als Hochverrat, wohl aber als eine die öffentliche Ruhe störende Handlung mit 1—5 Jahren Kerker bestraft.

---

3) Zit. bei Berner, S. 35.
4) Vgl. Springer, Diss. IV. Kap.; Berner, S. 35 ff; Landsberg, III 1, S. 474.
5) Lehrbuch II 2, S. 369.
6) II, 20, § 92 ff.
7) Mittermaier, St. L. VIII., S. 208.
8) Oesterr. Krim. Recht, Jenull, S. 13/14.

Das Bayerische Strafgesetzbuch von 1813, in der Hauptsache ein Werk Anselm von Feuerbachs, bringt „von den beiden grundlegenden Prinzipien der Strafrechtspflege, dem Sicherungszweck und dem Rechtsgedanken, dem Schutz der staatlichen Gemeinschaft vor dem Verbrecher und der Garantie der Rechtssicherheit des Bürgers gegenüber der staatlichen Strafgewalt"[9] das zweite zur Herrschaft und erweist sich daher als die erste Frucht des Liberalismus in der Strafgesetzgebung. Allgemein wird es als „bleibende Großtat" und „entscheidender Wendepunkt in der Entwicklung des Strafrechts" bezeichnet. Auch im Hochverratsrecht bringt es bedeutende Fortschritte, doch hindert das starre Festhalten Feuerbachs an seiner Theorie des psychischen Zwanges, die sich im wesentlichen als eine Verbindung der Vergeltungstheorie mit der Abschreckungstheorie darstellt, daß der Hochverrat endgültig seinen Charakter als „Geißel der Menschheit" verliert. Das Hochverratsrecht wird wegen der Unhaltbarkeit der Zustände auf diesem Gebiet bereits 1809 durch eine Verordnung neu geregelt[10]). Sie unterscheidet zwischen Staatsverrat ersten Grades oder Hochverrat, und Staatsverrat zweiten bis vierten Grades — Handlungen ohne hochverräterische Absicht wie Aufruhr, Konspiration, geringere landesverräterische Handlungen. Die Handlungen, welche das Verbrechen des Hochverrats ausmachen sollen, werden einzeln aufgezählt. In den deutlichen Umrissen, mit denen die Delikte abgegrenzt sind und „in der folgerichtigen Verhältnismäßigkeit in der Skala der Verbrechen und Strafen"[11]), liegen die Vorzüge dieses Werks. Seine Mängel bestehen in der zu weiten Ausdehnung der Strafbarkeit beim Versuch, zumal auch einzelne Vorbereitungshandlungen, z. B. die Verschwörung, in den Tatbestand hinein gezogen werden, während die übrigen milder zu bestrafen sind, und in der verschwenderischen Anwendung der Todesstrafe. Aeußerlich wird auch noch an der Treubruchstheorie festgehalten. Doch wird sie praktisch durch die Gleichstellung der Ausländer im Strafmaß aufgehoben. — Württemberg schließt sich 1810 durch eine „Verordnung, die Staats- und Majestätsverbrechen betreffend" dem bayerischen Vorbild an. Zirkler bezeichnet diese als „zur Familie der durch Feuerbachs Geist geweckten Gesetzgebungen gehörig"[12]).

4. In der Reaktionszeit macht die Strafgesetzgebung keine Fortschritte. Erst etwa 1840 folgen die Mittelstaaten Sachsen, Württemberg, Hannover und Braunschweig, fast alles Länder mit einer relativ starken liberalen Bewegung. Meist haben Ständeversammlungen an der Gesetzgebung mitgewirkt, doch sind deren Protokolle wissenschaftlich nicht besonders ergiebig[13]). Allgemein wird der Wunsch geäußert, daß „namentlich bei sog. Staatsverbrechen die Strafbestimmungen auf das genaueste und schärfste gestellt werden"[14]) und in der zweiten Kammer der Hannoverschen Ständevertretung wird mit großer Majorität eine allgemeine Hochverratsdefinition gestrichen, denn „man dürfe wenigstens in bewegten Zeiten der siegreichen Partei nicht die Waffen in der Form des Rechts an die Hand geben"[15]). Allen Einwänden gegenüber, daß es bei der entwickelten revolutionären Kunst einzelne Fälle geben würde, die nicht unter einen der drei Tatbestände zu bringen seien und daher straflos bleiben würden, beharrte die Mehrheit auf dem Standpunkt, daß dies ein geringeres Uebel sei als die Unbestimmtheit dieses allgemeinen Begriffes. Bei den Beratungen zeigen sich häufig Gegensätze zwischen der ersten und

9) Grünhut, S. 180.
10) Wörtlich in das Bayr. St. G. B. Art. 297—308 übernommen.
11) Berner, S. 91; vgl. auch Mittermaier, St. L. VIII, S. 209.
12) S. 325.
13) Allerdings standen mir die Protokolle der Verhandlungen in Baden und Württemberg nicht zur Verfügung.
14) Sächs. Landtag 1837 Mitt. Nr. 37, S. 472.
15) A. C. R. 1836, S. 430 ff.

zweiten Kammer. So wird im Sächsischen Landtag das Erfordernis der hochverräterischen Absicht bei allen Vorbereitungshandlungen von der ersten Kammer „wegen der schweren Erweislichkeit“ bei der Verabredung der Verbreitung aufreizender Schriften fallen gelassen, während es die zweite Kammer[16]) einstimmig einschaltet, obwohl der Regierungskommissar „keine Gefahr und Besorgnis sieht“. Die Abgeordneten erkannten aber, daß mit dem Artikel in dieser Ausdehnung „die bürgerliche Freiheit aufs äußerste gefährdet und sogenannten Tendenzprozessen Tür und Angel geöffnet“ würde. Lieber sollten zwei von fünf Beschuldigten wegen Beweisschwierigkeiten freigesprochen, als fünf unschuldig verurteilt werden. Die Verbreitung aufreizender Schriften wird als besonderes, staatsgefährliches Delikt überhaupt ausgeschieden und zu ähnlichen gering zu bestrafenden Uebertetungen, wie gefährliche Verbindungen, Verbreitung von falschen und beunruhigenden Nachrichten usw. gestellt. Im Haupttatbestand werden zur Erzielung der höchsten Genauigkeit noch die Worte „mit Gewalt“ eingeschaltet, aber die Hinzufügung „in ihren hauptsächlichsten Bestandteilen“ zu „Verfassung“ als überflüssig abgelehnt. Die Todesstrafe wird, wie in allen Ständeversammlungen, angegriffen und ihre Beschränkung auf schwerste Fälle durchgesetzt.

Das so zu Stande gekommene 1838 in Kraft getretene Strafgesetzbuch für das Königreich Sachsen bringt einige große Fortschritte, z. B. die Einschränkung des Begriffs und des Kreises der Handlungen[17]) beim Hochverrat, die Trennung der — allerdings generell strafbaren Vorbereitungshandlungen, auch der Verschwörung vom vollendeten Verbrechen, sowie die Abschaffung der Todesstrafe. Es findet allgemein die Billigung der Wissenschaft, weil es „durch klare Fassung willkürlicher Auslegung vorzubeugen“[18]) bestrebt sei und einen genauen Unterschied zwischen Hochverrat (Angriff gegen Staatsregierung, Staatsverfassung, Staatsgebiet) und Landesverrat mache. Das Sächsische Strafgesetz wurde von einigen Ländern, darunter Thüringen, übernommen, übte aber darüber hinaus auf die Beratungen der Entwürfe in jener Zeit allgemein einen starken Einfluß aus.

Das Württembergische Strafgesetzbuch (1839) bedeutet demgegenüber einen Rückschritt. In ihm sind selbst die Vorbereitungen zu Vorbereitungen unbedingt mit zeitlebens entehrender Freiheitsstrafe bedroht. Namentlich kritisiert Mittermaier[19]) die Unbestimmtheit der einzelnen Tatbestände, denn was bedeuten so dehnbare Ausdrücke wie „staatsgefährliche Grundsätze“, „aufreizende Schriften“? Der Regierungskommissar verteidigte diese Bestimmungen vor der zweiten Kammer der Landstände damit, daß die ehrsüchtigen Demagogen nur durch die Androhung entehrender Strafen wirksam abgeschreckt werden könnten[20]). Strafbar war danach schon die Verabredung zur Verbreitung solcher Schriften, „welche die geflissentliche Tendenz haben, eine Erbitterung oder Gärung im Volke hervorzubringen, um dasselbe auf diese Weise für eine Revolution zu bearbeiten“, sowie die Teilnahme an hochverräterischen Versammlungen. Wie sehr hier noch polizeiliche Rücksichten ins Strafrecht hineinspielen, zeigt die Strafbarkeit der Nichtanzeige selbst von aufgegebenen Verschwörungen, „damit die Obrigkeit, auch wenn sie nicht mehr die Unternehmer strafen kann, wenigstens ein politisches Verzeichnis aller Demagogen erhalte“. Bei dem hochverräterischen Komplott macht das Gesetz einen Unterschied zwischen „Verschwörung“, dem ausbruchs-

16) Vgl. a. a. O. Nr. 224, S. 3667.

17) Art. 81. „Wer gegen die Staatsverfassung, in der Absicht, dieselbe ganz oder teilweise umzustürzen, einen gewaltsamen Angriff tut, ist als Hochverräter zu bestrafen.“

18) Mittermaier, St. L. S. 209 f.

19) A. C. R. 1835, S. 557 f; St. L. VIII, 209.

20) Hepp, Staatsverbrechen, S. 34 ff.

reifen Komplott, das als vollendeter Hochverrat gestraft wird, und dem allgemeinen hochverräterischen Komplott, wobei die unmittelbare Ausführung noch nicht verabredet ist. Daneben waren auch politische Vereine ohne hochverräterische Ziele verboten. Hierüber kam es zwischen der zweiten Kammer der badischen Landstände, die nur die Teilnahme an gesetzwidrigen Vereinen bestrafen wollte, und der ersten Kammer und Regierung andererseits, die alle nicht ausdrücklich genehmigten Vereine für strafbar erklären wollten, zu einem Konflikt. Betreffs der Fassung setzte sich die zweite Kammer durch, in der Sache blieb die andere Seite Siegerin. Daß nur ein Untertan Subjekt des Hochverrats sein kann, wird, wie bei fast allen Strafgesetzen jener Zeit, nicht mehr vertreten, hier aber sogar aus grundsätzlichen Erwägungen fallen gelassen[21]). Das Gesetz stellt ausdrücklich den Angriff auf die Landstände dem Angriff auf den König gleich. Von dem Tübinger Professor Hepp[22]), aber auch von Mittermaier, ist es sehr scharf kritisiert worden.

Das Strafgesetzbuch für das Großherzogtum Baden (1845) zeigt dagegen viele Vorzüge. Zwar erscheinen alle hochverräterischen Handlungen als Angriffe gegen den Großherzog — wahrscheinlich eine Nachahmung des englischen Rechts, wobei man wohl verkannt hat, daß der liberale Charakter gerade nicht in dieser Auffassung zu suchen sei —, doch entsprechen in der Sache seine Bestimmungen den modernen Anforderungen. Der Angriff auf das Leben des Königs wird als selbständiges Delikt aufgeführt, der Hochverrat von oben der Revolution von unten gleich gestellt. Der Haupttatbestand lautet (§ 586):

> „Wer mittelst Anwendung von Gewalt oder Drohung einen Angriff gegen den Großherzog unternimmt, um denselben von der Regierung zu entfernen oder um ihm die Ausübung der Regierung unmöglich zu machen, oder um ihn zur Abtrennung eines Teils des Großherzogtums, oder zur Abänderung oder Unterdrückung der Staatsverfassung zu nötigen, oder wer zu gleichem Zwecke eine ihm anvertraute öffentliche Gewalt mißbraucht, wird als Hochverräter mit dem Tode bestraft."

Ursprünglich war in früheren Entwürfen auf die generelle Strafbarkeit der Vorbereitungshandlungen verzichtet[23]) und nur bestimmte strafbare Handlungen hervorgehoben worden. Das Gesetz[24]) hat dann zwar auch für die Konspiration mit einer ausländischen Regierung, die Anstiftung und Teilnahme an hochverräterischen Aufruhr bei vorheriger Verschwörung, sowie für diese Verschwörung selbst besondere Tatbestände geschaffen, straft aber nach § 594 alle anderen Vorbereitungshandlungen, wenn auch nur mit Gefängnis nicht unter drei Monaten.

5. Im Jahre 1848 erfolgte in den meisten Ländern die Abschaffung der Todesstrafe und auch die Grundrechte der Frankfurter Nationalversammlung erforderten manche Aenderungen im Strafrecht. Doch werden die Reformen in den folgenden Jahren zum großen Teil rückgängig gemacht. Mit dem Preußischen Strafgesetzbuch, das nach bald dreißig-jährigem Vorarbeiten 1851 in Kraft gesetzt wird, verlagert sich das Schwergewicht der Rechtsentwicklung auf die preußische Gesetzgebung. In ihr treten am deutlichsten die Züge hervor, die für die deutschen territorialen Strafgesetze überhaupt kennzeichnend sind: Der überwiegende Einfluß der absoluten Strafrechtstheorie einerseits und des Code pénal (1810) auf die Fassung der Tatbestände andererseits. Die „Geistesverwandtschaft zwischen Hegel'scher Doktrin und französischer Gesetzgebung"[25]) ist unverkennbar, und seit der Hegelianismus seinen Siegeszug in

21) Kammerverhandlungen, Zit. bei Knitschky, S. 74.
22) Hepp, ebenda Einl. S. XIII; vgl. Berner, S. 127.
23) S. Mittermaier, St. L. VIII. S. 210 f.
24) §§ 587—595.
25) Landsberg, III. 2. S. 684.

der Strafrechtswissenschaft angetreten hat, steigt auch die Bedeutung des französischen Strafgesetzbuches, das ja ohnehin für große Teile Deutschlands galt, während es zuvor von der Wissenschaft wegen seiner tyrannischen Strafen abgelehnt worden war. Freilich war es ein Produkt der aus langen Bürgerkriegen hervorgegangenen Militärdiktatur, das die Wiederkehr der Anarchie unmöglich machen sollte[26]). Wenn es aber auch in der Lehre vom Hochverrat „mit Blut geschrieben ist", so hat es doch niemals wie das deutsche Recht alle Vorbereitungshandlungen bestraft, sondern nur die Versuchshandlungen (attentat) und die Verschwörung (complot). Da Frankreich früher und wesentlich gründlicher mit dem Feudalismus aufgeräumt hatte, verschwanden selbst die aus jener Gesellschaftsordnung stammenden Namen Hoch- und Landesverrat und wurden durch „Angriffe auf die innere bezw. äußere Sicherheit" des Staates ersetzt. Die besonders starke Hervorhebung des Monarchenschutzes erklärt sich aus der Entstehungszeit. Diese Bestimmungen wurden später gegenstandslos und da auch — nach den Milderungen im Jahre 1832[27]) — die Todesstrafe durch lebenslängliche Festung ersetzt wurde, traten die Vorzüge des Gesetzes stärker in Erscheinung, die in der knappen und klaren Formulierung der Tatbestände und dem Fehlen der Generalklausel bestehen.

6. Nur der erstere wurde von dem „Strafgesetzbuch für die Preußischen Staaten" übernommen. Der objektive Tatbestand macht keine Schwierigkeiten mehr und weist gegenüber dem A. L. R. nur eine Veränderung auf, nämlich die Einbeziehung der Gebietslosreißung in den Hochverrat, sodaß jetzt dieses Verbrechen die politische und geographische Existenz des Staates zum Gegenstand hat. Ueber den Grund dieser Neuerung erfahren wir nichts. Der animus hostilis ist zu einem auf jene drei bestimmten Kategorien gerichteten allgemeinen dolus verblaßt; am „Treubruch" wird zwar noch formell festgehalten[28]), doch wird er durch die Gleichstellung der Ausländer praktisch bedeutungslos. Strittig war, ob die Handlung als „gewaltsam" oder nur „eigenmächtig" bestimmt werden solle. Für die letztere Möglichkeit entschied sich nur der Entwurf 1833. Die Gründe, die zur Ersetzung durch „gewaltsam" führten, lagen darin, daß dieses Merkmal nicht aufgegeben werden durfte, ohne bei den Vorbereitungshandlungen der Willkür die Tore zu öffnen[29]). Das Wort „eigenmächtig" lasse die gefährliche Ausdehnung zu, auch die Verfassungsänderung, die durch bloß geistige oder moralische Mittel bewirkt werden sollte, als hochverräterisches Unternehmen zu strafen[29]), es sei aber im wesentlichen an die Revolution zu denken. Nach Goltdammer wollten auch die Schöpfer des Gesetzes unter „gewaltsam" die Anwendung von physischer und moralischer Gewalt verstanden wissen. Die Auslegung des Abgeordneten von Camphausen[30]), daß sich „gewaltsam" auf die Handlung und nicht nur auf die Umwälzung beziehen müßte, sind weder Wissenschaft noch Praxis gefolgt, sondern der Meinung Temmes, daß „Hochverrat nur da anzunehmen sei, wo das Unternehmen des Täters auf eine wenigstens im letzten Augenblicke der Entscheidung durch Gewalt zu bewirkende Umwälzung der Staatsverfassung abzwecke"[31]). Unter Verfassung werden die Bestimmungen der Verfassungsurkunde und die Fundamentaleinrichtungen verstanden. Das Hauptproblem liegt für jene Zeit nicht in der Fassung der objektiven und subjektiven Merkmale, sondern in der Hineinziehung des Versuchs in die Vollendung, die man durch die verschiedenartigsten Formulierungen, die von Entwurf zu

---

26) Berner, S. 67; vgl. Mittermaier St. L. 208.
27) So wurde das Abhauen der rechten Hand vor der Hinrichtung abgeschafft und die Verschwörung aus der Vollendung ausgeschieden.
28) Goltdammer, Materialien II. S. 29.
29) Beseler, Komm. S. 223; Temme, Kritik S. 10/11.
30) Verh. d. Vereinigten Ständ. Ausschusses 1848, III, S. 13.
31) a. a. O. S. 10.

Entwurf sich ändern, zu erreichen sucht. Die Darstellung, die Goltdammer in seinen Materialien gibt, ist später verschiedentlich angezweifelt worden, doch ist wohl kaum anzunehmen, daß er, der Einblick in die Originalakten genommen hatte, die Grundfrage völlig mißverstanden haben solle[32]. Warum allerdings die Kommission, wenn sie wirklich alle, auch die nicht beendigten Versuchshandlungen mit umfassen, jede Ausdehnung auf Vorbereitungshandlungen aber unmöglich machen wollte, das französische „attentat" nicht einfach durch Versuch, sondern durch das unglückliche Unternehmen und die Definition des § 62 (§ 82 des R. St. G. B.) übersetzt hat, bleibt dann wohl in ewiges Dunkel gehüllt. Besondere Schwierigkeiten hat später die Auslegung des Wortes „unmittelbar" bereitet. — Aus der Tatsache, daß hier der Versuch das vollendete Verbrechen darstellt, ergibt sich auch, daß die Regeln über den ersteren, z. B. die Straflosigkeit bei freiwilligem Rücktritt keine Anwendung finden können. Gegenüber dem A. L. R. ist der Unternehmensbegriff jedenfalls stark eingeschränkt. Die §§ 63—66 regeln die Vorbereitungshandlungen als besondere Delikte. Zunächst sind einige auf ein bestimmtes hochverräterisches Unternehmen, d. h. auf die Ausführung selbst gerichtete Vorbereitungshandlungen einzeln bestimmt, weil diese „bereits den Grundcharakter angenommen haben, durch welchen sich die bestimmte Richtung des Verbrechens und die Unzweideutigkeit der verbrecherischen Gesinnung an den Tag" legen. So muß das Komplott zu einem endgültigen Beschluß, das bestimmte Unternehmen auszuführen, gediehen und die Verschwörer über Zweck und Mittel einig geworden sein. Mit Recht führte der Regierungskommissar im vereinigten ständischen Ausschuß gegen Bedenken, die durch die Studentenprozesse hervorgerufen waren, aus, daß derartige politische Verbindungen unter die Generalklausel, nicht aber unter Verschwörung fallen würden, da letztere eine unmittelbar auf Vollführung des hochverräterischen Komplottes gerichtete Handlung voraussetze[33]. Entsprechend muß es sich um eine Aufforderung zur unmittelbaren Ausführung eines bestimmten hochverräterischen Unternehmens, nicht nur einer Vorbereitungshandlung handeln[34]. — Die Generalklausel des § 66 hat ihren Kommentatoren große Sorgen bereitet. Schon der V. St. A. muß Bedenken gehabt haben, denn er strich das Wort „jede", damit „der Richter nicht veranlaßt werde die Bestimmung dieses Paragraphen ohne alle Grenzen für anwendbar zu erklären"[35]. Obwohl das Gesetz dieses Wort wieder aufgenommen hat, meint Goltdammer[36], daß nur diejenigen Handlungen bestraft werden sollten, welche wirklich das Verbrechen vorbereiten, nicht aber ohne Unterschied alle, welche, gleichgültig, ob sie dazu angetan sind oder nicht, nur in der Absicht des Hochverrats unternommen werden". Die bloße Verbreitung gefährlicher Lehren genüge keineswegs, vielmehr bedürfe es eines deutlichen Anreizes zu Handlungen einer auf ein bestimmtes Ziel schon gerichteten hochverräterischen Absicht. Dabei sei festzuhalten, daß auch die vorbereitende Handlung schon den Charakter eines gewalttätigen Unternehmens in der Absicht des Handelnden erkennen lassen muß, und daß es daher nicht genüge, wenn die Handlung in ihren Wirkungen nur möglicherweise zu Gewalt führen könne. Auch Beseler[37] findet die Vorschrift „viel zu allgemein und unbestimmt", hofft aber, daß eine weise Praxis ihren Mißbrauch verhüten werde — eine Hoffnung, die leider sehr getrogen hat.

Die Abgrenzung zu zwei anderen Staatsverbrechen wird endgültig vollzogen. Die Tätlichkeiten gegen den König werden ganz in die Majestäts-

32) Vgl. II, S. 22 ff.
33) V. St. A. III. S. 6; 34.
34) Goltd. Mat. II. S. 47.
35) Verh. d. V. St. A. III. S. 61.
36) Mat. II. S. 51—53.
37) Komm. S. 234.

beleidigung verwiesen und nicht mehr — wie noch im Entwurf 1828 — nach der Absicht unterschieden, während alle Angriffe auf sein Leben oder auf seine Freiheit als objektiv-politische Verbrechen aufgefaßt und daher als Hochverrat bestraft werden. Weniger deutlich erfolgt die Grenzziehung gegenüber dem Landesverrat. Einerseits soll die äußere Sicherheit als Gegenstand des Angriffs den Landesverrat charakterisieren, andererseits wird die Einbeziehung des Gebietsverrats in den Hochverrat damit begründet, daß es hier an dem für den Landesverrat charakteristischen Merkmal, dem Verrat an einen Dritten fehlen kann, wenn eine Provinz sich selbständig erklärt[38]. In Wirklichkeit dürfte weder der Code pénal mit seiner Einteilung in Angriffe gegen die äußere und Angriffe gegen die innere Sicherheit, noch die altdeutsche „Verräterei" bestimmend gewesen sein, sondern der von Feuerbach zuerst herausgearbeitete Grundgedanke, der im Hochverrat das schwerste Verbrechen sieht. Diese Neuerung gegenüber dem A. L. R. rief im V. St. A. eine größere prinzipielle Debatte hervor[39]. Der Antrag eines polnischen Abgeordneten, im Hinblick auf die traurigen Geschicke seiner Nation die Todesstrafe beim Gebietshochverrat zu streichen, veranlaßte einen anderen Antrag, diesen zum Landesverrat zu stellen. In der Diskussion verteidigte zweimal der Justizminister von Savigny die Regelung des Entwurfs:

> „Der Begriff des Landesverrats . . . bezieht sich auf das Verhältnis unseres Staates zu einem anderen Staate, wodurch zum Verderben unseres Staates einer fremden Macht Vorschub geleistet werden solle; kann man sagen, daß, wenn jemand einen Teil des Gebiets dem König entziehen will, dieses stets unter dem Begriff L. V. falle . . . ? Ginge die Unternehmung nur auf einen Teil des Landes, welches aus der Monarchie in eine Republik verwandelt werden solle, so würde dieser Teil des Staatsgebiets, wenn das Unternehmen gelänge, der Herrschaft des Königs entzogen sein... Ob es am Ganzen geschieht oder an einem Teile, dieses kann vielleicht die Strafbarkeit vermindern, aber die Natur jener Handlung nicht verändern. Man kann daher nicht zweifeln, daß der Begriff des Hochverrats anzuwenden ist."

Bei dieser Auffassung der Losreißung des Gebietes als Entziehung der Herrschaft des Königs, — der die Auffassung, daß die Verwandlung der Monarchie in eine Republik, also der wichtigste Teil des Verfassungshochverrats, eine Verdrängung des Königs von der Regierung sei, entspricht — ist die Regelung des Gesetzbuches nur eine logische Folgerung der monarchischen Grundanschauung. An dem viel häufigeren Fall, daß die Losreißung nur der erste Schritt zur Einverleibung in einen anderen Staat ist, dachte der Justizminister leider nicht, zumal dies seine ganze Konstruktion über den Haufen werfen müßte.

Die Bestimmungen über den Hochverrat gegen den Deutschen Bund rufen in sämtlichen Ständeversammlungen endlose Diskussionen hervor. Durch einen Beschluß des Bundestages vom 18. 8. 1836 war den Einzelstaaten zur Pflicht gemacht worden „jedes Unternehmen gegen die Existenz, die Integrität, die Sicherheit oder die Verfassung des Deutschen Bundes" im gleichen Maße wie die entsprechenden Angriffe gegen den einzelnen Staat selbst zu beurteilen und zu bestrafen. Die Wissenschaft hatte sich meist damit begnügt, die Gleichstellung dadurch zu rechtfertigen, daß die Zugehörigkeit zum Deutschen Bund ein Bestandteil der Verfassung jedes einzelnen Staates sei, sodaß der Hochverrat gegen jenen — im umgekehrten Verhältnis des Reichs- und Landeshochverrats im gemeinen Recht — jetzt als mittelbarer Landeshochverrat strafbar sei[40], und nur einzelne, wie Rotteck, lehnen diese Auffassung ab,

38) Goltd. Mat. II. S. 2; 15.
39) Verh. III. S. 15/16; S. 65.
40) Hepp, Staatsverbr. S. 39; Mittermaier, St. L. S. 214; Zirkler, S. 263 ff.

weil der Staatenbund nur ein völkerrechtlicher Verein sei; der Begriff des Hochverrats als Treubruch gegen die eigene Regierung würde völlig verwässert, wenn man ihn gegen dreißig Staaten begehen könne[41]. Sehr viel stärker ist der Widerspruch in den Landtagen, wo diese Frage in den Mittelpunkt gestellt wird. So weit die Bedenken juristischer Natur sind, weil der Deutsche Bund nur völkerrechtlichen Charakter, aber keinerlei Souveränitätsrechte habe, wird dem dadurch Rechnung getragen, daß an Stelle der Worte „wird gleichfalls als Hochverräter bestraft", Wendungen wie „ist dem Hochverrat gleich zu achten" treten, oder die Bestimmung unter „Landesverrat" gestellt wird[42]. In der Hauptsache werden aber politische Argumente geltend gemacht, wie diese Angriffe gegen die Gleichstellung des Bundeshochverrats überhaupt in der Abneigung gegen die Bundesorganisation ihren Ursprung haben. Da wird erklärt, daß die dem Bund zu Grunde liegende, an sich vortreffliche Idee noch nicht genügend realisiert sei und auch ganz offen ausgesprochen, daß der Bund der Einigung Deutschlands in Wirklichkeit hinderlich sei. Mindestens aber wird geringere Strafbarkeit für den Hochverrat gegen den Bund gefordert, einesteils, weil die Segnungen seiner Existenz „noch nicht so klar in die Ansichten des Volkes übergegangen" seien, dann aber auch wegen der noch größeren Schwierigkeit, den ganzen Bund anzugreifen. Das wirkliche verbrecherische Komplott müsse von bloßen Studentenstreichen und Studentenplänen unterschieden werden. Je nach den Folgen der Handlung und Motiven der Täter solle man unbedenklich bis Gefängnis von kürzerer Dauer herunter gehen, was bei Angriffen auf den eigenen Staat und König nicht zulässig sei. Von der Regierungsseite wurde darauf hingewiesen, daß diese Bestimmung der Beruhigung kleinerer Staaten vor preußischen Suprematiegelüsten dienen solle und schließlich wurde sie mit der Begründung beibehalten, es solle dadurch kundgetan werden, „daß es Preußen mit der Einheit und Integrität Deutschlands und dem innigen Zusammenhalten des Deutschen Bundes ein wahrer Ernst sei"[43]. Temme sieht dagegen in dem Unternehmen gegen den Bund einen Angriff auf den preußischen Staat, „insofern er eine Garantie für dessen Unabhängigkeit und Unverletzbarkeit aufzuheben sucht"; er bemüht sich also, die Gleichstellung juristisch zu rechtfertigen.

Nicht weniger als diese Frage finden die Bestimmungen über Strafmaß und Strafart das Interesse der Abgeordneten. Der Abgeordnete von Auerswald[44], der bald darauf Minister für die kurze Zeit der liberalen Aera wurde, vermißt das Prinzip der Milde und wünscht, daß eine Handlung nicht bloß deshalb, weil sie politischer Natur sei, zum ehrlosen Verbrechen gestempelt würde, und „ein Haupt nicht fallen möge, das von der Vorsehung nicht dazu bestimmt sei"; auch ein anderer Abgeordneter glaubt die scharfen und entehrenden Strafen nur durch ausländische Vorgänge erklären zu können und erblickt darin die Spuren einer aufgeregten Zeit und ein unberechtigtes Unsicherheitsgefühl. Der preußische Staat würde an sittlicher Kraft nur gewinnen, wenn er die Verirrung einzelner milde behandele. Demgegenüber weist der Regierungsvertreter auf die Milderungen seit dem A. L. R. hin und behauptet, es liege im Wesen des Verrats, daß das Verbrechen ehrlos sei. Auch der spätere Ministerkollege Auerwalds, der Abgeordnete von Camphausen, sieht bei genauen Tatbestandsbestimmungen in hohen Strafen keine Gefahr für die Volksfreiheit. Uebrigens meint sogar der Demokrat Temme[45],

---

41) St. L. S. 223/24.
42) Vh. d. Sächs. Landtages, Nr. 224; Vh. d. 7. Rhein. Prov. Ldtg, S.47 ff. Es berührt immerhin eigenartig, daß die Landtage dieser beiden wirtschaftlich entwickeltesten Gebiete hierin die wichtigste Frage des Hochverratsrechts erblicken.
43) V. St. A. I., S. 237; 120; Vgl. Rhein. P. L. S. 47.
44) V. St. A. S. 226/27.
45) Kritik, II. S. 1/2.

der beinahe selbst ein Opfer des Hochverrats-Paragraphen geworden wäre, den strengen Strafen läge eine höhere Anschauung des politischen Lebens zu Grunde, die im Mangel an patriotischer auch ein Mangel an ehrliebender Gesinnung sehen würde. Nur weil das Volk bisher noch nicht mit einem wahrhaft politischen Leben zu einem lebendigen Bewußtsein seiner politischen Pflichten gelangt sei, habe die Ansicht keine feste Wurzel geschlagen, daß Strenge gegen die Staatsverbrechen der wahren Gerechtigkeit entsprächen — die typisch demokratische Verwechslung von Wünschen und Staatsideen einerseits und politischen Gegebenheiten andererseits.

Alle Anträge, die Todesstrafe auf Angriffe gegen den König oder auf schwere Fälle zu beschränken, wurden mit großer Mehrheit abgelehnt. Auch muß auf Verlust der Ehrenrechte erkannt werden. Dagegen wurde bei den Vorbereitungshandlungen an Stelle von Zuchthaus Strafarbeit oder Festungshaft gesetzt, was vom Gesetz in der wahlweisen Androhung von Zuchthaus oder Festung nur zum Teil verwirklicht wurde.

Für das Rheinland, wo bisher die Geschworenengerichte ein gutes Korrektiv gegen Anklagen aus politischen Gründen gebildet hatte, bedeutete die mit dem Strafgesetz zugleich erfolgende Uebertragung aller Hochverratsverfahren an das Obertribunal in Berlin eine entscheidende Verschlechterung[46]).

Mit dem Preußischen Strafgesetzbuch hat die Lehre vom Hochverrat unter Berücksichtigung des politischen Kräfteverhältnisses ihren Gipfelpunkt erreicht. Der Landesherr hat wieder die erste Stelle erlangt, wie in allen Strafgesetzen derjenigen Staaten, deren Herrscher im Bewußtsein ihrer neu erworbenen Souveränität schwelgten[47]). Das Volk geht noch bescheiden in Verfassung und Gebiet auf. Das Gesetz ist ein Kompromiß absolutistischer und konstitutioneller Staatsideen. Der Liberalismus bestimmt die klare Formulierung der Einzeltatbestände und setzt die Abstufung der Handlung nach dem Grade ihres Fortschreitens durch — der patriarchalische Absolutismus bestimmt den Inhalt der Tatbestände und die Härte der Strafdrohungen.

7. Nach diesem Gesetz konnte bei gleichbleibenden politischen Verhältnissen nichts entscheidend Neues mehr geschaffen werden. So finden wir auch weder in dem Oesterreichischen Strafgesetzbuch von 1852, das lediglich eine Umarbeitung des Gesetzes von 1803 ist und bis heute (1934) noch gilt, noch in den 1855 und 1868 umgearbeiteten Sächsischen Strafgesetzbüchern für unsere Betrachtung wichtige Gedanken. 1861 gibt auch Bayern den Feuerbach'schen Treubruchgedanken auf und stellt auf die Gefährlichkeit der Tat ab[48]).

Geblieben und Allgemeingut aller deutschen Gesetze geworden ist die Erkenntnis des Hochverrats als des allerschwersten Angriffs auf den Staat. Damit ist die Entwicklung abgeschlossen. Deutschland hat ein einheitliches Hochverratsrecht und das Reichsstrafgesetzbuch schafft auf dieser Grundlage nun auch noch die formelle Einheitlichkeit.

---

46) 7. Rhein. Pr. L. S. 126.
47) Binding, Lehrb. II. 2, S. 371.
48) Nur in Mecklenburg galt das gemeine Recht bis 1871!

V. Die Probleme des Hochverrats in der Rechtsprechung

1. Zuvor sei noch einmal an einigen berühmt bzw. berüchtigt gewordenen Entscheidungen die Wirkung der Partikulargesetze in der Praxis aufgezeigt. Gerade die unhaltbaren Ergebnisse, die in den Studentenprozessen am deutlichsten zu Tage traten, wurde zu einem Hebel aller Reformbestrebungen auf dem Gebiete des Hochverratsrechts. Die Mängel der Gesetze wurden noch verschärft durch die ständigen Versuche, die „Demagogenverfolgung" dem ordentlichen Richter zu entziehen[1]). So kam es nach der Ermordung Kotzebus im Jahre 1819 wie nach dem Studentensturm auf die Frankfurter Hauptwache (1833) zur Einsetzung besonderer Untersuchungskommissionen seitens des Bundestages. Auf diese Weise wurde über angesehene Männer, wie Jahn, Arndt, Reuter, die Brüder Welcker und viele andere lang ausgedehnte Haft ohne Uebergabe an die Gerichte verhängt. In einer „allerhöchsten Order vom 7. 10. 1833" an das Kammergericht, wurde diesem das Untersuchungs-, Anklage- und Verhaftungsrecht entzogen und einer aus Angehörigen der Justiz- und Polizeiministerien zusammengesetzten Kommission überwiesen, wobei das erstere zur Folgeleistung selbst bei Gesetzesbruch verpflichtet wurde[2]) — und das, obwohl das Kammergericht z. B. gegen 39 Teilnehmer an Burschenschaften die Todesstrafe, darunter gegen vier die geschärfte, ausgesprochen hatte[3]). Andere Gerichte suchten durch kunstvolle Auslegungen die harten Strafen des Allgemeinen Landrechts zu umgehen. Ein dafür typisches Beispiel, ein Urteil des Breslauer Oberlandesgerichts gegen Mitglieder des Cöpenicker Jünglingsbundes sei hier kurz geschildert[4]).

Die Anklage ging auf Teilnahme an einer gesetzlich verbotenen, geheimen, den Hv. vorbereitenden Verbindung. Der Tatbestand war — nach Ausführung des Urteils — folgender: Die Wirksamkeit des Bundes habe sich allein auf seine Verbreitung und hierzu auf Gewinnung der Ansichten für die Notwendigkeit der politischen Einigung Deutschlands, sowie auf Versammlungen zur Besprechung organisatorischer Fragen beschränkt. Zweck des Bundes war „Umsturz der Staatsverfassung", was auf jede mögliche Weise, selbst mit Gewalt erstrebt werden sollte. Die Bestimmung des Bundesgesetzes, wonach sich jedes Mitglied in den Waffen üben solle, sei nie ausgeführt worden. Der Bund selbst aber war nur als Hilfs- und Nachwuchsorganisation für einen tätig werden sollenden, aber nie zu Stande gekommenen Aelterenbund gedacht.

Der § 92 des A. L. R. wurde nun dahin interpretiert, daß „Unternehmen" als ein gesteigerter Ausdruck für „Handlung" verwandt sei. Im Zusammenhang mit § 91, wo von freiwilliger Handlung gesprochen werde,

---

1) Vgl. hierzu Kern, „Der gesetzl. Richter", §§ 101 ff; Burschenschaftliche Blätter III. Jahrg. 1889, S. 1 f: „Die Hv.-Prozesse gegen Angehörige der Burschenschaft".

2) „Ich weise das Kammergericht hierdurch an, den sich auf einen dieser Gegenstände beziehenden, im Namen der Ministerial-Kommission zu erlassenden Verfügungen des Justizministers Mühler — unangesehen, ob und wann die Kriminalordnung hiervon abweiche, Folge zu leisten". Zit. bei Kern § 109.

3) Vom König wurden alle begnadigt.

4) Hitzigs Zeitschrift IV. Band, S. 93 ff.

könne unter dem Unternehmen, das auf eine gewaltsame Umwälzung der Staatsverfassung abziele, nur eine solche ins äußere Leben getretene Handlung verstanden werden, die an und für sich, in ihrem ungestörten Fortgang die Fähigkeit besaß, zu dem Zweck, zu welchem sie unternommen wird, zu führen. Da aber der Bund nur zur Erleichterung für einen handelnden Dritten gedacht sei, es sich also um einen für die Ausführung des Verbrechens nicht notwendigen Beistand gehandelt habe, so sei die allgemeine Bestimmung des § 72, wonach conatus remotus die Strafe zu mildern ist, anwendbar. § 5 des Edikts vom 20. 10. 1798, der ausdrücklich für alle Teilnehmer an verbotenen Gesellschaften die Todesstrafe festsetzte, sei nur eine Wiederholung des § 92 A. L. R. zur Beseitigung von Unklarheiten, ändere aber nichts an den dort ausgesprochenen Grundsätzen. Dabei beruft sich das Gericht auf Feuerbach und Kleinschrod und beweist schließlich, daß es sich um einen conatus remotus handele, da der Bund sich nie mit den Mitteln der Realisierung seines Zwecks beschäftigt habe. Da schon auf Teilnahme an nichthochverräterischen verbotenen Gesellschaften, sowie auf Nichtanzeige einer Kenntnis von hochverräterischen Plänen 10 Jahre Festungshaft stand, erkannte das Gericht hier, wo es sich auch außerdem um Versuch des Hochverrats handelte, auf 15 Jahre Festungsarrest.

Dieses Urteil, das wohl mehr dem gesunden Menschenverstand als dem Sinn des Edikts entsprach, wurde lebhaft besprochen. In einer Rezension der „Hall. Allg. Literaturzeitung“[5]) wird die Entscheidung abgelehnt. Der Bund sei nicht nur verabredet, also nur vorbereitet, sondern vollständig unternommen gewesen, mithin sei das nach den Gesetzen erforderliche, den gewaltsamen Umsturz bezielende Unternehmen vorhanden. Auch Wächter[5]) äußert Zweifel, ob wirklich „Unternehmen“ mehr erfordere wie „Handlung“ und sieht im § 5 des Edikts gerade eine Bestätigung dafür, daß verbotene Bünde ohne Rücksicht auf Geeignetsein die Todesstrafe begründen. Doch hält er die anderen Gegengründe — ob sie wohl positiv-juristischer Natur sind? — für stärker als diese Zweifel und meint, da die Sache jedenfalls nicht eindeutig sei, und weil die Annahme einer Vollendung im vorliegenden Falle eine Ausnahme von den allgemeinen Prinzipien auch des A. L. R. wäre, die daher nur auf eine ganz klare Bestimmung der Gesetze hin angenommen werden könnte, so sei der Entscheidung beizustimmen nach dem Grundsatz: in re dubia benigniorem interpretationem sequi, non minus iustius est quam tutius.

In einem ganz ähnlich liegendem Falle[6]) verurteilte der Kriminal-Senat des Königl. Kammergerichts die Teilnehmer der burschenschaftlichen Verbindungen Greifswald und Breslau nur wegen Teilnahme an diesen geheimen Verbindungen, nicht wegen Hochverrats. Auch ein Württembergischer Gerichtshof[7]) mußte sich mit mehreren Teilnehmern des Jünglingsbundes, nachdem dieser schon Jahre lang aufgelöst und die Angeklagten zu „guten Bürgern“ geworden waren, befassen. Immerhin kamen die Teilnehmer auf Grund des entwickelteren württembergischen Hochverratsrechts mit kurzen Festungsstrafen davon, weil das Gericht nur entfernten Versuch, der nach dem Grade der Gefährlichkeit zu bestrafen war, annahm, und nicht „Komplott“, weil darunter nur eine solche Verbindung zu verstehen sei, „die zunächst und unmittelbar auf die Ausführung eines hochverräterischen Zwecks gerichtet ist“.

Diesen unhaltbaren Zuständen, daß es auf die jeweilige Ansicht des urteilenden Gerichts ankam, ob Todesstrafe oder kurze Festungshaft verhängt

5) Vgl. Hitzigs Zeitschr. VI. Bd. S. 215 ff.
6) ebenda, I. Suppl. Bd. S. 237 ff.
7) ebenda, XVI. Bd. S. 321 ff.

werden solle, machte das Preußische St. G. B. ein Ende. Dadurch daß es der objektiven Fassung „vorbereitende“, d. h. zur Vorbereitung geeignete Handlung den Vorzug vor der subjektiven Fassung gab, schaltete es alle vagen, hochverräterischen Pläne und Bestrebungen, die sich nicht direkt auf den § 62 bezogen, aus, mochten sie auch aus anderen Gründen, z. B. als verbotene Verbindung strafbar sein[8]).

2. Doch blieb die Abgrenzung gegenüber den straflosen Handlungen unklar und die Urteile des preuß. Obertribunals beschäftigten sich infolgedessen hauptsächlich mit der leeren Bestimmung der Vorbereitungshandlungen, wobei die Tendenz der Praxis, die Grenze der Strafbarkeit möglichst weit in das Gebiet der straflosen Handlungen hinauszuschieben, schon in den ersten Entscheidungen sichtbar wird. Bereits 1854 wendet sich die Urteilsbegründung in einem Prozeß gegen Mitglieder des Kommunistenbundes[9]) gegen die Auffassung, die auf die Modalitäten der Ausführung das Erfordernis der Bestimmtheit ausdehnen will. Wie und wann das hochverräterische Unternehmen (§ 61), das auf eine gewaltsame Verfassungsänderung abziele, ausgeführt werden solle, komme dabei nicht in Betracht, wenn es nur als möglich und ausführbar gelten dürfe. Aus den inkriminierten Handlungen müsse erhellen, daß der Erfolg als durch Gewalt zu erreichendes, gewolltes und bestimmtes Endziel beabsichtigt und verfolgt sei. In einer Entscheidung gegen die Demokraten Ladendorff und Genossen wird festgestellt[10]), daß Rücktritt nicht straflos mache[11]). Es genüge, wenn die Handlung (subjektiv) als Vorbereitung zum Hochverrat beabsichtigt und (objektiv) vollendet sei; daß die Stufenfolge vollendet werde, sei nicht nötig. Im gleichen Urteil wird auch die bedingte Absicht, die den Erfolg der Handlung von einem vom Täter unabhängigen Erfordernis, nämlich von der mit Zuversicht erwarteten revolutionären Bewegung abhängig macht, für ausreichend erklärt. So werden 1865 auf Grund des § 66 mehrere polnische Edelleute verurteilt, weil in der Unterstützung des Aufstandes in Russisch-Polen, dessen letztes Ziel ein freies Polen einschl. der Preußischen Provinzen war, eine Vorbereitung des Gebietshochverrats gegen Preußen enthalten sei, obwohl ausdrücklich Handlungen gegen Preußen verboten waren. „Es müßte daher auch angenommen werden, daß diejenigen, welche sich an dem polnischen Aufstand mit dem Bewußtsein von dem Ziele desselben und mit der Absicht, zur Erreichung jenes Zieles beizutragen, beteiligten, in hochverräterischer Absicht gegen Preußen gehandelt haben“.

Von grundsätzlicher Bedeutung ist aber vor allem der Hochverratsprozeß gegen Ferdinand Lassalle (1864)[12]) geworden, der in einer Broschüre zum Beitritt in den Allgemeinen Deutschen Arbeiterverein aufgefordert hatte. Da der Verein die Einführung des direkten Wahlrechts in Preußen erstrebte und dies nicht anders als durch gewaltsame Verfassungsänderung zu erreichen wäre, erblickte die Anklage in der Aufforderung Vorbereitung zum Hochverrat gemäß § 66 St. G. B. Der Angeklagte verteidigte sich damit, daß nach § 66 nur unmittelbare Vorbereitungshandlungen, nicht aber Vorbereitungshandlungen zu Vorbereitungshandlungen strafbar seien. Da die Vorbereitungen durch Rede und Schrift schon im § 65 geregelt seien, so könne der § 66 nur alle übrigen Vorbereitungshandlungen strafen. Diese Ansicht widersprach weder dem Wortlaut des Gesetzes, noch unbedingt den Absichten der Gesetzgeber, wie wir aus

8) Vgl. Beseler, Komm. S. 226; Steen, Diss. S. 12.
9) Goltd. Arch. II. S. 256.
10) Goltd. Arch. III. S. 233.
11) Dagegen Zachariä in Goltd. Arch. V. S. 587: Wo das Gesetz gewisse Handlungen, wie beim Hochverrat, ausdrücklich in ihrer auf das Verbrechen gerichteten Tendenz hervorgehoben habe, sei ihnen schon dadurch der Charakter selbständiger Verbrechen entzogen.
12) Steen, Diss. S. 20 f.; Lassalle, Pol. Reden und Schriften, Bd. VI. Leipzig 1902.

den Kommentaren von Beseler und Goltdammer wissen. Indem sich das Gericht für die andere Möglichkeit entschied, nach welcher zwischen der nach § 66 strafbaren und der vollendeten Handlung kein unmittelbarer Zusammenhang zu bestehen brauche und die §§ 63—65 nur wegen ihrer großen Gefährlichkeit hervorgehoben und höher bestraft worden seien, fällte es eine Entscheidung von grundlegender Bedeutung. Die subjektive Theorie, wonach der Zusammenhang nur durch die Absicht, mittelbar oder unmittelbar einen Hochverrat vorzubereiten, hergestellt zu sein braucht, hatte gesiegt. Freilich erfordert dieser Standpunkt einen umso einwandfreieren Nachweis des als erforderlich festgestellten Zusammenhanges von Vorbereitungshandlung und Unternehmen in der Vorbereitungsabsicht und der hinreichenden Bestimmtheit des Unternehmens.

Diese Entwicklung des Hochverratsrechts in der Wissenschaft, Gesetzgebung und Rechtsprechung enthält im Keim schon alle Probleme des künftigen Reichsstrafrechts. Abgesehen von den durch die staatsrechtlichen Veränderungen bedingten, inhaltlichen Erweiterungen durch die Bestimmungen über den Hochverrat gegen Kaiser und Reich, scheint das Reichsstrafgesetzbuch von 1871 eher eine Stabilisierung zu bringen, mehr ein Schlußstein als ein Wendepunkt von einschneidender Wirkung zu sein.

II. Teil: Das Reichsstrafgesetzbuch und seine Auslegung.

Historische, politische und staatsrechtliche Grundlagen

1. Der Bundesbeschluß vom 18. 8. 1836 hatte sich als untauglich erwiesen, das Delikt eines Hochverrats gegen den Deutschen Bund zu schaffen. Denn nur die Einzelstaaten hatten die Macht, der Fiktion von der Staatsnatur des Deutschen Bundes praktische Anwendung zu sichern[1]). Art. 74 der Verfassung des Norddeutschen Bundes wiederholt den Beschluß, der dann später auch in die Reichsverfassung übergeht, bis er durch das Inkrafttreten des R. St. G. B. auch in den süddeutschen Staaten gegenstandslos wird.

Schon der Reichstag des Nordd. Bundes hatte den Beschluß gefaßt, die politische und wirtschaftliche Einheit durch ein gemeinsames Recht, insbesondere Strafrecht zu vollenden. Gerade bei den politischen Verbrechen mußte dieser Beschluß zu seiner vollen staatsrechtlichen Konsequenz gelangen[2]), ja die schließliche Regelung im Strafgesetz eilte sogar den formal-staatsrechtlichen Verhältnissen voraus, weil sich das politische Leben in den Einzelstaaten auf die Dauer garnicht von den Interessen des Bundes trennen ließ, der ein großes Interesse daran hatte, „daß nicht gerade bei diesen wichtigen Verbrechen veraltete oder gänzlich zu mißbilligende Vorschriften in den Einzelstaaten zur Anwendung“[3]) kamen. Der Nordd. Bund unterschied sich vom Deutschen Bund dadurch, daß er in bestimmten Grenzen die Unterordnung der Einzelstaaten unter eine Zentralgewalt begründete, die damit die Eigenschaften einer selbständigen Staatsgewalt erhielt. Damit waren aber die Träger der Staatsgewalt und die Verfassungen der Einzelstaaten, auch Preußens, noch nicht Gegenstand des Bundeshochverrats geworden, und wenn nun das Gesetz den von einem Bundesangehörigen begangenen Hochverrat gegen einen einzelnen Staat ohne Rücksicht auf dessen Aufenthaltsort in gleicher Weise bestrafte, so entsprach das an sich nicht der staats- und völkerrechtlichen Stellung der Länder[4]). Denn weder war die Existenz jedes einzelnen Staates ein wesentlicher Bestandteil der Bundesverfassung, noch war der König von Preußen außerhalb der Rechte des Bundespräsidiums und der Oberfeldherrnschaft souverän für alle Bundesangehörigen. Außer den preußischen Untertanen haben jene keine Pflichten übernommen, die durch das spezielle Untertanenverhältnis bedingt sind. So verneint Zachariä die Frage, ob von einem Nichtpreußen in gleicher Weise gegen Preußen Hochverrat begangen werden könne, wie gegen den eigenen Souverän und Staat, während sie von Bar mit dem Hinweis darauf, daß das Gesetz selbst den Hochverrat eines Ausländers im Auslande bestraft, bejaht. Auch von Schwarze verteidigt die Gleichstellung, da die Bundesangehörigkeit besondere Verpflichtungen des einzelnen gegen die Gesamtheit begründe und die Angriffe gegen den einzelnen Fürsten und die einzelnen Landesverfassungen eine Störung der Ruhe und Sicherheit in dem gesamten Bunde involvieren[5]). Aus diesem Suchen nach einer Begründung spricht nur die Tatsache, daß die tatsächliche Einigung Deutschlands der staatsrechtlichen Konstruktion noch vorauseilte.

---

1) Binding, Lehrbuch II. 2. S. 421.
2) von Bar, Goltd. Arch. 1870 S. 85.
3) ebenda, S. 92.
4) Zachariä, G. S. 1869, S. 417.
5) G. S. 1870, S. 197.

Bei den Beratungen im Nordd. Reichstag kam dann noch die Bestimmung in das Gesetz, daß die Verhängung von Zuchthausstrafe generell von der Feststellung ehrloser Gesinnung abhängig gemacht werden solle, wodurch Festung zur üblichen Strafart beim Hochverrat wurde[6]). Als ein Produkt parlamentarischen Kuhhandels kam auch die Zweiteilung der Angriffe auf das Leben der Fürsten in den §§ 80 und 81 Nr. 1 zu Stande, in welcher der alte Treubruchsgedanke wieder auflebte; diese Regelung war ein Kompromiß zwischen der Auffassung Bismarcks und der Konservativen, die bei allen Arten des Hochverrats, mindestens aber bei allen Angriffen auf den Monarchen die Todesstrafe gefordert hatten, und den liberalen Parteien, die überhaupt die Todesstrafe verwarfen. Sie wurde zur Quelle vieler Streitfragen und durch ihre unglückliche Formulierung eine der unseligsten Bestimmungen des Strafgesetzbuches.

Wenige Tage, nachdem das Gesetz in Kraft getreten war, wurde der Nordd. Bund zum Deutschen Reich erweitert, ohne daß sich an den staatsrechtlichen Verhältnissen etwas Grundsätzliches änderte. So konnten die Bestimmungen über Hochverrat mit nur wenigen stilistischen Veränderungen auch für das Reich maßgebend bleiben.

2. Das Hochverratsrecht im R. St. G. B. von 1871 ist ein Produkt des doppelten Kampfes zwischen Reichs- und Ländergewalten, Fürsten- und Volksmacht. Das 1871 noch unentschiedene Ringen kommt in dem Gesetz, welches das staatsrechtliche und politische Kräfteverhältnis ziemlich genau wiedergibt, zum Ausdruck. Die Gewalt des Volkes, garantiert durch die Verfassung, tritt als gleichberechtigtes Schutzobjekt neben die Monarchengewalt und der Reichshochverrat neben den Landeshochverrat. Die Dreiteilung des Hochverrats ist durch die Natur des Verbrechens bedingt und nur durch eine formaljuristische Betrachtungsweise und Begriffsbildung konnte Binding dazu kommen, den Schutz des Monarchen und des Gebietes im Verfassungsschutz aufgehen zu lassen[7]). Vom Boden des konstitutionellen Staates aus ist zwar der besondere Schutz des Monarchen im Strafrecht nicht zu erklären und die liberalen Staatsrechtslehrer helfen sich mit Wendungen vom „Janushaupt" (Kelsen) und vom „Versagen aller Schablonen und Begriffe" (Anschütz). Tatsächlich war die Verfassung Bismarcks ein Kompromiß zwischen absolutistischen und liberalkonstitutionellen Ideen und die besondere Stellung der Fürsten im Hochverratsrecht zeigt, daß hier die ersteren durchgedrungen waren. Vom Boden der liberalen Theorie aus (Jellinek-Anschütz), wonach der Fürst nur ein Organ innerhalb des Staates sei und nur ein übertragenes Recht ausübe, konnte bloß der Angriff auf die Herrscherstellung des Monarchen als Hochverrat bezeichnet werden. Die Regelung im Gesetz entsprach aber der absolutistischen Theorie (Seydel-Bornhak), wonach der König sein Recht in sich selbst fand und eine allumfassende Gewalt besaß, kraft welcher er die Verfassungsurkunde gegeben hatte. Nach dieser Auffassung stand der König über dem Staat und jeder Angriff gegen ihn ist zugleich gegen das höchste staatliche Interesse gerichtet. „Die Rechtsordnung scheint in denjenigen verletzt, von dessen Macht sie ihren Ausgangspunkt nahm". Der Wissenschaft, die die Tatbestände des Hochverrats meist rein juristisch und nicht historisch-soziologisch untersuchte, machten diese daher Schwierigkeiten hinsichtlich ihrer Zusammenfassung in einem Hochverratsbegriff.

Durch die Aufteilung des Fürstenmordes auf zwei Tatbestände war der Aufbau des Hochverrats verwirrt worden. Da die Staatsgewalt beim Bundesrat ruhte, hätten logischer Weise alle Staatsoberhäupter in gleichem Maße geschützt werden müssen und die Heraushebung der Angriffe auf den Kaiser entsprach darum dem staatsrechtlichen Zustand ebenso wenig wie die Treubruchstheorie dem modernen Staatsgedanken. Obwohl diese Bestimmung ursprünglich rein

---

6) Stenogr. Berichte 1870, I. II.

7) Binding, Lehrbuch II. 2. S. 343; Lincke, Diss. S. 25.

parlamentarischen Erwägungen ihre Entstehung verdankte, kam sie sehr bald dem tatsächlichen Machtverhältnis nahe, da das Preußische Königtum zum eigentlichen Träger der Staatsgewalt und Gegengewicht gegen den Reichstag wurde. In der Nichterwähnung der Senate der Hansestädte in §§ 81 Nr. 1 zeigt sich gleichfalls die monarchische Grundauffassung des Strafgesetzbuches. Der konstitutionelle Gedanke kam lediglich in der gleichberechtigten Stellung der Verfassung (§ 80 Nr. 2) zur Geltung.

Die liberalen Ideen, verkörpert in den Forderungen der Wissenschaft, hatten sich aber so weit durchgesetzt, daß der Hochverrat als schwerstes Verbrechen tatsächlich von allen anderen, im zweiten bis fünften Abschnitt aufgeführten Staatsverbrechen scharf geschieden wurde, und daß an Stelle vager und allgemeiner Hochverratsbegriffe klare und scharfe Tatbestände getreten waren. Im allgemeinen triumphierte der Perduellionsgedanke über dem Majestasgedanken: Der Hochverräter ist Feind, nicht Beleidiger der staatlichen Ordnung, Hochverrat diejenige Handlung, die die Existenzgrundlage des Staates angreift und sich in ihrer Tragweite mit der Gefahr eines Bürgerkrieges vergleichen läßt. Allerdings wurde das Prinzip durch die generelle Strafbarkeit aller Vorbereitungshandlungen im § 86 — wie sie nur noch das Oesterreichische St. G. B. von 1852 und das Zaristische Rußland kannte — durchbrochen, wenigstens in der weiten Auslegung, die er in der Praxis fand.

So lange auf der Grundlage einer aufblühenden Wirtschaft und politischen Machtstellung das staatsrechtliche Gefüge unverändert blieb und eine Revolution in weite Ferne gerückt schien, haben die Bestimmungen des R. St. G. B. weder in der Theorie noch in der Praxis eine große Rolle gespielt. Erst als im November 1918 die Fürstenmacht beseitigt wurde, und Hochverratsprozesse an der Tagesordnung waren, zeigten sich die Mängel des Gesetzes, das nun in seinem ganzen Aufbau veraltete. Es ist bezeichnend, daß die demokratische Republik in den ganzen 14 Jahren ihres Bestehens keinen Versuch gemacht hat, das Recht des Hochverrats auf der Grundlage der Volkssouveränität neu zu gestalten und alle Reformversuche und Entwürfe im Grundsätzlichen nichts änderten, — ein Beweis, wie wenig wirklich der Volkswille das tragende Moment des neuen Staates gebildet hatte. Auch die nationale Revolution, die sich nicht in das übliche staatsrechtliche Gefüge eingliedern läßt, stellte die Lehre vom Hochverrat vor neue Probleme.

Literatur-Verzeichnis

A. I. Einleitung und allgemeine Literatur

Archiv für Criminalrecht — Neues Archiv für Criminalrecht — Archiv für Criminalrecht, Neue Folge. (A. C. R.)

Binding, K. — Lehrbuch des gemeinen deutschen Strafrechts, Besonderer Teil (Handb. II. 2.) Leipzig 1905.

Bisoukides, P. — Der Hochverrat, Berlin 1903.

Dannenberg, H. — Liberalismus und Strafrecht im 19. Jahrhundert, Berlin 1925.

Kahn, Fritz — Der Hochverrat, Diss. Erlangen 1929.

Knitschky, W. E. — Das Verbrechen des Hochverrats. Jena 1874.

Landsberg, E. — Geschichte der deutschen Rechtswissenschaft, III. Abt. 1. und 2. Halbbd. (Text und Noten), München und Leipzig 1898/1910.

Loening, E. — Ueber geschichtliche und ungeschichtliche Behandlung des deutschen Staatsrechts in Z.St.W. 1883, 3, 148.

Radbruch, G. — Rechtsphilosophie. Leipzig 1932.

Springer, K. — Die geschichtliche Entwicklung des Verbrechens des Hochverrats, Diss. Erlangen 1924 (Maschinenschrift).

Wegner, A. — Der Hochverrat. Diss. Breslau 1923 (Masch.).

Wolzendorff, K. — Staatsrecht und Naturrecht in der Lehre vom Widerstandsrecht des Volkes gegen rechtswidrige Ausübung der Staatsgewalt. Breslau 1916.

A. II. Philosophie und Revolution

Fichte, J. G. — Beitrag zur Berichtigung der Urteile des Publikums über die französische Revolution, o. O. u. o. V. 1793.

Grundlagen des Naturrechts, Jena und Leipzig 1796.

Hegel, G. W. F. — Grundlinien der Philosophie des Rechts, Jubiläumsausgabe Bd. 7, Stuttgart 1928.

Kant, J. — Metaphysik der Sitten (I. Teil der metaphysischen Anfangsgründe der Rechtslehre); herausgegeben von K. Vorländer Philos. Bibl. Bd. 42, Leipzig 1907.

B. I. Teil: Die Entwicklung bis zum R. St. G. B.

I. Feuerbach

Breuer, J. — Die politische Gesinnung und Wirksamkeit des Kriminalisten Anselm von Feuerbach. Diss. Straßburg 1905.

Feuerbach, L. — Anselm Ritter von Feuerbachs Leben und Wirken. Leipzig 1852.

Feuerbach, P. J. A. Antihobbes oder über die Grenzen der höchsten Gewalt und das Zwangsrecht der Bürger gegen den Oberherrn. Erfurt 1798.
Kritik des Kleinschrod'schen Entwurfs zu einem peinlichen Gesetzbuch für die Kurpfalzbayerischen Staaten. Gießen 1804.
Lehrbuch des peinlichen Rechts. 14. Aufl. Hrsgg. von Mittermaier, Gießen 1847.
Philosophisch-juridische Untersuchung des Verbrechens des Hochverrats. Erfurt 1799.

Gielhammer, L. Die politischen Grundlagen der Strafrechtslehre Feuerbachs. Diss. Bonn 1928 (Masch.).

Grünhut, M. Anselm von Feuerbach und das Problem der strafrechtlichen Zurechnung (Hamb. Schriften zur ges. Strafrechtswissenschaft, Heft 3), Hamburg 1922.

II. Zeit- und Weggenossen

von Grolman, K. Grundsätze der Kriminalrechtswissenschaft, Gießen 1825.

Klein, E. F. Grundsätze des gemeinen deutschen peinlichen Rechts. Halle 1799.

Kleinschrod, G. A. Ueber den Begriff und die Strafbarkeit des Hochverrats nach allgemeinen Grundsätzen, im A. C. R. 1799.

Tittmann, C. A. Handbuch der Strafrechtswissenschaft, II. Bd. Halle 1823.

Winter, H. Das Majestätsverbrechen, Berlin 1815.

III. Die Strafrechtswissenschaft bis 1848

a) Historische Schule.

Bauer, A. Lehrbuch der Strafrechtswissenschaft, Göttingen 1827.

Brunner, H. Deutsche Rechtsgeschichte, München u. Leipzig 1928.

Escher, H. Vier Abhandlungen über Gegenstände der Strafrechtswissenschaft, Zürich 1822.

Heffter, A. W. Lehrbuch des gemeinen deutschen Strafrechts, Halle 1833.

Henke, E. Handbuch des Criminalrechts und der Criminalpolitik. III. Bd. Berlin und Stettin 1830.

Hepp, F. C. Th. Beiträge zur Lehre vom Hochverrat, Bern 1833.
Bestimmungen des römischen Rechts über Hochverrat im A. C. R. 1837.
Versuche über einzelne Lehren der Strafrechtswissenschaft, Heidelberg 1827.
Die politischen und unpolitischen Staatsverbrechen und Staatsvergehen, Tübingen 1846.

Luden, H. Abhandlungen aus dem gemeinen deutschen Strafrecht. I. Bd.: Ueber den Versuch des Verbrechens, Göttingen 1836.

Mittermaier, C. J. A. Die rechtliche Bedeutung des Ausdrucks „Anfang der Ausführung“ usw. in G. S. 1859; 11, S. 197.

	Hochverrat (Jur.) im Staatslexikon, hrsgg. von Rotteck und Welcker, VIII. Bd. Altona 1839.
	Ueber die neuesten Fortschritte der Strafgesetzgebung im A. C. R. 1835.
Mommsen, Th.	Römisches Strafrecht, Leipzig 1899.
Rosshirt, K. F.	Entwicklung der Grundsätze des Strafrechts, Leipzig und Heidelberg 1828.
	Geschichte und System des deutschen Strafrechts, II. Bd., Stuttgart 1839.
	Ueber Hochverrat und die angrenzenden Verbrechen im A. C. R. 1827.
Wächter, K. G.	Lehrbuch des römisch-teutschen Strafrechts, Stuttgart 1825.
Weiske, J.	Hochverrat und Majestätsverbrechen — das crimen majestatis der Römer, Leipzig 1836.
Zachariä, H. A.	Lehre vom Versuch des Verbrechens, Göttingen 1836, I. Bd.
	Von dem Versuche des Verbrechens in Goltd. Arch. 1857; 5, S. 587.
	Ueber den Versuch des Verbrechens des Hochverrats im A. C. R. 1838.
Zirkler, I. H.	Die gemeinrechtliche Lehre vom Majestätsverbrechen und Hochverrat, Stuttgart 1836.

b) Vier Außenseiter.

Frey, L.	Entwurf zu einem republikanischen Strafgesetzbuch, Bern 1835.
von Kamptz, K. A.	Bemerkungen über den Tatbestand und den Versuch des Hochverrats in „Jahrb. f. d. preuß. Gesetzgebung usf." XVI. Bd. 32. Heft. Berlin 1820.
Rotteck, K.	Hochverrat (Pol.) im Staatslexikon, Bd. VIII., Altona 1839.
Schulze, W. und Welcker, C.	Geheime Inquisition, Censur und Kabinettsjustiz, Karlsruhe 1847.

IV. 1848 und die Lehre vom Hochverrat

Brackenhoeft	Der Hochverrat gegen die Verfassung im A.C.R. 1850.
von Feder, H.	Das Staatsverbrechen des Hochverrats, Stuttgart 1850.
Marquardsen, H.	Ueber den Begriff des Hochverrats im A.C.R. 1849.
	Der Hochverrat nach englischen Rechtsbestimmungen in „Krit. Zeitschr. für Rechtswissenschaft und Gesetzgebung des Auslandes, Bd. XXI. Heidelberg 1849.
von Schirach, C.	Ueber politische Verbrechen, I. Beilage zum A.C.R. 1851.
Walther, F.	Beitrag zur Lehre vom hochverräterischen Komplott, Habilitationsschrift, München 1849.
Wilke, G.	Der Hochverrat im englischen Recht. Z. St. W. 49 S. 412. (1929.)

V. Die einzelstaatliche Gesetzgebung

Berner, A. F. — Die Strafgesetzgebung in Deutschland vom Jahre 1751 bis zur Gegenwart, Leipzig 1867.

Beseler, G. — Kommentar über das Strafgesetzbuch für die Preußischen Staaten, Leipzig 1851.

Goltdammer — Die Materialien zum St. G. B. für die Preußischen Staaten, II. Bd. Berlin 1852.

Jenull, S. — Das österreichische Kriminalrecht, Bd. II. Graz 1809

Temme, I. D. H. — Kritik des Entwurfs des Strafgesetzbuches für die Preußischen Staaten, II. Teil, Berlin 1843.

Thilo, W. — Das Strafgesetzbuch für das Großherzogtum Baden, Karlsruhe 1845.

Mitteilungen über die Verhandlungen des Königreichs Sachsen, Nr. 37; 224. Dresden 1837.

Verhandlungen der hannov. Ständeversammlung über die neue Strafgesetzgebung, mitgeteilt von Zachariä im A. C. R. 1836.

Verhandlungen des im Jahre 1848 zusammen berufenen Vereinigten Ständischen Ausschusses, Berlin 1848.

Verhandlungen des 7. Rheinischen Provinziallandtages, Koblenz 1843.

VI. Probleme des Hochverrats in der jur. Praxis

Goltdammers „Archiv für preußisches Strafrecht", Berlin, Jahrgänge II, III, VI. 1854/55/58.

Hitzig's „Zeitschrift für die Kriminalrechtspflege", Bde. IV, VI, XVI, I. Suppl. Berlin 1826, 27, 30, 36.

Kern, E. — Der gesetzliche Richter (Oeff.-rechtl. Abh. Heft 8) Berlin 1927.

Wächter, K. G. — Eine andere Stimme über den nämlichen Gegenstand (Krit. Zeitschr. 1827, Heft 3).

B. II. Teil: Das Reichsstrafgesetzbuch.

I. Historische, politische und staatsrechtliche Grundlagen und allgemeine Literatur für den II. Teil

von Bar, L. — Bemerkungen über die internat. u. staatsrechtl. Bestimmungen des Entwurfs eines St. G. B. für den Norddeutschen Bund. In Goltd. Arch. 18, S. 85; 92 1870.

Entwurf eines Strafgesetzbuches für den Nordd. Bund nebst Motiven und Anlagen, Berlin 1870.

von Schwarze, F. O. — Der Entwurf des St. G. B. für den Nordd. Bund und die Kritiker des Entwurfs in G. S. 22 S. 196, 1870.

Stenographische Berichte über die Verhandlungen des Reichstages des Nordd. Bundes. I. Leg. Per. Session 1870, Bd. I—IV.

Zachariä, H. A. — Die strafrechtliche Bedeutung der neueren pol. Veränderung in Deutschland in G. S. 21 S. 104, 1869.

Anschütz, H. Der Verfassungsbegriff im Tatbestand des Verbrechens des Hochverrats, Diss. Heidelberg 1926. Masch.

Binding, K. Lehrbuch . . . s. A. I.

Deutsche Juristen Zeitung (D. J. Z.) Berlin.

Gauger, W. Der Hochverrat nach geltendem Recht und nach den neuen Strafgesetz-Entwürfen, Diss. Tübingen 1929.

Gerichtssaal, der (G. S.) Stuttgart.

Goltdammers „Archiv für Strafrecht und Strafprozeß“ (Goltd. Arch.) Berlin.

v. der Groeben, H. Graf Hochverrat in Monarchien und Republiken, Diss. Breslau 1922 (Masch.)

Lincke, F. Staatsoberhaupt, Staatsverfassung und Staatsgebiet als Angriffsobjekte des Hochverratsverbrechens. Diss. Erlangen 1932.

Randt, G. Hochverrat in Monarchien und Republiken. Diss. Breslau 1922 (Masch.)

Steen, H. Die Vorbereitungshandlungen zum Hochverrat, Diss. Heidelberg 1929.

Zeitschrift für die gesamte Strafrechtswissenschaft (Z. St. W.) Berlin und Leipzig.

Lebenslauf

Am 24. April 1912 wurde ich in Bernburg i. Anh. als Sohn des Kaufmanns Alfred Simonsohn und seiner Ehefrau Sidonie geb. Fried geboren. Von 1918 bis 1921 besuchte ich die Vorschule des dortigen Carolinums und darauf bis 1930 das humanistische Karls-Gymnasium, wo ich am 28. Februar 1930 die Reifeprüfung bestand.

Anschließend studierte ich erst ein Semester in Halle, dann 4 Semester in Leipzig und zum Schluß nochmals 2 Semester Rechts- und Staatswissenschaften in der Martin-Luther-Universität Halle-Wittenberg. Ich nahm während meines Studiums an den Vorlesungen und Uebungen der Herren Professoren Dr. Dr. Bilfinger, Boehmer, Exner, Fleischmann, Hein, Jacobi, Jaeger, Jahrreiss, Koschaker, Ruth, A. Schultze, Schwinge und Siber teil. Am 28. Februar 1934 bestand ich die mündliche Doktorprüfung. — Herrn Prof. Dr. Schwinge bin ich für die Förderung meiner Dissertation zu besonderem Danke verpflichtet.